I0876806

LA PHILOSOPHIE À L'ÉPREUVE DU MAL

BIBLIOTHÈQUE D'HISTOIRE DE LA PHILOSOPHIE

NOUVELLE SÉRIE

Fondateur : Henri GOUHIER Directeur : Jean-François COURTINE

LA PHILOSOPHIE À L'ÉPREUVE DU MAL

POUR UNE PHÉNOMÉNOLOGIE DE LA SOUFFRANCE

par

Jérôme PORÉE

PARIS

LIBRAIRIE PHILOSOPHIQUE J. VRIN

6, Place de la Sorbonne, V^e

—

1993

La loi du 11 mars 1957 n'autorisant, aux termes des alinéas 2 et 3 de l'article 41, d'une part, que les « copies ou reproductions strictement réservées à l'usage privé du copiste et non destinées à une utilisation collective » et, d'autre part, que les analyses et les courtes citations dans un but d'exemple et d'illustration, « toute représentation ou reproduction intégrale, ou partielle, faite sans le consentement de l'auteur ou de ses ayants droit ou ayants cause, est illicite » (Alinéa 1er de l'article 40).

Cette représentation ou reproduction, par quelque procédé que ce soit constituerait donc une contrefaçon sanctionnée par les Articles 425 et suivants du Code pénal.

© *Librairie Philosophique J. VRIN*, 1993
Printed in France
ISSN 0249-7980
ISBN 2-7116-1163-9

Pour Nicole

A Monsieur Paul Ricœur

INTRODUCTION

L'inflation d'un discours tendant à l'auto-référence semble être aujourd'hui la seule réponse apportée par la philosophie dominante, pour faire pendant au succès des sciences et des techniques, à la crise des valeurs et aux déchirements du réel. Bien plutôt veut-elle prendre elle-même assez de distance pour ne plus entendre – moins bruyants, certes, que les bavardages satisfaits des nouveaux ingénieurs – les « soupirs de la créature tourmentée ».

Le moins surprenant n'est pas, alors, la complaisance et dans certains cas le cynisme avec lesquels tant, parmi ceux qui continuent pourtant de revendiquer le titre de « philosophes », s'*abandonnent* à cette situation et rejettent toute pensée persistant dans sa quête d'une fondation ou d'une justification dernières.

Ne sont-ils pas pourtant comme ces « prétendus indifférentistes » dont parle Kant, ramenés sans cesse malgré eux aux « affirmations métaphysiques pour lesquelles ils affichent un si grand mépris » [1] ?

Loin, en effet, d'être une question dénuée de sens procédant ou bien du manque d'attention du discours philosophique à ses propres conditions logiques et linguistiques d'effectuation, ou bien au contraire du recouvrement par ces conditions elles-mêmes hypostasiées du pur événement d'« être », la *question du fondement* caractérise ce discours comme tel et paraît seule capable, en faisant pièce à sa dissolution techniciste, d'en préserver la référence et les enjeux véritables.

L'irréductibilité de la question du fondement

La méthode transcendantale, selon la définition qu'en donne Kant, consiste à remonter d'un donné à ses conditions de possibilité. Encore faut-il, certes, que quelque chose soit d'abord donné. C'est dans ce sens

1. *Critique de la raison pure*, préface de la première édition, tr. fr. par Tremesaygues et Pacaud, Paris, P.U.F., 1967, p. 6.

que le père du criticisme, après avoir ramené le « vrai problème de la raison pure » à celui de la possibilité des jugements synthétiques *a priori*, oppose les échecs répétés de la Métaphysique et la réussite des Mathématiques et de la Physique : seules celles-ci, écrit-il, sont « réellement données » [1]. Mais il se ravise aussitôt et remarque que, « dans un certains sens », la Métaphysique aussi « doit être donnée » [2] – non, certes, en tant que science, mais en tant que disposition naturelle. La question de la possibilité de la Métaphysique se dédouble alors et ne vise plus seulement la *validité* d'un système de concepts mais encore la *réalité* d'une exigence commune à tous les êtres raisonnables. Si d'aventure, par conséquent, la critique devait dénoncer toute l'entreprise théorique de la Métaphysique comme une simple illusion, il lui appartiendrait encore, pour être fidèle à l'idée qui la guide, d'en assumer positivement l'origine et la signification.

C'est pourquoi « il est vain de vouloir affecter de l'indifférence par rapport à des recherches dont l'objet *ne peut* être indifférent à la nature humaine » [3] : la question du fondement pourrait bien être une question sans réponse, elle n'en est pas moins une question réelle. Constitutive de l'expérience commençante, elle doit être rapportée d'abord, non à l'histoire des systèmes philosophiques, mais aux situations effectivement vécues par les hommes toutes les fois que l'un d'eux, sous la contrainte de celles-ci, demande « pourquoi ? » ou, sans rien dire, lève au ciel des yeux étonnés.

Ce n'est pas, en effet, des philosophies mais des choses que doit surgir – et que surgit toujours en effet – l'impulsion de la recherche. Et quoiqu'il soit vrai, en un sens, que « les problèmes ne se posent pas d'eux-mêmes », il ne l'est pas moins que les choses n'attendent pas après nos concepts et notre langage pour être ou ne pas être. La question du fondement ne peut donc être posée par la conscience philosophique que parce qu'elle s'impose à la conscience commune : elle a initialement la forme d'une *question sans position de problème*.

Non, sans doute, qu'un lien nécessaire n'unisse cette question comme telle et son élaboration méthodique : la philosophie ne serait plus elle-même si elle se privait des ressources logiques et argumentatives qui lui permettent de déterminer son objet. Mais la détermination de l'objet n'en suit pas moins sa première apparition. Si vaine que soit peut-être la quête métaphysique d'une « raison » de l'expé-

1. *Op. cit.*, p. 43-4.
2. *Ibid.*
3. *Op. cit.*, préface de la première édition, p. 6. Nous soulignons.

rience, elle n'en exige donc pas moins que l'on prête attention à ce qui, dans l'expérience elle-même, *demande raison.*

Comment ne pas relever alors la contradiction dans laquelle s'enfermerait inévitablement toute philosophie que ses prémisses anti-fondationalistes conduiraient à ignorer une telle demande ?

C'est ainsi, par exemple (pour réduire provisoirement le problème à sa dimension épistémologique), que Bolzano, Frege et Carnap cherchent comme Kant lui-même ce qui rend possible l'unité de la connaissance [1]. Même la réduction finale de la philosophie à la logique de la science est une tactique fondationnelle d'une espèce particulière puisqu'elle revient à faire jouer aux règles de la syntaxe la fonction – qu'il faut bien dire transcendantale – qui revenait chez Kant aux formes *a priori* de l'entendement et de la sensibilité. C'est ainsi encore que le faillibilisme de Popper *s*'applique implicitement, pour justifier sa propre prétention à la validité, d'autres critères que ceux qu'explicitement il retient des procédures de validation à l'œuvre dans les sciences positives. Le seul fait que les idées classiques du savoir et de la vérité trouvent encore leur place dans un tel contexte et s'y voient conférer, en un geste reconnaissable, le statut d'idées régulatives, en témoigne : l'anti-fondationalisme est un fondationalisme qui s'ignore.

Cette contradiction tient conjointement à l'*absence de réflexion de la philosophie sur elle-même* et à la *réduction logiciste du problème du fondement.*

De cette réduction procède par exemple l'application au discours philosophique des théorèmes d'incomplétude de Gödel. L'ambition philosophique d'une fondation radicale, sans doute, a souvent paru coïncider avec celle d'un discours sans présupposition. Or l'impuissance d'un système formel à établir toutes les propositions qu'il peut produire oblige à renoncer à une telle ambition. Mais *une chose est de construire un discours sans présupposition, autre chose d'assigner la présupposition de tout discours*. Chez Fichte ainsi, la fondation n'est pas une *construction* de type axiomatique mais une *explicitation* des structures de la conscience commune. Certes, la réflexion du philosophe fait cercle avec elle-même. Mais la forme circulaire de l'analyse ne doit pas tromper. La philosophie n'est pas auto-référentielle – ou,

1. Telle est la thèse de J. Proust, qui, dans *Questions de forme* : *logique et proposition analytique de Kant à Carnap* (Paris, Fayard, 1986), inscrit cette analyse au registre d'une « topique comparative » dont elle montre qu'elle permettrait, en histoire de la philosophie, de concilier la diversité et l'unité en restituant la parenté profonde de doctrines apparemment hétérogènes selon un axe qui se trouve être la question du fondement.

pour mieux dire, auto-réflexive – au sens où peut l'être la pensée formelle. C'est, au contraire, la proposition manquante autour de laquelle s'organise le discours philosophique qui l'ouvre à ce qui n'est pas lui et préserve sa portée ontologique. Ici pas plus qu'ailleurs, la chose qui se trouve portée au langage n'en procède déductivement. Si le réquisit fichtéen du discours transcendantal, selon lequel la possibilité de l'objet de la réflexion est identique à la possibilité de la réflexion sur cet objet [1], avait le même sens que les réquisits logiques et métalogiques de la consistance et de la complétude, alors rien ne permettrait à ce discours d'échapper à la « folie méthodique » [2]. Celle-ci se produit, selon Kant, lorsque « le simple respect des lois formelles de la pensée » tient lieu d'expérience de la chose même, le discours et son objet se tenant alors également « en l'air ». Le discours philosophique obéit bien sûr à des règles. Mais que la philosophie soit logique n'implique pas que la logique soit toute la philosophie et se trouve justifiée à étendre à celle-ci, en leur donnant un pouvoir déterminant que l'auteur de la *Critique de la raison pure* avait su leur refuser, ses propres critères de pertinence et de validation. A moins que l'homme lui-même puisse être réduit à un être logique et qu'il ne faille alors prendre au sérieux la fiction d'une philosophie sans philosophe, pur symbole de l'éternité vide, de la vie indifférente d'un Dieu logicien. L'antériorité de la question du fondement sur sa problématisation philosophique préserve la pensée de cette désolation [3]. Et la circularité de la réflexion transcendantale, pour n'être nullement identique à sa clôture en fonction d'un idéal d'ailleurs inaccessible de perfection formelle, ne peut donc être invoquée contre la pertinence d'une telle question.

Mais le traitement logico-mathématique de la question du fondement ne rabat pas seulement à tort l'exigence de *justification* qui anime le discours philosophique sur la question de la *consistance* d'un système

1. Cf. sur ce point A. Philonenko, *La Liberté humaine dans la philosophie de Fichte*, Paris, Vrin, 1980, 2ème section, ch. 13.

2. Cf. ici Kant, *Anthropologie du point de vue pragmatique*, Paris, Vrin, 1970, p. 80-1.

3. « La seule faculté de l'esprit humain qui n'ait besoin ni du moi ni d'autrui ni du monde pour fonctionner sûrement et qui soit aussi indépendante de la pensée que de l'expérience, écrit H. Arendt, est l'aptitude au raisonnement logique dont la prémisse est l'évident par soi » ; mais, ajoute-t-elle, la vérité qu'elle atteint est « vide », « ou plutôt elle n'est aucunement une vérité car elle ne révèle rien » ; c'est pourquoi « les processus de pensée caractérisés par la stricte évidence interne de la logique [...] [ont] quelque rapport avec la désolation » (*Le Système totalitaire*, Paris, Seuil, 1972, p. 229-230).

formel, il méconnaît encore de cette façon le lieu et l'enjeu véritables du problème.

S'il faut dénoncer la réduction logiciste de la question du fondement, c'est que le lieu et l'enjeu en sont essentiellement *éthiques*. Non que l'éthique soit comme telle absolument étrangère à la logique : elle le serait aussi, alors, à tout principe et à toute règle. Mais l'affirmation selon laquelle il faut être logique ne peut être logiquement déduite. Et la logique elle-même présuppose toujours une éthique. Quiconque « cherche la vérité » ou s'efforce d'en déterminer la forme et les conditions ne le fait que pour avoir préalablement décidé que la vérité valait mieux que l'erreur. Cette décision n'est pas irrationnelle mais sa rationalité est irréductible à la rationalité logique puisqu'elle implique une exigence de cohérence dont le pouvoir prescriptif est nécessairement présupposé par tout système de propositions constitué conformément à ce critère [1]. La logique des Stoïciens, déjà, exprime cette préséance : le privilège accordé en son sein à la proposition conjonctive comme le refus d'admettre des degrés entre le vrai et le faux ne s'expliquent qu'en référence à la pureté de l'exigence morale (illustrée par le fameux paradoxe de l'égalité des fautes). La conjonctive vraie – dont on sait qu'il faut, pour qu'elle puisse l'être, que tous ses composants soient vrais sans exception – est ainsi « l'image de la perfection morale » ; et loin de fonder l'exclusion des degrés dans la théorie de l'action droite sur leur exclusion dans le domaine logique, c'est dans celle-ci au contraire que l'on doit voir « un effet latéral ou un reflet de leur exclusion de principe dans le domaine moral » [2].

Il est possible de montrer, dans le même sens, que la validité logique des arguments mis en œuvre dans une discussion « ne peut pas être contrôlée sans présupposer une communauté de penseurs capables de parvenir à une compréhension intersubjective et à la formation d'un consensus » [3]. Cette affirmation signifie que la compétence logico-

1. Il est remarquable qu'un logicien de formation comme H. Putnam reconnaisse, sur ce point, que « tout choix d'un système conceptuel [en philosophie comme dans les sciences] présuppose des valeurs » et, singulièrement, des « valeurs morales ». « Le contenu de la notion même de vérité, écrit-il, dépend de nos normes d'acceptabilité rationnelle qui, elles, présupposent nos valeurs ». Logiciens et sémanticiens formels sont accusés alors d'être « trop pris par la formalisation » et d'éviter ce qui serait une « description *humaine* et *sensée* de la raison » (*Raison, vérité et histoire*, tr. fr. par A. Gerschenfeld, Paris, Minuit, 1984, *passim*).

2. J. Brunschwig, « le modèle conjonctif », in *Les Stoïciens et leur logique*, ouvr. coll., Paris, Vrin, 1978, p. 59-86, *passim*.

3. K.O. Apel, *L'Ethique à l'âge de la science*, Presses universitaires de Lille, 1987, p. 92.

grammaticale présuppose toujours, en dernière instance, la compétence communicative et, par là, l'existence d'une communauté dont tous les membres sont les sujets de droit en fonction d'une « norme fondamentale de reconnaissance mutuelle ». Fichte disait-il au fond autre chose lorsqu'il comprenait les propositions de la logique pure comme les explicitations d'*actes* originaires témoignant chacun à sa façon de l'existence préalable d'un *besoin* de la raison affectant identiquement la réflexion et son objet ?[1] ? Un tel besoin, certes, s'enracine plus bas que tout langage ; il ressortit à des conditions indépendantes de la fonction-signe. Mais peu importe ici le conflit de paradigmes opposant les philosophies de la communication et les philosophies de la conscience. L'essentiel est que des voies existent pour montrer que toute reconstruction logique de l'expérience laisse subsister un résidu inanalysable en termes purement logiques et dont cette reconstruction elle-même reçoit son impulsion et son orientation initiales. Car comment, si elle se voit ainsi privée de l'autonomie qui lui permettait d'y prétendre, la logique pourrait-elle encore décider du sens et de la validité des propositions qui donnent forme à l'exigence d'une justification ultime ? Et comment pourrait-elle jeter une quelconque lumière sur le contenu propre d'une telle exigence ? L'éthique appartient à la philosophie première : c'est à elle au contraire qu'il faut référer prioritairement celle-ci.

Si tout désir de compréhension est un désir de justification qui s'ignore, n'est-ce pas, en effet, au sens d'un *désir de justice* dont le travail théorique de la philosophie n'est peut-être que l'expression la plus lointaine ? Descartes lui-même subordonne la recherche du vrai à celle du vrai bien[2] et inscrit le projet d'une reconstruction réflexive du savoir dans un horizon moral qui lui donne son sens. C'est pourquoi il peut dire, au seuil de son entreprise épistémologique : « je croirais commettre une *faute* si j'employais encore à délibérer le temps qui me reste pour agir »[3]. Le désir de justice est plus originel que la volonté de savoir. Il suscite seul, en particulier, la mise en question de la certitude mathématique. Cette *motivation préalable* du doute méthodique, certes, ne sera jamais thématisée comme telle dans l'ordre ultérieur des raisons et Descartes n'a pas davantage que, plus tard, le Husserl de la *Krisis*, les moyens de composer l'*a priori épistémique* dont la requête

1. Ainsi dans la *Doctrine de la science* de 1794, Ière partie, § 1 à 3.

2. *Discours de la méthode*, Ière partie : « J'avais toujours l'extrême désir d'apprendre à distinguer le vrai d'avec le faux *pour* voir clair en mes actions et marcher avec assurance dans cette vie ».

3. *Méditations métaphysiques*, Méditation première. Nous soulignons.

domine explicitement ses Méditations et l'*a priori éthique* qui implicitement en oriente le progrès. Mais une ambiguité n'en affecte pas moins dès ce moment l'essence du « fondement » atteint par la réflexion, qui impose à celle-ci d'en mesurer les deux aspects à la même aune. Elle appelle autant sa reformulation dans les termes d'un *cogito* pratique que l'assignation d'une manière d'*être* accordée à la possibilité qui constitue celui-ci comme tel : la possibilité de la question « pourquoi ? ». A ce niveau de radicalité seulement, en effet, pourrait être avérée l'irréductibilité d'une telle question et proprement déterminée la signification qui est d'abord la sienne.

Mais la critique ontologique du principe de raison redouble ici sa réduction logiciste. Loin d'en contourner la formulation savante et de s'ouvrir au mystère exigeant de sa première demande, elle ne veut voir en lui qu'une hyperbole de la « pensée calculante ». Et au lieu pathétique où Job situait concrètement cette demande en donnant au langage lui-même l'insistance et l'effectivité du cri, elle trouve la volonté de puissance. Comment alors ne répondrait-elle pas à celui qui questionne, comme le bourreau à celui qui implore : « ici, il n'y a pas de pourquoi »[1] ?

Qu'il y ait quelque chose, qu'il y ait de l'être, qu'*il y ait*... et non pas rien – c'est là sans doute ce qui, depuis toujours, est objet d'étonnement pour le philosophe ; c'est ce dont il fait une question et un problème ; c'est ce dont il s'inquiète et à quoi il veut trouver un sens. L'être est la première des questions et d'une certaine façon les contient toutes. Comment, cependant, peut-il devenir lui-même une question ? Comment peut-il être tiré de l'oubli où le jette son ouverture même ? Comment naît-il à l'événement de sa propre scission interne et devient-il *pour soi* ce qu'il est ? De quelle manière enfin, le devenant, libère-t-il contre lui-même des possibilités autres que celles que déploie ordinairement sa geste indifférente ? Une ontologie pure installe ici la réflexion dans une situation où elle cesse, comme la logique pure, de pouvoir rendre compte de l'exigence même qui la porte.

Mais c'est aussi pourquoi elle demeure, à l'instar de la première, dans la dépendance de la Technique.

1. Dans le récit de son séjour à Auschwitz, Primo Lévi rapporte le fait suivant : « poussé par la soif, j'avise un beau glaçon sur l'appui extérieur d'une fenêtre. J'ouvre, et je n'ai pas plus tôt détaché le glaçon, qu'un grand et gros gaillard qui faisait les cent pas dehors vient à moi et me l'arrache brutalement. 'Warum ?', dis-je dans mon allemand hésitant. 'Hier ist kein warum', me répond-il en me repoussant rudement » (*Si c'est un homme*, tr. fr. par M. Schruoffeneger, Paris, Julliard, 1987, p. 29).

La technique en effet ignore la forme et la requête propres de la réflexion. Etrangère à ses propres opérations, elle n'a qu'une existence de fait. Sa tendance à l'indépendance et au système lui donne l'apparence d'une seconde nature et la neutralité d'un processus étranger à toute question de droit [1]. Or c'est ainsi précisément que le logicisme et la Pensée de l'être prononcent l'éclipse de la *personne* et taisent, au sein du discours philosophique, la manière dont, depuis toujours, celui-ci rend témoignage à son inquiétude spécifique. D'un côté, une attention exclusive aux conditions formelles de la signifiance entretient l'illusion d'un empire du sens quand le sens tend, au contraire, à déserter le champ d'une « communication » réduite elle-même à un ensemble de dispositifs anonymes assurant sa conformité aux normes de la raison instrumentale. De l'autre, la volonté de préserver la pensée de toute contamination éthique ou axiologique institue la neutralisation – qui n'était encore, chez Husserl, qu'une règle de *méthode* appliquée à la « thèse doxique » – comme un trait essentiel de la *vérité* elle-même [2].

Et c'est alors aussi bien contre l'espèce d'attirance morbide pour l'indéterminé qui soutient le projet d'une ontologie pure qu'au regard d'une vaine sophistication des outils conceptuels offerts par l'analyse logique du langage qu'il faut, avec Kierkegaard, rappeler qu'« il serait raisonnable qu'être un penseur eût tout de même le moins de différence possible d'avec être un homme ».

Cette proximité, entre le penseur et la personne, n'aurait pas lieu d'être, si l'exigence de justification qui anime la réflexion philosophique ne s'enracinait elle-même dans une *expérience* propre à en exhiber les attendus pré-logiques et à en susciter réellement l'émergence. La réflexion, il est vrai, vient toujours après ; mais comment peut-elle, simplement, *venir* ?

Dans un passage célèbre du livre VII de *La République*, Socrate, après avoir comparé les hommes aux prisonniers d'une obscure « caverne », demande « comment ils réagiraient si on les délivrait de leurs chaînes et qu'on les guérissait de leur ignorance et si les choses se passaient naturellement comme suit : qu'on détache un de ces prisonniers, qu'on le force à se dresser soudain, à tourner le cou, à marcher, à lever les yeux vers la lumière [...] ». L'interprétation scolaire de l'allégorie se contente souvent, à ce point, d'invoquer formellement la figure du « philosophe » et d'identifier *a contrario* la liberté dont

1. C'est le sens de l'adage : « tout ce qui est techniquement possible est légitimement réalisable ». La réflexion est passage du fait au droit, la technique, au contraire, réduction du droit au fait.

2. Comme vérité de l'être.

jouit celui-ci aux vertus de la connaissance rationnelle, sans s'attacher plus avant au statut de ce « on ». Tout au plus tient-elle l'« étonnement » pour l'expérience propre à impulser cette connaissance. Mais ne présuppose-t-elle pas, ce faisant, ce qu'il s'agit d'établir ? La faculté rationnelle ne doit-elle pas, pour pouvoir jouer le rôle que lui attribue l'analyse, avoir été préalablement mise en branle et orientée comme il convient ? Qu'est-ce donc qui rend possible le premier pas hors de la caverne ? Comment devient-on philosophe ?

Le problème crucial du commencement de la philosophie ne trouve pas, dans l'œuvre de Platon, de solution théorique à sa mesure ; mais le mythe d'Er lui ménage une issue symbolique. Platon y distingue, en effet, les « âmes qui venaient du ciel » et celles « qui venaient de la terre » ; et de l'une de celles qui venaient du ciel, il dit, pour expliquer son sort contraire dans l'au-delà, qu'« elle avait appris la vertu par habitude et sans philosophie » ; mais il précise qu'« elle n'avait pas été éprouvée par la souffrance », « au contraire de celles qui arrivaient de la terre » et qui, « ayant elles-mêmes souffert et vu souffrir les autres », « ne faisaient pas leur choix à la hâte » [1]. La *souffrance* est ainsi désignée comme la possibilité même de la réflexion. Elle joue à l'égard de celle-ci le rôle d'un authentique *a priori concret*. Et c'est comme si l'Idée infinie qui oriente la pensée et la vie philosophiques, rendue sensible à elle-même, trouvait dans ce suspens antérieur à toute opération sa véritable origine.

La philosophie, sans doute, naît avec l'étonnement. Mais l'étonnement originaire n'est pas seulement la perplexité dans laquelle nous plonge l'ignorance devenue consciente d'elle-même [2] ou le pressentiment intrigué d'un ordre invisible des choses [3] ; il n'est pas, par exemple, l'espèce d'émerveillement qui saisit l'homme grec devant l'ordre du Ciel [4]. L'étonnement originaire est consternation. Il coïncide avec l'instant premier de la stupeur ou du scandale. Et il ne donne à la réflexion sa hauteur qu'en l'arrimant à cela même qui, dans un tel instant, la destine et l'ordonne. Nulle béatitude dans ce qui ainsi nous tient en arrêt et suscite nos questions. Nulle admiration là où, au contraire, l'étant simplement donné dénonce son propre pouvoir de fascination et dessine au-delà de lui un horizon offert à notre vouloir plutôt qu'à notre savoir. Nous sommes tous des enfants de la terre.

1 *La République*, 619 cd.
2. Aristote, *Métaphysique*, A.
3. Platon, *Théétète*, 155 d.
4. Un tel saisissement trouve en lui-même sa réponse ; il est immédiatement comblé par sa propre facticité. Rien en lui ne suscite, ne réclame ou n'appelle.

La souffrance dénoue le lien qui, dans la réalité humaine, unit l'être et le possible. Elle proteste contre sa propre existence. Ce qui *peut* être lui apparaît comme ce qui *doit* être. Expérience de l'injustifiable [1], elle n'en désire pas moins une justification problématiquement réservée en elle. Nietzsche lui-même remarque : « au contraire du plaisir, enclin à ne considérer que lui-même sans regarder en deçà, la douleur demande toujours des raisons » [2].

C'est pourquoi il est impossible de réduire la question du fondement ou d'en déduire la requête d'un commencement logique ou ontologique qui ne l'impliqueraient pas déjà : on nierait ainsi, non tant la pertinence de l'usage philosophique d'un concept, que le fait que des hommes souffrent.

La phénoménologie devant la tâche d'une répétition pratique de la question du fondement

Ces remarques éclairent la méthode et la visée du présent ouvrage.

D'un côté, il s'agit de préserver, entre la réflexion et son objet, la proximité qu'implique aussi l'idée selon laquelle la méthode, en philosophie, est l'auto-développement du contenu.

De l'autre, il faut prendre acte de ce qu'il n'importe pas tant, à celui qui souffre, de savoir davantage que d'exister autrement, et renouer ainsi avec l'antique amitié du philosophe non d'abord pour la science mais pour la sagesse.

Or, où la vérité ne se joue pas seulement dans l'élément du concept ou dans l'espace clos du texte philosophique, et s'offre autant à la méditation et à l'épreuve, qu'à l'argumentation ou à la preuve, comment la *phénoménologie* ne tiendrait-elle pas lieu de la méthode ? Et quand la souffrance demande des raisons, quand elle demande pourquoi, quand elle en appelle à une justification dont, certes, l'exigence seule est donnée mais dont la réalité est aussi indubitable que celle du mal lui-même, comment l'*éthique* et la *métaphysique* ne nommeraient-elles pas ensemble l'horizon de la recherche ?

Encore faut-il *accorder alors la méthode et la visée* et s'assurer, s'ils existent, des moyens de déterminer solidairement la forme de l'expérience et la forme de la justification.

1. Selon une expression de J. Nabert dont l'*Essai sur le mal* a pour partie déterminé l'orientation de cet ouvrage.

2. *Le Gai savoir*, livre I, § 13.

Or les orientations respectives de la phénoménologie husserlienne et de la phénoménologie heideggerienne laissent mal augurer de leur aptitude à fournir les cadres méthodiques et conceptuels appropriés à une telle entreprise. Bien plutôt rendront-elles nécessaires, dans les pages qui suivent, une *critique interne* et une *mutation* de la phénoménologie.

La première en effet reste fascinée, dans sa détermination de l'essence du phénomène, par l'objectivité de l'objet de connaissance, dont le « rêve brisé » d'une philosophie comme « science rigoureuse », malgré les percées décisives accomplies en direction d'une passivité fondatrice, ne parvient pas à dissiper les prestiges. Et la seconde n'échappe à cette captation objectiviste du sens qu'en faisant taire d'abord en celui-ci la voix de la personne, dont elle ne retrouve l'écho assourdi qu'au cœur bavard d'une « existence » soucieuse d'abord de sa propre persévérance dans l'être. Dans les deux cas, la réflexion du philosophe demeure comme étrangère à son orientation fondamentale et impuissante à se comprendre elle-même.

Si l'on entend, par « philosophie », « ce qui ramène au centre où l'homme devient lui-même en s'insérant dans la réalité »[1], il appartiendra donc à une *phénoménologie radicale*, pour s'installer dans ce centre, de renouer le fil brisé de l'expérience et de la réflexion et de faire droit, au plan d'effectuation de la réflexion elle-même, au désir de justification dissimulé dans son pli. Elle devra introduire une *double continuité* : d'une part entre ce qui nous constitue comme personnes et ce qui nous détermine comme philosophes ou comme « penseurs », d'autre part entre la possibilité universelle de l'expérience (dont toute phénoménologie et même toute philosophie a pour vocation de proposer une description cohérente) et une exigence impliquée, en vérité, dans notre effort même pour être.

Mais de quel « centre » pourra-t-il s'agir sinon, indiscernable de la philosophie en son commencement, de la souffrance elle-même ? Car le mal, nous l'avons dit, n'est pas seulement un objet particulier que trouverait devant soi la réflexion mais encore, en amont d'elle-même, la blessure d'où elle vient. D'une douleur infinie seulement peut naître l'exigence infinie dont la philosophie est le développement. Cette antériorité est loin d'être purement chronologique : elle donne à la pensée sa forme et sa direction les plus générales. Remarquer, alors, que l'apparente contingence du point de départ fait ici la nécessité d'un itinéraire conceptuel auquel elle offre plus qu'une sollicitation aveugle

1. K. Jaspers, *Introduction à la philosophie*, tr. fr. par J. Hersch, Paris, Plon, 1952, p. 10.

et inchoative, c'est soustraire ce point de départ à l'ordre purement subjectif des motivations et lui donner déjà le statut d'un authentique – quoique paradoxal – fondement.

Paradoxal, ce fondement l'est à un double titre : d'une part en ce qu'il introduit l'idée d'un *a priori matériel*, tel que la condition de possibilité de l'expérience est elle-même une expérience ; d'autre part en ce qu'il consacre l'unité de deux questions dessinant conjointement et *cooriginairement* le cadre dans lequel s'accomplissent l'ensemble de nos états et de nos conduites : « pourquoi quelque chose, et non pas plutôt rien ? » ; « pourquoi le mal, et non plutôt le bien ? ». Notre thèse, selon laquelle *la question du sens de l'être s'enracine dans l'expérience du mal*, exprime la solidarité absolue de ces deux questions – au point de les faire apparaître comme deux visages, deux aspects d'une seule et même interrogation fondamentale. Elle doit être opposée aussi bien au projet d'une ontologie pure qu'à une description de la relation éthique qui, pour s'acharner contre une conception unilatérale de la présence et de la manière dont se trouve scellée, en celle-ci, l'unité de l'être et de sa manifestation, croit pouvoir en appeler à l'idée d'un Bien « au-delà de l'être » mais s'interdit ainsi d'en accorder l'injonction et la promesse avec les conditions les plus générales de la finitude.

Une phénoménologie radicale devra donc s'accomplir elle-même comme une *phénoménologie de la souffrance*. Et c'est d'une telle phénoménologie qu'il faut attendre qu'elle approche l'aube des questions enfouies dans l'expérience et fournisse à la réflexion le fil conducteur d'une explicitation propre à en délivrer, *d'un même mouvement*, la structure d'être et la signification transcendante.

Deux difficultés, cependant, surgissent alors sur le chemin qui est le sien :

a) La première est la difficulté même de *penser le mal*. D'un côté, en effet, le mal n'est pas l'objet d'un *voir*. Il n'appartient pas à la lumière du monde. Son mode d'apparition à la conscience n'est pas celui de l'objet connaissable. Dans la nuit absolue où il se tient, s'absorbent les horizons déployant le champ du visible et accordant d'avance toutes choses à notre pouvoir de représentation. Il court-circuite le jeu des synthèses intentionnelles et suspend l'ouverture ekstatique où celles-ci prennent source. D'un autre côté, le mal n'est pas une *signification*. Il est le point aveugle où s'accuse la vanité des discours et où s'abîme notre aptitude même à signifier ou à donner sens. *Impénétrable au regard et au langage*, il renvoie dos à dos une phénoménologie de la connaissance et une philosophie de l'existence marquées en profondeur par le primat de la représentation, et un sémantisme clos [1].

Faudra-t-il renoncer alors à penser le mal ou, du moins, à faire l'économie du long détour que s'impose l'herméneutique pour en ressaisir *indirectement* l'événement singulier dans le mythe et le symbole [2] ? Nous aurons l'occasion d'expliquer pourquoi, si, comme nous le soutiendrons, *la souffrance a seule le pouvoir de faire apparaître la faute* et s'il s'agit par conséquent de comprendre d'abord, non ce que faillir, mais ce que souffrir veut dire, cette méthode, malgré sa fécondité, ne peut suffire [3].

Mais la passivité radicale et le temps incertain du souffrir indiquent d'eux-mêmes une dernière voie : celle qu'ouvre la doctrine husserlienne de l'*impression originaire*. C'est dans cette doctrine [4] que nous trouverons les principaux éléments d'une phénoménologie conviée, pour s'accorder à son objet, à s'accomplir comme une phénoménologie de la *hylè* comme telle. Une phénoménologie de la souffrance s'accomplira donc comme une *hylétique transcendantale*. Et c'est de cette manière qu'elle devra, ensemble, porter au langage l'essence de la manifestation et déceler en celle-ci l'ébauche ou, comme nous l'écrirons plus volontiers, la forme d'une justification modelée sur la forme même de l'expérience possible.

b) Mais une seconde difficulté se présente à ce point : comment rendre *publiquement acceptable* l'équivalence, impliquée dans un tel projet, entre souffrance et phénoménalité ? Comment ne pas paraître suspect de dissimuler, sous cette coïncidence paradoxale de l'empirique et du transcendantal et finalement sous l'idée, non moins paradoxale, de la souffrance comme expérience ontologique, un psychologisme, un affectivisme, un dolorisme – bref un empirisme coupable ? Le *discours* philosophique ne risque-t-il pas de renoncer à lui-même en faisant le choix de la *présence* compris ainsi comme le choix du singulier, de l'intime et du profond ? Cette question, appliquée non plus à la

1. C'est l'opposition méthodique entre l'*angoisse* et la *souffrance* qui nous permettra, d'une part, de marquer l'impuissance de la phénoménologie transcendantale puis de l'ontologie fondamentale à faire droit à la réalité du mal. Et c'est la question de savoir comment le sens peut apparaître, non comme une présupposition, mais comme une tâche, qui nous déterminera, d'autre part, à donner congé à des philosophies fermant le langage comme s'il ne parlait que de soi.

2. L'œuvre de Paul Ricœur, on le sait, porte exemplairement la marque d'une telle patience.

3. Cette réserve appelle non l'exclusion mutuelle mais la complémentarité des méthodes prenant en vue ces deux formes du mal humain.

4. Une fois rendue indépendante du *télos* récurrent de l'objectivité.

méthode mais à l'objet de l'analyse, déterminera ultérieurement nos efforts pour élaborer une conception de l'essence du phénomène enveloppant la possibilité du discours et propre ainsi à surmonter l'antinomie de la présence et du signe. Mais la difficulté revient, dans un premier temps, à celle de savoir comment affirmer le droit de tenir la souffrance pour le fil conducteur et pour le centre d'une ontologie phénoménologique jouissant du degré de généralité requis.

Qu'un tel droit, loin d'être acquis d'avance, doive être d'abord méthodiquement conquis, c'est ce qui nous obligera à ne pas nous installer tout de suite en ce centre mais à *déduire* d'abord la nécessité, pour toute réflexion philosophique conséquente, d'en revenir à lui.

Le travail présenté porte la marque d'un tel scrupule : la *déduction de l'apriorité du mal* y sert d'introduction à une phénoménologie de la souffrance dont elle anticipe les résultats mais qui ne trouve qu'en elle, en retour, une légitimité propre à en soutenir objectivement l'ambition. L'ensemble s'articulera ainsi en deux moments entre lesquels le passage serait celui d'une *phénoménologie réflexive*, c'est-à-dire d'une phénoménologie de la phénoménologie prenant pour point de départ le fait de la réflexion et allant à la rencontre de son propre commencement, à une *phénoménologie descriptive* sommée réciproquement, pour déterminer ce commencement comme tel, de se laisser guider par la réflexion comme par l'accomplissement d'une possibilité d'avance incluse en lui.

Le rapport circulaire qui unit ces deux moments nous semble marquer l'originalité d'une démarche faisant écho autant au projet fichtéen d'une déduction de la réflexion, qu'à la doctrine biranienne du « fait primitif ». Il situe notre propos à l'intersection d'une enquête de type transcendantal et d'une attention fervente à l'immédiat.

C'est ainsi que les trois voies parallèles que suit la déduction et qui reconduiront successivement la phénoménologie transcendantale (Ière partie), l'ontologie fondamentale (IIème partie) et la philosophie du langage (IIIème partie) à leur commune présupposition, n'invitent pas seulement tour à tour à reconnaître en celle-ci un événement coïncidant avec l'expérience du mal, mais encore à élever cette expérience elle-même au rang d'une condition de possibilité et par là, encore une fois, d'un authentique fondement.

Sans nous arrêter plus avant sur cette circularité ni sur les raisons qui nous ont déterminé à renvoyer à un prochain ouvrage une description détaillée de la souffrance dont nous ne proposerons ici que les linéaments, nous voudrions insister sur les aspects constructifs et sur la fécondité propre de cette déduction au plan théorique qui est le sien.

Cette fécondité se marquera d'abord dans la mise en œuvre d'une *méthode de composition* analogue à celle que Fichte applique dans le cadre de sa propre entreprise fondationnelle mais *enracinée dans la chose même* et plus favorable encore que chez l'auteur de la *Doctrine de la science* à l'intégration des opposés à l'intérieur d'une synthèse où chacun exprime, non une apparence trompeuse, mais un aspect ou un visage déterminé de l'essence. Cette méthode favorisera, dans les pages qui suivent, une conception unitaire de la présence et du signe (ch. V), du temps et de l'instant (ch. VI), de la transcendance et de l'immanence (ch. VII). Elle suscitera encore une interprétation de l'*Ereignis* et du « fait-de-la-raison» propre à mettre en évidence, entre l'événement qui, selon Heidegger, ouvre le champ de la manifestation et celui qui, selon Kant, donne carrière à la vie morale, un rapport de présupposition mutuelle (ch. VIII). Enfin elle nous permettra d'éclairer, entre le Temps et l'Autre, une réciprocité inscrivant le projet d'une métaphysique dans le prolongement de considérations onto-phénoménologiques de prime abord étrangères à ses exigences propres (ch. XI).

Mais la fécondité de la déduction se marquera encore en ceci que ses trois grands moments, bien qu'ils tracent des voies parallèles, correspondent aussi à *trois étapes d'une même progression spéculative* et contribuent autant à déterminer positivement le contenu de l'*a priori,* qu'à fournir sa justification formelle.

C'est ainsi que le mouvement opéré à partir de la phénoménologie transcendantale manifeste l'irréductibilité de l'*exigence* logée au cœur de l'*évidence* originaire et fait apparaître, à l'intérieur du fondement, une scission ou un dédoublement qui en constitue l'essence même. C'est ainsi encore que le mouvement accompli à partir de l'ontologie fondamentale détermine proprement cette essence en exhibant l'identité du *Temps* et de la *Raison.* C'est ainsi, enfin, que le mouvement développé à partir de l'herméneutique et de la pragmatique transcendantale, en reconduisant le langage au silence paradoxal qui le révèle impérativement à lui-même, fait apparaître la *forme dialogique de l'expérience possible* et réfère cette forme comme telle à l'auto-engendrement, dans le temps suspendu du souffrir, d'une Idée pratique dont dépendent, à des degrés divers, toutes nos opérations de signification.

Mais en scellant ainsi, pour chacune des trois grandes étapes qui scandent son parcours, l'unité de la méthode et du contenu, une phénoménologie réflexive ouvrira encore intérieurement cette unité elle-même à un sens étranger au savoir et à la spéculation.

L'un des résultats de la déduction est en effet l'impossibilité d'une déduction complète. Or cet inachèvement même instruit la réflexion et la rend à son bien véritable. D'une part, il subordonne l'ambition théorique d'une *fondation* transcendantale à la quête pratique d'une *justification* comprise comme une question posée à notre liberté. D'autre part, il situe l'analyse au point de dédoublement et d'articulation de ces deux acceptions du fondement et lui permet de tirer profit de cette position stratégique pour élaborer en son lieu propre la question même de la justification.

C'est donc pour déterminer la signification *positive* de cette impuissance de la conscience philosophique à épuiser théoriquement son objet que nous inscrirons dans le prolongement de sa propre réflexion sur soi l'idée d'une *répétition pratique de la question du fondement* et par là d'une « métaphysique des mœurs » dont les directions, données par hypothèse avec la souffrance elle-même, s'offriront comme telles à la description pure.

Nous voudrions à présent articuler organiquement les trois traits qui, dans les pages qui suivent, résument l'idée d'une phénoménologie radicale et assurent cette transition paradoxale. Ces trois traits correspondent en effet à trois niveaux de l'analyse que notre thèse, encore une fois, consiste à mettre en continuité. C'est cette continuité – la continuité donc entre la *phénoménologie*, l'*ontologie* et la *métaphysique* en son lieu éthique – qu'il s'agit de mieux faire apparaître.

Soit donc la formule à laquelle nous avons ramené un peu brutalement, dans le présent ouvrage, l'idée d'une phénoménologie radicale : « tout est donné, rien n'est construit ». Comment lui attribuer une signification à chacun de ces trois niveaux ?

Au *premier niveau*, elle signifie que le « donné » n'est pas coextensif seulement aux réalités de fait mais englobe encore, comme l'a très tôt montré Husserl en élaborant sa doctrine de l'intuition catégoriale, les éléments « constructifs » de la connaissance et de l'action. Dans cette perspective, toutefois, c'est le fait de la philosophie qui reste problématique – à la fois parce qu'il porte à leur plus haut degré d'abstraction et de généralité de tels éléments et parce qu'il inverse en quelque sorte le cours prodigue de la donation elle-même. Nous avons beaucoup écrit, dans ce livre, que l'énigme non résolue de la phénoménologie husserlienne et de la phénoménologie heideggerienne était celle de la possibilité de la réduction, de l'*épochè* phénoménologique en tant que telle. Une relation nécessaire doit donc être établie entre réduction et donation, telle qu'en la donation d'où procède et où ne cesse de s'alimenter toute expérience comme toute formation théorique ou pratique soit donnée aussi la possibilité de la réduction, et qu'en la réduction, réciproquement, soit préservée la trace ou, comme nous avons préféré l'écrire, le stigmate d'une antécédence dont la « souffrance » est l'autre nom. En termes cartésiens – et bien que nous nous soyons posé moins, tout au long de ce travail, des problèmes de validité que des problèmes de constitution – , il faudrait dire à la fois que l'évidence jaillit à l'intérieur de l'expérience du doute comme une modalisation immédiate du doute lui-même et qu'elle y fait corps avec une exigence dont celui-ci ne constitue pas moins la circonstance la plus propre. Pour notre part, c'est pour avoir assumé la thèse, qui est kantienne avant d'être heideggerienne, selon laquelle le *temps* est la condition de tous les phénomènes, et conçu par conséquent la donation originaire comme un mode originaire de temporalisation, que nous avons introduit l'idée d'une *épochè constitutive du temps lui-même.* C'est cette *épochè*, en effet, qui introduit au cœur des trois ekstases temporelles le moment d'hésitation qui en retient l'élan et fait apparaître l'horizon multiplement déployé par leur puissance, non comme l'effet de quelque dynamisme aveugle, mais comme l'ouvert d'une *tâche* laissée à notre initiative. Le temps suspendu de la réflexion s'enracine dans le temps suspendu du souffrir.

Le passage de la phénoménologie à l'ontologie – et nous en venons ainsi au *deuxième* des trois niveaux distingués à l'instant – tient tout entier dans ce renvoi de la réflexion à l'événement qui en soutient réellement l'opération. Un tel événement coïncide en effet avec l'ouverture même du champ phénoménal et vérifie à la fois l'énigmatique propension de l'être à la manifestation et l'origine temporelle d'une telle propension. A ce niveau, l'idée directrice d'une phénoménologie radicale trouve une expression adéquate dans la proposition de Michel Henry selon laquelle la manifestation de l'essence est l'essence de la manifestation : une ontologie phénoménologique ne serait pas possible si son objet n'était d'une façon ou d'une autre soustrait à la duplicité qui affecte, selon Heidegger, la donation originaire et rend sa prodigalité très parcimonieuse. Dire, au contraire, que « tout est donné », c'est dire que ce qui donne fait soi-même partie de ce qui se montre. Ce qui est donné est l'acte même de donner. Cette structure récurrente de la phénoménalité ne justifie nullement, toutefois, les conséquences qu'en tire M. Henry pour avoir adopté sans critique préalable la conception heideggerienne de la temporalité. Elle n'autorise pas à conclure à l'atemporalité de l'essence. Il revient au même d'affirmer, en effet, que ce qui apparaît dans la souffrance n'est pas un étant mais bien l'événement d'*être*, et que dans le suspens qui en brise l'élan et l'enroule sur soi, le *temps* lui-même se montre. Mais comment se montre-t-il ? Et comment sa propre manifestation peut-elle s'ouvrir intérieurement à ce qui *excède* les possibilités d'avance libérées par sa puissance et s'annonce en lui comme un avenir distinct de tout futur empiriquement réalisable ?

Le passage de l'ontologie à la métaphysique dépend pour l'essentiel de la réponse qui peut être apportée à cette question. A ce *troisième niveau*, en effet, le « donné » dont il s'agit dans l'expression « tout est donné » enveloppe cela même dont l'essence est d'une certaine façon de se refuser à toute donation : la phénoménalité, par la manière dont elle se phénoménalise et tient en suspens les possibilités déployées par sa propre temporalité immanente, accueille *en elle-même* la différence entre phénomène et noumène. Elle se produit comme ce qui annonce, dans le temps, un sens ouvrant intérieurement le temps sur son autre. Ce qui se montre ainsi est donc radicalement un *Autre*. Mais cet Autre est à entendre moins, en définitive, comme l'autre de la manifestation, que comme ce qui l'infuse et dépose en elle le chiffre muet d'une *intimation* donnant carrière à la promesse, muette aussi, de la grâce. L'idée d'une *épochè* originaire doit donc être mobilisée de nouveau à ce point. Seule, en effet, la suspension des possibilités libérées par l'ekstase du temps peut marquer ces possibilités comme telles du sceau d'une exigence déterminant leur être propre et situant leur lieu dans un Autre. C'est pourquoi il revient au même de dire que la souffrance fait apparaître le temps comme l'horizon d'une tâche infinie, et que *le temps du souffrir se passe comme attente de l'Autre*. L'événement qui détermine le mode de production de la différence ontologique est indiscernable d'un désir de justification dont les voies différentes correspondront ainsi à différentes figures de l'Autre et à différentes manières dont peut être noué, dans l'ordre du partage comme dans l'ordre du sacrifice, ce que nous appellerons pour cette raison *le cercle de la liberté et de la grâce*.

La continuité introduite par ces trois séries de remarques entre ce qui nous rend *possibles* et ce qui, le cas échéant, pourrait nous *justifier*, superpose deux acceptions du fondement que leur apparente étrangeté mutuelle pourrait plus facilement faire tenir pour incommensurables. Par là s'éclaire le statut ambigu qui est, dans les pages suivantes, celui de la « transcendance ». Car si ce terme désigne à la fois l'ouverture du champ de l'expérience [1] et ce qui, dans ce champ lui-même, fait signe en direction de quelque chose dont l'essence propre est de n'être pas

1. Selon son acception ontologico-existentiale.

d'avance inclus en lui [1], alors notre travail dans son entier doit être compris comme le trajet qui va d'un sens de la transcendance à l'autre et s'applique à ne pas rompre le lien qui les unit.

Sans doute cette continuité mesure-t-elle, à bien des égards, la sorte de pari spéculatif qui soutient toute l'entreprise. Mais au moins a-t-elle le pouvoir de donner à la répétition de la question du fondement dont la tâche se confond, dans notre perspective, avec celle d'une phénoménologie de la souffrance, le sens non d'une destruction mais d'un *accomplissement*. Cet accomplissement serait celui d'une détermination de l'être de la personne s'ouvrant sur des principes et sur des règles à l'usage des personnes.

Nous avons voulu, ce faisant, appliquer scrupuleusement le principe fichtéen de l'*unité de l'expérience*, en vertu duquel celle-ci est articulée universellement « d'une seule manière possible et déterminée ». Un tel principe dénonce non seulement comme une faute logique mais encore comme une violence latente tout choix spéculatif qui aurait pour effet d'amputer l'expérience de l'une de ses dimensions constitutives ou enfermerait la réflexion dans une perspective méthodique qui lui en fermerait l'accès. Il commande, dans cet ouvrage, les critiques adressées respectivement à l'interprétation heideggerienne de la métaphysique et aux philosophies du langage d'inspiration trop étroitement logique ou linguistique. Cette amputation n'est-elle pas caractéristique d'ailleurs, comme le suggère un titre connu, de « l'homme unidimensionnel » voulu par la technique moderne ? La technique n'est pas l'accomplissement de la métaphysique mais sa négation. Elle est, dans son essence, oubli de la personne. Sa véritable « ruse » est de laisser croire le contraire.

Mais le même principe ne nous commandait-il pas, sur un autre plan, de faire sa place dans notre analyse à une expérience qu'apparemment elle exclut : l'expérience de la joie ? Cette préoccupation n'a pas été étrangère à l'effort accompli, dans les dernières pages de ce livre, pour ancrer dans la souffrance elle-même une *espérance* qui seule explique la capacité mystérieusement donnée à la conscience souffrante non certes d'assumer mais, du moins, d'endurer le mal.

Certes, la place faite ainsi, au cœur même du présent absolu du souffrir, à ce qui ne serait pas le mal, ne désigne qu'en creux celle de l'expérience positive et pleinement affirmative de la joie. Mais au moins fallait-il reconnaître que cette expérience n'est pas première et qu'il n'y aurait sans cela ni le discours ni la philosophie. Chez Spinoza

1. Selon son acception éthico-métaphysique.

lui-même la joie ne vient qu'à la fin comme la grâce promise à l'âme réunie par l'amour avec la « nature entière ». Appartient-il encore à la réflexion de dire comment elle peut, simplement, venir ? C'est la question que nous posions plus haut à propos de la réflexion elle-même. Peut-être appellent-elles une réponse commune.

Il conviendra de rappeler, dans cette hypothèse, que la souffrance, bien qu'elle s'éprouve immédiatement comme ce-qui-ne-*doit*-pas-être, s'accomplit comme *désir* de l'Autre. Car n'enveloppe-t-elle pas aussi de cette façon le moment d'affirmation et la sorte d'abandon qui nous rendent disponibles pour l'amour ? Une phénoménologie de la souffrance devrait alors offrir ses ressources à une dialectique de la valeur et de la norme. Elle montrerait qu'une philosophie prenant son point de départ dans l'expérience du mal n'est pas définitivement fermée aux quelques bontés et aux quelques beautés du monde.

Mais peut-être, au contraire, le discours doit-il s'arrêter sur le seuil de ce que nous avons appelé à dessein la « *grâce* de l'Autre » – dont le cercle qu'elle noue multiplement avec la liberté suggère plutôt l'*incondition* de toute joie comme de toute justification.

Du moins nous serons-nous efforcé, dans les deux cas, d'entendre ce que disait un jour Paul Ricœur : qu'« il y aura toujours quelque part un poète ou un prophète – nous serions tenté d'ajouter : ou un philosophe – qui interpellera l'homme et qui lui dira : 'et pourtant...', 'malgré tout...', 'en dépit de ...' ».

PREMIÈRE PARTIE

LE FONDEMENT EN PERSONNE

(la voie phénoménologique-transcendantale)

La phénoménologie transcendantale offre, telles étant sa visée fondationnelle et la manière dont, en relation à celle-ci, elle conçoit et réalise sa tâche, la possibilité d'une détermination réciproque de l'essence de la philosophie et de l'essence de la technique. Cette détermination devient explicite dans la dernière grande œuvre de Husserl [1], où elle revêt la forme d'une contradiction dont le thème de la « crise » dramatise la portée. Mais par un choc en retour de l'objet sur la méthode, ce thème, au moment où il fait son entrée sur la scène phénoménologique, révèle indirectement les hésitations et les ambiguïtés de la phénoménologie elle-même. Il met en évidence, au cœur de la raison philosophique, un conflit d'intérêts dont celle-ci est impuissante à trouver en elle-même la solution.

En réponse aux « questions qui portent sur le sens ou l'absence de sens de l'existence humaine », « sur la raison et la non-raison », « sur nous-mêmes les hommes en tant que sujets de la liberté, qu'est-ce [...] que la science a à nous dire ? », demande d'abord Husserl : n'a-t-elle pas « laissé tomber [...] toutes ces questions que l'on appelle avec assez d'obscurité 'les questions ultimes et les plus hautes' » [2] ? Ce qu'il stigmatise ainsi, c'est, sans doute, l'efficacité aveugle des sciences positives ; mais c'est davantage la violence réelle d'un monde dont celles-ci, par l'oubli dans lequel elles plongent leur « fondement », ne sont qu'une expression particulière. Comment expliquer dans ces conditions qu'il n'oppose ensuite, aux concepts opératoires des rationalités instituées, qu'une nouvelle idée de la science, et qu'il ne substitue, au déferlement des « puissances empiriques », qu'un traitement unilatéral de la question du fondement dans le cadre duquel tout l'effort spéculatif est mis au service de l'idéal d'objectivité critiqué dans un premier temps ? Car il fait douter ainsi que la phénoménologie transcendantale nous en dise beaucoup plus sur « nous-mêmes, les hommes », en tant que nous sont posées « les questions qui portent sur le sens ou l'absence de sens » de notre existence.

De l'aveu même de l'auteur de la *Krisis*, la question ultime à laquelle se trouve confrontée la spéculation lorsqu'elle entreprend de

1. *Die Krisis der europaïschen Wissenschaften und die transcendantale Phänomenologie, Husserliana VI*, Den Haag, Nijhoff, 1954. Tr. fr. par G. Granel, *La Crise des sciences européennes et la phénoménologie transcendantale*, Paris, Gallimard, 1976. Nous indiquerons désormais en premier lieu la référence au texte français, puis la référence au texte allemand dans l'édition W. Biemel notée *Kr*.

2. *Op. cit.*, respectivement p. 10 et p. 13 / *Kr*, p. 4 et p. 6.

ranimer sa propre flamme, est celle de l'origine du « désir de *justification* absolue » dont dépendent, « comme d'un instinct », toutes les tentatives des penseurs [1]. Mais ce désir – ou, comme l'appelle encore Husserl, cette « ultime authenticité d'origine qui, une fois aperçue, contraint apodictiquement le vouloir » [2] – peut-il être réduit alors à celui d'une *fondation*, d'un « sol », d'une base axiologiquement neutre pour toutes les prestations théoriques et pratiques qui en dépendent ? N'a-t-il pas une autre source que la « corrélation apriorique » structurant dans un demi-anonymat la vie transcendantale et une autre visée que l'élaboration d'une nouvelle méthodologie propre à vérifier – sans l'avoir préalablement mise en question – l'identité de la vérité et du savoir ?

Que le « fondement » désigne à la fois, pour le phénoménologue transcendantal, le sol sur lequel repose *en fait* un ordre de phénomènes et le principe sur lequel repose *en droit* un système d'assertions et de règles, c'est ce qui lui fait obligation d'élaborer cette différence elle-même en problème. Qu'il ne le puisse sans inconséquence qu'*en tenant le fondement lui-même pour l'auto-différenciation du fait et du droit*, telle est la thèse que nous soutiendrons : la requête de justification appartient à l'essence du phénomène ; elle n'est pas moins constitutive du fondement au sens de la phénoménologie que l'objet atteint par celle-ci au terme des « réductions » successives qui ponctuent son progrès.

Mais il nous faut, avant d'accéder au niveau de radicalité qui, à la faveur du tournant ontologique de la phénoménologie, nous permettra d'envisager sa levée, assumer d'abord la difficulté comme telle. Or l'expression la plus visible en est, dans la *Krisis*, l'abîme creusé entre la teneur éthique des problèmes et la forme épistémologique des solutions. C'est donc ce déphasage qui nous arrêtera dans un premier temps (ch. I). Nous décrirons ensuite l'échec de la « science absolument fondée » dont l'idée avait servi de fil conducteur pour la critique des sciences positives : c'est elle qui met la phénoménologie elle-même en crise et rend nécessaire sa mutation (ch. II). Enfin nous amorcerons cette mutation en lui donnant la forme d'une réflexion seconde de la phénoménologie sur sa propre possibilité et sur sa propre motivation (ch. III). Mais en reconduisant à cette fin l'*épochè* phénoménologique elle-même à son point d'ancrage dans l'expérience, nous aurons en vue moins la méthode désignée par ce nom qu'une détermination de l'être du phénomène accordée à son énigmatique et paradoxal suspens.

1. *Ibid.*, p. 12 / *Kr*, p. 12.
2. *Ibid.*, p. 24 / *Kr*, p. 16.

CHAPITRE PREMIER

ÉTHIQUE ET THÉORIE DE LA CONNAISSANCE

1. L'essence de la crise

On ne peut qu'être frappé, en lisant la *Krisis*, par la coexistence, dans le même ouvrage, de préoccupations, de concepts et de méthodes appartenant à des champs de réflexion traditionnellement séparés et par l'absence de toute élaboration consciente du problème posé par leur distorsion. Comment concilier l'humanisme de la première partie (§ 1 à 7) et de la conclusion (§ 73) et le transcendantalisme qui, *via* la critique de l'objectivisme naturaliste et du psychologisme, domine le corps du livre ? Comment restaurer la continuité d'un discours reconduisant, d'un côté, à la « volonté philosophique » identifiée à la « volonté personnelle de l'homme », et, de l'autre, à la « vie constituante » – ou, comme il est dit d'autres fois, « opératoire » (*leistende*) – de la subjectivité transcendantale ? Comment, en un mot, surmonter une disparité que les circonstances de la rédaction [1] ne suffisent pas à expliquer ?

Ces questions ne pourront recevoir une réponse que si se trouve d'abord clairement reconnu le *hiatus* dont elles se révéleront être la sanction et dont nous avons soupçonné qu'il affectait en premier lieu la signification même de la « crise » dont Husserl élabore le concept.

Le diagnostic de crise s'applique d'abord explicitement, en effet, aux sciences positives. Or la crise des sciences n'est elle-même, selon le titre de la première partie de l'ouvrage, que « l'expression de la crise radicale de la vie dans l'humanité européenne ». C'est qu'il apparaît d'emblée paradoxal de parler d'une crise des sciences en tant que telles : « [leur] rigueur, l'évidence de leurs prestations théoriques, celle

1. Sur ce point, cf. G. Granel, *op. cit.*, p. I-II, qui résume W. Biemel, *Kr*, p. XIII-XXII.

des succès contraignants – et durablement contraignants – qu'elles obtiennent sans cesse, sont hors de question ». La crise des sciences n'est donc pas crise épistémique (elle n'est pas, par exemple, crise d'axiomatique) ; elle ne concerne pas le développement interne de l'activité scientifique elle-même.

Mais la réussite même des sciences positives justifie d'un autre point de vue ce diagnostic. Elle n'est en effet possible qu'au prix d'une réduction techniciste de l'idée initiale de la science telle que la promeut l'« humanité antique » et sanctionne leur complète ignorance des questions qui, « pour une humanité authentique », « sont les questions décisives »[1]. Sur l'exemple de la formalisation mathématique dont les progrès accompagnent le développement de la physique galiléenne, Husserl s'efforce de montrer que, réduites à de pures « méthodes opératoires », les sciences, devenues étrangères à ce qu'il appelle le « monde ambiant de la vie quotidienne », n'ont pour cette raison « plus rien à nous dire ». Non qu'elles ne s'enracinent encore d'une certaine façon dans celui-ci avec les savants, leurs théories et leurs dispositifs expérimentaux mais cette appartenance – l'appartenance de la science à la « vie » – a cessé d'être pour elles une question ; elle n'est plus prise en compte dans leur évolution. Si l'on entend, par « monde de la vie » (*Lebenswelt*), l'horizon de constitution de toutes les théories et pratiques particulières, leur « sol » véritable et indépassable, la crise des sciences s'entendra donc comme l'oubli par celles-ci de cela même qui fonde pré-objectivement la possibilité d'une science en général ; elle sera – en un premier sens du terme – crise de fondement.

Or à y regarder de plus près, c'est moins la science que l'auto-interprétation positiviste de la science qui consomme cet « oubli du fondement ». Le problème est moins, alors, que les théories scientifiques, comme pures méthodes opératoires, soient devenues aveugles à ce qui les fonde, qu'elles ne fassent valoir désormais leur réussite elle-même comme une « justification » suffisante de leur existence. Car la réussite d'un ensemble d'opérations ressortit à la fois au plan d'élaboration de la théorie et au système de représentations qui, à l'intérieur d'un contexte intersubjectif débordant largement les limites de la seule « cité scientifique », assure leur promotion idéologique. C'est donc seulement parce qu'elle met en scène sa performance et situe dans celle-ci la source de toute légitimité que la science peut se soustraire au jugement qui de l'extérieur lui demanderait de rendre compte de son inaptitude à prendre en charge les questions que Husserl

1. *Op. cit.*, p. 10 / *Kr*, p. 3-4.

juge « brûlantes à notre époque malheureuse ». La crise des sciences ne tient pas tant à l'oubli dans lequel celles-ci tiennent leur fondement qu'à la *perversion techno-logique de l'essence même du fondement.*

C'est en quoi elle est proprement « crise de la raison », crise intérieure à la raison elle-même : la raison est en crise lorsque, faisant cortège au succès d'un ensemble d'opérations, elle renie sa dimension éthique [1] pour épouser l'auto-mouvement aveugle qui consacre leur efficience. En opposant la *réussite* des sciences positives et l'*auto-responsabilité* de l'humanité, Husserl fustige cette réduction du légitime à l'efficace, ce « droit » factuellement acquis d'ignorer le droit par quoi la technique célèbre son propre règne.

Ainsi s'éclairent corrélativement l'interprétation de la crise comme « coupure entre la science et la vie » et la signification philosophique de ce dernier terme. Ce qui est reproché aux sciences positives en tant que « simples sciences de *faits* », c'est de n'être plus porteuses de *valeurs* propres à promouvoir une humanité nouvelle. Par cette coupure, il faut entendre donc la constitution d'un monde de faits et d'un monde de valeurs étrangers l'un à l'autre et le divorce, prononcé au même moment, de la raison théorique et de la raison pratique [2]. C'est ce divorce, en retour, qui rend possible l'alliance de la raison théorique et de la raison instrumentale et la montée d'un irrationalisme pratique dont Husserl fit plus qu'entrevoir les périls. Bien des passages, dans la *Krisis*, emprunts de la nostalgie du monde grec, suggèrent cette quasi-synonymie entre la « vie » (qui est donc tout sauf un concept biologique) et l'idée d'une « autonomie pratique » indiscernable encore de l'« autonomie théorétique » que confère la science selon son idée première. Certes, pas plus qu'il ne se demande si la science – non l'idée de la science mais la science effective – fut jamais porteuse de valeurs pour l'humanité, Husserl ne dit clairement ce qu'il faut mettre sous cet idéal épistémique élargi au monde des fins et des valeurs. Mais il fallait bien déterminer d'abord le sens profond de la crise qui affecte la rationalité dans le monde moderne. A cet égard, la « coupure » essentielle au diagnostic dont celle-ci fait l'objet ne passe pas seulement entre la science et la vie, mais bien encore à l'intérieur de la vie elle-même. Elle sépare une vie adonnée au buts finis du monde naturel et une vie mue par des « tâches infinies ». C'est pourquoi l'opérationalisation du savoir exprime en dernier ressort une

1. Nous entendrons désormais par ce dernier terme une propension particulière à poser des fins et à évaluer leur légitimité en fonction de leur accord ou de leur désaccord avec les possibilités les plus propres de l'homme.

2. Divorce ignoré par hypothèse d'une « humanité antique » idéalisée.

menace pesant, non sur tel ou tel système de valeurs auquel nous serions demeurés attachés comme la mémoire aux ruines d'un passé aboli (le « monde grec »...), mais sur l'*éthicité de l'homme* en tant que telle. La crise est indivisément crise du sens et crise de l'homme. Elle est crise de la faculté proprement humaine d'interroger et de donner sens. Ce que nous « oublions » dans l'attitude scientifique en nous détournant du « monde de la vie », c'est ce qui donne à l'homme un monde et fait de lui un homme.

2. La crise du sens

Si telle est bien l'essence de la crise, la question se pose de savoir : a) si le remède proposé par Husserl est approprié à la nature du mal ; b) si le motif éthico-téléologique apparent dans l'idée d'un rationalisme conçu comme « combat pour le sens de l'homme » n'a pas nécessairement, dans un contexte où dominera désormais l'effort fait par le phénoménologue pour donner à la « vie » elle-même la consistance d'un objet accessible à une « science » d'un type nouveau, le caractère d'un motif récurrent ; c) si la récurrence du motif éthico-téléologique ne vient pas démentir la neutralité de la « corrélation apriorique » censée livrer, au terme de la *Rückfrage* accomplie dans sa direction, l'ultime secret de cette vie. La première question concerne le rapport de la méthode à la vérité cherchée ; la deuxième, l'appartenance éventuelle de l'éthique à la sphère primordiale ; la troisième enfin l'essence même du « fondement » oublié. Toutes trois intéressent les conditions de possibilité du diagnostic de crise. Elles doivent susciter l'*auto-réflexion de la phénoménologie transcendantale*. Ce sont les réponses que nous leur apporterons qui nous obligeront à les inscrire au passif de celle-ci et à donner alors à cette réflexion seconde la forme d'une critique interne.

a) La possibilité du chaos

En tant que pures techniques conceptuelles, les sciences positives sont autant d'expressions d'une crise de la rationalité touchant non seulement la sphère des productions théoriques mais encore les conditions d'une *existence* humainement possible. C'est d'ailleurs comme « contradiction existentielle »[1] que la crise vient solliciter le philosophe et se fraye une voie jusqu'à lui. Aussi sa dénonciation enveloppe-

1. *Op. cit.*, p. 23 / *Kr*, p. 15.

t-elle ensemble une profession de foi rationaliste, une conception qui n'est pas d'abord logique mais éthique de la rationalité, enfin la claire conscience de la précarité d'un « règne de la raison » considéré pourtant comme la marque même du séjour humain dans l'être. Nul doute que la série formée, dans la *Krisis*, par les paragraphes 1 à 7 (enrichie du paragraphe 73), implique ainsi une détermination de l'essence de la technique faisant pièce à l'interprétation qu'en propose Heidegger au point de la retourner contre elle-même [1]. Quelle qu'en puisse être, comme nous le verrons, la dissolution progressive dans le corps de l'ouvrage, elle permet de repérer dans le *pathos* de la crise la conjonction de deux motifs distincts : l'affirmation, d'abord, que la raison [2] est fragile, affirmation qui fait apparaître le non-sens non comme une hypothèse d'école mais comme une possibilité réelle marquant l'irréductible contingence de l'histoire ; l'indication, ensuite, d'une tâche ne se confondant avec la poursuite d'aucun but empirique et dont la charge nous incombe. Or ces deux motifs font toute la différence entre une philosophie de la *conciliation* et une philosophie de l'*alternative*. La raison est fragile : elle peut disparaître. L'hypothèse du « chaos », de la « dysharmonie », de la discordance radicale du cours de l'expérience, qui avait auparavant le statut d'une simple fiction théorique, doit être prise désormais davantage au sérieux.

Le projet d'une généalogie de la logique consistait de fait, dans un ouvrage comme *Expérience et jugement*, à chercher dans l'expérience ante-prédicative l'origine des modalités du jugement. Le problème était formulé comme celui de la modalisation de la « certitude-de-croyance », c'est-à-dire de l'attitude spontanément affirmative qui caractérise la conscience naturelle : avant d'avoir le choix entre le « oui » et le « non », j'ai toujours déjà silencieusement dit oui au monde – à un monde qui ne justifie lui-même son titre que parce qu'aucun événement n'est réellement susceptible d'entamer son unité, sa cohérence, son sens toujours présupposés. Affirmation primordiale et présupposition du sens vont de pair. Il n'y a d'altérité que relative, de discordance que locale. Rien ne peut décevoir une conscience définie tout entière comme attente du Même. Certes, l'origine de la né-

1. L'ultime « ruse » de la technique est peut-être de se donner pour l'« achèvement de la métaphysique » et, singulièrement, pour une forme historiale homogène à la métaphysique de la subjectivité, quand elle est en tant que telle étrangère aux questions qui, depuis toujours, justifient l'appellation de « métaphysiques » et nous empêche même de les reconnaître comme telles.

2. Distinguée désormais, dans son origine et dans son essence, de la rationalité techno-scientifique.

gation, comme le montre Husserl [1], c'est une attente contrariée. Mais cette contrariété éprouvée, pour ainsi dire, à fleur de phénomène, ne va jamais jusqu'à la contradiction pure et simple ; elle est résolue dans le cours ultérieur de l'expérience et n'en altère donc radicalement ni le caractère de croyance ni l'unité présumée. Soit une sphère grise et lisse tournant lentement devant nous ; notre perception alors est ouverte à un horizon d'attente ; elle a la structure de l'anticipation. Et cette attente est attente d'une confirmation du vécu actuel dans les phases consécutives de l'expérience ; cette anticipation est anticipation d'un identique. Que survienne alors un événement décevant notre attente : une légère bosse, par exemple, à la surface de la sphère ; en même temps surgit la possibilité de la négation : la négation n'est pas primitivement un acte du Je ; elle n'est pas d'abord une opération judicative ; sa possibilité est donnée dans l'expérience passive. Cependant elle n'a nullement le pouvoir de détruire la croyance ; elle apparaît sur fond d'affirmation et appelle sa propre négation puis son intégration finale à la signification « sphère-grise-et-bosselée ». Comme on le sait, c'est, selon Husserl, l'expérience perceptive en tant que telle qui doit être comprise comme un « flux d'esquisses concordantes » dont l'unité, constitutive de la visée intentionnelle, peut être appliquée corrélativement aux « horizons » externe et interne à partir desquels une donation d'objets est possible et, par extension, au monde lui-même et à l'idée que nous avons de celui-ci comme d'« un seul et même monde ». Et il est clair alors que le sens est une propriété non du contenu mais de la forme de l'expérience, dont il est la présupposition la plus fondamentale et la plus inentamable.

Mais au plan sur lequel se tient la *Krisis*, et qui n'est plus celui d'une phénoménologie de la perception mais d'une anthropologie philosophique et d'une philosophie de l'histoire éthiquement motivées, cette confiance n'est plus de mise : pour être toujours présupposée, l'identité de l'être et du sens n'en reste pas moins toujours susceptible d'être démentie. Une telle incertitude, une telle crise de confiance est d'abord appropriée, nous l'avons dit, à la contingence radicale de l'histoire effective, dont la découverte est donc celle d'une violence opposée, autant qu'au discours, à la cohérence du monde et de nos vies. Mais elle impose encore une redistribution générale des voies d'accès à l'essence du phénomène qui met en question les résultats obtenus à cet égard par une phénoménologie qui s'était développée, précisément, comme une phénoménologie de la connaissance dominée par les

1. *Op. cit.*, § 21.

descriptions – largement paradigmatiques – consacrées à l'objet de perception [1]. Certes, dans la Conférence de Vienne, Husserl affirme encore, en un célèbre acte de foi : « les Idées sont plus fortes que toutes les puissances empiriques ». Mais une telle foi, loin de l'exclure, accueille au contraire en elle-même ce doute, cette incertitude initiale touchant la rationalité du réel. Et elle en rapporte implicitement l'augure non à la faculté de connaître mais à l'ouvert de la *praxis* humaine. Comment, en effet, sans une telle référence, le sens pourrait-il apparaître non comme une *présupposition* – fût-elle la plus générale – mais comme une « *tâche* » ? S'il peut y avoir un « combat » pour le sens, c'est que le sens et le non-sens sont deux possibilités dont la réalisation dépend de nous.

C'est donc à cette exigence *pratique* qu'il faut mesurer la valeur de la médication prescrite par le phénoménologue transcendantal pour résoudre la crise. Or le tournant pris au terme de la première partie de l'ouvrage équivaut plutôt, à cet égard, à une dénégation et à un enfermement : dénégation de la réalité même de la crise puisque l'enjeu pratique de cette dernière est ramené à la « possibilité pratique d'une nouvelle philosophie » et cette possibilité métamorphosée à son tour en quête des fondements d'une véritable « science philosophique » [2] ; enfermement dans le concept puisque la lutte contre le psychologisme semble résumer désormais ce « combat pour le sens » dont l'urgence avait d'abord paru proportionnée à la contingence de l'histoire et constituer le tout de la solution apportée par la réflexion à la « contradiction existentielle » qui la lui avait rendue sensible. Malgré l'étagement initial des niveaux d'analyse, clairement indiqué par la première tête de chapitre (« La crise des sciences comme *expression* de la crise radicale de la vie dans l'humanité européenne »), c'est donc leur confusion qui prévaut finalement. Et il s'agira moins de s'attaquer à la crise elle-même qu'à ce qui n'en est, en effet, que la manifestation la plus lointaine – comme, en psychopathologie, certains croient guérir le mal, quand il ne font que traîter le symptôme.

La tâche qui « meut comme un instinct » toutes les tentatives philosophiques n'exige-t-elle rien d'autre qu'un nouveau Discours de la Méthode ? La crise morale à laquelle se trouve confrontée la raison peut-elle trouver sa solution dans une réforme qui resterait intérieure à la théorie de connaissance ? Une réflexion sur les fondements des

1. L'objet, dit P. Ricœur, « c'est la discordance possible surmontée ». Nous verrons dans cette définition une raison pour laquelle le mal n'a pas le statut de l'objet.

2. *Op. cit.*, p. 24 / *Kr*, p. 17.

sciences, dût-elle produire un mode de scientificité nouveau, est-elle accordée à la crise de la rationalité, quand celle-ci affecte l'« existence personnelle de l'homme »[1] ? Traîter le symptôme, c'est réduire la menace pesant sur l'homme concret à l'espèce d'amnésie qui dissimule au sujet constituant sa fonction transcendantale et confondre la *vérité impérative* impliquée dans la protestation qu'élève le premier avec la *vérité objective* qui tiendrait lieu de vocation au second si son essentielle indifférence à soi ne l'empêchait plutôt de se reconnaître une « vocation » quelconque. A poursuivre le fantôme de la Science, la réflexion renonce à l'*a priori* éthique qui la constitue elle-même comme « conscience-de-tâche-infinie » et lui substitue des intérêts du même ordre que ceux qu'elle dénonçait dans l'objectivité absolue à laquelle prétendent les sciences positives.

b) La vérité impérative

Les questions philosophiques ne s'enracinent-elles pas en effet, comme nous l'avons supposé dès l'abord, dans une expérience originaire que la « neutralisation » opérée par le phénoménologue pour mettre au jour la corrélation qui structure la vie transcendantale concourt à occulter en l'englobant dans son thème mais où se constitue pourtant cette téléologie du sens qui, par delà l'idéal épistémique mis en avant par Husserl dans l'espoir d'en circonscrire le motif récurrent, fonde la « responsabilité du philosophe » et l'infuse d'une urgence essentielle ?

La thématisation tardive de l'éthique dans l'œuvre de Husserl concourt sans doute à faire apparaître celle-ci comme un motif à la fois récurrent et débordant. Mais c'est plus essentiellement que la « vie morale » paraît ne pouvoir être ramenée à une couche particulière de la vie de conscience qui aurait pour corrélat une « sphère de validité » elle-même clairement délimitée. Dans *Philosophie première*, certes, le problème de la « motivation du philosophe commençant » semble n'appeler d'abord l'idée d'une « *épochè* éthique » qu'au titre d'un simple *analogon* de l'« *épochè* universelle et radicale » qui institue la vie philosophique ; mais il reste sans solution tant que n'est pas reconnue l'identité de ces deux opérations. Et c'est plus nettement encore que les pages que nous sommes en train de commenter posent le devoir, non comme un mode particulier, mais comme une structure primitive et un vecteur général de la vie intentionnelle. Une réduction

1. *Ibid.*, cf. surtout p. 23 / *Kr*, p. 15 : « [...] la responsabilité tout à fait personnelle qui est la nôtre [...] » ; « [...] notre vocation personnelle intime[...] » ; etc.

n'est pas pensable, qui mettrait au jour une conscience libre de toute présupposition éthique. Certaines conditions normatives ne sont-elles pas impliquées alors dans l'ouverture même du champ d'expérience transcendantal ? L'énigme de l'auto-constitution du temps n'est-elle pas celle de la manière dont se trouve premièrement scellée, en celui-ci, l'*unité de l'expérience et de la norme* ?

On peut douter néanmoins que l'« *a priori* de corrélation » découvert comme l'ultime présupposition de l'expérience fasse droit à un tel motif. Bien plutôt laisse-t-il sans assise phénoménale la possibilité d'une existence responsable d'elle-même. Non que la difficulté ne soit aperçue à l'occasion [1] ; mais aucune, parmi les solutions qui en sont proposées, n'implique un traitement idoine du transcendantal et n'est homogène à la notion que l'analyse en forme par ailleurs. Elle scinde la vérité en deux aspects inconciliables et place le phénoménologue dans l'impossibilité d'assumer un tel dédoublement. Comment alors, relativement à l'indétermination du « flux héraclitéen » en lequel se résoudra finalement le « sol » oublié, l'avènement d'une subjectivité capable de se reconnaître « une responsabilité tout à fait personnelle [...] à l'égard de l'humanité » n'apparaîtrait-elle pas comme un *factum rationis* assurant provisoirement le triomphe posthume de Kant ?

c) Le fondement divisé

C'est donc bien l'essence même du fondement qui devient problématique. Certes, l'idée d'une crise n'affectant pas la scientificité des sciences mais leur « fondement » ne laisse pas préjuger de la nature de ce dernier. Seul le mouvement de la réflexion, seule la mise en œuvre de la méthode pourront dégager le thème dernier devant lequel puisse se trouver placé le phénoménologue transcendantal. Il n'y a rien d'étonnant, à cet égard, à ce que ce qui est premier du point de vue de la chose même soit dernier pour notre connaissance. Le paradoxe d'un retour au fondement conçu comme l'effort de thématiser ce qui en soi précède toute thématisation – ou de conférer un statut épistémique à ce qui est ontologiquement premier : le « monde-de-la-vie-donné-d'avance » – ne nous arrêtera pour le moment pas davantage. Car plus que l'oubli par les sciences de leur propre fondement, c'est, nous l'avons vu, la perversion techno-logique de l'essence même du fondement qui définit la crise qui les affecte. Or que faut-il entendre par là sinon que, rendues étrangères à leur horizon d'humanité, les sciences suppléent désormais par leur seule réussite leur fermeture aux

1. Ainsi dans l'appendice XVI, *op. cit.*, p. 507 / *Kr*, p. 157-8.

Idées et leur impuissance à produire la moindre justification dans l'ordre éthique ? « La science des choses extérieures, écrit Pascal, ne me consolera pas de l'ignorance de la morale, aux temps d'affliction » [1] : c'est très exactement l'entente d'une telle proposition que ruine l'opérationalisation généralisée de la raison et du savoir en ignorant cette ignorance même.

Il n'est pas indifférent, de ce point de vue, que certaines des expressions par lesquelles Husserl désigne le fondement oublié fassent écho à la manière dont il dénonçait auparavant les méfaits de la formalisation mathématique dans les sciences de la nature et la confusion en celles-ci de la méthode et de l'être-vrai [2]. Sans doute, « subjectivité opératoire » (*leistende Subjectivität*) ou « fonctionnante » (*fungierende*), « corrélation opératoire » (*leistende Korrelation*), « vie opératoire » (*leistende Leben*), n'appartiennent pas exactement à la même aire sémantique que « méthode opératoire » *(kunstmässige Methode)*. Mais ces formules ne sont-elles pas tout aussi étrangères à l'acception éthico-juridique du « fondement » ? Ne font-elles pas autant violence à l'interprétation initiale du vivre humain comme émergence d'un désir de justification trouvant dans la volonté philosophique sa forme achevée ? Ne creusent-elles pas un abîme infranchissable entre le transcendantal et l'idéal ? Une « vie opératoire » n'est pas encore une vie au sens humain du terme, et la question restera entière, une fois atteint ce « sol originaire », de savoir comment rejoindre le plan de réflexion sur lequel se tient le philosophe lorsqu'abandonnant le projet d'une reconstructicn transcendantale de l'histoire du savoir, il fait sienne l'idée qu'« être homme [...], c'est devoir-être » [3] et affirme que « la raison [...] signifie ce que l'homme en tant qu'homme désire dans son plus intime » [4]. A l'un des pôles de la corrélation qui définit cette vie opératoire, la difficulté est de comprendre comment l'entreprise philosophique de légitimation absolue pourrait procéder du « monde-de-la-vie » conçu comme le terrain de toutes les prestations et de toutes les validations particulières. A l'autre pôle, elle est de rendre compte d'une scission, intérieure à la subjectivité transcendantale, entre ce qu'elle est comme activité constituante opérant dans le demi-anonymat où la maintient sa vie naturelle, et ce qu'elle devient comme sujet de la réflexion lorsqu'échappant à son amnésie première, elle se tient pour

1. *Pensées*, fragment 67 dans l'éd. Brunschvicg.
2. Sur cette critique, cf. plus particulièrement le § 9, sections f, g, h.
3. *Op. cit.*, p. 305 / *Kr*, p. 275.
4. *Ibid.*, p. 304 / *Kr*, p. 275.

ainsi dire *devant* l'unité qu'elle continue pourtant de former avec le monde et l'élève à l'Idée.

Nous n'assumerons qu'ultérieurement la portée non seulement méthodologique mais encore ontologique d'un tel problème. Mais force est de dire dès à présent que la phénoménologie husserlienne adopte une orientation qui ne la met pas en mesure de résoudre l'ambiguité qu'elle fait surgir ainsi au sein même de l'idée de fondement.

CHAPITRE DEUX

PHÉNOMÉNOLOGIE DE LA CRISE ET CRISE DE LA PHÉNOMÉNOLOGIE

Le primat de l'opératoire, initialement désigné comme le principal symptôme de la crise, ne reflue-t-il pas des sciences positives vers la phénoménologie elle-même si celle-ci, faute de pouvoir l'inclure dans son thème, se coupe à son tour de l'exigence qui l'anime ? Un tel soupçon s'imposera surtout lorsque Husserl abandonnera la méthode historico-téléologique qui lui avait permis, dans la première partie de la *Krisis* (§ 8 à 34), d'inscrire les prestations théoriques de la science galiléenne et de la philosophie transcendantale dans leur horizon de sens originel, pour la méthode « plus directe » et « plus radicale » de la réduction transcendantale proprement dite (§ 35 à 55). C'est à ce moment, en effet, que la méthode de réflexion s'inverse en réflexion sur la méthode et que la contradiction se fait menaçante entre la feinte indifférence du regard phénoménologique et la structure téléologique du vivre humain. Non seulement la réduction transcendantale est mise alors au service d'un idéal d'objectivité que la notion d'un « monde-de-la-vie-donné-d'avance », saisie dans ses implications véritables, ruine plutôt sans retour [1], mais, loin de donner le minimum de consistance au projet d'une science du monde-de-la-vie, elle se multiplie elle-même et substitue finalement à son objet sa propre performance formelle.

Sans doute, en regard de textes plus anciens, la grande nouveauté de la *Krisis* semble bien être d'ordre méthodologique : au « chemin

1. Telle est la conséquence que tireront Heidegger puis l'herméneutique post-heideggerienne de la thématique de la *Lebenswelt*. Celle-ci sera assumée alors, selon les termes de P. Ricœur, « non plus comme un résidu mais comme un préalable », et impliquera que « la fameuse 'réduction' par laquelle Husserl scinde le 'sens' du fond d'existence dans lequel la conscience naturelle est d'abord immergée ne peut plus être un geste philosophique premier » (*Du Texte à l'action*, Paris, Seuil, 1986, p. 28).

cartésien », à la voie égologique vers l'origine du sens est préférée la voie indirecte d'une « méditation-en-retour historique et critique », d'une « question en retour (*Rückfrage*) sur ce qui, originellement et à chaque fois, a été voulu en tant que philosophie »[1]. Il s'agit de « percer la croûte des 'faits historiques' officiels de l'histoire de la philosophie, interrogeant, démontrant et éprouvant sa téléologie interne »[2]. Or ce qui, « à chaque fois, a été voulu en tant que philosophie », est justement ce que réalise la phénoménologie transcendantale sous l'idée d'un discours reconduisant toute connaissance et toute expérience à leur horizon de constitution toujours présupposé. L'effort critique de Kant, dans une telle perspective, apparaîtra insuffisant : tout à sa volonté de fonder la science objective, l'auteur de la *Critique de la raison pure* ne s'est pas aperçu qu'« il foulait lui aussi un sol de présuppositions ininterrogé ». En effet, les sciences s'inscrivent elles-mêmes en tant que « faits de culture » dans le « monde ambiant de la vie quotidienne ». Celui-ci, en tant que « monde commun à tous », constitue pour elles un « sol de validité constant », une « source toujours prête d'évidences »[3]. Il s'agit donc, pour comprendre ce qui peut rendre opérantes les synthèses kantiennes, de penser leur relation implicite au monde-de-la-vie et de faire advenir celui-ci à son sens d'être – c'est-à-dire d'élaborer comme un « thème indépendant »[4] ce qui en soi précède, enveloppe et prolonge au-delà d'elle-même toute thématisation.

Mais par-delà le caractère paradoxal d'une telle entreprise (nous y reviendrons un peu plus loin), il faut noter surtout qu'elle amène la réflexion jusqu'au point où un nouveau tournant s'impose[5] qui va commander, après l'abandon de la méthode égologique, celui de la méthode historico-téléologique elle-même. Derechef la voie courte de la réflexion pure va être préférée à la voie longue de l'herméneutique. Ce nouveau tournant coïncide précisément avec la nécessité, une fois reconstruit le cheminement qui conduit la philosophie à l'idée de la réflexion transcendantale (c'est le moment kantien) puis à son accomplissement phénoménologique, d'élaborer le monde-de-la-vie comme un « thème indépendant ». Ce n'est pas la méthode de « questionnement-à-rebours » parcourant un à un les principaux moments d'une histoire de la philosophie identifiée finalement à l'histoire de

1. *Op. cit.*, p. 23 / *Kr*, p. 16.
2. *Ibid.*, p. 24 / *Kr*, p. 16.
3. *Ibid.*, p. 138 / *Kr*, p. 124.
4. *Ibid.*, p. 152 / *Kr*, p. 136.
5. Que nous situons § 34-35.

l'humanité européenne qui permettra à la réflexion d'effectuer la contorsion propre à l'amener au voisinage de son origine, mais une radicalisation de la réduction transcendantale court-circuitant, d'un côté, la progressivité de l'analyse historique et ouvrant, de l'autre, un chemin de pensée distinct du chemin cartésien. C'est qu'il ne s'agit pas seulement ici de repérer des « changements d'*épistémè* »[1] appropriés aux mutations de la *Lebenswelt* envisagée elle-même comme un champ d'expérience à chaque fois déterminé, mais encore et surtout de restituer l'*unité* d'un sens traversant et liant entre elles toutes ces déterminations particulières de l'humain et d'en fonder la constance dans des structures aprioriques véritablement *universelles*. Cette inflexion de l'analyse ne sera évidemment pas sans conséquences pour la détermination du sens d'être du monde-de-la-vie. Repérable dès le paragraphe 34, elle culminera, dans le paragraphe 46, dans la notion d'un « *a priori* universel de corrélation » indifférent aux découpages socio-culturels et au devenir historique des peuples. C'est elle qui dessinera progressivement les contours d'une situation – la situation phénoménologique elle-même – dont nous ne pourrons plus ignorer le caractère aporétique.

1. La Science introuvable

Ce n'est pas pourtant la réflexion sur la philosophie de Kant, mais sur la physique de Galilée, qui, une première fois, met en question l'apparente autonomie des prestations de la connaissance théorique et découvre leur horizon de constitution. Le monde-de-la-vie désigne alors le « fondement oublié de la science de la nature »[2]. Si cette première occurence du thème de la *Lebenswelt* mérite notre attention – alors même que son élaboration systématique et son extension à l'ensemble des formations signifiantes ne sont pas encore envisagées –, c'est qu'elle révèle l'indétermination relative de son sens d'être. Certes, lorsque Galilée est accusé de négliger, au moment même où il prend appui sur lui, le « sol primitif » sur lequel s'édifie le monde des idéalités mathématiques (lui-même simple « substruction logique »), c'est au « monde immédiatement perçu », à la « nature préscientifique donnée dans l'intuition »[3] qu'il omet de revenir. Mais ce qui est pour la géométrie le « fondement de son sens », c'est aussi bien une « activité

1. Nous songeons à la méthode « archéologique » de M. Foucault.
2. *Op. cit.*, p. 57 / *Kr*, p. 48.
3. *Ibid.*, p. 57 / *Kr*, p. 49.

pré-géométrique » déjà « fort éloignée des sources-mères de l'intuition » et dont la pratique de l'arpentage fournit l'illustration[1]. Ainsi le « sol primitif » est tantôt le monde de l'expérience passive, tantôt le monde « dans lequel notre vie se déroule pratiquement ».

Sans doute, cette hésitation pourra paraître sans importance en regard d'un trait plus proprement phénoménologique du monde-de-la-vie : son caractère d'*horizon* : « terrain » de toutes les rencontres, il n'est comme tel l'objet d'aucune ; toujours « déjà-là », il n'est proprement jamais ici ou là ; « donné d'avance », sans cesse il se réserve et se préserve comme fond(s). Mais ce trait, s'il relègue bien au second plan l'ambiguité que nous venons de noter, fait surgir en retour un *premier paradoxe* : le paradoxe inhérent au projet même d'une connaissance de ce qui, pour toute connaissance, est de l'ordre de la présupposition. S'« il y a une différence fondamentale entre la manière dont nous avons conscience du monde et celle dont nous avons conscience d'un objet »[2], il s'agira pourtant de faire en sorte que le monde lui-même devienne l'objet d'un regard thématisant. A cet égard, c'est lorsque la mathématisation est définie comme un « vêtement taillé dans l'*infinité ouverte* des expériences »[3] et que la notion d'horizon se trouve ainsi enrichie de déterminations faisant signe, par delà toute objectivité constituée, vers la temporalité originaire, qu'est donnée la véritable mesure de l'entreprise et des difficultés qu'elle devra affronter.

La réflexion menée à partir de Kant n'échappe pas à ces difficultés. Certes, après avoir oscillé à son tour entre une détermination intuitionniste et une détermination « praxique » du sol oublié, elle parvient, au prix de nouvelles réductions, à gagner un niveau d'analyse ruinant la pertinence d'une telle distinction et peut, en traitant le monde-de-la-vie comme un *universum*, rétablir une unité un instant compromise. Mais que reste-t-il à penser pour une connaissance unitaire du monde-de-la-vie-donné-d'avance ? Que reste-t-il à dire du champ d'expérience transcendantal « pris en totalité » ? S'il vient bien, en effet, un moment où le concept d'« expérience » recouvre indifféremment l'intuition sensible, la vie pratique et la vie théorique elle-même, ce seuil n'est atteint – et l'équivocité du terme surmontée – qu'au prix d'une abondance de métaphores temporelles (« flux héraclitéen », « vie opératoire toujours fluente », etc.) qui toutes indiquent la proximité d'un absolu phénoménologique identifié ainsi à l'énigme de l'auto-constitution du temps. Or comment le temps pourrait-il avoir le statut

1. *Ibid.*
2. *Ibid.*, p. 162 / *Kr*, p. 146.
3. *Ibid.*, p. 60 / *Kr*, p. 51. Nous soulignons.

de l'objet ? Comment pourrait-il, davantage que le « Dieu caché » dont parle Pascal, nous faire face et apparaître comme apparaissent les choses ? Comment pourrait-il sortir de sa nuit et cesser d'être – pour se tenir alors, pour ainsi dire, devant lui-même – la condition inapparaissante de l'apparition des objets, l'ouverture toujours préalable du milieu dans lequel cette apparition se produit ?

Les progrès de la réduction allant de pair avec l'indétermination croissante de l'objet que celle-ci offre à la pensée, c'est plutôt la possibilité même d'une science *une* du monde-de-la-vie qui devient problématique. Car ou bien la *Lebenswelt* désigne un système de référence déjà différencié, présupposé de multiple manière par le géomètre, le physicien, le psychologue, le philosophe, etc. selon leur situation respective, ou bien elle nomme un champ d'expérience véritablement universel, présupposé en dernière instance de manière identique par tous les théoriciens mais aussi par tous les hommes. La première interprétation explique l'intérêt provisoire du phénoménologue pour l'histoire et détermine la signification propre du concept d'*Urdoxa*, auquel s'accordera la réhabilitation herméneutique du préjugé ; mais c'est la seconde qui prévaut à mesure que s'impose l'idée d'une *science* du monde-de-la-vie *stricto sensu* ; et il sera finalement impossible de confondre la notion d'un « *a priori* universel de corrélation » avec un quelconque arrière-plan idéologique qui servirait simplement de toile de fond aux prestations humaines considérées en tant que productions socialement et culturellement déterminées.

L'intérêt du phénoménologue pour l'histoire lui dissimule encore la véritable nature de l'originaire. Il faut en revenir des « divers mondes-de-vie-ambiants des peuples » au « comment universel de la pré-donnée du monde ». Il faut « transformer en *un* thème toutes les époques et tous les peuples et pour finir la totalité spatio-temporelle du monde » par le moyen d'une « circonspection systématique », dans le but de faire apparaître celui-ci comme une « universalité synthétique d'opérations liées entre elles »[1]. Mais l'idée d'une science du monde-de-la-vie enveloppe ainsi un *deuxième paradoxe*, moins apparent que le précédent et superposable au *hiatus* relevé avec insistance dans notre premier chapitre : il consiste à chercher dans les structures les plus générales et les plus anonymes de la vie transcendantale, dans le pur phénomène du monde considéré comme le corrélat indéterminé d'un « système de vie sans fin » la possibilité de l'histoire (comme histoire de peuples toujours déterminés) et le sens de l'humain. Certes, la

1. *Ibid.*, p. 166 / *Kr*, p. 149.

Lebenswelt sera désignée plus d'une fois comme le « terrain commun du vivre humain » ; l'analyse de la perception, en particulier, imposera l'idée d'une intersubjectivité transcendantale [1]. Mais nous verrons qu'un abîme sépare une telle idée des implications éthiques de l'humain pensé selon sa détermination la plus propre.

En résumé, les difficultés inhérentes à l'idée d'une science du monde-de-la-vie tiennent d'une part au mode d'être de celui-ci (Husserl ira jusqu'à dire qu'à la limite le monde, en tant que « champ », « terrain », « horizon », etc., « n'est pas étant », sinon « dans une unicité pour laquelle le pluriel est vide de sens » [2]), d'autre part à l'indétermination à laquelle le voue l'exigence épistémique d'unité et d'universalité, dans la mesure où elle neutralise les enjeux inhérents aux divers mondes de vie ambiants.

2. L'hypostase de la méthode

C'est précisément cette indétermination qui, à plusieurs reprises, motive l'inquiétude de Husserl : qu'il soit compris comme le « cadre formel » dans lequel se déploie notre vie ou selon son caractère d'« horizon constamment fluant », la question se pose de savoir comment « remplir le vide de la généralité de notre thème » [3]. En supposant que « le monde-de-la-vie, dans toutes les relativités qui sont les siennes, possède malgré tout sa structure générale », on rend certes crédible l'idée d'une science du monde-de-la-vie, mais l'on n'est pas encore assuré de sa mise en œuvre [4]. Il faut donc poser à ce point la question de la *méthode* susceptible de faire de la science désirée une science effective.

« Comment le monde-de-la-vie peut-il devenir un thème indépendant ? » – « pour cette tâche, répond Husserl, nous sommes tout à fait

1. *Ibid.* Cf. surtout, ici, l'Appendice XX au § 39, discuté *infra*.

2. *Ibid.*, p. 162-3 / *Kr*, p. 146. Son statut n'est pas, alors, sans évoquer celui de l'« être » heideggerien.

3. *Ibid.*, p. 178 / *Kr*, p. 159.

4. Husserl lui-même le reconnaît : « Notre chemin, historiquement motivé par l'interprétation de la problématique qui se joue entre Kant et Hume, nous a conduits à postuler l'explication du rôle de terrain du monde-de-la-vie-donné-d'avance pour toutes les sciences objectives et, comme cela s'est montré de soi-même, pour toute *praxis* objective en général. Il nous a conduits donc à postuler aussi cette science universelle d'un nouveau genre » (*op. cit.*, p. 167 / *Kr*, p. 150) ; mais « il n'est pas facile de voir clairement ce qu'il faut placer sous la rubrique du monde-de-la-vie en fait de tâches authentiquement scientifiques, ni dans quelle mesure quelque chose de philosophiquement sérieux doit en résulter » (*ibid.*, p. 139 / *Kr*, p. 124).

des débutants »[1]. De fait, la scientificité – et non seulement la science – nouvelle qu'il s'agit de constituer ne peut « avoir déjà devant elle une mathématique, une logique, une logistique toutes prêtes [...] puisque celles-ci sont elles-mêmes des sciences au sens ici problématique »[2]. Une science de ce qui, pour toutes les sciences particulières, est de l'ordre de la présupposition, ne peut sans contradiction se servir des techniques conceptuelles forgées par et pour ces dernières. Mais dès lors, « nous ne pouvons rien faire d'autre que de réfléchir »[3] : relativement à la tâche de constituer une science du monde-de-la-vie, la réflexion est la méthode elle-même. Les différentes étapes de la réduction phénoménologique (§ 35 à 38) jusqu'à la « réduction transcendantale authentique » (§ 39-40), bien qu'elles correspondent à un élargissement croissant de son thème, jalonneront donc d'abord un progrès immobile de la méditation.

La première étape – le « premier pas méthodique » – est la distance prise à l'égard de la science objective et de ce qu'elle tient pour l'être-vrai. Si l'on entend en effet, par « réduction » (ou par « *epochè* », quoique ces deux mots, comme nous le verrons plus loin, ne soient pas toujours employés dans le même sens), la « suspension rigoureuse des validations naturelles naïves », alors l'attitude scientifique, emprunte d'une « demi-naïveté », participe elle-même de l'attitude naturelle. Certes, la réduction de la science objective n'est pas la réduction transcendantale proprement dite, mais elle a le double mérite de nous délivrer de tout intérêt de connaissance déterminé et de nous apprendre à distinguer entre l'« *a priori* objectivo-logique » auquel se réfère chaque science particulière et l'« *a priori* pré-logique universel » qui, pour toute pratique, théorique ou non, constitue la fondation ultime de son sens, et que la conscience savante partage avec la conscience commune.

Nous regarderons comme une deuxième étape la position expresse de cette distinction et l'assomption corrélative des insuffisances de l'*epochè* initiale relativement à l'exigence d'une conversion « totale » et « radicale » de l'attitude. La première *epochè* n'est en effet guère différente, quant à sa portée, de l'*epochè* implicite qui fonde la possibilité de l'histoire des sciences et des diverses épistémologies régionales. Si elle met en évidence le monde-de-la-vie, c'est seulement comme un mode de présupposition déterminé. Or « le monde-de-la-vie, dans toutes les relativités qui sont les siennes, possède malgré tout

1. *Op. cit.*, p. 152 / *Kr*, p. 136.
2. *Ibid.*, p. 150 / *Kr*, p. 135.
4. *Ibid.*, p. 152 / *Kr*, p. 136.

sa structure générale », et il n'« a déjà préscientifiquement les mêmes structures que celles que les sciences objectives [...] présupposent » que pour demeurer identique à soi à travers la diversité de ses modes de présupposition. Ce nouveau degré de réflexion implique, *a parte objecti*, un nivellement remarquable : il permet d'exhiber le monde « en tant qu'horizon d'une expérience possible de choses », ce dernier terme incluant indifféremment « les pierres, les animaux, les plantes [et] aussi les hommes et les formations humaines » [1]. Ce nivellement ne doit pas surprendre car là où la méthode de questionnement-à-rebours reconduisait les connaissances instituées à leur horizon de validation spécifique, il s'agit désormais de thématiser le monde-de-la-vie comme « système producteur de toute validation ». Certes, pour la conscience abandonnée à sa vie intramondaine, un tel système n'a pas de réalité propre ; il fonctionne comme horizon pour des actes de validation à chaque fois déterminés. Mais c'est précisément l'un des paradoxes inhérents au projet d'une science du monde-de-la-vie, comme nous l'avons vu, de n'amener devant la pensée, en guise de fondement des significations et des valeurs, qu'« une unicité pour laquelle le pluriel est vide de sens ».

Que va trouver devant elle, en effet, la réflexion transcendantale parvenue enfin à maturité et prête à l'ultime métamorphose susceptible d'assurer son salut philosophique ? – Le monde, compris cette fois comme le « corrélat d'une universalité synthétique d'opérations liées entre elles » ou encore, comme il sera dit ultérieurement, « selon son caractère d'horizon constamment fluant ». Ce qu'il s'agit d'exhiber, c'est la structure temporelle du champ d'expérience transcendantal en tant que telle. C'est moins le monde de la vie que la vie du monde jaillissant continûment de la source intarissable du Présent Vivant. Cette inversion est d'ailleurs explicite en plusieurs endroits [2] au moment d'effectuer le troisième « pas méthodique », celui qui doit assurer le passage à l'*épochè* transcendantale proprement dite ; et c'est elle qui motive, avec une inquiétude accrue, la répétition de la question touchant la méthode susceptible de préserver, à distance d'une quelconque mystique de la vie, la possibilité d'une science phénoménologique : ce monde « constamment donné dans sa fluence », ce monde qui « *devient* pour nous constamment donné d'avance », « selon quelle méthode faut-il le dévoiler ? » [3] La « détresse » dans laquelle

1. *Ibid.*, p. 157 / *Kr*, p. 141.
2. *Ibid.*, par ex. p. 166 / *Kr*, p. 149 : « Dans la vie du monde (*Weltleben*) naturelle-normale [...] ».
3. *Ibid.*

nous plonge cette situation de pensée [1] montre qu'en attendant de la méthode un miracle, nous ne sommes pas encore assurés, en vérité, qu'une méthode existe qui nous autorise à croire qu'il y a toujours ici matière à penser pour une science.

Les paragraphes 39 et 40 sont à cet égard révélateurs. Alors que l'on s'attend à voir enfin mise en œuvre l'*épochè* transcendantale authentique, on apprend seulement ce qu'elle devra être ; et l'on ne peut s'empêcher de songer à Leibniz reprochant à Descartes de donner de bons préceptes de méthode mais non « les moyens de les appliquer ». Ainsi – et l'aspect redondant de la formule est significatif – , il s'agit d'éclaircir « la façon dont il faut accomplir l'*épochè* pour être capable de la performance méthodologique qui est exigée d'elle » [2], ou de réfléchir « encore une fois » dans le but de « nous former une idée de la façon dont cette altération de l'attitude doit être accomplie » [3],... Il semble qu'à mesure que l'analyse conquiert de nouveaux degrés de réflexion, elle diffère d'autant le moment d'en exploiter les ressources supposées.

Deux traits permettent néanmoins de distinguer l'*épochè* transcendantale des autres modalités de la réduction : elle doit être à la fois « totale » et « radicale ».

C'est ce *premier trait* surtout qui l'oppose à la réduction dite « éidétique ». Comme son nom l'indique, celle-ci permet de dégager, sur le fondement de l'invalidation des contenus de conscience relatifs à un certain domaine d'expérience, l'*eidos* du domaine considéré entendu comme ce qui résiste à notre effort de variation imaginative, et d'en rapporter l'émergence – selon la formule de l'idéalisme phénoménologique – à l'unité immanente de la vie intentionnelle. Dans la mesure où elle autorise, en même temps qu'un inventaire et une hiérarchie des essences conçues donc comme les invariants propres à chaque domaine, le découpage du champ total de l'expérience en « régions » susceptibles d'une étude spécifique, elle poursuit un but théorique déterminé et ne constitue encore qu'une « technique intellectuelle de haut niveau ». Au contraire, l'*épochè* transcendantale reconduit aux structures aprioriques universelles de l'expérience. C'est donc seulement par analogie – et non sans ambiguité – que l'on pourra forger le projet d'une « éidétique du monde-de-la-vie » : l'être-donné-d'avance du monde-de-la-vie n'est nullement la venue à soi d'un identique que sa généralité n'empêcherait pas d'être accessible à une

1. *Ibid.*, p. 167 / *Kr*, p. 150.
2. *Ibid.*, p. 169 / *Kr*, p. 151.
3. *Ibid.*

intuition dont le degré de clarté demanderait seulement à être progressivement augmenté [1] ; il ne consiste au vrai qu'en un ensemble de « structures formelles », en un « ensemble réglé de modes de fonctionnement » soustraits au régime intentionnel de l'apparaître et pour lesquels le terme d'« essence » ne convient donc plus que par métaphore. Un structuralisme d'un genre nouveau prend alors le pas sur la méthode de variation des *Ideen* désormais sans objet, orientant la réflexion vers l'unité d'un être dont le mode de manifestation, essentiellement ambigu, est aussi bien celui d'un non-manifeste.

Mais un *deuxième trait* distingue l'*épochè* transcendantale d'une simple technique intellectuelle : elle opère un changement qualitatif, une transformation interne de notre manière d'être. Il faut en parler non comme d'un artifice méthodique mais comme d'une « métamorphose existentielle », voire d'une « conversion religieuse » : « grâce à l'abstention de cet accomplissement qui inhibe tout le mode de vie dont le déroulement n'avait jusqu'ici jamais été interrompu, nous gagnons un complet changement de l'attitude de l'ensemble de la vie, un mode du vivre totalement nouveau » [2]. C'est dans *Philosophie première* qu'avait été forgé, pour désigner un tel événement, le concept paradoxal d'« expérience transcendantale » ; mais cette fois, ce n'est plus seulement la destinée particulière du philosophe méditant, c'est la « possibilité d'un changement radical de l'humanité dans son ensemble » qui est en jeu.

Mais force est de dire qu'à ce point, toutes nos questions reviennent. Comment voir plus, en effet, qu'une coïncidence purement formelle de la pensée et de l'existence dans cette opération qui prouve au mieux l'unité de la méthode et de la réflexion sur la méthode ? Non seulement le doute s'installe définitivement quant aux chances de voir la « science du monde-de-la-vie », à l'instar de la Métaphysique d'Aristote, devenir autre chose que la science désirée [3], mais encore le soupçon grandit d'une confusion des plans d'analyse masquant de plus en plus mal l'inadéquation du discours phénoménologique à l'enjeu

1. Sur ce point et, plus généralement, sur les conditions d'une « science intuitive », cf. *Ideen I*, § 67 et 68.

2. *Op. cit.*, p. 171 / *Kr*, p. 153.

3. Husserl lui-même porte après-coup sur sa tentative, dans l'Appendice XII à l'ensemble de la section II A, un jugement dubitatif, et admet que « cette méditation dans son ensemble se donnait [...] pour une pré-méditation » qui « avait pour fonction de créer une idée provisoire de la détermination du but et de la méthode » ; et il ajoute, aux « pré-idées » qu'elle avait fait surgir, ...d'autres pré-idées « concernant un cheminement possible ». – Interminables préalables...

impliqué dans l'idée d'une crise de la raison et rappelé à chaque occurence, même fugitive, du thème de l'« humanité ».

Les derniers paragraphes que Husserl consacre à son projet épistémologique ne justifient pas seulement notre scepticisme, ils ont encore l'allure d'un piétinement qui, en différant sans cesse, par une sophistication croissante de ses attendus méthodologiques, le moment d'en réaliser l'idée, privent de toute substance un tel projet. Tout d'abord, l'« *épochè* transcendantale » n'est plus que ce qui rend possible la « *réduction* transcendantale », dont elle se distingue désormais [1]. Mais ce n'est pas tout : là où l'*épochè* transcendantale ne donne qu'une orientation générale, il faut encore « esquisser concrètement les chemins qui permettent d'accomplir effectivement la réduction transcendantale » [2]. Enfin cette tâche, pour nécessaire qu'elle soit, ne nous empêchera pas d'être « ramenés, encore une fois, à l'*épochè* transcendantale » [3]. Qu'aurons-nous gagné au terme de ce parcours circulaire si, placés finalement devant l'« *a priori* de corrélation » anticipé dès le début de l'analyse, nous nous trouvons bientôt devant « les difficultés de déployer concrètement cet *a priori* de corrélation » [4] ? Certes, deux directions de recherche sont encore indiquées, balisées respectivement par le thème de la temporalité [5] et par celui de l'intersubjectivité [6]. Mais les « difficultés extraordinaires » qui nous assaillent alors, loin d'accréditer leur prise en charge par une phénoménologie « scientifique », marquent plutôt avec une vigueur accrue l'exigence d'une mutation radicale de la phénoménologie elle-même.

3. L'essence double du fondement et le problème de la personne

Il n'est que temps, pour amorcer cette mutation, de renouer avec le problème laissé pendant à la fin de notre premier chapitre sous le titre : « le fondement divisé ». Car s'il s'agit de chercher, au cœur de l'*a priori* atteint par la réduction, l'ébauche d'un sujet capable de se reconnaître une « responsabilité tout à fait personnelle à l'égard de l'être véritable de l'homme », alors il s'agit bien aussi de *reconduire cette division à elle-même*. Nous passerons ainsi d'une conception du

1. *Op. cit.*, § 41, p. 172 / *Kr*, p. 154 : « L'épochè transcendantale rend possible la réduction transcendantale ».
2. *Ibid.*, § 42, p. 173 / *Kr*, p. 155.
3. *Ibid.*, § 43, p. 176 / *Kr*, p. 157.
4. *Ibid.*, § 46, p. 181 / *Kr*, p. 162.
5. § 49.
6. § 54 et Appendice XX surtout.

fondement qui laisse la personne à l'écart à une conception de la personne qui place celle-ci au fondement.

a) La personne sans fondement

Le monde-de-la-vie n'est pas le tout des choses mais le champ, ouvert à l'infini, de l'expérience possible. Comme tel, il est subjectif-relatif. C'est ainsi qu'il se montre une fois réduit à son phénomène. Il ne faut pas se méprendre, toutefois, sur la signification d'une telle « relativité » : le monde n'est pas le corrélat d'une subjectivité isolée. On ne dira jamais assez que la thèse égologique proclame non la solitude mais l'irréductibilité [1] du sujet singulier. Ce qu'elle nie avant tout, c'est que l'homme soit « un simple chainon de quelque machinerie cosmique ou le pur reflet de quelque système social » [2]. La « solitude philosophique » créée par l'*épochè* n'équivaut pas à un isolement réel. Tout au contraire, elle découvre la possibilité *a priori* d'une connexion avec d'autres *ego*. Corrélativement, le monde-de-la-vie est d'emblée « monde commun à tous », « terrain commun du vivre humain ». C'est en particulier l'analyse de la perception qui permet à Husserl de mettre en évidence la dimension intersubjective du monde-de-la-vie et de confirmer réflexivement le savoir immédiat qu'en a déjà la conscience abandonnée à la vie naturelle. Toute visée perceptive inclut en effet la possibilité d'une visée identique par d'autres sujets et ne confère qu'au titre de cette référence latérale son objectivité à l'objet perçu. La variation imaginative du point de vue qui étend au-delà du donné optique le champ du visible et permet à la perception s'accomplissant de tendre idéalement vers sa propre complétude implique déjà une telle référence ; elle signifie que l'objet perçu m'est actuellement donné comme s'il était en même temps offert à des regards autrement situés dans l'espace et dans le temps, auxquels il dévoilerait ses faces cachées. Il ne pourrait en effet en aller ainsi si l'intersubjectivité n'était déjà une dimension propre de l'horizon à partir duquel l'objet s'offre à ma conscience et si le monde lui-même, finalement, ne m'était originairement donné « en tant qu'il est ce qui est donné à tous » [3]. Si l'intersubjectivité est une structure *a priori* de la perception, alors elle appartient nécessairement à la manière même dont le monde m'est donné de prime abord ; si elle fonde l'objectivité

1. C'est-à-dire aussi l'indérivabilité.

2. R. Toulemont, *L'Essence de la société selon Husserl*, Paris, P.U.F., 1962, p. 302.

3. *Op. cit.*, Appendice XX, p. 520 / *Kr*, p. 269.

de l'objet, c'est dans la mesure où elle est déjà pré-objectivement une dimension constitutive du champ ouvert de l'expérience possible.

La question se pose néanmoins de savoir en quel sens la conscience implique la possibilité d'un monde commun. Dans le cas de la perception, il est clair je ne suis avec des « autres » que dans la mesure où je suis intéressé aux choses. L'omnisubjectivité est alors un caractère général de la *chose* et non une dimension de la *personne*. Encore ne s'y trouve-t-elle impliquée que de manière indirecte et allusive. Or cette remarque peut être étendue au monde-de-la-vie-donné-d'avance : je n'en participe moi-même qu'« en tant que un *ego* parmi d'autres ». Admettons même – car la problématique de la constitution et les difficultés qu'elle rencontre sur ce point [1], outre qu'elles ne concernent pas pour l'instant directement notre entreprise, se trouvent d'une certaine façon court-circuitées par l'introduction centrale du thème de la *Lebenswelt* [2] – que l'*ego* « constitue à partir de soi-même l'intersubjectivité au nombre de laquelle ensuite il compte lui-même » [3] : cela ne change rien à son statut phénoménologique ; au terme de la réduction, il n'est plus que le « pôle égologique de ses actes », le « corrélat d'une vie opératoire universelle », l'« unité synthétique d'un flux de vie sans fin », etc. De même, les « autres » transcendantaux impliqués dans la pré-donnée du monde forment seulement une *intersubjectivité en général* ; ils ne sont pas les membres d'une *communauté interpersonnelle*.

A la question de Husserl : « les sujets transcendantaux, c'est-à-dire ceux qui fonctionnent pour la constitution du monde, sont-ils déjà des hommes ? » [4], il faut donc répondre par la négative. Malgré son caractère « intersubjectif », le monde-de-la-vie n'est pas encore monde humain. La division du fondement, loin d'être surmontée, trouve donc seulement à ce plan une expression nouvelle. Certes, la question n'est pas pour autant tranchée de savoir en quel sens et jusqu'à quel point la neutralité du regard phénoménologique sanctionne l'éclipse de la personne. Il faut, pour en décider, se garder de toute mésinterprétation réaliste de l'*épochè* et formuler la seule question conforme à son

1. Nous songeons évidemment aux apories de la cinquième *Méditation cartésienne*, que de nombreux commentateurs ont choisi d'identifier avec les apories de la phénoménologie transcendantale elle-même.

2. La question devient plutôt de savoir, dès ce moment, comment, sur le fond de l'« être-en-commun » présupposé par l'ensemble de nos états et de nos conduites, pourront émerger la singularité d'un Toi valant en et par soi et, corrélativement, la possibilité d'un Nous au sens d'une véritable communauté éthique.

3. *Op. cit.*, p. 210 / *Kr*, p. 188.

4. *Ibid.*, p. 208 / *Kr*, p. 187.

intention : la *possibilité* d'un monde humain est-elle donnée avec l'intersubjectivité transcendantale ?

Mais force est de dire que Husserl est bien loin de prendre en charge une telle demande lorsqu'il affirme que l'« intersubjectivité universelle dans laquelle se résout toute objectivité, tout étant en général, ne peut être aucune autre subjectivité que celle de l'humanité » et ajoute que celle-ci « est elle-même partie intégrante du monde » [1]. Car ou bien « intersubjectivité » et « humanité » sont des termes interchangeables et la question ne se pose pas de savoir si « les sujets transcendantaux, c'est-à-dire ceux qui fonctionnent pour la constitution du monde », sont déjà « des hommes », ou bien ce n'est pas le cas et il reste alors à montrer comment le passage est possible de la « subjectivité fonctionnante » à la personne, de l'être-avec étranger à soi-même à l'être-ensemble partagé. Or quand Husserl, à plusieurs reprises, parle de l'humanité comme d'une « auto-objectivation de la subjectivité transcendantale » [2], il s'efforce bien de résoudre ce dernier problème, mais il ne le peut que pour avoir auparavant tacitement admis l'équivocité des termes.

Tout revient donc finalement à cette question : l'humanité n'est-elle que l'auto-objectivation de la subjectivité transcendantale ou, mieux, « l'auto-objectivation de la corrélation du monde et de la subjectivité transcendantale » ?

b) La personne au fondement

Dira-t-on d'abord que l'*ego* transcendantal, en s'objectivant, *se fait* homme, comme le suggère plusieurs fois Husserl sur l'exemple du phénoménologue effectuant la réduction et portant à l'expression les virtualités enfouies dans sa « concrétion muette » [3] ? Ce serait mettre au principe de la personne quelque chose qui, loin de l'expliquer, la présuppose et comprendre l'auto-objectivation de l'*ego* transcendantal comme une auto-création dont on voit mal comment elle n'impliquerait pas [4] l'admission tacite d'un moi nouménal doublant mystérieusement ses opérations constituantes et compliquant encore la question déjà embrouillée de la nature ultime du Je.

Insistera-t-on à l'inverse, pour rendre compte d'un tel passage, sur le rôle de la communication ? C'est ce que semble suggérer Husserl

1. *Ibid.*, p. 204 / *Kr*, p. 183.
2. *Ibid.*, p. 174 / *Kr*, p. 155-6.
3. Ainsi *op. cit.*, p. 213 / *Kr*, p. 190.
4. Outre ce qui apparaît parfois comme la réduction de la personne au sujet de la réflexion.

dans les *Méditations cartésiennes*[1] et plus nettement dans les *Ideen II* et dans certains inédits : partant du constat que « le fait d'exister pour les autres et [...] d'avoir en commun avec eux la même ambiance spatio-temporelle [...] n'est pas encore être 'socialement' uni avec eux dans une communauté », il paraît lier l'existence de la personne à celle d'une telle communauté et rapporter leur avènement simultané au pouvoir de la communication au point d'affirmer que l'une et l'autre ont « pour fondement [...] la connexion actuelle de la communauté communicative »[2]. Quelle que soit cependant la force suggestive de telles formules, il s'en faut de beaucoup qu'elles introduisent la notion d'un *a priori* communicationnel ou nous autorisent, dans l'hypothèse où nous maintiendrions celle-là dans son rang d'origine, à concevoir l'auto-objectivation de la subjectivité transcendantale comme l'œuvre de la communication.

D'une part, la communication a le caractère d'une apprésentation réciproque, active et consciente et suppose elle-même comme sa condition une *volonté* de communiquer qui, dans sa forme philosophique du moins, ne peut être dérivée d'elle[3]. D'autre part, on introduirait une ambiguité dans la sphère même de l'*a priori* et l'on entrerait dans un cercle si, pour pouvoir en déduire la possibilité de l'existence personnelle, on l'infusait d'éléments empruntés à des dimensions, à des structures ou à des aspects de l'expérience qu'il était censé constituer. Enfin lorsqu'il revient, dans la *Krisis*, sur ses approches antérieures du thème de l'intersubjectivité et envisage celui-ci relativement à la situation particulière du sujet philosophant, Husserl écrit qu'il avait commis l'erreur, non de minorer les aspects langagiers de notre expérience du monde mais, au contraire, de « sauter tout de suite dans l'intersubjectivité transcendantale en sautant par-dessus l'*ego*-origine » identifié à l'« *ego* de mon *épochè* » ; et c'est sans référence aucune à la communication et à la fonction qui pourrait être

1. Dans le § 58, Husserl parle moins précisément d'« actes sociaux au moyen desquels seulement peut s'établir toute communication entre personnes humaines » ; mais l'ensemble du paragraphe suggère que ces actes sont eux-mêmes des actes de communication. Interprétation que confirment les *Ideen II* : « la socialité, écrit Husserl, se constitue par les actes spécifiquement sociaux, les actes de communication » (*Phänomenologische Untersuchungen zur Konstitution*, Den Haag, Nijhoff, 1952, p. 194 / tr. fr. par E. Escoubas, *Recherches phénoménologiques pour la constitution*, Paris, P.U.F., 1982, p. 273.

2. AV 6 (1932), respectivement p. 30 et 35. Cité par R. Toulemont, *op. cit.*, p. 100-102.

3. *Ibid.*, p. 33 (R. Toulemont, *op. cit.*, p. 104).

la sienne dans l'avènement de tels caractères qu'il insiste sur ce que celui-ci a d'« unique » et de « personnellement indéclinable » [1].

Mais une troisième solution paraît alors se faire jour, qui consisterait à prêter dès l'abord à l'*ego* transcendantal les traits de la personne. Qu'elle nous soit suggérée dans un passage consacré à la situation du philosophe commençant n'est pas un hasard puisque la philosophie est présentée à la fois, dans la *Krisis*, comme l'auto-explicitation de l'*a priori* de corrélation unissant l'*ego* transcendantal et son champ d'expérience transcendantal et comme la forme éminente de l'existence personnelle, de l'existence responsable de soi. L'adopter d'emblée serait cependant rayer d'un trait les difficultés liées à ce double abord et ignorer la forme que leur donne Husserl lorsqu'il présente la personne comme une *objectivation* de la subjectivité transcendantale, dissociant nettement ainsi ces deux notions. La personne en effet n'a pas pour Husserl « la pureté du sujet phénoménologique » ; elle n'est pas « le dernier *ego* » [2]. Même s'il comble en partie l'abîme creusé par Kant entre la réflexion transcendantale et l'existence empirique, il s'efforce, en pratiquant à son égard la réduction, d'objectiver la personne comme un secteur particulier – quoique privilégié – de la réalité totale. C'est qu'elle n'est pas seulement, pour lui, « un être doté d'un centre, d'un moi qui l'unifie » ou « une unité de développement par principe infini » [3] mais encore et surtout une réalité susceptible d'être affectée par des motifs. Car si *la motivation est, comme l'affirme Husserl, la loi fondamentale de l'existence personnelle*, si c'est elle qui trace la frontière entre la nature et le monde de l'esprit, alors nier, comme le fait par ailleurs l'auteur des *Ideen*, que la personne soit le dernier *ego*, c'est réciproquement soustraire la subjectivité transcendantale à cette loi de motivation. Dans la mesure où cette thèse a pour corollaire l'affirmation du caractère « immotivé » de l'*épochè* phénoménologique, nous en réservons l'examen pour notre prochain chapitre. D'emblée, cependant, nous devons remarquer qu'elle est la marque, relativement au problème qui nous occupe, d'une difficulté redoublée : si la vie transcendantale était réellement soustraite à la loi de motivation qui constitue la vie personnelle, comment pourrait-elle accéder à sa forme philosophique ? Comment se développerait-elle jamais sur le mode de l'auto-compréhension, de

1. *Op. cit.*, p. 210 / *Kr*, p. 188.

2. P. Ricœur, « Analyse et problèmes dans *Ideen II* », *Revue de métaphysique et de morale*, 1952 ; repris dans *A l'école de la phénoménologie*, Paris, Vrin, 1986, p. 139.

3. R. Toulemont, *op. cit.*, p. 230.

l'auto-méditation et de l'auto-responsabilité ? Supposons que la vie personnelle, que l'humanité en l'homme ne soit que l'auto-objectivation de la corrélation opératoire qui unit conscience et monde comprise elle-même comme la *structure* formelle du sens ; alors il reste à comprendre comment cette structure peut apparaître elle-même comme une *fin* pratique inconditionnée – il reste à penser cette conversion d'une présupposition en motif.

C'est pour échapper à cette difficulté que Husserl a recours, dans certains inédits, à des notions – les notions d'« instinct », de « disposition » ou de « tendance » – qui, loin de la résoudre, l'aggravent plutôt en dessinant les contours d'une hypothèse anthropologique récurrente. « La phénoménologie, écrit-il ainsi, doit [...] montrer comment l'intersubjectivité transcendantale ne peut exister qu'en constituant d'abord le monde par une constitution passive en vertu d'instincts, à un degré préalable à la raison et cependant avec un horizon ouvert ; ensuite, comment elle doit s'éveiller à la raison de degré inférieur en vertu d'une motivation interne et de dispositions originelles ; enfin comment elle doit s'élever lorsque s'écroule la raison inférieure. En effet, avant la science, il y a déjà une raison concrète et même tournée vers l'absolu par la conversion d'instincts originaires ; mais à partir de là, la science naît [...] et finalement la phénoménologie, qui clarifie, fonde et rend absolument inébranlable l'autonomie absolue » [1]. Ce que sont ces « dispositions » et ces « instincts », le statut qui peut être le leur en regard de l'impératif phénoménologique d'un « retour aux choses mêmes » indexé sur la seule expérience, la manière dont ils participent à l'archi-constitution du monde et y rendent possible l'émergence de cette « raison concrète » dont ils se distinguent pourtant, la sorte de « motivation » qui leur est liée et au regard de laquelle la science et la phénoménologie apparaissent rétrospectivement, en tant que formes « supérieures » de la raison, comme les fins vers lesquelles l'ensemble du processus était d'avance orienté, enfin les formes successives que revêtent tant l'intersubjectivité que le principe susceptible d'assurer sa promotion éthique, c'est toutefois ce qui, à lire un tel propos, demeure indéterminé et problématique. Et s'il est bien vrai que la genèse de la raison philosophique est liée à une « motivation interne » opérant au niveau de l'expérience passive, alors c'est *en faisant l'économie de toute hypothèse adventice* qu'il faut : α) appliquer au sujet phénoménologique, au « dernier *ego* » la loi de motivation que Husserl réserve à la personne envisagée comme une

1. E III 4 (1930), p. 21. Cité par R. Toulemont, *op. cit.*, p. 15.

réalité dérivée : la personne est première ou elle n'est pas[1] ; β) nier la pertinence d'une telle distinction relativement à une question qui intéresse au même titre le sujet phénoménologique et la personne : la question de la possibilité d'une existence ou d'une vie responsables ; γ) appliquer cette loi de motivation à la forme autant qu'au contenu de l'expérience et la superposer à la loi de réflexion immanente qui, en donnant cette forme à elle-même, en ordonne originairement le développement.

« Etre homme, dit Husserl [...], c'est devoir-être » – mais le passage est-il concevable, de la subjectivité opératoire à l'autonomie personnelle, si cette autonomie s'accomplit elle-même comme une « conscience-de-tâche-infinie » et substitue ainsi aux validations de la vie naturelle, non la calme indifférence du fondement atteint par la réflexion transcendantale, mais l'impératif d'une justification absolue ? C'est bien plutôt de l'émergence d'un tel impératif qu'il est impossible de rendre compte à partir du « monde-de-la-vie » conçu lui-même comme le terrain de toutes les prestations et de toutes les validations particulières. D'une part, comment l'exigence d'un fondement à la fois « radical » et « universel » pourrait-elle procéder de ce qui « fonctionne » pour des pratiques et des expériences à chaque fois déterminées ? D'autre part – et si la *Lebenswelt* désigne le fondement comme sol, référent ultime – « la question de la *référence* ultime [ne] laisse [-t-elle pas] intacte la question de la *légitimation* ultime » [2] ? C'est au point de vue épistémologique déjà que l'on est en droit de demander comment la validité de l'expérience quotidienne, essentiellement subjective et relative, peut servir de fondement aux affirmations scientifiques qui se veulent valables inconditionnellement et universellement, puisque l'hypothèse d'une « *structure* générale invariante » du monde ambiant de la vie quotidienne se situe sur un autre plan que celui de la *validité*.

1. Nul, mieux que M. Scheler, n'a mis en évidence l'identité de l'empirique – ou de ce que l'auteur du *Formalisme en éthique* appelle l'« individuel » – et du transcendantal dans la singularité vécue de l'existence en première personne, ni réfuté aussi efficacement leur dédoublement méthodique dans la philosophie transcendantale d'inspiration kantienne. Pour Husserl, certes, l'*ego* n'est pas seulement le pôle vide de ses actes ou la condition simplement logique de l'unité de l'expérience. Il n'en reste pas moins que lorsque l'auteur des *Ideen II* parle, au terme de son exploration du « monde de l'esprit » (IIIème section, ch. III), d'une « individuation originaire, absolue, résid[ant] dans l'*ego* lui-même » et, corrélativement, d'une motivation interne de la vie de l'esprit, il ne donne aucun moyen de penser la possibilité de cette individuation et de cette motivation comme telles.

2. P. Ricœur, « L'Originaire et la question-en-retour dans la *Krisis* de Husserl », in *Textes pour Emmanuel Lévinas*, ouvr. coll., Paris, J.M. Place, 1980, p. 176.

Mais l'objection vaut *a fortiori* au point de vue éthique et philosophique où l'idée d'une justification absolue, en trouvant son lieu véritable, accède à la pleine conscience d'elle-même. Car le paradoxe selon lequel « le monde-de-la-vie comme prédonné précède l'exigence de légitimation qui a pourtant dès toujours dépassé ce monde-de-la-vie » [1] n'est alors que l'ombre portée sur la conscience philosophique d'un *événement fondateur* dont la réduction est la répétition abstraite et qui consacre en amont d'elle-même la possibilité d'un sujet originairement structuré par une telle exigence.

1. *Ibid.*

CHAPITRE TROIS

L'ÉPOCHÈ ORIGINAIRE

1. Le problème du commencement de la philosophie comme fil conducteur d'une phénoménologie radicale

Si la dernière grande œuvre de Husserl, en révélant ses difficultés intrinsèques, scelle le destin aporétique de la phénoménologie transcendantale et rend nécessaire sa mutation, c'est parce qu'elle ne permet pas à la réflexion de déduire de ce qu'elle tient pour ontologiquement premier l'exigence même qui la suscite et l'oriente [1]. C'est donc cette déduction que devra rendre possible notre entreprise critique en plaçant la phénoménologie au carrefour du questionnement ontologique et de l'interrogation éthique.

Or la voie en a déjà été tracée dans les pages précédentes lorsque, dans l'incapacité de tirer de l'« *a priori* de corrélation » suturant la vie transcendantale l'Idée qui anime la volonté philosophique, nous avons dû appliquer au sujet phénoménologique la loi de motivation que l'auteur de la *Krisis* réserve à la personne : la personne est le dernier *ego* ; sa possibilité coïncide avec la possibilité universelle de l'expérience ; et c'est en définitive une même exigence qui structure la conscience commençante et détermine sa conversion philosophique.

Cette exigence, certes, ne peut être confondue avec aucun des motifs particuliers qui nous affectent ordinairement et donnent à notre vie extérieure, en la tirant en tous sens, l'aspect de la dispersion. C'est elle au contraire qui, en les inscrivant dans un seul et même *horizon de motivation*, constitue ces motifs comme autant de déterminations

1. Cette ambiguïté, certes, nous est apparue d'abord comme celle qui affecte, dans la *Krisis*, le rapport entre l'*a priori* éthique qui oriente la recherche et l'*a priori* épistémique que celle-ci élit quasi exclusivement comme son thème. Mais dans l'horizon théorique de la *Lebenswelt*, ce qui est épistémologiquement premier est aussi ontologiquement premier.

différentes de ce que nous ne cessons d'appeler « notre vie » et remet celle-ci à elle-même. Mais elle doit être comprise alors relativement à la *forme de l'expérience* et comme le produit de sa propre *réflexion immanente*.

Que l'homme soit capable de philosophie, qu'il puisse « suspendre son jugement », réfléchir et demander pourquoi, voilà ce qui, sans doute, dépend de sa liberté mais ne modifie en rien les structures universelles de l'expérience et n'en doit donc pas moins être compris *comme la réalisation d'une possibilité ouverte et prescrite par elles*. Le problème du commencement de la philosophie a, de ce point de vue, une portée absolument générale. Il est une voie d'accès privilégiée à l'essence du phénomène.

Comment la philosophie, distincte en un sens de l'expérience immédiatement vécue, peut-elle néanmoins trouver en celle-ci son point de départ ? Comment, sans quitter le terrain de l'expérience et renoncer par là même à la règle d'or de la description phénoménologique – nous songeons ici aux « instincts » et autres « dispositions » rencontré(e)s plus haut chez Husserl – rendre compte de la possibilité de la réflexion sur l'expérience ? De notre manière de traiter ces questions dépendra notre aptitude à lever simultanément deux des obstacles qu'elles dressent devant la pensée transcendantale.

Le premier regarde l'écart creusé par celle-ci entre le fondement de l'expérience et l'expérience effective ; le second, la capacité de la phénoménologie de passer du plan des faits et des essences atteints par la description, auxquels l'arrime son souci des « choses », à celui des normes et des procédures de légitimation qui, si d'aventure elle parvenait à les en tirer analytiquement, la désigneraient non seulement comme la méthode de la philosophie mais comme la philosophie elle-même.

Or ces deux obstacles n'en font qu'un puisque la réflexion transcendantale est elle-même le développement méthodique d'un désir de justification dont la possibilité, identique à la sienne propre, est nécessairement donnée dans l'expérience commençante et coïncide en celle-ci avec la possibilité de l'existence en première personne.

N'est-ce pas pour les avoir traités séparément que les continuateurs de Husserl ont échoué et n'ont pu, surmontant l'un, qu'aggraver l'autre ? La phénoménologie du « corps propre », par exemple, atteint bien avec celui-ci un sujet qui n'est ni psychologique ni transcendantal, mais cette distinction n'est « dépassée » qu'en direction d'un opérateur anonyme dont l'existence « générale », tout entière absorbée dans l'effectuation de la « synthèse concrète » censée nouer nos premiers rapports avec le monde, fait douter qu'il puisse être vécu comme un soi [1] ou impliquer déjà, fût-ce virtuellement, les déterminations essentielles de la vie philosophique. La proposition selon laquelle « toute réflexion procède d'un irréfléchi », maintes fois reprise, est alors l'énoncé d'un problème qui, longtemps méconnu comme tel, ne sera pris en charge dans la dernière philosophie de Merleau-Ponty qu'au prix d'un oubli : celui de l'exigence qui anime la réflexion et confère originairement à l'ensemble de ses prestations leur propriété spécifique. L'idée d'une « réversibilité » ou d'une « réflexivité » du sensible [2] hérite des traits qui étaient, dans la *Phénoménologie de la perception*, ceux du corps propre ou du moi naturel ; elle ne peut donc valoir comme fondement de l'existence personnelle. Et bien qu'elle implique l'attribution à la sensibilité d'un ensemble de pouvoirs et de propriétés qui étaient traditionnellement dévolus à l'entendement, cette généalogie de la réflexion n'aurait, ici encore, quelque chance d'aboutir, que si elle ajoutait aux caractères qui témoignent apparemment de sa parenté avec l'attitude théorétique ceux qui, plus profondément, marquent sa proximité avec le mode d'existence du moi pratique. C'est pour des raisons semblables que Sartre n'a jamais élaboré la morale annoncée dans les dernières pages de *L'Etre et le néant*. En affirmant que « l'ontologie ne saurait formuler elle-même des prescriptions morales » ou « tirer des impératifs de ses indicatifs » [3], il omet de considérer la possibilité que cette différence, entre l'être et le devoir-être, constitue elle-même l'essence du phénomène et intéresse ainsi, comme différence *originaire*, le projet d'une phénoménologie radicale. Qu'une phénoménologie « matérielle » [4], enfin, soit impuissante à faire taire ces objections, c'est ce dont on pourra se rendre compte un peu plus loin : elle a en commun avec l'ontologie heideggerienne une conception de la phénoménalité qui, pure de tout élément normatif, prive l'exigence philosophique d'un point d'ancrage dans l'être et la

1. Le corps *propre*, paradoxalement, est vécu sur le mode du *on*. Il y a une vie autonome du corps qui n'est pas véritablement ma vie. Il faudrait dire que ce n'est pas moi mais mon corps qui voi(t) le bleu du ciel si, comme l'affirme explicitement Merleau-Ponty, la perception a lieu initialement « dans une atmosphère de généralité » et « se donne pour anonyme » (cité par A. Kelkel dans son article sur « Merleau-Ponty et le problème de l'intentionnalité corporelle », in *Maurice Merleau-Ponty, le psychique et le corporel*, ouvr. coll., Paris, Aubier, 1988, p. 30).

2. *Le Visible et l'invisible*, Paris, Gallimard, 1964, p. 172-204.

3. *L'Etre et le néant*, Paris, Gallimard, 1943, p. 720.

4. Nous faisons allusion à l'œuvre de Michel Henry.

condamne ou bien à s'ignorer, ou bien à ne pas se comprendre elle-même.

Nous devrons au contraire, pour assumer conceptuellement une telle exigence, reconduire l'*épochè* phénoménologique elle-même à sa propre possibilité et à sa propre motivation.

2. Le temps suspendu de la réflexion

Si le sort de la phénoménologie tout entière est intimement lié à la théorie de la réduction, c'est parce que celle-ci constitue à la fois une méthode de réflexion et une expérience d'un type inédit dont le résultat le plus constant est d'inscrire toutes les données empiriques et cognitives dans la sphère du sens ramené lui-même à sa loi: l'intentionnalité. Or ce résultat n'est atteint, dans tous les cas, qu'au terme d'une « conversion » suspendant le cours normal de notre croyance au monde. C'est ainsi que la réduction peut être définie, à l'époque des *Ideen*, comme l'opération par laquelle la subjectivité, auparavant cachée à elle-même comme l'une de ses parties, se découvre comme l'origine du monde et reconnaît en celui-ci le pur corrélat de sa vie absolue. Cette définition privilégie, il est vrai, l'une des voies possibles dans l'accomplissement de la réduction : la voie égologique ou « cartésienne » ; dans *Philosophie première* puis dans la *Krisis*, d'autres voies sont explorées (parmi lesquelles une voie plus indirecte que l'on a pu caractériser ci-avant comme historico-téléologique). La pluralité des chemins ne doit pourtant pas tromper : quel que soit le point de vue privilégié, il s'agit de thématiser la corrélation qui unit *a priori* conscience et monde ; aussi loin que l'on remonte vers l'origine du sens – la synthèse passive du temps représentant ici une limite indépassable – , leur solidarité, loin d'être démentie, est toujours mieux confirmée. Il importe davantage de remarquer que le mouvement qui met en œuvre l'analyse lui fournit aussi son thème le plus constant. Car un *premier cercle* apparaît alors pour la réflexion, dont il lui faut sortir pour ne pas se perdre dans son objet ou, à l'inverse, ressasser indéfiniment son propre vide [1].

La réduction, sans doute, est le titre d'une opération double : elle ne *suspend* l'intérêt qui attache la conscience aux sollicitations multiples de la vie mondaine que pour *reconduire* celle-ci aux conditions

1. Cette difficulté, comme l'a montré Fink, est inhérente au projet d'un retour au fondement conçu comme la thématisation d'un opératoire, l'explicitation d'un implicite, etc.

dont elle reçoit unité et signification. Mais l'inhibition des actes de validation qui nous assurent ordinairement de l'existence et de la signification du monde, des choses du monde et de notre propre être-là intramondain crée ainsi une situation qui pourrait bien constituer un *deuxième cercle* pour la réflexion : la reconduction au fondement s'accomplissant comme l'auto-réduction de la conscience à un ensemble de structures étrangères à toute position de fin ou de valeur, il faut avouer que plus la pensée s'efforce vers ces structures, moins elle se trouve appelée à le faire, et perd progressivement de vue ce qui au départ avait pu motiver l'entreprise.

Nous nous trouvons ainsi confrontés à nouveau aux apories liées à la situation du philosophe commençant. C'est dans le but de rassembler nos principaux arguments critiques et de leur ménager enfin une issue positive que nous rappellerons les différentes solutions qu'en propose Husserl dans *Philosophie première*.

a) La première consiste à nier l'existence même du problème en traitant l'*épochè* comme une possibilité appartenant de fait à l'existant humain – en l'occurence comme l'exercice d'un libre pouvoir de la volonté étant à lui-même son origine : « comme tout d'abord, hormis soi-même, il ne possède rien, le philosophe en tant que philosophe doit donc commencer par réfléchir sur soi-même en tant qu'il est celui qui veut la philosophie »[1]. D'autres formules vont dans le même sens : « originellement, la réflexion est telle de par la volonté puisque le sujet, en se déterminant comme sujet philosophique, prend une décision engageant la totalité de sa vie future »[2]. S'il en ainsi, alors « il est impossible par principe que la philosophie puisse procéder d'une activité de connaissance naïve ; elle ne pourra naître que dans la *liberté* d'une prise de conscience de soi »[3]. Cette solution, proposée déjà dans les *Ideen I*[4], sera privilégiée encore occasionnellement dans des textes plus tardifs. C'est elle aussi que retiendra Fink[5]. La doctrine carté-

1. *Philosophie première*, Paris, P.U.F., 1972, p. 8 / *Erste Philosophie*, Den Haag, Nijhoff, 1959 (désormais *ErPh*), p. 6.

2. *Ibid.* Nous soulignons.

3. *Ibid.*, p. 9 / *ErPh*, p. 7.

4. *Idées directrices pour une phénoménologie*, tr. fr. par P. Ricœur, Paris, Gallimard, 1950, p. 99 / *Ideen zur einer reinen Phänomenologie und phänomenologische Philosophie*, M. Niemeyer, Halle, 1928, p. 55 : « La conversion de valeur [que réalise l'*épochè*] dépend de notre entière liberté ».

5. Il est remarquable qu'un phénoménologue aussi perspicace que Fink se voie par là même contraint d'avouer que « la possibilité même de la réduction nous est inconnue », qu'« elle n'est pas une possibilité de notre être-là humain » (*Studien zur Phänomenologie (1930-1939)*, Den Haag, Nijhoff, 1966, tr. fr. par D. Franck, *De la phénoménologie*, Paris, Minuit, 1974, *passim*).

sienne du libre-arbitre est présente en pointillé dans de telles formules. Mais le premier pas hors de la vie naturelle, placé sous le signe d'une liberté pure, ne se trouve-t-il pas par là même frappé d'arbitraire ? Admettons même qu'une décision absolue du vouloir mette en branle la réflexion : comment pourra-t-elle encore orienter celle-ci et inclure la visée d'un but quelconque ? Si le passage de l'attitude naturelle à l'attitude réflexive n'est pas motivé à partir de l'attitude naturelle, affirmer, à l'inverse, que la réflexion est point départ absolu pour elle-même, revient à dire que l'*épochè* est immotivée. Mais la liberté pure, alors, est liberté d'indifférence. Comment parler dans ces conditions de la « vocation » du philosophe (distinguée par exemple du « métier » de commerçant) ? Où trouver l'origine de la « volonté de justification absolue » qui définit la vie philosophique ? Ne faut-il pas que ce motif efface d'un coup à son profit l'ensemble des mobiles qui alimentent la thèse doxique ? Mais comment le pourrait-il, si la conscience commençante n'était déjà elle-même *suscitée par un intérêt pur* ? Ou bien l'*épochè* phénoménologique est le résultat d'une décision arbitraire mais, immotivée, elle ne substitue aux intérêts empiriques qui sollicitent la conscience naturelle que le mortel *ennui* à partir duquel aucune vocation, aucun désir ne peut naître. Ou bien le motif de la justification demeure prégnant mais l'*épochè* est alors l'acte d'une liberté non pure mais affectée, en sorte que la réflexion transcendantale se trouve elle-même commandée en profondeur par quelque chose qui se trouve être toujours déjà opérant dans l'expérience passive.

b) La deuxième solution proposée par Husserl semble d'abord l'engager dans une telle direction : loin qu'une « décision originaire » engendre *ex nihilo* la volonté philosophique, celle-ci apparaît à présent comme l'assomption d'un *pathos* primordial assortissant d'avance vouloir et devoir dans un « amour absolu, infini et inconditionné » de la vérité [1]. L'analogie entre la situation du philosophe et celle de l'artiste renforce encore cette manière de voir en exhibant la dimension charnelle de l'engagement philosophique : « seul est philosophe celui qui se consacre à la philosophie, de même que seul est artiste celui qui se consacre soi-même à l'art, corps et âme » [2]. Pourtant de telles formules n'amènent nullement Husserl à renoncer au primat de la réflexion objectivante. Elles ne vont, au contraire, qu'à l'affirmation renouvelée de la supériorité des valeurs de connaissance. Le philosophe en effet « n'entend absolument pas être autre chose qu'homme de

1. *Op. cit.*, p. 91-2 / *ErPh*, p. 14-15.
2. *Ibid.*, p. 22 / *ErPh*, p. 17.

science » ; et « tout comme le savant en général, il est motivé par l'amour du savoir, d'après lequel il se nomme philosophe et qui tout d'abord n'est rien d'autre que l'amour de la vérité »[1]. Quel que soit donc le « besoin d'une résolution personnelle » qui « seule est capable de faire de lui un philosophe », la volonté de justification absolue qui l'anime ne déroge pas à la règle qui veut que « toutes les justifications [aient] leur source et leur unité dans l'unité de la subjectivité connaissante »[2] ; elle vérifie elle-même l'hyperbole de la subjectivité transcendantale prise dans ce dernier sens.

Mais l'« amour de la vérité » *engagerait*-il ma vie « de manière absolument radicale », la vérité elle-même serait-elle visée comme le « *Bien* suprême » si, en deçà de la réceptivité du sentir – d'avance enrôlée par Husserl dans le procès de constitution de l'objet –, une passivité elle-même radicale ne structurait téléologiquement la conscience commençante et ne fondait ainsi un mode de signification initialement soustrait à l'objectivité ? Car la subjectivité connaissante, encore une fois, n'est en tant que telle « vouée » à rien. La subjectivité en général ne pourrait donc se savoir requise par une tâche quelconque – *a fortiori* par une tâche « infinie » et « inconditionnée » – si l'horizon de compréhension et de motivation à partir duquel elle s'ouvre à cette tâche n'excédait le cadre de la vie théorétique et n'impliquait la subordination des intérêts de connaissance à la réalisation d'une fin essentiellement pratique.

c) Tel est précisément le *hiatus* qui affecte la troisième solution et dont la *Krisis* est tout entière le symptôme : d'un côté, l'*épochè* phénoménologique est présentée comme la conscience de soi et comme la mise en œuvre de l'« idée directrice permanente » qui enjambe les découpages socio-culturels, traverse l'histoire de la philosophie dans son ensemble et nous concerne non comme sujets « en général » mais « en tant que moi[s] pratique[s] »[3] ; d'un autre côté, cependant, l'Idée qui fonde la vocation philosophique « est appelée tout d'abord à être mise en œuvre dans des théories »[4] en un sens de cette locution – « tout d'abord » – qui ne dénote pas une antériorité chronologique de la théorie mais un trait essentiel de la vérité philosophique en tant que telle. Rien n'empêcherait, certes, d'affirmer ici l'unité de la raison – de regarder le savoir lui-même comme une réponse au devoir. Mais comment imaginer, sans confondre alors la question et la réponse, que

1. *Ibid.*, p. 13 / *ErPh*, p. 10.
2. *Ibid.*, p. 26 / *ErPh*, p. 19.
3. *Ibid.*, par exemple p. 4, p. 19, etc. / *ErPh*, p. 4, p. 14.
4. *Ibid.*, p. 15 / *ErPh*, p. 12.

l'homme en tant qu'homme n'ait faim que de savoir ? Si l'Idée qui fonde la vocation philosophique exige, comme Idée pratique, d'être réalisée, comment pourrait-elle ne pas l'être à la fois dans l'ordre de la connaissance et dans l'ordre de l'existence – là même où s'accomplit concrètement notre humanité ? De l'aveu même de Husserl, il faut le répéter, l'*épochè* n'est pas un simple artifice de méthode : en parlant, pour fixer son statut, d'« expérience » inédite, de « mutation radicale du vivre humain » ou de « métamorphose existentielle », il en situe la possibilité et les effets à un plan qui est déjà celui sur lequel prendront sens, dans l'analytique heideggerienne, les notions d'« existence authentique » et d'« existence inauthentique ». Le vocabulaire psychologique dont il use ne doit pas tromper : dans l'« attitude » dite naturelle, l'homme *existe* de manière inauthentique [1], la possibilité de l'*épochè* phénoménologique coïncidant symétriquement avec celle d'une existence authentique.

Ce *hiatus* est précisément la raison pour laquelle une telle possibilité n'est à présent assumée qu'à partir d'une situation dissimulant à la réflexion son origine réelle [2].

Ainsi, que l'*épochè* se présuppose toujours elle-même ou bien qu'elle s'accomplisse par un saut, la question de sa possibilité et de sa motivation renvoie la réflexion à l'*expérience apriorique* qui la suscite et l'oriente.

L'introduction d'une telle notion à ce moment crucial de notre analyse appelle deux remarques :

a) Le « renversement universel de toutes nos convictions antérieures » ne susciterait aucune vocation s'il ne s'entendait à la fois comme la *neutralisation* des intérêts empiriques qui aliènent la conscience naturelle et comme la *réévaluation* des intérêts purs de la raison. Or de tels intérêts n'auraient justement aucune prégnance, ils ne pourraient obliger la conscience à délaisser ses activités et ses objets habituels, sans l'irruption d'une transcendance donnant *a contrario* la mesure de ces derniers.

b) Il ne saurait s'agir pourtant d'en revenir – le concept paradoxal d'« expérience apriorique » l'indique suffisamment – à quelque expé-

1. Telle est la suggestion que l'on trouve sous la plume du Père H.L. Van Breda dans une courte « Note sur réduction et authenticité d'après Husserl » reprise dans *Phénoménologie, existence*, ouvr. coll., Paris, Vrin, 1984, p. 7 à 9.

2. L'hypothèse historico-téléologique continue de présupposer ce qui est en question : la prégnance de l'Idée et son pouvoir d'invalider d'un seul coup, en leur substituant son propre contenu normatif, l'ensemble des significations et des buts relatifs de la vie mondaine.

rience sauvage, antérieure à toute réflexion. Les distinctions reçues entre le « réfléchi » et l'« irréfléchi », le « médiat » et l'« immédiat », ne peuvent nous être ici d'aucun usage. C'est bien plutôt à l'*auto-réflexion immanente* qui enroule l'expérience sur elle-même et lui permet d'accéder dès l'abord à sa propre possibilité et à son propre sens qu'il faut à présent faire droit. Et c'est, du même coup, à l'énigmatique *suspens* à la faveur duquel cette réflexion se produit. « Chair, cela même qui pense chez les hommes », dit Parménide [1] : un tel suspens fournit précisément à la pensée silencieuse enveloppée dans l'absolu d'une *évidence charnelle* sa circonstance propre. Renoncer à une distinction trop tranchée entre la « naïveté » de la conscience commençante et la lucidité de la réflexion n'est nullement renoncer à la réflexion comme telle. C'est ancrer seulement son opération dans le concret d'un événement doté lui-même *a priori* d'une telle structure. Nous avons déjà dit pourquoi néanmoins nous ne saurions nous contenter d'en appeler ici à quelque « réflexivité du sensible » au sens que Merleau-Ponty donne à cette notion : l'obscure compréhension dont celle-ci est le lieu manque à la fois de l'évidence qui pourrait garantir sa reprise univoque dans un discours prétendant à la validité et de l'orientation impérative vers un intérêt pur qui distingue la philosophie de toute autre forme de vie ou de pensée. En superposant plus haut la loi de réflexion qui donne originairement l'expérience à elle-même à la loi de motivation qui en ordonne *a priori* le développement, nous affirmions déjà qu'une analytique de la Chair ne serait pas en mesure d'exhiber sa *structure* primitive, qui n'en restituerait pas simultanément le *télos* immanent. Le labyrinthe de l'irréfléchi et du réfléchi subsiste aussi longtemps que cette simultanéité n'est pas assurée et que la réflexion se trouve réduite – comme elle l'est dans la version idéaliste de la phénoménologie – à l'activité auto-positionnelle d'un sujet souverain.

C'est pourquoi il faudra enraciner en dernière instance dans la *temporalité* le suspens – délai, retard, différance – sans lequel la conscience philosophique, abandonnée au flux de la vie naturelle, n'aurait jamais sa chance. Avant d'accéder dans le discours au rang d'une méthode de réflexion, l'*épochè* joue à l'égard de toute réflexion le rôle d'une condition de possibilité. Elle appartient à l'expérience commençante. Elle n'y figure donc pas comme un « fait » particulier dans un ordre de succession déjà constitué mais comme, au cœur de la musique vivante, la pause ou le soupir. « *Epochè* » : le mot d'emblée

1. Cité par D. Franck, *Chair et corps*, Paris, Minuit, 1981.

avoue sa signification temporelle. Mais l'idée d'une *épochè* originaire ne nous reconduit à présent au problème ultime de la constitution du temps que parce que *le temps lui-même implique l'arrêt d'un suspendre*. Et si le problème de la motivation de l'*épochè* ne fait qu'un avec celui de sa possibilité, alors il faut tenir le temps suspendu de la réflexion pour l'essor d'une question donnant à l'*évidence* même qui la constitue la force d'une *injonction* marquant sa dimension et son orientation éthiques.

N'est-ce pas de cette manière que, dans la *souffrance*, l'être à la fois s'éprouve et se réprouve ? N'est-ce pas ainsi qu'en elle la présence trouve, ensemble, son attestation la plus certaine et son démenti le plus exigeant ?

Des trois arguments concourant chez Platon à la solution du problème du commencement de la philosophie [1], le premier n'est pas le moins convaincant. Il prend place dans un développement concernant les sciences propres à former le philosophe, à préparer la conversion théorétique devant lui ouvrir l'accès à l'Idée [2]. Le moins surprenant n'est pas d'y voir l'intellectualiste Platon chercher dans l'expérience, et plus précisément dans une contradiction intérieure au donné sensible, ce qui peut donner à l'âme l'« élan » nécessaire vers la « région supérieure ». Il faut distinguer, en effet, entre deux sortes d'objets sensibles : « les uns n'invitent pas à la réflexion, parce que les sens suffisent à en juger », mais « les autres, au contraire, l'engagent instamment à les examiner, parce que la sensation qu'ils produisent ne donne rien de sain » ; les premiers sont ceux « qui ne produisent pas à la fois deux impressions opposées » ; s'ils les produisent, au contraire, il faut les ranger « parmi les objets qui invitent à la réflexion ». Une sensation qui signale dans le même objet deux qualités contraires (dureté et mollesse, grandeur et petitesse, etc.) « rend l'âme perplexe », la jette dans l'« embarras » et la contraint d'« appeler à son secours l'entendement et la réflexion ». Le passage de l'expérience à la réflexion est assuré chaque fois que le donné sensible dénonce, tout en se donnant, la sorte de fascination qu'il exerce ordinairement et fait signe ainsi vers quelque chose qui l'excède et ne pourra soi-même être donné mais seulement pensé. Peut-être faut-il parler ici d'une

1. L'argument, d'allure empiriste, que nous résumons ci-dessous ; l'argument métaphysique contenu dans la théorie de la réminiscence ; enfin l'argument dialogique qui, dans une perspective surtout socratique, fait coïncider le premier pas hors de la Caverne avec l'entrée du sujet dans le jeu de la question et de la réponse et met l'appartenance à une communauté d'argumentation au principe même de l'exercice de la faculté rationnelle.

2. *La République*, livre VII, 523 a-525 a.

« violence originelle faite à la pensée » [1], d'une « étrangeté » ou d'une « inimitié » seules capables d'arracher celle-ci à sa stupeur naturelle – le paradoxe consistant en ceci que cette violence, par définition sensible, est source d'un désir d'intelligibilité liant l'âme tout entière, la sensibilité jouant alors le rôle d'un organe métaphysique [2]. Cet argument, certes, se situe au niveau de la connaissance d'objet et ignore, au contraire des descriptions phénoménologiques appliquées à l'expérience passive, les problèmes de constitution. Il s'en faut donc qu'il confère à l'expérience elle-même le statut de l'*a priori* : ce qui suscite la réflexion est impuissant à en orienter l'activité ; ce qui tire la pensée de sa nuit, ne lui fournit encore aucune règle pour avancer. Mais il n'en autorise pas moins sa transposition dans un cadre méthodique approprié. Que ce qui force à penser soit aussi, en un sens, ce qui donne à penser ; que la pensée ne devienne pensante qu'en s'affectant elle-même et en s'ouvrant intérieurement à l'événement de sa propre constitution temporelle ; que cet événement enfin, de soi normatif, inscrive originairement la pensée dans un ordre dont les critères ne sont pas d'abord logiques mais éthiques – c'est encore ce que suggère ce passage de *La République* où Socrate, évoquant l'homme tout juste arraché à l'obscurité de la caverne et pour la première fois instruit de ce qu'être est, demande à Glaucon : « ne crois-tu pas qu'il souffrirait et se révolterait d'être ainsi traîné ? ». C'est peut-être ce passage que commente Heidegger lorsqu'il affirme, conformément à la lettre du texte platonicien : « c'est [...] la pensée qui donne la douleur aux mortels » [3]. Mais si c'était l'inverse ? – si, au commencement, souffrir et penser ne faisaient qu'un ? L'homme révolté, selon Camus, dit à la fois non à ce qui est et oui à ce qui doit être. Or d'où tire-t-il ce double savoir, sinon de la souffrance elle-même ? *L'épochè originaire est l'auto-réflexion immanente du temps lui-même dans l'instant absolu d'un souffrir*. Elle suscite seule chez le philosophe le désir de justification dont, confronté à l'injustifiable, il s'efforce d'expliciter les attendus pré-logiques.

Au terme de ce que nous avons présenté, en commençant, comme une critique interne de la phénoménologie transcendantale, l'*apriorité du mal* apparaît donc à la fois comme un résultat nécessaire de la réflexion et comme le point d'ancrage de celle-ci dans un réel qui ne

1. Selon la suggestion de G. Deleuze dans *Différence et répétition*, Paris, gallimard, 1968, p. 181-182.

2. *Ibid.*

3. « Qu'appelle-t-on penser ? », in *Essais et conférences*, Paris, Gallimard, 1958, p. 162.

s'offre pas initialement à la preuve mais à l'épreuve. Or en renvoyant l'*épochè* méthodique accomplie par le philosophe à l'*épochè* originaire qui, dans la passivité ambiguë d'un « souffrir », suspend la vie naturelle de la conscience et fait advenir celle-ci comme une tâche, nous avons mis au jour, entre *temps* et *responsabilité*, une relation qui ne saurait procéder elle-même de l'opération d'un « esprit » ou d'une « conscience ». L'idée d'une *épochè* originaire nous obligera donc à présent à nous enfoncer dans la problématique de la temporalité et à vérifier s'il se peut sa fécondité au niveau même où s'établit l'ontologie fondamentale.

Il est vrai que Heidegger semble n'avoir eu déjà lui-même d'autre ambition, en élaborant son ontologie, que de reconduire la phénoménologie à sa propre possibilité. C'est en ce sens qu'il écrit que « l'ontologie et la phénoménologie ne sont pas deux disciplines différentes qui appartiendraient parmi d'autres à la philosophie, ces deux titres [caractérisant plutôt] la philosophie elle-même selon son objet et sa manière d'en traiter »[1]. Mais c'est précisément pour dénoncer l'abstraction qui, en suscitant la réduction de la dimension éthique de la question du sens de l'être – celle-là même qu'opère la Technique – , entretient la fiction d'une ontologie pure, que nous entreprendrons d'enraciner cette question dans l'expérience du mal.

La distinction pertinente, pour qu'un tel projet ait quelque chance d'aboutir, est celle que nous proposerons le moment venu entre l'*angoisse* et la *souffrance*. Il ne s'agit pas là, en effet, de termes équivalents pour dire la « finitude », mais bien de deux façons différentes de concevoir l'essence du phénomène relativement aux conditions qui nous y donnent accès. Et tout change en vérité si c'est le mal, et non la mort, qui est mis au principe de l'auto-réflexion philosophique de l'existence et de la « compréhension » dont celle-ci est toujours déjà le lieu.

1. *Sein und Zeit*, 10ème édition, Tübingen, M. Niemeyer, 1957, p. 38. Cf. idem, *Die Grundprobleme der Phänomenologie*, Francfort, 1975, p. 466 : « la méthode de l'ontologie n'est rien d'autre que la démarche qui permet d'accéder à l'être comme tel et d'élaborer ses structures. Nous nommons phénoménologie la méthode ontologique ainsi définie » (nous reprenons la traduction de J.F. Courtine, *Les problèmes fondamentaux de la phénoménologie*, Paris, Gallimard, 1985, p. 392-93).

DEUXIÈME PARTIE

TEMPS ET RESPONSABILITÉ

(la voie ontologico-existentiale)

CHAPITRE QUATRE

L'INNOCENCE DE L'ÊTRE-POUR-LA-MORT

1. De la réduction transcendantale à la réduction ontologique

Certes, le problème de la possibilité et de la motivation de l'*épochè* phénoménologique n'est pas explicitement posé par Heidegger. Certains commentateurs ont même jugé que la problématique de la réduction perdait, avec le passage de la phénoménologie transcendantale à l'analytique existentiale, toute signification et toute raison d'être [1]. L'absence, dans *Etre et temps*, de toute référence à la théorie de la réduction, la substitution du motif ontologique au motif égologique, le rejet d'une sphère d'évidence primordiale coextensive à celle de la « conscience pure », autant d'éléments plaidant apparemment en faveur d'une telle thèse : comment la réduction garderait-elle un sens quand l'« être » proprement dit cesse d'être confondu avec l'être absolu de la conscience, quand les opérations de celle-ci ne sont plus tenues pour la source indubitable de toute validité, enfin quand l'intentionnalité, loin d'être regardée plus longtemps comme la structure ultime du sens [2] et comme la référence obligée de toute philosophie phénoménologique digne de ce nom, est désignée comme un phénomène dérivé trouvant son origine dans la structure plus primitive de l'être-au-monde et, finalement, dans l'ekstase du temps ?

Mais, outre que la réduction n'a pas toujours, chez Husserl lui-même, la signification d'un retour à l'*ego* – encore moins à l'*ego* compris comme un « moi » privé de monde – , Heidegger reprend expressément, dans son cours du semestre de l'été 1927, l'expression de

1. Ainsi W. Biemel et L. Landgrebe. Cf. sur ce point J.F. Courtine, « L'idée de la phénoménologie et la problématique de la réduction », in *Phénoménologie et métaphysique*, ouvr. coll., Paris, P.U.F., 1984, p. 211-245.

2. La réduction dégage, selon l'expression de P. Ricœur, un « empire du sens » dont la conscience se révèle être à la fois l'origine et la gardienne.

« réduction phénoménologique » pour désigner la méthode de l'ontologie : « Phénoménologie, tel est l'intitulé de la méthode de l'ontologie [...]. L'élément fondamental de la méthode phénoménologique [...], nous le désignons par l'expression de réduction phénoménologique. Nous nous rattachons par là, quant à sa littéralité, à un terme central de la phénoménologie husserlienne, mais non quant à l'affaire elle-même. Pour Husserl, la réduction phénoménologique, telle qu'il l'a élaborée pour la première fois explicitement dans les *Ideen* de 1913, est la méthode destinée à reconduire le regard phénoménologique de l'attitude naturelle de l'homme vivant dans le monde des choses et des personnes à la vie transcendantale de la conscience et à ses vécus noético-noématiques, dans lesquels les objets se constituent en tant que corrélats de la conscience. Pour nous, la réduction phénoménologique désigne la réconduction du regard phénoménologique de l'appréhension de l'étant – quelle que soit sa détermination – à la compréhension de l'être de cet étant (projet en direction de son être-à-découvert) » [1]. Cette définition laisse inchangée la question de la possibilité de la réduction. Tout au plus la question regardera-t-elle, désormais, la possibilité d'une telle « reconduction du regard » de l'étant à l'être. Et elle se posera d'autant plus que « l'être n'est jamais accessible comme l'étant », que « nous ne le trouvons jamais simplement là-devant ».

De fait, l'analytique du *Dasein* se trouve placée, à un moment crucial de son développement, devant une difficulté formellement identique à celle que nous avons rencontrée dans la phénoménologie husserlienne. Cette difficulté est clairement reconnue dans les paragraphes 39 et 40 de *Etre et temps* : une situation ne doit-elle pas se produire, demande Heidegger, qui soit telle que le *Dasein*, ordinairement dissimulé à lui-même, y soit au contraire « amené devant lui-même » et dévoilé dans le tout de ses structures constitutives ? Si l'« être-au-monde » qu'est le *Dasein*, en effet, est « une structure originairement et constamment totale », il n'en demeure pas moins que « la multiplicité phénoménale de la constitution du tout structurel et de son mode d'être quotidien peut aisément faire obstacle à un regard phénoménologique unitaire sur le tout » [2] ; la question se pose alors de savoir si, en dépit de cette multiplicité, l'on peut « réussir à saisir ce

1. *Les problèmes fondamentaux de la phénoménologie, op. cit.*, p. 39-40 / *Die Grundprobleme der Phänomenologie, op. cit.*, p 27-29.

2. Nous donnerons désormais et dans cet ordre la référence au texte de la dixième édition de *Sein und Zeit* (*op. cit.*), puis à la traduction d'E. Martineau (Paris, Authentica, 1985) que nous adopterons dans la plupart des cas, enfin à celle de F. Vezin (Paris, Gallimard, 1986) qui suit, lui, le texte de la septième édition. Ici : p. 181 / 141 / 229.

tout structurel de la quotidienneté du *Dasein* en sa totalité » et découvrir « une voie pour conquérir *phénoménalement* cet être » [1].

Il *faut*, en vérité, qu'une telle situation se produise, qu'une telle voie existe. Car comment, dans le cas contraire, le *Dasein*, bavard invétéré, éternel étourdi, distrait sans rémission, deviendrait-t-il capable de la « compréhension authentique » dont l'analytique existentiale entend être l'explicitation adéquate ? Ce qui est en jeu alors, c'est la possibilité d'une reprise univoque du « comprendre » pré-ontologique qu'est quotidiennement le *Dasein* dans une interprétation ontologique prétendant à la validité.

Or cette possibilité ne serait jamais libérée sans la neutralisation préalable des modes déficients ou « non propres » de l'existence du *Dasein*, autrement dit de toutes les formes de son existence qui dissimulent à celui-ci les structures effectives de son être et, par là, l'*ouverture* même qu'il est comme être-au-monde et comme temporalité. Qu'à la faveur de cette neutralisation, le regard phénoménologique soit « reconduit » de l'étant à l'être – selon le double mouvement qui était déjà, chez Husserl, celui de la réduction –, cela signifie qu'une telle ouverture est la manière même dont s'accomplit la différence ontologique.

C'est donc, en définitive, cette différence en tant que telle qui doit se trouver portée alors à la manifestation : la réduction ontologique [2] est la forme sous laquelle la différence de l'être et de l'étant, en laquelle réside la possibilité de tout apparaître, s'apparaît à elle-même et vient à soi.

Deux remarques s'imposent à ce point :

a) L'identité formelle du problème chez Husserl et Heidegger laisse subsister entre eux une opposition majeure. Cette opposition est conforme à la rupture opérée par l'analytique du *Dasein* avec la philosophie réflexive. L'*épochè* n'y sera plus, en effet, une *opération* mais un *événement* dont la possibilité cesse d'être inscrite au crédit des pouvoirs du sujet. Heidegger nomme « angoisse » un tel événement. En cette occasion seulement le *Dasein* se trouve « placé devant soi-même » et mis en situation d'assumer ce qu'il fuit habituellement.

b) Le projet d'une ontologie phénoménologique n'est philosophiquement consistant que *si l'essence du phénomène est ou peut elle-même devenir un phénomène*. La condition de tout apparaître doit pouvoir apparaître à son tour. Ce qui donne doit être soi-même donné.

1. *Ibid.*, p. 181 / 141 / 230. Nous soulignons.
2. Nous adoptons ici l'expression de J.F. Courtine dans l'article cité *supra*.

En dernière instance, c'est donc le *temps* qui est censé se montrer dans l'angoisse.

Mais ces deux remarques dessinent les contours d'une difficulté qui, pour résulter de la critique heideggerienne du *cogito*, trouve plus proprement son origine dans une conception de la phénoménalité qu'il nous faudra mettre en question.

Est-il possible, en effet, d'appeler *événement* ce qui restera jusqu'au bout une *supposition* dont la nécessité ne s'impose à l'analyse que pour des raisons d'ordre logique ? Et si l'ekstase est bien, comme le veut Heidegger, la structure ultime de la temporalité, n'est-ce pas cette structure justement qui voue l'« angoisse » à demeurer une fiction méthodique ? N'est-ce pas elle qui prive l'analytique du *Dasein* et l'interprétation ontologique dont elle constitue le préalable nécessaire du sol phénoménal qui devait en garantir la validité ?

2. Au commencement n'est pas l'angoisse

La difficulté peut être exprimée plus précisément dans les termes d'une triple aporie :

a) L'aporie de la temporalité ekstatique

Le rejet du *cogito* et du critère de l'évidence est motivé, chez Heidegger, par sa conception du *Dasein* comme ouverture, comme transcendance et comme temporalité : « toutes les structures fondamentales du *Dasein* [...] sont [...] 'temporelles' du point de vue de leur totalité, de leur unité et de leur déploiement possible » [1]. Ce n'est pas tant, alors, cette conception qui importe, que la manière dont est élaboré le concept même de temporalité. La temporalité, lit-on en effet, est « le hors-de-soi originaire en et pour soi-même » [2]. Cette définition dit la structure ultimément ekstatique de la temporalité. Or une telle structure fonde, sans doute, la possibilité d'une existence *inauthentique* (si l'on entend, par là, la fuite au-devant de soi dans l'ouvert du temps) ; mais comment pourrait-elle fonder aussi la possibilité d'une existence authentique ? Si même l'angoisse avait bien le

1. *Op. cit.*, p. 304 / 217 / 364.
2. Le cours de 1927 abonde en formules analogues : « La temporalité [...] est le hors de soi » ; « le temps est en lui-même, à titre d'avenir, d'avoir-été et de présent, ekstatique » ; « le temps originaire est intrinsèquement hors de soi. Telle est l'essence de la temporalisation. Le temps originaire est l'être-hors-de-soi (*Aussersichsein*) lui-même » (*op. cit.*, p. 321 / 377-8).

sens d'une confrontation à l'occasion de laquelle le *Dasein* est « transporté devant lui-même », comment cette confrontation trouverait-elle son origine dans ce qui s'épuise à déployer les « horizons » où celui-ci, perpétuellement, s'échappe à lui-même ? Comment la temporalité ekstatique-horizontale pourrait-elle amener le *Dasein devant* soi-même quand elle constitue au contraire celui-ci comme l'« être *au-devant* de soi » ? Conformément à une telle structure, en effet, Heidegger est contraint de penser l'angoisse, non comme une exception de fait échappant on ne sait comment au régime ordinaire de la phénoménalité, mais comme une possibilité procédant elle-même de l'ouverture fondamentale du *Dasein* dont elle constitue seulement dès lors un mode privilégié [1]. Or c'est relativement à cette ouverture que le *Dasein*, « toujours-déjà-jeté-au-devant-de-soi-vers-un-monde », se trouve par ailleurs caractérisé comme « souci ». Mais le souci fait du soi-même un « on-même » (*Man-selbst*), c'est-à-dire un existant dont l'existence est « de prime abord et le plus souvent inauthentique ». Force est donc de dire que cette inauthenticité n'aurait, en droit comme en fait, quelque chance d'être reconnue comme telle, que si l'angoisse, loin d'en vérifier elle-même la fatalité, avait le pouvoir d'altérer la structure ekstatique de la temporalité et d'en inverser la direction initiale. Qu'elle soit au contraire un mode – fût-il « privilégié » – de l'ouverture du *Dasein* et n'ait donc nullement un tel pouvoir, c'est ce qui montre qu'elle ne peut pas davantage interdire une manière de « fuir au-devant de soi » qui trouve, dans cette ouverture, sa circonstance sans cesse renouvelée. Tel est bien déjà le sens de la théorie pascalienne du « divertissement » : *la fuite devant l'angoisse commence en même temps que l'angoisse elle-même.*

Mais s'il en est ainsi, le phénomène effectivement dénoté par ce dernier terme ne cesse-t-il pas de coïncider avec la fonction logique que lui assigne l'interprétation ?

b) L'aporie d'une existence « de prime abord et le plus souvent » soucieuse

Dans le paragraphe 40, on lit que l'angoisse est première en ce sens que la « fuite » caractéristique de la préoccupation quotidienne *présuppose* nécessairement une confrontation avec soi, un « transport

1. Dans le § 53, où le problème posé dans les § 39 et 40 est spécifié comme celui de la possibilité du « projet existential d'un être authentique pour la mort », « la proximité la plus proche de l'être-pour-la-mort comme possibilité » demeure « *aussi éloignée que possible d'un effectif* » (*op. cit.*, p. 262 / 191) ou, selon la traduction de F. Vezin, de « quelque chose de réel » (p. 317).

devant soi-même » : « existentiellement, l'authenticité de l'être soi-même est sans doute refermée et refoulée [...] mais cette fermeture est seulement la privation d'une ouverture qui se manifeste phénoménalement dans le fait que la fuite du *Dasein* est fuite devant lui-même [...]. C'est seulement dans la mesure où le *Dasein*, ontologiquement, est essentiellement transporté devant lui-même par l'ouverture qui lui appartient en général, qu'il peut fuir devant lui » [1]. Le statut d'une telle présupposition est précisé alors de deux façons complémentaires : d'une part, lorsque l'angoisse est définie comme « le phénomène qui fonctionne *méthodiquement* comme affection ouvrante » [2] ; d'autre part, dans tous les passages où l'accent est mis sur son indétermination [3] et sur son caractère de *latence*. Or ces deux traits peuvent nous faire douter qu'avec l'angoisse, un « sol phénoménal » ait véritablement été conquis « pour la résolution de la question de l'être de la totalité du tout structurel du *Dasein* » et pour la propre compréhension de « cela » qui, jusque dans son retrait, s'annonce en celui-ci. Ils s'accordent, certes, avec la définition heideggerienne du « phénomène », elle-même affectée d'une ambiguité essentielle [4]. Mais ils en dénoncent rétrospectivement les implications. Car si cette ambiguité devait n'être jamais *effectivement* suspendue comme telle, elle grèverait le projet même d'une ontologie phénoménologique en privant le penseur du fil conducteur dont il a besoin pour déjouer ses effets. Que tel soit pourtant le cas, que ce que l'angoisse dévoile « de façon insigne » soit d'avance recouvert et rendu à sa duplicité initiale, c'est ce dont témoigne, dans le paragraphe 41, l'affirmation de l'antériorité *ontologique* du souci [5] : le *Dasein*, comme souci, est « toujours-déjà »

1. *Ibid.*, p. 184 / 143 / 233-4.

2. *Ibid.*, p. 185 / 143 / 234.

3. Dans *Qu'est-ce que la métaphysique* ? encore, l'angoisse est distinguée, comme « tonalité affective » ou« tonalité-de-fond », de toute affection déterminée, cette indétermination l'accordant à l'indéterminé par excellence : le néant, et lui donnant seule le pouvoir de révéler celui-ci.

4. Le phénomène, selon les termes du § 7, est « ce-qui-se-montre-de-soi-même » en tant que ce qui, cependant, « de prime abord et le plus souvent », « ne se montre justement pas ». De cette ambiguité témoigne la distinction, introduite au même moment, entre *Phänomen* et *Erscheinung*, ce dernier terme désignant alors proprement l'apparaître non voilé.

5. « Le souci, en tant que totalité structurelle originaire, précède de manière apriorico-existentiale toute 'conduite' et 'situation' du *Dasein* » (p. 193 / 148 / 243) ; «la totalité ontologiquement élémentaire de la structure du souci ne peut pas plus être reconduite à un 'élément originaire' que l'être [...] ne peut être 'expliqué' à partir de l'étant » (p. 196 / 150 / 246); il ne doit pas, en tant que « phénomène ontologico-existential fondamental », être confondu avec nos « soucis » et nos « tourments » habituels (*ibid.*).

devenu aveugle à ce qui le constitue structurellement, il s'est « toujours-déjà » oublié dans la visée ou dans la manipulation de l'étant intramondain « auprès » duquel il est quotidiennement selon des modes divers, il s'est, finalement, « toujours-déjà » abandonné au mouvement de la transcendance, perdu dans l'ouverture même qu'il est. Nous le savions déjà : « le soi-même est *de prime abord* et le plus souvent inauthentique ». Même si, par conséquent, l'accès à l'unité structurelle du tout du *Dasein* est rendu « phénoménalement possible » à partir de l'angoisse, il n'est accompli qu'après-coup, avec le mouvement second de l'interprétation explicitante.

L'affirmation de l'antériorité ontologique du souci, homogène à la thèse selon laquelle « le hors-de-soi doit être conçu ontologico-existentialement comme le phénomène le plus originaire », signifie ainsi que l'angoisse est *pour nous*, phénoménologue, herméneute ou « penseur », autre qu'elle n'est *pour soi* et n'a pour soi nulle autre réalité phénoménale que celle du souci : logiquement, le souci porte la marque de l'inauthenticité et l'angoisse celle de l'authenticité, mais, phénoménalement, ils sont le même. C'est pourquoi Heidegger pourra dire sans craindre la confusion, en reprenant la question de la possibilité d'un « être authentique pour la mort », que « le *Dasein* est *authentiquement* lui même pour autant qu'il se projette primairement en tant qu'*être-préoccupé*-auprès-de »[1] – ruinant au vrai la pertinence de la distinction introduite auparavant entre ces deux modalités du comprendre et l'unique chance d'accorder sur cette base la phénoménologie à son objet.

Telle est, en effet, la situation créée par les définitions heideggeriennes du temps et du phénomène. Et si l'objection de formalisme semblera sans doute paradoxale à l'adresse d'une pensée à ce point soucieuse d'inscrire l'ensemble de ses prestations dans le concret d'une « existence » dont elle prétend tirer aussi sa propre origine, force est de dire pourtant que l'angoisse ne joue pas d'autre rôle, dans l'analytique existentiale, que celui que jouait l'« aperception transcendantale » dans l'analytique kantienne : il s'agit d'une condition qui, bien qu'elle reçoive déductivement le statut d'une présupposition nécessaire, demeure étrangère à elle-même et impuissante ainsi à justifier *à partir de soi* un tel statut.

Si son pouvoir dévoilant ne se donne pour tel que rétrospectivement, à partir de l'éclaircissement méthodique apporté par une interprétation seconde, comment l'angoisse pourrait-elle constituer un

1. § 53, *op. cit.*, p. 263 / 192 / 318.

événement véritablement premier ? En durcissant la ligne de partage entre l'essence de la manifestation et ce qui, comme « simple phénomène », s'offre à notre expérience, elle prive la différence ontologique de tout moyen de s'appréhender et de se comprendre elle-même. Et en abandonnant cette compréhension à l'intervention médiate de l'herméneute, elle rétablit le sujet connaissant – même s'il n'est plus le sujet de la réflexion pure – dans son ancienne posture.

L'angoisse, certes, est proprement définie comme « *affection* ouvrante ». Mais le lien entre affectivité et ouverture, scellé dès le paragraphe 29, signifie que « l'affection ouvre le *Dasein* en son être-jeté, et cela de prime abord et le plus souvent, selon la guise d'un détournement qui l'esquive »[1]. Il y a loin, dès lors, de cette « affection » que son ouverture a toujours déjà délivrée d'elle-même et transformée en son contraire – il y a loin de cette dés-affection à l'*auto-affection* originaire qui, dans l'accablement du souffrir, inverse le mouvement de la transcendance, donne au *Dasein* l'épaisseur d'une chair et *confère ainsi au fondement même de l'expérience l'effectivité d'une expérience*. C'est parce que la temporalité ekstatique donne à tout ce qui passe la propriété essentielle de pouvoir être dépassé et inscrit d'avance ce qui advient au *Dasein* dans l'horizon où l'être pactise avec le possible que la mort elle-même pourra être pensée comme le corrélat de son « *pouvoir*-être le plus propre » et délestée ainsi du poids d'une passivité plus radicale. Jusque dans l'angoisse, le possible l'emporte sur l'effectif en sorte que le « fond » demeure, en et par elle, mise à distance du fond. Jusque dans l'angoisse le *Dasein* se montre indifférent à la différence ontologique. Il est la différence ontologique elle-même s'accomplissant comme indifférence à l'égard de soi.

c) L'aporie du « cercle » herméneutique

Si même l'on admettait la thèse selon laquelle l'angoisse a besoin, pour accomplir sa fonction dévoilante et reconduire le regard phénoménologique à l'essence du phénomène, de l'éclaircissement méthodique apporté par une interprétation rétrospective, il resterait à montrer comment un tel éclaircissement est lui-même possible. Or cette question nous fait entrer dans un *cercle* dont on pourra douter qu'il puisse être tenu à bon droit pour une structure positive de la compréhension.

1. *Op. cit.*, p. 136 / 114 / 180.

Ce cercle trouve, dans *Etre et temps*, plusieurs expressions. Dans les paragraphes 32 et 63, il est introduit comme un concept de méthode approprié à la finitude du *Dasein* et enraciné dans sa constitution existentiale à la fois comme une structure et comme une conséquence inévitable de celle-ci [1]. Sa nécessité pouvait déjà être inférée directement, il est vrai, de l'exposition initiale du « pré-concept de la phénoménologie » déterminant l'orientation de l'ouvrage et plus précisément de la seconde des deux propositions qui la résument : a) « l'ontologie n'est possible que comme phénoménologie » ; b) la phénoménologie n'est possible que comme herméneutique. Mais son assomption sereine à ce point de l'analyse et jusque dans le paragraphe 32 est démentie ensuite dans le paragraphe 63 par son introduction subite au milieu d'un développement qui, dans la perspective ouverte dans les paragraphes 39 et 40 par la réduction ontologique, menaçait d'engager la réflexion dans une régression à l'infini dans la série des « attestations » possibles d'un « pouvoir-être authentique du *Dasein* ». Et il est autant, dans ce contexte, le symptôme d'une difficulté réelle et persistante, que le principe de sa solution.

Cette difficulté culmine, dans le paragraphe 60, dans le motif hybride de la « résolution ». Que l'on puisse encore, au début de ce paragraphe, assigner à l'interprétation existentiale la tâche de « dégager une attestation, *présente* dans le *Dasein* lui-même, de son pouvoir-être le plus propre » [2], est le signe que l'ambiguité n'est pas encore levée de la signification de ce mode de « présence » et la preuve que le problème de la possibilité de l'*époché* phénoménologique, loin de trouver dans la seule exposition du concept d'angoisse une solution à sa mesure, persiste bien au-delà de celle-ci. A ne considérer que les textes qui l'impliquent assez directement, il intéresse non seulement le chapitre VI de la section I mais encore les trois premiers chapitres de la section II dans leur entier. Encore le dernier d'entre eux s'achève-t-il avec l'affirmation que la temporalité du *Dasein* « impose la tâche d'une répétition plus originaire de l'analytique existentiale » [3] et l'aveu que celle-ci n'a donc atteint, avec l'« angoisse » et la « résolution », ni le sol phénoménal ni la « transparence ontologique » dont elle avait besoin.

1. « Le cercle du comprendre [...] est l'expression de la structure existentiale du *Dasein* lui-même » ; « l'étant pour lequel, en tant qu'être-au-monde, il y va de son être, a une structure ontologique circulaire » (*op. cit.*, p. 153 / 124-5 / 199).

2. *Op. cit.*, p. 295 / 211 / 353. Nous soulignons.

3. *Ibid.*, p. 331 / 232 / 391.

Que la *temporalité* du *Dasein* impose cette répétition et donne ainsi à l'analytique existentiale elle-même l'aspect d'une fuite en avant n'est guère étonnant. C'est conformément à sa structure ekstatique, en effet, que l'angoisse se trouve d'emblée privée du caractère d'évidence qui eût fourni à celle-ci le point d'Archimède dont le cercle herméneutique au contraire accuse l'absence. De sorte qu'en demandant si « en fin de compte [...] le problème fondamental-ontologique [...] [ne] se meut [pas] dans un cercle »[1], Heidegger rappelle autant sa fidélité à une conception de la phénoménalité tout entière indexée sur une telle structure, qu'il prend acte des multiples occurences de ce cercle dans les paragraphes précédents.

La plus constante tient dans la conjonction de ces deux assertions : a) « le souci suppose l'anticipation angoissée de la mort » ; b) « le mourir se fonde, quant à sa possibilité ontologique, dans le souci »[2]. D'un côté, en effet, c'est l'angoisse qui fonde la possibilité d'une interprétation ontologiquement valide ; mais de l'autre, il appartient seulement à cette interprétation elle-même d'arracher la signification muette de l'angoisse à l'équivoque et au bavardage : *l'angoisse est censée fonder la possibilité d'une interprétation dont elle a cependant besoin pour se comprendre elle-même*.

La question de savoir d'où, si la compréhension censée guider intérieurement l'interprétation ontologique a elle-même, et cela originairement, le caractère de la « dissimulation » ou du « recouvrement », cette interprétation tiendra l'assurance de sa légitimité, détermine seule, dans le chapitre II de la section II, la recherche d'une « attestation par le *Dasein* de son pouvoir-être authentique » ; c'est elle qui appelle l'ensemble des analyses qui viseront, selon un double mouvement, à enraciner la conscience morale dans la finitude du *Dasein* puis à chercher dans celle-ci l'exigence même d'une telle attestation. Il est pourtant facile de voir que l'ensemble du chapitre répète une nouvelle fois la question posée. Il a pour seul effet de réactiver de manière surprenante certains philosophèmes – au premier rang desquels la « transparence » et la « certitude » – dont la seule persistance à ce stade de l'analyse suffit à nous faire douter que l'on puisse leur substituer valablement le jeu complexe du comprendre et de l'interpréter.

L'angoisse, lit-on d'abord, libère la possibilité d'un pouvoir-être tout du *Dasein*. Mais « la possibilité ontologique d'un pouvoir-être tout authentique ne signifie rien tant que le pouvoir-être ontique cor-

1. *Ibid.*, p. 314 / 223 / 374.
2. *Ibid.*, p. 252 / 185 / 306.

respondant n'a pas été assigné à partir du *Dasein* lui-même »[1]. Ce pouvoir-être est incarné par la conscience morale en tant qu'elle est le lieu d'une *exigence* qui, de fait, « brise l'écoute prêtée au On » par le *Dasein* quotidien et l'engage à faire choix de lui-même comme d'un Soi qu'il n'est pas encore. A cette exigence, Heidegger donne le nom d'« appel » (*Ruf*) et à ce choix celui de « résolution » (*Entschlossenheit*). Une double analyse est alors développée en direction, respectivement, de l'origine de l'appel et de la possibilité de la résolution. La première passe par la décomposition de la structure de l'appel (« qui appelle ? » ; « qui est-il appelé ? ») et sa recomposition dans l'unité d'une réponse commune à ces deux questions (« dans la conscience, le *Dasein* *s*'appelle lui-même »), puis par le couplage de cette notion et de la notion de « dette » (*Schuld*) nécessairement impliquée par elle, enfin par la « formalisation » de l'être-en-dette[2] et l'affirmation d'une identité structurelle entre finitude et culpabilité[3]. La seconde passe par la définition de la résolution comme « disponibilité à l'angoisse »[4] et se développe à l'articulation de deux plans de réflexion dont la spécificité n'est préservée qu'en dernière instance dans un contexte où la nécessité méthodologique et ontologique du cercle vient métamorphoser en une structure positive de la compréhension l'absence initiale d'un « guide » ou d'un fil conducteur suffisamment assuré pour celle-ci.

La difficulté vient d'abord de ce que la conscience morale, présentée, d'un côté, comme l'« *attestation* d'un pouvoir-être authentique du *Dasein* », est réduite, d'un autre côté, à un phénomène enraciné « dans le *Dasein* comme souci » et entraîné ainsi dans sa *fuite*. Car un tel rapport répète ni plus ni moins la mutuelle préséance de l'angoisse et du souci et condamne l'analyse à *osciller* indéfiniment entre deux plans de manifestation qui pas plus l'un que l'autre ne peuvent lui garantir la « transparence ontologique » après laquelle elle court.

C'est ainsi qu'après avoir affirmé que « l'appel de la conscience tient sa possibilité ontologique de ce que le *Dasein* est au fond de son être souci »[5], Heidegger concède que « sans une compréhension exis-

1. *Op. cit.*, p. 266 / 194 / 321.

2. *Ibid.*, § 58 : « L'idée du 'en-dette' doit être formalisée jusqu'au degré de généralité requis pour que demeurent hors-jeu les phénomènes de dette vulgaires, ceux qui sont relatifs à l'être-avec préoccupé avec autrui » (p. 283 / 204 / 340).

3. Entre la « dette » impliquée dans la conscience morale au titre d'une exigence qui à la fois vient d'elle et la dépasse, et le « défaut » ou le « manque » constitutif du *Dasein* en tant qu'il *n*'est *pas* le fondement de son être et a *à être* celui-ci.

4. *Op. cit.*, § 60, p. 296 / 212 / 354.

5. *Op. cit.*, p. 277-8 / 201 / 334.

tentielle, toute l'analyse de l'existentialité demeure bel et bien dépourvue de sol »[1] et paraît reconnaître à la première une fonction directrice qu'il n'avait d'abord cessé de lui contester mais qui seule justifie à présent la place que trouve dans la seconde l'analyse de la conscience morale. N'est-il pas vrai, de fait, si « le mode d'être du *Dasein* requiert d'une interprétation ontologique qu'elle conquière l'être de cet étant contre sa propre tendance au recouvrement », que *cette requête elle-même doit avoir été préalablement éprouvée avec la clarté et la certitude voulues* ? Comment l'interprétation pourrait-elle à bon droit prétendre trouver dans la conscience morale l'attestation qu'elle y cherche non seulement d'un pouvoir-être authentique du *Dasein* mais encore de sa propre validité ontologique, si elle ne s'accomplissait tout entière sous la conduite d'un mode de compréhension échappant originairement à une telle tendance ?

Si « l'étant qui devient thématique pour l'analytique existentiale va jusqu'à retirer, dans sa guise d'être, l'être qui lui appartient », où donc celle-ci, demande justement Heidegger[2], « prendr[a-t-elle] l'*évidence* (*Evidenz*) de l'adéquation » de ce qu'elle trouve en fait de données phénoménales[3] ? Force est de dire en effet que la résolution elle-même ne pourrait, selon la fonction que lui assigne Heidegger, « donne[r] au *Dasein* sa propre transparence (*Durchsichtigkeit*) à soi-même »[4], si une telle transparence n'affectait pas déjà l'exigence d'authenticité qui constitue, autant que la conscience morale envisagée comme un phénomène dérivé, l'analytique existentiale elle-même en sa propre possibilité.

A ce qui semble annoncer un renversement dans la méthode répond alors, le temps d'une question, une conception nouvelle de l'existence même du *Dasein* : Après avoir douté que « l'interprétation ontologique [pût] faire autrement que de poser à son fondement des possibilités ontiques » et laissé une fois de plus en suspens la question de savoir *comment* « projeter celles-ci vers leur possibilité ontologique », Heidegger se demande si le mode d'être conformément auquel le pouvoir-être du *Dasein* se rapporte à la mort comme à sa possibilité insigne n'a pas été « fortuitement privilégié » et *si « l'être-au-monde*

1. *Ibid.*, p. 312 / 222 / 372.

2. Et sans confondre cette notion avec « l''évidence' rassurée de l'explicitation quotidienne » qu'il évoque quelques lignes plus haut.

3. *Op. cit.*, p 312 / 221 / 371.

4. *Ibid.*, p. 299 / 213 / 358. *Idem* p. 307 / 219 / 367 : « La vérité originaire de l'existence requiert un *être-certain cooriginaire* en tant que *se-tenir* dans ce que la résolution ouvre » (nous soulignons).

[n'a pas] une instance plus haute de son pouvoir-être que la mort »[1]. Or cette question, reportée sur les paragraphes précédents, ne met pas seulement en cause la solution antérieurement admise du problème de la réduction, elle ne concerne pas seulement la possibilité d'une reprise univoque de la compréhension spontanée qu'est quotidiennement le *Dasein* dans une interprétation prétendant à la validité : elle affecte encore une conception de l'essence du phénomène dont le « cercle » herméneutique est la sanction méthodique et qui n'avait jusqu'alors pu trouver que dans la mort, précisément, son chiffre et son aboutissement.

3. L'éthicité de l'existence et l'impossibilité d'une ontologie pure

Sur cette voie, Heidegger n'ira pas plus loin. Il s'empresse au contraire de réaffirmer, dans les lignes qui suivent immédiatement cette question, la fatalité ontologique du cercle. Mais seule, au terme du paragraphe 63, une pétition de principe (« *il faut* que la vérité originaire et authentique garantisse la compréhension de l'être du *Dasein* et de l'être en général ») peut laisser croire encore à la fécondité de celui-ci. Et elle ne peut dissiper l'impression, après tant d'analyses ayant favorisé, tout au plus, la « pré-acquisition » du point de vue requis pour une compréhension de la totalité authentique du *Dasein*[2], d'un retour au point de départ. L'« angoisse » et la « résolution » *nomment* seulement les conditions logiquement nécessaires d'un accès à l'originaire dont elles ne peuvent *accomplir* elles-mêmes la promesse : l'authenticité est « présupposée » par l'inauthenticité mais l'existence est « de prime abord et le plus souvent » inauthentique ; la résolution consiste à « se laisser convoquer hors de la perte dans le On » mais « l'irrésolution du On, néanmoins, demeure souveraine »... Si la question de la possibilité d'une interprétation ontologique valide est formellement homogène à la question de la possibilité d'une existence authentique (dont la première constitue d'ailleurs un mode éminent), comment ces deux questions pourraient-elles recevoir une réponse appropriée dans le jeu illimité des renvois que détermine la forme circulaire d'une analyse construisant, justement, sur les ruines d'un fondement réellement donné ? Elles le peuvent d'autant moins que ce sont les termes et les plans mêmes entre lesquels « joue » l'analyse qui tendent progressivement, comme nous l'avons vu, à s'échanger ou

1. *Ibid.*, p. 313 / 222 / 373.
2. *Ibid.*, p. 316 / 224 / 376.

à se confondre : l'angoisse n'est pas autre chose que le souci conçu selon sa propre possibilité ; la résolution est désignée comme « souci authentique » ; l'interprétation existentiale a besoin d'une compréhension existentielle ; enfin le *Dasein* hérite – alors qu'est maintenue formellement la distinction des plans éthique et ontologique – de tous les traits attribués à la conscience morale envisagée d'abord comme un phénomène dérivé.

Ce dernier point doit nous arrêter particulièrement. Non seulement il semble que l'on n'ait fait que tourner en rond en cherchant dans la « voix de la conscience » l'attestation d'un pouvoir-être authentique du *Dasein* puis en concevant cette attestation comme « appel du souci », mais comment les thèmes éthiques de l'« appel » (*Ruf*), de l'« advocation » (*Anruf*), de la « convocation » (*Aufruf*), de la « dette » (*Schuld*), de la « culpabilité » (*Verschuldung*) et de la « résolution » n'auraient-ils pas encore le caractère de *motifs récurrents* dans une ontologie se voulant pure et dans la conception qu'elle forme de la vérité et de la manière d'entrer dans sa clairière ? Nous avons évoqué ce problème à propos de Husserl. Il est simplement aiguisé par la transformation que Heidegger fait subir à la phénoménologie. Car il eût fallu, pour que l'ontologie générale fût pleinement justifiée à exploiter les ressources sémantiques de notions relevant de l'ordre éthique, qu'elle pût en retour dériver clairement leur contenu des structures existentiales du *Dasein* en elles-mêmes pures de tout élément éthique. Cette dérivation n'est tentée, dans le paragraphe 58, qu'au prix de ce que nous avons appelé une « formalisation » de l'être-en-dette. Mais le concept proposé, à ce plan formel, d'une culpabilité « originaire » homogène à la finitude du *Dasein*, postule à tort l'identité des modes de temporalisation correspondants [1]. Et il condamne l'interprète, ou bien à perdre de vue la spécificité des prédicats éthiques pour n'en faire plus qu'un usage métaphorique, ou bien à leur conférer subrepticement une dignité ontologique en étendant leur champ d'application bien au-delà des états et des conduites communément caractérisés comme tels. En d'autres termes, ou bien le passage n'est pas phénoménologiquement assignable de la finitude à la culpabilité et l'abîme ouvert par l'analytique existentiale entre ce qui est ontiquement compris et ce qui ontologiquement déterminant est tel qu'il offre celle-ci au reproche de

1. La culpabilité suppose une application immédiate du temps à lui-même qui loin de procéder de son origine ekstatique, en redistribue au contraire les dimensions et les modes constitutifs en fonction du passé.

formalisme [1], ou bien il n'a tout simplement pas lieu d'être, l'échec de l'entreprise faisant apparaître à l'inverse *la dimension irréductiblement éthique du Dasein lui-même*. Les notions d'« authenticité » et d'« inauthenticité », loin de ressortir au concept « purement ontologique » de la vérité, n'ont-elles pas d'ailleurs une origine éthique ? N'ayant ainsi, à proprement parler, de signification qu'existentielle, ou bien elles ne concernent que par projection l'analytique existentiale, ou bien elles lui appartiennent en effet mais démentent son apparente neutralité.

C'est une raison supplémentaire pour laquelle le problème que nous posons ne peut trouver dans l'analytique existentiale une solution satisfaisante. Admettons même que l'angoisse fonde la possibilité de l'*épochè* phénoménologique : *possibilité* et *motivation* cessent dans ce cas de coïncider. Comment l'indétermination pure du « rien » pour lequel nous nous angoissons pourrait-elle fonder la moindre vocation philosophique ? Comment pourrait-elle être à l'origine d'une « tâche » quelconque pour la pensée ? Pas plus que la phénoménologie transcendantale, l'ontologie fondamentale ne peut rendre compte de cela même qui la requiert et la met en chemin. En confondant ce qui, *de soi* manifeste, appartient effectivement à la chose même et ce qui au contraire, comme simple présupposition, est *rendu* manifeste après-coup par l'interprétation, elle n'occulte pas tant l'unité nécessaire de ces deux modes de manifestation que les conditions qui doivent être réalisées pour que celui-là joue bien, à l'égard de celui-ci, les rôles de « guidage » et de « régulation » que lui attribue l'analyse. Ce sont ces conditions qu'il s'agit à présent de déterminer.

4. Le temps suspendu du souffrir

Il n'est qu'à suivre, pour ce faire, le fil conducteur fourni par la question de Heidegger lorsqu'il demande si le *Dasein* n'a pas « une instance plus haute de son pouvoir-être que la mort » et à reporter cette question sur le contenu de la triple aporie dégagée plus haut.

La première affecte, rappelons-le, la nature du rapport qui unit souci et angoisse dans la perspective qui est celle d'une existence au-

1. Dans le § 59, Heidegger reconnaissait pourtant que si, d'un côté, « l'explication vulgaire de la conscience ne saurait valoir comme critère ultime de l''objectivité' d'une analyse ontologique », celle-ci n'a pas, d'un autre côté, « le droit de s'élever au-dessus de la compréhension quotidienne de la conscience et de passer à côté des théories anthropologiques, psychologiques et théologiques de la conscience fondées sur elle » (*op. cit.*, p. 289-90 / 208 / 347).

thentique : s'il est conforme à la structure de la transcendance que l'auto-explicitation équivoque et bavarde de ce que découvre l'angoisse appartienne au phénomène même de celle-ci, alors on ne voit pas ce qui peut assurer la pensée, lorsqu'elle thématise ce phénomène et adopte à son égard une attitude « résolue », d'en fournir une interprétation ontologique appropriée. La résolution elle-même paraît venir s'appliquer du dehors à son objet ; elle présente tous les aspects d'un « choix » ou d'une « décision » originaires dont la possibilité, loin d'être comprise dans l'être du *Dasein*, constitue plutôt une infraction *miraculeuse* aux structures générales qui sont les siennes et à l'unique mode de temporalisation dont dépendent ces structures comme spécifications d'un « être-jeté » primordial.

Dans le cours de 1927, Heidegger définit la philosophie non comme une connaissance *a priori* (dont la géométrie donne l'exemple) mais comme une connaissance *a priori* de l'*a priori* [1]. C'est dans le même sens que nous avons affirmé que le projet d'une ontologie phénoménologique impliquait que l'essence du phénomène fût ou pût elle-même devenir un phénomène. Mais cette connaissance peut être soit médiate, soit immédiate, et l'auto-réflexion de la phénoménalité s'entendre ainsi, ou bien comme l'opération seconde d'un retour ou d'une ressaisie essentiellement liés au langage, ou bien comme une auto-donation et une auto-attestation immanentes. Dans un cas, l'*a priori* demeure essentiellement distinct de ce qu'il rend possible ; il se refuse à l'expérience et se tient à l'égard de celle-ci comme à l'égard de soi dans la demi-étrangeté qui l'apparente au Dieu absent. Dans l'autre, l'*a priori* se donne en donnant ; il est immédiatement affecté par sa propre prodigalité ; il est lui-même une *expérience* en un sens de ce terme que seule, peut-être, permettrait d'approcher une idée adéquate du *Cogito* [2]. C'est pour avoir choisi d'opposer le possible et l'effectif que Heidegger s'est vu contraint d'engager la connaissance ontologique dans le cercle herméneutique. Mais l'impératif phénoménologique d'un « retour aux choses mêmes » signifie-t-il plus qu'un retour à l'expérience comprise comme ce qui tient de soi-même sa possibilité et, ainsi, comme le fondement *effectif* de toute possibilité ? Seule en réalité *l'auto-réflexion immanente de l'a priori* libère la possibilité d'une connaissance philosophique ; seule la phénoménalisation *originaire* de la phénoménalité rend celle-ci accessible à une explicitation appropriée.

1. *Op. cit.*, p. 76 / 73.
2. Nous pensons particulièrement ici à la présentation qu'en fait M. Henry dans sa *Généalogie de la psychanalyse*, Paris, P.U.F., 1985.

Cette remarque prendra tout son sens si l'on assume l'équivalence entre phénoménalité et temporalité et que l'on réactive de ce point de vue les thèmes conjoints de l'angoisse et de la résolution.

Si l'on entend en effet, par ces derniers termes, les conditions assurant la venue à soi de l'être du *Dasein*, alors il faut pouvoir penser aussi par eux *la venue à soi du temps lui-même*. Or c'est précisément cette venue qu'obère la temporalité ekstatique puisqu'elle s'épuise à déployer les horizons dans lesquels s'accomplit la détermination objective de l'étant et s'y rend proprement méconnaissable. Elle laisse donc la résolution sans assise phénoménale et déroge au principal réquisit d'une ontologie phénoménologique conséquente.

Il ne peut être question de conclure, d'une telle difficulté, que le temps n'appartient pas à l'essence du phénomène, ni de lui opposer alors la sorte d'éternité qu'est censée garantir au sentiment sa parfaite intimité à soi-même. Mais il faut en tirer cette conséquence, que *le temps n'est pas proprement le « hors-de-soi originaire en et pour soi-même »*.

L'inadéquation est patente, en effet, entre le concept de temporalité mis en avant par l'analyse et la fonction qu'elle voudrait lui voir remplir. La temporalité ekstatique-horizontale est impuissante à fonder la possibilité d'une existence responsable d'elle-même. Bien plutôt faut-il tenir pour vérifiée l'implication inverse : si l'homme est capable d'une telle existence, alors l'ekstase n'est pas la structure ultime de la temporalité.

Cette implication est motivée par l'affirmation même de Heidegger, selon laquelle toutes les structures fondamentales et tous les modes d'être du *Dasein* « sont [...] 'temporels' du point de vue de leur totalité, de leur unité et de leur déploiement possible ». Car cette affirmation appelle, au contraire du contenu que lui donne invariablement l'auteur de *Etre et temps*, une conception de la temporalité *accordée* à la possibilité dont le philosophe s'efforce d'assumer positivement l'instance exigeante : la possibilité de l'*épochè* phénoménologique elle-même.

Or une telle possibilité reste inconcevable, tant que l'on s'obstine à penser le temps comme le pur hors-de-soi, comme la pure ouverture, comme la pure négativité. Pour concevoir la possibilité temporelle de l'*épochè, il faut plutôt envisager l'épochè elle-même comme un mode de temporalisation fondamental*.

Une ontologie phénoménologique, disions-nous en commençant, ne peut prétendre à la légitimité que si l'essence du phénomène est ou peut elle-même devenir un phénomène. Nos objections contre la réduction ontologique et l'apparente fatalité du cercle herméneutique signifient qu'elle ne le deviendrait jamais si elle ne l'était pas d'emblée. Or le temps est sans doute, comme le voulait Kant, la condition de tous les phénomènes. Mais seule alors l'auto-réflexion immanente – ou, pour user d'une image, l'enroulement sur soi – du temps peut reconduire l'essence à elle-même. C'est pourquoi nous avons nié que l'angoisse pût tenir lieu de l'*épochè* susceptible d'« amener le *Dasein* devant lui-même » : rien, dans cette affection, ne s'accorde avec la forme paradoxale d'un événement qui ensemble confirme et infirme, déroule et interrompt, consacre et trahit la temporalité du projet qui constitue celui-ci comme tel. Rien en elle surtout ne permet de penser la nature, *temporelle* encore, d'une telle infirmation, d'une telle interruption, d'une telle défaite. En suspendant l'ouvert du temps, l'*épochè* lui permet d'advenir comme tel. Et en rendant sensible l'événement même de sa temporalisation, elle assure sa promotion éthique.

Telle est précisément la *souffrance* puisqu'elle introduit, au cœur de la triple ekstase du temps, l'instant secret d'une hypostase brisant les possibilités déployées par sa puissance. Cet instant est l'acte de naissance d'une pensée intérieurement affectée par une telle brisure et impérativement mobilisée contre l'impossibilité avérée ainsi dans son propre pli. Et il y a plus, alors, qu'une ressemblance extérieure entre le temps suspendu de la réflexion et le temps suspendu du souffrir.

5. Quelle « différence ontologique » ?

Certes, seule une phénoménologie de la souffrance entièrement constituée comme telle pourra faire apparaître cette expérience comme l'unité d'une évidence et d'une exigence apodictiques et préciser sous ce double rapport ce qui la distingue non seulement psychologiquement mais encore transcendantalement et ontologiquement de ce que Heidegger thématise sous le nom d'angoisse. Il est possible néanmoins d'exprimer dès à présent quelques unes des implications essentielles d'une telle distinction.

a) Elle introduit d'abord une relation interne entre l'essence de la manifestation et le phénomène singulier qui reconduit celle-ci à elle-même et lui permet d'apparaître comme telle. C'est cette structure récurrente de la phénoménalité qui nous justifiera ultérieurement à tenir la souffrance pour le fil conducteur d'une analytique de la chair jouissant du degré de généralité requis. Elle institue, entre des plans d'analyse habituellement dissociés par la réflexion – l'« empirique » et le « transcendantal », l'« existentiel » et l'« existential », l'« ontique » et l'« ontologique » –, une *règle de détermination réciproque*. Cette règle assure seule la cohérence du projet qui est celui d'une ontologie phénoménologique en donnant à celle-ci un référent accessible à la description. Sans doute sanctionne-t-elle en retour l'ambiguité d'un tel référent [1]. Mais cette ambiguité appartient plus généralement à l'idée d'une *épochè originaire* puisqu'une telle idée nomme à la fois une *structure* de la temporalité et l'*événement* absolu qui fonde notre accès à celle-ci. Il faut y voir donc moins une difficulté rencontrée par le *logos* philosophique ou l'expression de son impuissance à déterminer clairement son objet que la conséquence à ce plan d'une propriété essentielle de cet objet lui-même. Cette *coïncidence entre la structure et l'événement* est peut-être, en effet, l'ultime secret de la phénoménalité [2].

b) Que la différence entre la souffrance et l'angoisse ne soit pas seulement psychologique, c'est ce que montre encore son aptitude à fournir la solution d'un problème qui ne trouve nulle issue dans la perspective ouverte par l'« être-pour-la-mort » : celui de la déduction des catégories ontologiques fondamentales. Comment notre accès à l'être comme Substance serait-il jamais ouvert sans l'insistance de l'instant qui suspend la structure ekstatique de l'existence et compromet originairement sa transcendance ? La différence même entre Substance et Temporalité ne doit-elle pas, pour pouvoir être conçue, se manifester primitivement comme telle dans l'actualité d'un événement unique ? Mais comment le pourrait-elle si l'« existence », d'où viennent et où reviennent, à partir de leur insondable provenance, toutes les modalités humainement possibles de l'appréhender, du comprendre et de l'interpréter, n'avait elle-même une structure telle que fût préparée ainsi notre accès à ces déterminations opposées ? Comment le pourrait-elle si la sub-sistance n'était une composante essentielle de l'ek-sistence et si l'inversion, dans l'extrême passivité du souffrir, de notre effort même pour être, n'avait elle-même une portée transcendantale ? Si l'être du *Dasein* tel qu'il s'apparaît proprement dans l'angoisse est un pouvoir-être et si la mort elle-même lui est, fût-ce comme « possibilité de l'impossibilité », une *possibilité*, alors les

1. Un même mot dénotera désormais l'essence du phénomène et l'épreuve décisive qu'il désigne plus communément lorsque survient, dans le cours d'une vie, un événement brisant sa concordance et appelant récit.

2. Elle ne définit pas par hasard, dans l'œuvre de G. Marcel, l'essence de l'être musical conçu lui-même par l'auteur de *Présence et immortalité* comme une auto-présentation de l'Etre.

structures existentiales dégagées par la réduction dont l'angoisse est le lieu ne fournissent nullement une base suffisante pour la déduction de celles, parmi les catégories ontologiques, qui démentent cette complicité originairement scellée entre l'être et le possible. La souffrance suspend d'abord cette complicité. Et elle ne la promeut dans un second temps que pour exhiber sa précarité et transformer sa signification. Elle fait donc entrer dans le champ de la manifestation tout ce qui ne partage pas le mode d'être d'une réalité humaine en projet mais aussi tout ce qui, en l'homme lui-même, accuse l'*impossible* de sa condition et le fait, littéralement, toucher sa propre limite. Entre Sens et Réalité, entre Monde et Nature, entre Conscience et Chose, entre Transcendance et Subsistance, elle introduit l'étrange proximité des extrêmes.

c) La « différence ontologique » nomme, chez Heidegger, l'ultime présupposition de l'expérience, dont il est entendu qu'elle ne peut devenir à son tour l'objet d'une expérience. Elle en ouvre le champ et en préforme les « horizons ». Or la souffrance, pour apparaître autrement que n'apparaissent les objets accessibles à notre connaissance, n'appartient pas à ce champ. Elle n'en présuppose donc pas l'ouverture. Bien plutôt cette ouverture dépend-elle en quelque manière du mode de manifestation qui est le sien. *La souffrance n'est pas un produit particulier de la différence ontologique mais la manière dont cette différence elle-même se produit.*

d) On sait comment la différence de l'être et de l'étant implique comme son ressort le plus secret, pour Heidegger, la *différence de l'être et du néant*. Ces termes, sans doute, ne s'opposent qu'au point de vue de ce que Hegel eût appelé la « pensée d'entendement ». Mais ils n'en instituent pas moins – la définition heideggerienne de l'angoisse l'exprime suffisamment – le cadre unique dans lequel se peuvent en général la pensée et l'expérience humaines. En irait-il autrement que le divertissement – ou, pour parler comme Heiddeger, le « bavardage » – cesserait aussitôt d'apparaître comme une loi de l'existence. Ne faut-il pas pourtant, pour que commence la philosophie, que cesse le divertissement et avec lui l'orientation que l'existence reçoit du néant qui la constitue ? Ne faut-il pas l'exigence et la sincérité d'un pâtir où, rivé à soi, l'existant cesse d'être sa propre dupe et oppose, à la hantise du Rien, la passion d'un Bien au regard duquel « la » question n'est peut-être plus d'« être ou [de] ne pas être » ? La souffrance s'éprouve immédiatement comme ce qui-ne-doit-pas-être. Dans son impuissance à se fuir, elle élève l'impossible à l'injustifiable. Sa protestation donne corps à une *Idée* qui, préservée de l'effondrement des horizons ekstatiquement ouverts à notre savoir et à notre pouvoir, projette au-delà d'eux l'éventualité de leur redéploiement selon des normes. *La différence ontologique se produit comme déhiscence de l'être et du devoir-être.*

La *réduction transcendantale* suspend la « thèse naturelle du monde » et reconduit les valeurs et les significations instituées, selon les deux directions méthodiques tour à tour privilégiées par Husserl, à la conscience constituante et au monde pré-donné de la vie quotidienne. La *réduction ontologique* unifie ces deux orientations en exhibant la structure fondamentale de l'être-au-monde et en se comprenant comme l'accomplissement privilégié d'une telle structure dans le temps mortel que détermine sa propre révélation dans l'angoisse. L'*epochè radicale*, enfin, suspend l'être-pour-la-mort [1] et reconduit cette réduction elle-même à sa possibilité réelle ; elle exhibe, entre l'éthique et l'ontologie, une relation immédiatement nouée au cœur du phénomène. On verra comment cette relation interdit de s'installer jamais, en quelque sens que l'on entende cette expression, « par-delà le bien et le mal ». C'est elle qui nous commandera, lorsque nous entreprendrons de dépasser le point de vue atteint par l'analytique existentiale, de penser ensemble *Ereignis* et *factum rationis*.

Mais c'est cette transition qu'il faut préalablement assurer, si l'analytique existentiale n'a pour l'ontologie générale qu'un rôle préparatoire. La structure temporelle qui assure au *Dasein* la sorte d'*innocence* dont il paraît jouir jusque dans le « souci » renvoie plus fondamentalement, en effet, à l'identité de l'être et du temps comme à ce dont elle n'est elle-même qu'une modalisation privilégiée. Ce n'est donc pas seulement une écriture particulière de l'« ek-sistence » qu'il s'agit de mettre en question en opposant la réalité du mal à la possibilité de la mort, mais encore la manière dont se trouve pensée cette identité comme telle.

Toutes les difficultés que nous avons rencontrées plus haut touchant moins la conception heideggerienne de l'*a priori* comme temporel, que la notion de la temporalité impliquée dans une telle conception, nous devrons, pour évaluer leur portée sur le plan d'une ontologie se voulant pure, nous demander d'abord si cette notion trouve bien dans celle-ci une confirmation et un fondement appropriés. La temporalité ekstatique-horizontale dont procèdent la transcendance du *Dasein* et la mondanéité du monde est-elle homogène à la manière dont

1. La mort n'est nullement exclue par là de la réflexion. Elle y trouve seulement, comme nous le verrons, une place et un statut nouveaux.

l'Etre, originairement, « se » donne et dispense sa lumière ? L'ouverture qu'elle ménage s'accorde-t-elle avec l'« Ouvert » de l'éclaircie initiale ? Hérite-t-elle bien des traits qui en feraient en quelque sorte l'image du premier Envoi de l'être, de sa prime « entrée-en-présence » ?

CHAPITRE CINQ

PRÉSENCE ET SIGNIFICATION

En avouant que « la temporalité telle qu'elle est caractérisée dans *Etre et temps* n'est absolument pas, au point où elle s'arrête [...], *le plus propre du temps* dans sa correspondance à la question de l'être »[1], Heidegger reconnaît tardivement que le temps n'est pas en dernière instance le « hors de soi originaire » et qu'une conception adéquate de la phénoménalité ne saurait par conséquent être indexée plus longtemps sur une telle structure. La temporalité ekstatique n'est pas le temps originaire. Cette distinction peut recevoir un éclairage indirect de la formule de Kant selon laquelle la philosophie transcendantale fixe les connaissances permettant de comprendre non seulement la possibilité mais encore « la possibilité de la possibilité de l'expérience »[2] : la temporalité ekstatique fonde la possibilité de l'expérience ; mais cette « possibilisation » a elle-même besoin d'être fondée ; elle suppose à son tour le pur Don de l'être, la mystérieuse et paradoxale Puissance qui ouvre, en s'y réservant, le champ de manifestation dont elle est la loi ; tel est le temps originaire.

Un « tournant » s'impose dès ce moment à l'analyse, dont témoigne la conférence *Temps et être*. Toute problématique anthropologique est encore plus résolument écartée alors que dans ces prolégomènes à toute ontologie pure à quoi se réduisent rétrospectivement les descriptions de *Etre et temps*. Il s'agit moins, désormais, d'aller à l'être à partir de l'expérience de l'étant que nous sommes, que d'interpréter cette expérience elle-même, en mettant entre parenthèses ses traits proprement humains, à partir de l'« Ouvert » de l'être compris comme sa présupposition fondamentale et permanente.

1. « Lettre à Richardson », in *Questions IV*, tr. fr. par J. Lauxerois et C. Roels, Paris, Gallimard, 1976, p. 183. Nous soulignons.

2. *Opus postumum*, tr. fr. par J. Gibelin, Paris, Vrin, 1950, p. 33.

L'« angoisse » cesse, au terme d'un tel tournant, d'être tenue pour un événement absolument premier. Elle n'est en quelque sorte que l'écho en l'homme de l'Evénement par excellence, celui que peuvent seulement indiquer de loin, comme l'atteste à elle seule leur multiplication, tant de noms inadéquats dont l'obscur *Ereignis* est l'emblème commun. C'est donc finalement cet Evénement lui-même qui devra entrer en résonance et orienter l'effort du penseur.

Mais dans l'atmosphère éthérée où elle s'établit, quel phénomène pourrait-il encore servir de fil conducteur à la pensée de l'Evénement ? Et comment, faute de ce fil conducteur, une telle pensée aurait-elle sens et détermination ? Un « événement » d'ailleurs en est-il vraiment un, qui ne consiste en aucune *expérience* et ne trouve nulle part la circonstance propre à le donner à lui-même ? Certes, *Temps et être* introduit une conception du temps originaire dont le moindre bénéfice n'est pas de mettre en question, par l'entremise de ce que Heidegger lui-même nommera pour finir « l'arrêt d'un suspendre », le primat antérieur de la temporalité ekstatique. Mais cette notion prétendûment pure de la présence occulte en réalité les conditions qui rendent possible l'analyse et lui donnent son véritable sens.

Ce sont ces conditions que nous prendrons en vue en accordant l'idée d'une *époché* constitutive avec la conception husserlienne de l'absolu phénoménologique esquissée dans les *Leçons* sur la conscience intime du temps. N'est-ce pas, en effet, comme une *Impression originaire* que se produit l'Evénement qui ouvre le champ de l'expérience et donne à celle-ci présence et détermination ? Seule en tout cas elle scelle l'unité de l'être et du phénomène et préserve l'analyse des contradictions d'une « phénoménologie de l'inapparaissant ». Seule elle concrétise ce dont l'*Ereignis* heideggerien n'est que le plus abstrait et le plus lointain reflet. Une phénoménologie de la souffrance ne servira donc de fil conducteur à l'ontologie qu'en prenant la forme d'une hylétique transcendantale. Mais elle ne le pourrait pas, si l'Impression ne s'ouvrait intérieurement sur son autre et n'engendrait ainsi l'*Idée* dont dépendent, à la source, l'ensemble des formations signifiantes.

1. L'être de la présence

Comme l'indique le titre de la conférence, il s'agit de penser, entre « temps » et « être », une coappartenance manifeste depuis « le matin de la pensée occidentale ». « Etre », en effet, « veut dire le même que *Anwesen* [...]. Dans ce mot parle le présent. Et le présent, selon la représentation courante, forme avec le passé et le futur ce qui caractérise le temps »[1]. Cette représentation pourtant est insuffisante et « toute tentative de penser suffisamment le rapport de l'être et du temps ne tarde pas à s'embrouiller dans un réseau inextricable de relations non pensées à fond »[2]. Ainsi le temps n'est pas rien : le temps « est ». Mais de quelle manière est-il ? Non pas, certes, comme la chose. On ne dit pas de lui qu'il subsiste là devant mais qu'il « passe ». Toutefois il ne cesse pas de passer. Il demeure donc, tout en passant... Aucune représentation n'est ici à même d'éclairer la manière d'être du temps ; aucune ne permet de percer à jour la présence même du « présent » que dénote l'usage courant du mot être. Il faut plutôt pour ce faire dépasser le point de vue de la représentation et soustraire sa secrète scansion à la détermination objective de l'étant.

Le texte s'en tient longtemps à cette approche négative de la présence dont il ressort surtout qu'elle ne se laisse d'aucune façon déterminer à partir du « maintenant ». Une telle détermination renvoie en effet à l'extériorité vide, au « coup sur coup de la suite calculable des 'maintenant' » telle que la construit la science. Or il y a loin du temps mesuré par nos horloges et par nos chronomètres au temps originaire. Cette distance même, sans doute, fait signe vers ce que, positivement, « présence » veut dire. Mais l'on répète seulement alors qu'« il y a temps », sans éclaircir l'articulation interne de cet « il y a ».

Aussi peut-on lire *Temps et être* comme un effort un peu vain pour nommer autrement ce qui se refuse à être pensé plus avant. Le reflux des significations suit alors l'ordre suivant : le temps, « ce-qui-déploie-dans-la-présence », est successivement l'« ouvert », la « distension éclairante » (*Reichen*), le « jeu » par lequel « chacune des trois dimensions temporelles se tient et se tend pour chacune », la « proximité approchante » (*Naheit*), enfin le « faire-advenir » ou le « laisser-advenir-jusqu'à-soi » (*Ereignis*). Encore seule une tautologie met-elle un point d'arrêt provisoire à la série : « que reste-t-il à dire ? rien que ceci : *das Ereignis ereignet* ». Ne faut-il pas conclure de là à l'impossiblité de « penser le propre du temps [...] par-delà la temporalité de l'être-là » telle que l'exposait *Etre et temps* ? Ne faut-il pas tenir l'unité ekstatique de la temporalité pour le temps lui-même dans ce qu'il a de plus propre ? Certes, c'est l'insuffisance avérée d'une telle conception qui motive la rédaction de *Temps et être*. Mais la description phénoménologique le cède alors à l'inflation verbale et achoppe sur l'« expérience

1. « Temps et être », *Questions IV*, p. 14.
2. *Ibid.*

fondamentale » qui, de l'aveu même de Heidegger[1], préside à l'essor de l'ontologie.

D'où tenons-nous, en effet, « le droit de caractériser l'être comme présence »[2] ? Suffit-il de répondre que « la demande vient trop tard » et que « le type de l'être [...] s'est décidé et mis en route [depuis le début de la pensée occidentale] sans que nous y soyons pour rien »[3] ? Nous ne serions au vrai nullement « liés à *caractériser* l'être comme présence », si la présence, d'abord, n'*était* ce qui nous lie. La question doit dès lors être reformulée de la manière suivante : quelle est l'expérience qui fonde *a priori* non seulement la détermination historiale de l'être comme présence mais encore *l'effectivité d'une telle détermination* pour chaque penseur et finalement pour chaque homme ? Sans doute, Heidegger remarque que la pensée et l'expérience sont une seule et même chose et que l'« éveil pour l'*Ereignis* » doit lui-même « être éprouvé »[4]. Mais quel est alors le sens d'une telle épreuve ? La suite nous apprend seulement ce qu'elle n'est pas : expérience mystique. N'est-ce pas que ce mot cesse d'avoir un sens dès qu'il s'agit de « penser l'être [...] sans égard pour le trait qui porte l'être jusqu'à l'étant » ? C'est ce doute qui nous conduira plus loin à repenser dans les termes d'une *impression* originaire le premier Envoi de l'être. Il doit pour l'heure conduire notre lecture de *Temps et être* jusqu'au point où ce retour à Husserl – au Husserl des *Leçons* sur le temps – sera devenu inévitable.

Nommons *temps* ce qui « donne » l'être et l'accomplit comme présence. Reste alors à penser cette donation comme telle. Une triple détermination doit nous y aider, qu'épelleraient la « destination » (*Bestimmung*), le « rassemblement » (*Versammlung*) et l'« appropriation » (*Ereignis*).

a) Le temps, comme unité d'un à-venir et d'un avoir-été, ouvre et déploie un lointain. Or ce déploiement même a « le caractère de l'empêchement et de la réserve »[5] : l'à-venir (n')est pas encore et le passé, déjà-plus ; la prodigalité du temps ne va pas sans retenue ni parcimonie. La *destination* dit cette ambiguïté : « un donner qui [...], en se donnant, pourtant se retient et se soustrait, un tel donner, nous le

1. Cf. sur ce point le « Protocole d'un séminaire sur la conférence 'Temps et être' », *Questions IV*, p. 57 et p. 91.

2. *Op. cit.*, p. 20.

3. *Ibid.*

4. « Protocole d'un séminaire sur la conférence 'Temps et être' », *op. cit.*, p. 91.

5. *Ibid.*, p. 35.

nommons : destiner »[1]. Y aurait-il sans cela une *histoire* de l'être ? L'absence est un mode de la présence. Le temps ne donne l'être qu'en réservant son sens.

b) Rien ne serait si le temps, production d'un divers, se dispersait lui-même au gré de sa temporalisation. Il est au contraire l'unité de son propre déploiement. Cette unité, il ne la reçoit pas du dehors : il est lui-même « unifiante unité »[2]. Il l'est d'abord relativement aux trois dimensions qui le constituent : passé, présent et avenir n'ont pas de réalité séparée ; telles les trois boucles du nœud borroméen, leur solidarité seule leur confère l'être qui est le leur. Il l'est ensuite relativement à toute durée mesurable : la divisibilité de ce qui est compté suppose l'indivisibilité de l'acte de compter. C'est pourtant comme un tel *rassemblement* que le temps vient, une première fois, mettre en question une ontologie qui prétendrait « dépasser » le niveau atteint par la description de la temporalité dans l'horizon d'une analytique de l'être-là humain. Est-ce seulement, en effet, du temps mesuré qu'il faut dire qu'il ne peut être « sans l'*animus*, sans l'homme, sans la conscience, sans l'esprit »[3] ? Sans doute, « le temps n'est pas un fabricat de l'homme ». Mais il ne réalise qu'en lui son unité. La présence consacre un existant rompant avec le déroulement anonyme de l'essence et rassemblant d'une manière à chaque fois propre l'infini du temps.

c) « Destination » et « rassemblement », le temps est enfin un « faire advenir », un « laisser advenir à soi-même », une « *appropriation* »[4]. Ce terme, sans doute, n'a pas d'abord une signification subjective. Mais il n'a pas davantage le sens d'un « fait » objectivement réel. Comme modalité du temps originaire, l'*Ereignis* précède toute relation établie entre un « sujet » et un « objet ». Bien plutôt rend-il possible une telle relation en donnant simultanément chacun à lui-même et à l'autre. Même si la « propriété » impliquée dans sa notion n'est pas l'ipséité au sens étroit d'un attribut du sujet, c'est la structure générale de l'*ipse* qui caractérise le mieux un tel événement. L'*Ereignis* est l'énigme du Soi compris, en un sens indéterminé, comme *le réfléchi des différents termes mis en jeu dans l'expérience possible*. « Donation de présence », il est aussi bien la présence elle-même comprise comme auto-donation. Il prête à toute manifestation la forme

1. *Ibid.*, p. 23-4.
2. *Ibid.*, p. 32.
3. *Ibid.*, p. 35-6.
4. *Ibid.*, p. 40 : « Dans le destiner du rassemblement de toute destination d'être [...] se montre une propriation, une appropriation ».

de la réflexion. C'est donc cette forme qui oppose en dernier ressort le temps originaire à la temporalité ekstatique. Elle a seule le pouvoir de révéler et de maintenir auprès de soi le mouvement centrifuge de la transcendance.

Ne doit-elle pas nous inciter alors à tenir l'*hypostase* de la différence ontologique pour l'ultime secret de sa production ? « Dans la mesure où il y a être et temps seulement dans l'appropriation [...], écrit Heidegger dans un des passages les plus difficiles de la conférence, à cette dernière appartient [...] la propriété qu'elle porte à son propre l'homme en tant que celui qui entend l'être *durant qu'il insiste au cœur du temps véritable*. Ainsi proprié [...], l'homme est à sa place et a sa part dans l'*Ereignis* » [1]. L'« appropriation » nomme ensemble, ici, le temps comme avènement du propre et le propre comme instance temporalisante [2]. Et cette réciprocité est rapportée non à l'éclatement ekstatique de la temporalité mais au mouvement arrêté d'une « insistance » qui la creuse et l'enroule sur elle-même. Mais cette insistance, à son tour, comment l'entendre ?

Lorsqu'il s'efforce, à la fin de la conférence, de déterminer plus avant le sens de l'*Ereignis*, Heidegger livre à cet égard une indication décisive : « Temps et être, écrit-il, sont advenus à eux-mêmes dans l'appropriement. Et ce dernier, lui-même ? Est-il possible d'en dire plus de l'*Ereignis* ? En chemin, il a été déjà pensé davantage, mais n'a pas été dit expressément, ceci : qu'*au donner [...] appartient l'arrêt d'un suspendre* ; en d'autres termes ceci que dans la production d'avoir-été et d'advenir jouent l'empêchement du présent et la réserve du présent » [3]. Car un tel « suspens » n'appartient-il pas dès lors au mouvement même de la temporalisation ? N'est-il pas au principe même de cette « insistance » de l'être « au cœur du temps véritable » ?

La structure interne de l'*Ereignis* cesse dès ce moment d'être homogène à la structure de la transcendance. Elles sont entre elles comme peuvent l'être, au cœur de la vie, systole et diastole. L'une est à l'autre ce que l'inspiration est physiologiquement à l'expiration. Pas plus que le déroulement fusionnel de l'identique dans l'éternelle indétermination d'un « cours » du temps, la structure horizontale de la temporalité ekstatique n'épuise donc l'être de la présence. Il faut encore à celle-ci l'expectative et la lenteur d'un délai, d'un retard, d'une différance. L'unité dynamique des trois ekstases temporelles s'enracine dans un *présent absolu* qui ne fait pas nombre avec elles mais

1. *Ibid.*, p. 46. Nous soulignons.
2. Comment, sans cela, l'homme aurait-il « sa part » dans l'*Ereignis* ?
3. *Ibid.*, p. 44. Nous soulignons.

donne à chacune son poids et sa consistance propres. Un tel présent soustrait l'essence du phénomène à la simultanéité ambiguë de la Nuit et du Jour. Il interdit l'oubli qu'autorise encore le « souci ».

Mais il est temps ainsi de discerner, au cœur d'un Evénement qui ne trouve, chez Heidegger, que son expression la plus abstraite, l'effectivité et la déterminité d'une *Impression* originaire.

2. L'impression originaire

Penser comme une impression l'Evénement qui fonde l'être comme présence et commande l'ouverture du champ phénoménal, c'est, d'une part, répondre par la négative à la question de savoir s'il est possible de « penser l'être sans l'étant » ou « par-delà la temporalité de l'être-là » ; c'est, d'autre part, mobiliser contre les deux aspects qui résument la conception heideggerienne de la temporalité à l'époque de *Etre et temps* [1] les ressources qui sont, pour Husserl, celles d'une « phénoménologie de la conscience intime du temps » [2]. Certes, les *Leçons* de 1905 prennent expressément pour point de départ la perception. Mais il s'en faut qu'aucune percée ne soit accomplie en-deçà du niveau auquel l'analyse emprunte la plupart de ses exemples [3]. Et si seule une critique radicale de la représentation peut reconduire la phénoménologie jusqu'à elle-même, c'est précisément une telle percée qu'effectue Husserl à chaque fois que la description reflue vers l'*Urimpression*. L'« impression » n'est pas, en effet, le thème d'une psychologie d'introspection, mais le nom husserlien de la différence ontologique [4].

La question qui commande les *Leçons* est celle de l'origine du temps. Cette question, certes, est « orientée [d'abord] vers les forma-

1. a) « La temporalité est essentiellement ekstatique » ; b) « La temporalité se temporalise originairement à partir de l'avenir ».

2. *Vorlesungen zur Phänomenologie des inneren Zeitbewusstseins*. Nous nous référerons désormais à la traduction d'H. Dussort, *Leçons pour une phénoménologie de la conscience intime du temps*, Paris, P.U.F., 1964.

3. Nous nous opposons ici à G. Granel (*Le Sens du temps et de la perception chez Husserl*, Paris, Gallimard, 1968), pour qui la phénoménologie husserlienne reste jusqu'au bout incapable, même lorsqu'elle prend pour thème le versant hylétique de l'apparaître, d'élaborer une conception de celui-ci qui n'emprunte pas ses traits au mode d'apparition de l'objet perçu. La description heideggerienne de la temporalité comme ekstatique-horizontale est selon nous plus profondément prisonnière de la représentation, que l'analyse husserlienne de la conscience du temps centrée sur l'idée d'une impression originaire.

4. Comme le reconnaît d'ailleurs G. Granel, *op. cit.*, p. 70.

tions primitives de la conscience du temps», vers les «vécus de temps»[1]. Mais la distinction sous-jacente entre un «temps objectif» et un «temps immanent» ne doit pas tromper: «l'*a priori du temps* est ce que nous cherchons à tirer au clair en explorant la conscience du temps»[2]. Conscience et temps se présupposent mutuellement. L'origine du temps ne fait qu'une avec la possibilité de la conscience. Loin de survenir à la différence entre noèse et noème et de s'offrir à une description en termes d'«actes» et de «contenus» de conscience[3], la «constitution» du temps précède et fonde ces distinctions.

Le «présent vivant» nomme en effet un absolu phénoménologique dont la notion d'intentionnalité n'épuise pas le sens. C'est dans cette perspective qu'il faut comprendre la distinction, posée dès les paragraphes d'introduction, entre un temporel «perçu» et un temporel «senti». Cette distinction ne doit pas laisser croire à l'existence de «sensations de temps», aussi nombreuses que le temps compte d'«instants» et unies par des lois d'association. Elle témoigne seulement d'un effort pour percer à jour, en-deçà du niveau de la perception et des synthèses actives, la limite inférieure de toute phénoménalité. Dans «senti», il faut entendre passif, non sensoriel[4]. Pourrait-on parler sans cela de «champ temporel» ou de «champ de présence»? Le vocabulaire de l'empirisme sert alors un projet qui n'a rien en commun avec lui. Même lorque l'impression est définie comme le «point-source du présent», c'est «source» qui importe, non «point»: l'impression a elle-même une forme temporelle. Le temps n'est pas une succession de points. Il est synthèse. Mais synthèse passive: la conscience n'est pas créatrice; le temps lui advient[5].

Sans doute, lorsqu'il écrit: sans impression, pas de conscience[6], Husserl désigne explicitement par ce premier terme l'«instant présent». Mais le présent a une vie et une amplitude propres. Cet instant n'est donc nullement conçu comme un atome de durée. Il est le principe

1. *Op. cit.*, p. 15.

2. *Ibid.* Nous soulignons.

3. Comme l'implique l'usage courant du terme de «constitution» dans le *corpus* husserlien.

4. *Op. cit.*, p. 11, note 2 : «Le terme *senti* désign[e] [...] un concept de relation qui en lui-même ne di[t] rien sur la nature du senti : ni s'il est sensoriel ni même d'une façon générale qu'il est immanent *au sens du sensoriel*» (nous soulignons).

5. Rappelons-nous Heidegger : «le temps n'est pas un fabricat de l'homme ; l'homme n'est pas un fabricat du temps». La notion de «synthèse passive» permet seule de penser ensemble ces deux énoncés.

6. *Op. cit.*, par exemple p. 88 : «l'impression originaire est [...] la source originaire de toute conscience et de tout être ultérieurs».

de détermination interne qui, loin d'entrer dans sa composition comme l'une de ses « parties », fonde la présence à soi du temps tout entier.

Seul existe temporellement, en ce sens, le couple impression-rétention [1]. L'impression dément son essentielle fugacité et constitue en arrière d'elle-même sa propre trace. Tout comme, à considérer le déroulement d'une mélodie, un son A ne nous conduit pas seulement vers le son suivant B mais trouve rétroactivement, en devenant passé, une tonalité A' qui *est* sa valeur mélodique [2], c'est son redoublement même qui lui confère sa réalité temporelle. Sans impression, pas de conscience – mais l'impression ne produirait aucune conscience si, pure identité, pure coïncidence avec soi, elle n'impliquait originairement la possibilité de sa reproduction ; bien plus : si elle n'*était*, tout ensemble, le secret refus d'elle-même et l'affirmation tardive d'un désir d'éternité conjurant son aspect transitoire.

Il n'est donc pas vrai que la relation interne qui unit impression et rétention réduise le présent à une « limite idéale » et trahisse l'« indigence ontologique foncière » de cette première notion [3]. Le glissement, constitutif de la conscience du maintenant, de l'impression donatrice vers le n'être-plus du tout-juste-passé, appartient à l'impression elle-même. Loin de « démettre [celle-ci] de sa réalité impressionnelle », il étend son règne au-delà de l'instant ponctuel. Tel une onde de choc amplifiant indéfiniment l'événement qui l'a engendrée, il possède seul le pouvoir de donner au présent son épaisseur et d'en faire un authentique champ de présence. L'impression se trouve éveillée ainsi à son propre transit. Elle s'augmente elle-même en s'opposant à soi dans le flux qu'elle engendre à partir de son propre mouvement arrêté.

La critique de Brentano n'est achevée qu'à partir du moment où la différence entre impression et rétention est comprise comme une différence intérieure à l'impression elle-même. L'impression originaire est l'auto-différenciation de l'identique s'accomplissant comme auto-affection et intériorisation de la différence. Pur mouvement de s'opposer à soi et de retenir en soi ce qu'elle distingue, elle est la différence, non comme sa fuite hors de soi dans la nuit profonde de l'oubli, mais comme son propre retentissement immédiatement et indéfiniment éprouvé comme tel.

1. Cf. sur ce point G. Granel, *op. cit.*, ch. I, section E, et ch. II, section A.

2. Nous nous inspirons librement ici d'un article de G. Marcel : « Musique pensée et musique vécue », paru dans *La Vie intellectuelle* en avril 1937 et repris dans *Présence de Gabriel Marcel*, Cahier 2-3, Paris, Aubier, 1980, p. 45.

3. Telle est la critique formulée par M. Henry dans « Phénoménologie hylétique et phénoménologie matérielle », *Philosophie*, n° 15, 1987, p. 55-96.

Le temps est précisément décrit par Husserl, dans un additif postérieur à la rédaction initiale des *Leçons*, comme un *continuum* intensif s'approfondissant progressivement. Ainsi, « si B est intensification de A, C est intensification d'une intensification par rapport à A ; en vertu de la continuité de l'ensemble, chaque point n'est pas seulement une intensification par rapport à un point précédent, mais intensification d'une intensification d'intensification »[1]. S'« il n'y a pas de point de départ qui puisse être considéré lui-même comme intensité »[2], alors le phénomène d'intensification est contemporain de l'impression elle-même ; il est antérieur à son insertion en tant qu'« instant » particulier dans un ordre de succession : en différant de soi, l'impression se succède à elle-même, écho sans fin de sa propre scission interne.

C'est en ce sens qu'il faut dire que « toute production continue est une production par *itération* continue »[3]. Le redoublement passif de

1. *Op. cit.*, additif au § 11, p. 130.
2. *Ibid.*
3. *Ibid.* Le phénomène d'itération est loin de recevoir, à l'époque des *Leçons*, un éclairage suffisant. Les Suppléments eux-mêmes semblent parfois l'ignorer et s'affronter stérilement pour cette raison à des difficultés que sa prise en compte aurait suffi à dissiper. Il réapparaîtra dans un contexte tout autre, en l'occurence dans un passage des *Ideen II* consacré à la constitution du corps propre. La situation de ce passage en limite certes apparemment la portée : il prend place dans le chapitre III de la section II consacrée à la « constitution de la nature animale » (au sens de la réalité psychique) opposée elle-même à la constitution de la nature matérielle (section I) et subordonnée, de manière complexe et ambiguë, à la constitution du monde de l'esprit (section III) ; et il ne donne pas lieu alors à des propositions applicables à la subjectivité transcendantale autant qu'à ses objets (et propres ainsi à en expliciter la loi commune) mais à des propositions plus particulières accordées à l'un de ces objets : l'objet « âme » (distingué alors de l'objet « chose » et de l'objet « esprit »), visé seulement comme une région déterminée de la réalité dont l'articulation avec les autres régions – en particulier avec l'archi-région « esprit » – demeure pour l'essentiel inanalysée. Mais quelles que soient ces limites, elles n'interdisent nullement une extrapolation des résultats de l'analyse qu'appellent d'ailleurs autant l'élargissement progressif du thème de l'itération dans les *Ideen* que l'indétermination relative où le laissent les *Leçons*. C'est la signification du privilège accordé, dans le § 37, aux « sensations du toucher » – comprises précisément comme des sensations *immédiatement redoublées* – et de l'extension de prime abord surprenante de ce qui n'était au départ que leur « domaine » propre aux autres modes du sentir et, de proche en proche, au champ total de l'expérience sensible telle que l'articule à chaque fois le corps propre : quelle que puisse être extérieurement la différence entre les sensations visuelles et les sensations tactiles, « toute chose que nous voyons est une chose tangible et, en tant que telle, renvoie à un rapport immédiat au corps propre » ; car « un sujet qui ne serait doté que de la vue ne pourrait avoir absolument aucun corps propre apparaissant ». Le corps propre se constitue originairement « dans le toucher », comme un « touchant-

l'impression appartient à sa production même. Il diffère imperceptiblement son passage et aménage en elle une dimension qui, en la préservant, l'approfondit. Sans ce report, ce délai, cette différ*a*nce, le temps ne constituerait nullement un champ de présence. Continuité indifférenciée, entrainant tout dans son flux, il ne laisserait jamais à une conscience la possibilité d'advenir.

C'est la *répétition de la différence* qui maintient celle-ci au-dessus de l'abîme qu'elle ouvre au creux d'elle-même et fonde sa manifestation. Cette répétition n'est pas une opération seconde qui surviendrait à sa production initiale et prendrait sa mesure en l'objectivant mais la différence elle-même portée à la deuxième puissance et arrachée ainsi à l'indifférence du Fond. Elle est la différence se sachant immédiatement comme telle dans l'épreuve qui l'accomplit et la donne à elle-même. L'impression révèle toute la portée de l'antique idée selon laquelle devenir n'est en réalité rien d'autre que revenir. Effort empêché pour s'échapper à soi, elle est l'écho multiplié de sa propre impuissance. En elle-même coexistent les figures contraires de la Fuite et du Retour, de la Peur et du Remords, de l'Innocence et de la Responsabilité. Et c'est en s'arrêtant ainsi sur son propre passage comme pour en étreindre l'inconsistance ou se pénétrer de sa fatalité, *comme cette double impossibilité d'être et de n'être pas*, qu'elle accomplit proprement la présence.

touché ». Sa loi d'existence est celle d'une « reduplication des sensations » dont la portée transcendantale, voire proprement ontologique, se trouve par là même avérée. Elle épouse le mouvement au gré duquel l'être se divise et, *tout en* se divisant, se réfléchit et vient à soi. Telle est en tout cas la signification radicale que Merleau-Ponty donnera à la notion de « sensation redoublée ». Elle ne désignera plus seulement chez lui une caractéristique éidétique propre à une espèce déterminée de phénomènes mais la structure interne de la phénoménalité, le « comment » de la différence ontologique. C'est ainsi qu'après avoir défini le sentir comme « retour sur soi du sensible, adhérence charnelle du sentant au senti et du senti au sentant », l'auteur du *Visible et l'invisible* remarque que la chair en général implique « recouvrement et fission, identité et différence » (*passim*). Or cette structure est la structure même du temps originaire telle que l'introduisent pour la première fois les *Leçons*. Il suffirait pour s'en convaincre d'en inverser les termes et d'opérer une substitution mieux appropriée d'ailleurs à l'idée d'une réflexivité du sensible : fission et recouvrement, différence et répétition. L'ordre des préséances s'en trouve changé : la réflexivité du temps fonde la réflexivité du sensible ; elle est la sensibilité proprement comprise. La « chair » est l'auto-réflexion immanente du temps lui-même dans l'instant qui en scande le passage (différence) et en fait retentir indéfiniment l'événement absolu (répétition). Sans cette compréhension préalable du temps originaire, aucun accès ne serait ménagé à une « duplication », à un « redoublement », à une « réflexion » distincts de toute représentation et de toute reproduction au sens d'événements chronologiquement seconds.

3. Impression et signification

« Différ*a*nce » est le concept unitaire qui permet de penser ensemble différence et répétition. Ce terme dit à la fois l'ekstase du temps et l'événement qui en suspend l'élan et tient celui-ci immobile au-dessus de lui-même. Lui seul peut donc assurer la synthèse des deux déterminations du temps qui s'affrontent dans l'œuvre de Heidegger en présentant la « transcendance » elle-même sous les traits de l'« insistance » qui la creuse. Lui seul, autrement dit, justifie la proposition selon laquelle « l'éveil pour l'*Ereignis* doit être éprouvé ». Le temps ne « donne » l'être qu'en *se* donnant lui-même dans un instant qui en itère immédiatement l'événement absolu. Il a l'évidence où gît d'abord non la possibilité mais l'impossibilité de l'oubli.

Mais c'est justement parce que la « vie » dont il s'agit avec le « présent vivant » pâtit de ses propres élans et se retient tout entière en chacun de ses moments qu'elle peut aussi, du plein même de sa présence à soi, s'ouvrir intérieurement à la réalité d'une *absence* dont sa passivité donne la mesure.

« Je ne suis pas l'auteur de ce creux qui se fait en moi par le passage du présent à la rétention, ce n'est pas moi qui me fais penser pas plus que ce n'est moi qui fais battre mon cœur », remarque Merlau-Ponty dans une note de travail [1]. La présence a la forme non de la possession mais de la dépossession. Elle est marquée du sceau d'une altérité constitutive. Certes, l'impression originaire n'est pas donnée mais donnante. Mais sa puissance donatrice est inversement proportionnelle aux pouvoirs qu'elle me donne en me donnant à moi-même. Bien plutôt m'*abandonne*-t-elle à sa blessure. Elle constitue le temps non d'abord comme l'horizon d'un dépassement qui, à défaut de nous délivrer du souci, nous épargnerait toujours la peine de vivre, mais comme l'événement où s'annonce, à l'inverse, ce qui nous passe et fait précisément *signe* en son propre centre.

Le « passage » du présent à la rétention, cependant, appartiendrait-il à la conscience commençante, s'il ne se savait immédiatement comme tel dans l'épreuve de sa propre itération ? La présence n'exclut en effet ni l'écart, la distance intérieure, la scission qui déchire la nuit indifférente et nie l'identité immédiate et simple, ni l'espèce de redondance qui, en portant à la manifestation cette plaie initiale, la constitue elle-

1. *Op. cit.*, p. 275.

même comme l'« archi-trace » [1] ou, mieux, comme le *stigmate* [2] irréductible de sa propre différence et de sa propre passivité. Elle n'exclut ni la différence, ni la répétition qui fonde, essentielle à toute signification comme telle, la possibilité pure d'une reproduction en général.

Loin d'être étrangère, par la *présence* dont elle dit l'essentielle intimité à soi-même, à la *signification* comprise comme le mouvement premier d'un « différer » dont elle se distinguerait comme son autre, l'impression témoigne, au contraire, de ce qu'*un tel mouvement appartient à la vie même du présent et en constitue la loi interne*. Pour peu que l'on ne réduise pas ce terme à un concept purement formel introduit du dehors par la réflexion pour déplorer sa propre impuissance à s'égaler à une « origine » métaphysiquement conçue dont la fuite seule nous serait donnée en héritage et dont il nous resterait à « inscrire » ou à ressasser indéfiniment la disparition mais qu'on lui rende, au contraire, la plénitude et l'effectivité de son contenu phénoménologique, on doit donc tenir la différ*a*nce pour l'autre nom de la présence. *Elle est la destination même de la présence au langage.*

Sans doute ne suffit-il pas, pour fonder la signification, d'en repérer et d'en identifier si imprécisément l'émergence là où se jouent et se rejouent sans cesse l'ouverture de l'expérience et la destinée, incertaine, encore, de l'existence en première personne [3]. Mais au moins faut-il regarder comme le préalable nécessaire d'une telle entreprise l'unité de la présence et du signe. La possibilité de la conscience et la possibilité du signe sont deux spécifications de l'unique Evénement ménagé par l'impression donatrice [4]. La thèse inverse [5] ne réduit pas

1. Pour reprendre une expression chère à Jacques Derrida.

2. L'absence alors cesse d'être le pôle indéterminé d'une visée à vide ou l'origine toujours fuyante de l'expérience. Elle est une dimension actuelle et pleinement effective de la présence.

3. Il faudrait d'ailleurs pour cela que cette ouverture elle-même ménageât un accès à l'existence d'autrui et que fût préalablement réglée ainsi la difficile question des rapports entre le Temps et l'Autre. Nous réservons pour le moment l'examen de cette question.

4. Un problème, dit P. Ricœur dans son article sur « L'acte et le signe chez J. Nabert » (*Etudes philosophiques*, 1962, n° 3 ; repris dans *Le Conflit des interprétations*, Paris, Seuil, 1969, p. 211-221) est « commun à toutes les philosophies qui tentent de subordonner l'objectivité de l'Idée, de la Représentation, de l'Entendement, ou comme on voudra dire, à l'acte fondateur de la conscience, qu'on l'appelle Volonté, Appétition, Action » ; ce problème « concerne les rapports de l'*acte* par lequel une conscience se pose et se produit, avec les *signes* dans lesquels elle se représente le sens de son action » (*op. cit.*, p. 211). Ne peut-on penser que ce problème trouve ici au moins une solution de principe ? Car la possibilité d'une reprise

seulement la présence à un ensemble de caractères – identité simple, indivision, coïncidence avec soi – qui l'apparentent au point mathématique [1] et occultent le contenu infiniment plus riche qu'elle reçoit chez Husserl, elle laisse encore sans fondement le monde des significations en réduisant celles-ci à un ensemble de règles et de conditions censées tenir d'elles mêmes leur existence. Or si la possibilité d'une vie signifiante n'était pas libérée par la présence elle-même comme un produit, un développement ou une modalisation de sa propre structure immanente [2], où et comment le serait-elle ? Dans quel éther grammatologique ? Dans quel abîme d'irréalité ? Comment pourrait-on penser encore dans ce cas l'unité de l'expérience et l'articulation en elle de deux ordres dont l'un échappe en vérité non à la signification en général mais seulement à la forme ostensive que celle-ci revêt dans le discours ?

C'est du *discours* il est vrai qu'il s'agit avec la philosophie, et non seulement du discours mais encore, à l'opposé des formes usuelles du langage ou de la communication dans le monde vécu, du discours *cohérent*. Mais n'est-il pas possible de mesurer à son tour à la même aune, d'une telle visée, le principe ?

significative, par la conscience, de ses propres états, est alors comprise *a priori* dans la structure même de l'acte qui la pose.

5. Dans *La Voix et le phénomène*, J. Derrida affirme que le signe est étranger à la présence à soi du présent vivant ; et il ajoute que « c'est parce que le signe est étranger à cette présence à soi du présent vivant qu'on peut le dire étranger à la présence en général » (Paris, P.U.F., 1972, p. 65). Nous devrons nier pour la même raison que la mort soit occultée par la détermination de l'être comme présence. « *Ma* mort », sans doute, est de prime abord recouverte et masquée ; elle ne m'est pas proprement donnée. Mais *ta* mort ? Ta mort m'est donnée – elle m'est *présente* – dans une évidence irrécusable. Ce primat de la mort en deuxième personne était impliqué déjà dans notre critique de la conception heideggerienne de l'existence ; il signifie que la mort est soufferte avant d'être anticipée dans l'angoisse.

1. *Ibid.* C'est à cette réduction que procède J. Derrida au début du ch. V intitulé à propos « Le signe et le clin d'oeil ».

2. A cet égard, le traducteur de *L'Origine de la géométrie* de Husserl a dans l'introduction qu'il donne à l'édition française de cet ouvrage des formules auxquelles nous souscririons volontiers si elles n'étaient pas inexplicablement contredites quelques années plus tard par l'auteur de *La Voix et le phénomène*. On lit ainsi, dans le texte de 1961, que « le retard [est] la destinée de la pensée elle-même comme discours » et qu'il est l'« absolu philosophique » dont l'altérité « apparaî[t] structuralement *dans mon Présent Vivant* » (nous soulignons) ; car celui-ci n'est présent justement « *qu'en se différant sans relâche* » (nous soulignons à nouveau) (*op. cit.*, p. 170-71).

4. Impression et discours philosophique

Nous ne reconduirons qu'ultérieurement le langage et les productions qui en dépendent au silence paradoxal où se décide leur commune possibilité. Mais il importait d'abord de préserver cette possibilité au cœur même de l'impression donatrice. La chance d'une vie signifiante est libérée en même temps que celle de la conscience comme le *pathos* d'une temporalité refluant sur soi et s'attardant sur son propre passage tel un regret ou un remords. Nos opérations de signification ignorent pour la plupart, certes, la blessure d'où elles viennent. Mais faire de la philosophie consiste en quelque sorte à promener ses doigts sur ses lèvres exsangues, à en suivre les bords et à se tenir ainsi au plus près d'elle – impatient d'apprendre quelle forme elle dessine, quel sens elle indique et projette au-delà d'elle-même comme une promesse ou une raison de croire. Car si la souffrance est signe, c'est signe d'un Autre dont elle souffre l'absence.

Quelles sont en retour les conséquences de ces thèses pour la compréhension même de l'impression originaire ?

a) L'impression formatrice

Elles nous obligent d'abord à élaborer l'idée d'une impression non seulement donnante mais structurante. Entendons : d'une impression transférant récursivement ses propres propriétés formelles à tout ce qui peut entrer dans le champ qu'elle ouvre et s'étendant ainsi à tous les phénomènes comme aux multiples effets d'une seule et même onde de choc dont elle serait à la fois le vecteur et l'origine. L'*Urimpression* consacre une inversion décisive du rapport entre « matière » et « forme » tel que l'analyse la tradition philosophique issue d'Aristote [1] et ruine en particulier la conception kantienne de l'*a priori* elle-même héritière d'une telle tradition.

Différence et répétition composent en effet l'armature concrète d'une passivité fondatrice. Or fondatrice, l'impression ne le serait

1. Une autre tradition est inaugurée par le sophiste Antiphon. Pour Aristote, les êtres sensibles sont composés de matière et de forme et c'est, au sein du composé, la forme qui joue le rôle principal (c'est elle qui à chaque fois confère l'essence). Antiphon au contraire affirme le primat ontologique de la matière. Mais l'« *arrythmiston* » est compris par lui comme ce qui est dépourvu de structure et de détermination ; c'est le « fond » au sens heideggerien du « libre de structure », de l'inorganisé, littéralement de l'a-morphe (cf. sur tout ceci G. Romeyer-Dherbey, *Les Sophistes*, Paris, P.U.F., 1985, p. 95-115). L'affirmation du primat de la matière pose alors le problème insoluble de savoir comment engendrer à partir d'elle ce qui a forme et détermination.

nullement si elle était une matière amorphe attendant, pour accéder à la détermination et à l'existence, de recevoir d'un principe ou d'une opération distincts de telles propriétés. Elle n'aurait alors pas d'autre statut que celui de la « sensation » kantienne – point de départ extérieur, simple cause occasionnelle et d'ailleurs mystérieuse de l'expérience et de la pensée. « Point-source vivant de l'être », elle ne l'est au contraire que pour donner vie elle-même à tout ce qu'une réflexion objectivante sera tentée à tort de regarder, dans la distance et l'éloignement qu'impliquent en apparence, relativement à ce point, « formes », « champs » « structures » et « systèmes », comme un autre genre d'entités. Elle n'est pas un réservoir de formes dotées d'une existence seulement virtuelle mais une instance formatrice actuellement opérante.

La *morphè* intentionnelle n'est donc pas forme au sens premier du terme. Elle tient elle-même son existence de la *forme immanente de la hylè impressionnelle.*

b) L'impression réflexive

L'impression fonde d'un même mouvement la possibilité de l'expérience et la possibilité d'une réflexion sur celle-ci. Elle fonde la possibilité de l'expérience *comme* celle d'une réflexion sur elle-même. Elle prépare ainsi sa reprise dans un discours réciproquement ouvert à l'écho partout répercuté de l'événement dont elle commande la production et dont il s'agira de recueillir le sens latent. Non qu'une telle reprise n'implique des médiations liées à la société, à l'histoire et à la culture. Mais quelles que puissent être à cet égard ses multiples expressions, toutes présupposent l'auto-réflexion immanente qui, au plan d'immédiateté de l'impression elle-même, libère la dimension du signe et prescrit la forme générale de toute pensée appelée à se constituer dans son élément.

Les pages consacrées par Husserl au « présent vivant » sont justement celles dans lesquelles l'*épochè* phénoménologique reconstruit sa propre possibilité. C'est pourquoi son interprétation habituelle en termes de « détachement » ou de « neutralisation » doit être mise en question. Il faut voir autre chose, dans cette opération, qu'une déclaration d'indifférence que s'adresserait la conscience pour faire surgir devant son pur regard une signification dégagée de sa gangue matérielle. Le suspens qu'elle consacre, le retard qu'elle sanctionne, le délai qu'elle demande sont autant de manières dont se produit l'impression dont procède toute signification. Ils appartiennent eux-mêmes à l'essence du phénomène. Questionner, interroger, réfléchir seraient-ils, sans cela, des modalités à part entière du vivre humain ?

Il faut considérer solidairement les deux aspects de cette thèse : si l'*époché* phénoménologique ne s'enracinait pas dans le vif même de la présence, alors le discours philosophique n'entretiendrait aucune relation intérieure avec son objet et, pure forme logique simplement superposée aux phénomènes, dérogeant de plus au principe ultime de l'unité de l'expérience, il serait toujours suspect d'abstraction ; mais si l'impression n'impliquait déjà proprement la différ*a*nce qui la tient, en tant qu'impression pourtant, à distance d'elle-même, alors elle serait comme la « matière brute des sensations » dont parle Kant, d'où ne peut sortir aucune réflexion ni aucun discours.

Cette *distanciation immanente* fait pièce à une conception de la phénoménalité que l'amour d'une « vie » conçue comme immanence radicale amène son auteur à en exclure la relation – sans laquelle pourtant il n'y aurait ni phénomènes ni phénoménologie. Mais elle n'est pas superposable, à l'opposé, au « recul néantisant » qui fonde le pour-soi sartrien – simple commentaire anthropologique de la « transcendance » heideggerienne dont il n'est que la présentation inversée : elle n'est pas la déshérence qui accompagne, au sein de l'être, le surgissement d'une liberté que rien ne commande ni ne lie, l'impassibilité qui favorise, dans la « mauvaise foi », les desseins d'une conscience d'emblée capable de stratégie. La distance qu'elle instaure est moins encore la « prise de distance » neutralisante, le détachement souverain de la *théoria*. C'est une distance immédiatement annulée comme telle : premier jet de l'idée saisi d'une hésitation mortelle ; provocation d'une pensée effrayée de sa propre initiative et contrainte *a priori* d'en assumer la charge.

Si l'« é-loignement » qui déploie originairement, selon Heidegger, l'horizon de visibilité dans lequel pourront apparaître les objets offerts à notre préoccupation et où prend source – coextensive au mouvement ekstatique de la transcendance – la « spatialité de l'être-au-monde » [1], n'a pas davantage que les notions sartriennes auxquelles il sert de modèle le sens d'une telle distanciation, c'est justement faute d'être affecté par l'acte même par lequel il donne au *Dasein* un champ d'expérience. Certes, l'é-loignement ne tient toutes choses à distance que pour les placer simultanément dans la sorte de « proximité » qui les rend par principe accessibles – ou les met « à portée de la main » – dans le champ ainsi ouvert. Mais cette proximité signifie pour le

1. *Etre et temps*, § 23.

Dasein la plus grande distance puisqu'elle le condamne à être toujours lui-même auprès de l'« étant-sous-la-main » et à ne se trouver donc qu'après s'être d'abord perdu sans retour : « conformément à sa spatialité propre, le *Dasein* n'est de prime abord jamais ici mais là-bas, et c'est seulement depuis ce là-bas qu'il revient vers son ici, et cela derechef seulement dans la mesure où il explicite son être pour... préoccupé à partir de ce qui est là-bas-à-portée-de-la-main »[1]. L'éloignement originel ne pourrait tenir lieu de distanciation immanente au sens de la condition, rendue sensible comme telle, de l'unité scellée au cœur du phénomène entre la présence et la signification, que s'il n'était pas tenu lui-même éloigné de soi mais *pâtissait* au contraire de son propre dynamisme et *demeurait* ainsi dans la sorte d'immobilité qu'implique toujours le mouvement véritable[2]. Il suppose l'événement propre à introduire en lui l'absolue patience et l'absolue lenteur sans lesquelles son action resterait à jamais sans témoin.

c) Impression et idéation

Encore faut-il comprendre comment cet événement peut inclure l'exigence de cohérence enveloppée dans la décision philosophique et ménager ainsi la possibilité d'un choix irréductible autant au vain « courage » du Rien qu'à une option sur le Sens qui privée, à l'inverse, de cet appui dans l'être, nous conduirait à ignorer tous les problèmes liés à son élection. L'homme, sans doute, est un être « à la fois fini et raisonnable »[3]. Mais comment un être fini peut-il choisir la raison ? Et comment un être raisonnable peut-il choisir la violence ? L'« ontologie fondamentale » et la « logique de la philosophie » doivent confesser ici leur égale impuissance à montrer, l'une, de quelle manière le temps peut engendrer principes et règles, l'autre, de quelle manière la raison peut s'apparaître à elle-même et susciter la volonté d'un sujet incapable, comme sujet fini, de se déterminer indépendamment de tout mobile sensible. La finitude déraisonnable du *Dasein* ne lui ouvre nulle autre alternative que celle, absurde, de l'être et du néant ; mais le discours et la violence resteraient, à l'inverse, les termes d'une alternative purement formelle, ils demeureraient pour la liberté humaine des possibilités vides, si rien ne leur permettait d'apparaître comme tels et

1. *Op. cit.*, p. 107-8 / 95 / 148.
2. Si du moins il doit pouvoir accéder au savoir de soi.
3. On sait comment cette proposition sert de fil conducteur à toute l'entreprise philosophique d'Eric Weil.

de faire grandir, au sein même de l'individu abandonné à sa « condition », la *requête* du sens.

On touche ici au point que Merleau-Ponty, en thématisant « le lien de la chair et de l'idée », désigne comme « le plus difficile » [1]. Mais il est remarquable que l'auteur du *Visible et l'invisible* écrive que « toute philosophie consiste à restituer une puissance du signifier, une naissance du sens [...] qui éclaire *notamment* le domaine spécial du langage » [2]. Car il réduit ainsi la multiplicité des significations constituées à l'unité d'un sens étranger encore à ses cristallisations linguistiques et dont il faut bien qu'il ait pu être lui-même *donné* dans une évidence originaire. *L'impression est la forme temporelle de la signification rendue sensible comme telle.*

Or ce qui est ainsi continuellement donné à soi-même est aussi indéfiniment privé de soi en un sempiternel report. La possession comme le repos sont interdits à *ce qui n'est soi qu'en ne pouvant l'être*. L'auto-donation du sens est elle-même affectée du suspens qui transit originairement toute donation. Elle inclut la sorte d'impossibilité qui prête à toute possibilité l'aspect d'une fin à réaliser. Ce qui donc est *donné* avec l'impression originaire comme sa propre répétition indéfinie ou comme l'écho sans cesse gonflé du déchirement initié par son fait, est l'*Idée* dont toute signification n'est qu'une modalité seconde. A l'indéfini de la répétition correspond non l'indéterminité du Néant mais l'infini d'une Tâche que l'impression, en se différant sans cesse, engendre au creux d'elle-même [3].

d) Impression et cohérence

Dans la *Doctrine de la science* de 1794, après avoir montré comment le principe d'identité exprimait en réalité l'acte par lequel le Moi se pose lui-même, Fichte remarque, contre Spinoza, que toute l'erreur de ce dernier consiste dans le fait d'« avoir cru conclure selon des raisons théoriques là où il n'était poussé que par un besoin pratique ». Si l'idée spinozienne de l'unité suprême est assumée par la

1. *Le Visible et l'invisible, op. cit.*, p. 195.
2. *Ibid.*, p. 203. Nous soulignons.
3. L'impression *engendre*-t-elle proprement l'Idée ou la fait-elle seulement *descendre* du ciel sur la terre ? Cette question, outre qu'elle ne peut être *phénoménologiquement* tranchée, est aussi de ce point de vue dénuée de signification véritable puisqu'aucun mode d'existence n'est pour nous concevable, qui ne serait pas lui-même soumis au régime impressionnel de l'apparaître et nous permettrait d'imaginer un être de l'idée antérieur à sa manifestation. Tout au plus peut-on admettre *problématiquement* une telle antériorité.

Doctrine de la science, ce n'est « pas comme une réalité qui est mais qui *doit* être produite par nous sans pouvoir l'être ». La proposition « Moi = Moi » dit donc plus que sa traduction logique ; elle doit être comprise comme la synthèse de deux termes « qui ne peuvent être composés dans aucun concept mais uniquement dans l'Idée du Moi [...] qui se propose à nous comme une fin ». Comment d'ailleurs un penseur « pourrait jamais dépasser le Moi et après l'avoir dépassé trouver où s'arrêter serait « un fait totalement inexplicable » « si nous ne possédions pas *dans une donnée pratique (Datum)* une raison [...] capable d'expliquer ce phénomène »[1]. Il faut appliquer les mêmes remarques au principe de contradiction. Celui-ci ne peut être « ni déduit ni prouvé ». Bien plutôt a-t-il à son tour pour fondement, comme l'être-opposé en général, une action du Moi qui s'oppose un Non-Moi. C'est pourquoi il faut ajouter à la partie théorique de la philosophie « une partie pratique qui *fonde* et *détermine* la première »[2] : le discours cohérent se présuppose lui-même comme une exigence dont il reçoit son unité mais qui ne saurait figurer à son tour, à la *place* que lui réserverait arbitrairement le philosophe, comme l'une des parties du système. Mais l'action du Moi n'aurait nullement le pouvoir que lui attribue Fichte, si elle ne s'éprouvait immédiatement comme telle et n'accueillait ainsi en soi-même la forme pure de l'opposition. C'est moins en elle que dans sa propre réceptivité, dans sa propre passivité à l'égard de soi qu'il faut chercher le point d'impossibilité où la contradiction se montre comme ce qu'elle est.

Comme l'a illustré Scheler en développant, contre Kant, l'idée d'un *a priori* matériel, la connaissance et l'action humaines supposent toujours davantage que la seule force constructrice et organisatrice de l'esprit humain. Le paradoxe selon lequel celui qui se met en quête de quelque chose doit savoir déjà ce qu'il a en vue ou disposer au moins du fil conducteur propre à orienter sa recherche – ce paradoxe disparaît si l'on admet la présence, dans les phénomènes eux-mêmes, de certains « constituants-essentials » immédiatement donnés dans des intuitions correspondantes. Lorsque l'entendement détermine et analyse les objets mais surtout lorsqu'il réfléchit sur sa propre méthode de détermination et d'analyse, il le fait *selon* de telles intuitions. Tous les éléments formels de la connaissance et de la conduite sont ainsi les sédimentations d'une *expérience apriorique* tirant d'elle-même les principes et les règles nécessaires à leur mise en œuvre. La vue première de l'essence se change alors en règle d'application, l'élément

1. *Œuvres choisies de philosophie première, op. cit.*, p. 24, 35, 37.
2. *Ibid.*, p. 38.

matériel en principe formel [1]. Les principes logiques eux-mêmes tirent leur sens et leur valeur de la mutation interne de certains *a priori* matériels. Ainsi « le principe qui exige que de deux propositions : 'A est B' et 'A n'est pas B', l'une soit fausse, n'est vrai qu'en vertu d'un discernement-réal de caractère phénoménologique portant sur le *fait* que l'existence et la non-existence de quelque chose sont [...] incompatibles » [2]. Il repose lui aussi sur une « matière d'intuition » qui n'est pas moins matière parce qu'elle appartient à tout objet quel qu'il puisse être.

Sur la structure interne d'un tel « fait », néanmoins, comme sur les notions d'« expérience », de « donné », de « matière » que mobilise constamment son analyse, Scheler reste d'une imprécision coupable : il transpose sans l'approfondir la théorie husserlienne des essences et ignore les efforts accomplis par l'auteur des *Ideen* pour établir sur la base non d'une *intuition* mais d'une *impression* le tout de l'expérience et de la pensée possibles.

Non que Husserl situe toujours explicitement lui-même à ce niveau de radicalité, dans les remarques qu'il lui consacre, l'origine du principe de contradiction. Les acquis de la VIème *Recherche logique* [3] peuvent même paraître à cet égard indépassables. Or on apprend seulement, dans celle-ci, que : a) les significations en général se divisent en « possibles » et « impossibles » ; b) la possibilité et l'impossibilité d'une signification doivent être elles-mêmes données ; c) l'impossibilité ne doit pas être définie seulement comme négation de la possibilité mais « réalisée au moyen d'un fait phénoménologique propre » ; d) ce fait doit être cherché dans un « conflit intuitif » dont la forme existe elle-même nécessairement comme une unité ; e) cette unité – l'unité caractéristique de la conscience de conflit – annonce une compatibilité supérieure à l'incompatibilité actuellement donnée et dans laquelle celle-ci « *doit* pouvoir s'intégrer » [4]. Mais si, d'une part,

1. Sur tout ceci, cf. *Le Formalisme en éthique et l'éthique matériale des valeurs*, Ière partie, ch. II.

2. *Ibid.*, p. 76 dans la tr. fr. de M. de Gandillac, Paris, Gallimard, 1955.

3. *Recherches logiques*, tome III : « Eléments d'une élucidation phénoménologique de la connaissance », ch. IV : « Compatibilité et incompatibilité ».

4. *Op. cit.*, p. 135 dans la tr. fr. de H. Elie, A.L. Kelkel et R. Schérer, Paris, P.U.F., 1974 / *Logische Untersuchungen*, zweiter Band, M. Niemeyer, 1921, p. 108 : « Un contenu de l'espèce *q* n'est jamais incompatible purement et simplement avec un contenu de l'espèce *p*, mais, quand on parle de leur incompatibilité, on se réfère toujours à une combinaison de contenus d'une espèce déterminée *G* qui contient *p* et à laquelle *q doit* aussi venir s'intégrer. Dans ce *doit* est impliqué sans doute le renvoi à une intention représentative et la plupart du temps ausi volitive ».

la contradiction logique tire son sens et sa valeur d'une *contradiction réellement donnée* et si, d'autre part, l'instance donatrice originaire est une relation immédiatement nouée dans l'intimité et dans la passivité absolues de ce que Husserl nomme par ailleurs *Urimpression*, alors c'est à cette impression elle-même qu'il faut référer le possible et l'impossible et le principe qui règle leur rapport.

Dans sa métaphysique du sentir, dont le but est explicitement d'assigner, en renvoyant dos à dos le réalisme et l'idéalisme, l'unité pré-cognitive et pré-objective de l'être et de la pensée, F.H. Bradley tient celui-ci pour l'arrière-plan permanent et pour la racine commune de toutes les relations nouées, au niveau le plus immédiat comme au niveau le plus abstrait, entre le sujet et l'objet[1]. Le sentir a donc une fonction transcendantale qui oblige à le distinguer autant d'un pur « état » subjectif que d'un simple « moment » dans l'histoire de l'Esprit. Même les lois de compatibilité et d'incompatibilité qui unissent ou opposent les objets idéaux des mathématiques et de la logique tirent de l'unité immanente et « non-relationnelle » du sentir leur pouvoir d'unir et d'opposer. Sans doute, la raison recherche constamment, dans la réalité comme dans les sciences, une unité, une cohérence, une consistance qui témoignent de sa répugnance à l'égard de la contradiction, de l'incohérence, de l'inconsistance. Mais cette disposition ne doit pas laisser croire à une signification logique indépendante de ces termes. Bien plutôt le principe de contradiction tient-il déjà pour accordé, en logique formelle, le fait – dont il constitue seulement l'« expression générale et vide » – de l'incompatibilité de certains éléments avec d'autres. Ce fait ne peut être éclairé – comme l'exigence qu'il suscite *a contrario* en faveur d'une compatibilité seulement cherchée – qu'en référence à l'unité fondamentale du sentir. C'est en elle que prennent sens et valeur « compatible » et « incompatible », « possible » et « impossible », « consistant » et « inconsistant ». L'idée d'un système logique n'aurait pour nous aucune signification si la cohérence n'était d'abord *donnée comme nécessaire* dans l'actualité toujours vivante et dans l'intimité non psychologique de l'événement sensible.

Que veut-on dire, toutefois, lorsque l'on affirme que la contradiction *répugne* originairement au sentir ? Comment réciproquement la cohérence peut-elle être donnée en lui comme *nécessaire* ? Faute d'une détermination suffisante de son thème central, la métaphysique

1. Sur tout ceci, cf. J. Bradley, « Relations, intelligibilité et non-contradiction dans la métaphysique du sentir de F.H. Bradley », *Archives de philosophie*, 1991, n° 4 et 1992, n° 1.

du sentir n'apporte aucune réponse à ces questions. Même au plan sur lequel nous nous plaçons, et qui est celui non de la validité mais de la constitution, le principe de contradiction manque encore d'un fondement approprié. La contradiction ainsi répugnerait-elle au sentir, si cette répugnance n'était elle-même sentie ? Et le serait-elle si le sentir n'avait originairement la structure de la réflexion ? Mais l'incompatibilité qu'elle sanctionne ne peut être seulement, alors, celle de certains « éléments » avec d'autres. Elle ne peut être seulement l'incompatibilité relative et provisoire qui caractérise, chez Husserl lui-même, la conscience de conflit dans le cas de « groupements » ou d'« espèces » déterminé(e)s de contenus. Elle est *l'incompatibilité formelle du sentir à l'égard de soi* et *la compatibilité simultanément donnée en lui comme devant-être*.

L'incohérence et la cohérence, sans doute, ne sont pas données comme des objets à des sensations ou à des sentiments particuliers : ce sont des modalités constitutives du sentir pris en général. Mais *comment* lui appartiennent-elles et se composent-elles originairement au sein de son unité toujours maintenue ? Le pourraient-elles si cette unité n'était immédiatement réfléchie comme telle et ne se produisait ainsi comme l'unité, intérieurement différenciée, de l'être et du devoir-être ? Le pourraient-elles, *si le sentir n'avait originairement la structure d'un souffrir* ?

L'unité du sentir n'est sans doute nulle autre unité que celle du temps telle qu'à sa pointe toujours aiguisée, l'actualise à chaque fois l'*Urimpression*. Mais le temps n'aurait le pouvoir ni d'engendrer ni de rendre sensible l'Idée dont le discours cohérent est la réalisation, s'il n'enveloppait le moment d'impossibilité propre à faire apparaître en lui-même le possible comme ce qui doit être. Cette concurrence, intérieure au temps, entre le possible et l'impossible, est accordée à la structure suspensive de l'impression originaire. Elle révèle, au cœur de la transcendance, l'événement qui en brise et en oriente impérativement l'élan.

Dans le principe de contradiction, remarque Husserl, « l'inconciliabilité n'est pas simple privation de conciliabilité » [1]. Il en est ainsi dans la souffrance. La cohérence demeurerait peut-être, sans l'intime incohérence du souffrir, un critère purement formel, un réquisit purement logique. Mais elle ne serait pas alors une fin pour le philosophe. Ce qui importe au philosophe ne peut être en effet la cohérence comprise seulement comme l'accord du discours avec ses propres

1. *Recherches logiques*, *op. cit.*, p. 139.

prémisses ou comme la compatibilité interne d'un corps de propositions. Ce qui lui importe est une contradiction intérieure à l'existence elle-même et les chances d'une réconciliation qui serait réconciliation de chacun avec le monde, avec les autres et avec soi-même – d'une réconciliation qui donnerait à l'existence elle-même la forme de la proposition. Or cette « importance » ne serait jamais véritablement pensée si, d'abord, elle n'était proprement sentie. La souffrance est ce « point-source du présent » où la pensée se sent et s'appelle inconditionnellement elle-même comme pour conjurer l'incertitude et la contradiction dans lesquelles elle se trouve d'abord jetée.

Ni la différence entre le sens et la signification ni les conditions normatives qui appartiennent *a priori* à la structure même de la signifiance ne pourraient apparaître comme telles sans l'*épochè* qui, dans l'instant du souffrir, ruine les significations et les valeurs instituées, donne à elle-même la forme générale de toute signification et marque enfin cette forme comme telle du sceau d'une exigence dont le retentissement intérieurement éprouvé affecte aussi à des degrés divers toutes ses cristallisations particulières. La souffrance est *le sens mis à nu* et offert impérativement à notre initiative. Elle est compréhension originaire.

Ces remarques anticipent toutefois les analyses qui nous permettront ultérieurement de conclure à l'unité fondamentale du Temps et de la Raison. Si l'« insistance de l'être » au cœur du « temps véritable » est phénoménalement identique à l'insistance du mal dans ce que nous n'avons cessé d'appeler l'« instant du souffrir », une explicitation est requise au préalable, dans le fil même de l'interprétation heideggerienne de l'*a priori* comme temporel, de *la relation interne unissant le temps et l'instant*.

Quelles sont, de ce point de vue, les implications des analyses précédentes centrées sur l'impression donatrice ?

CHAPITRE SIX

LE TEMPS ET L'INSTANT

Sans doute, en un sens, le présent n'est-il qu'un mouvement pour se nier. Mais c'est, nous l'avons vu, le redoublement passif de la négation qui fonde sa temporalité [1] ; c'est la répétition de la différence qui rend celle-ci effective. Ce redoublement, cette répétition sans lesquels le temps, sans épaisseur, serait aussi sans détermination ni durée et, simple cadre extérieur pour nos représentations, *n'entretiendrait avec sa propre puissance apriorique aucune relation nécessaire*, ne doivent-ils pas être mis au compte de l'instant ? La transition peut surprendre: on peut être plus enclin à réduire l'instant à une fiction liée à la conception « vulgaire » du temps ou à ce qui ne serait pas la « durée vraie ». Mais son essence est alors étrangement méconnue.

L'instant n'est sans doute pas tout à fait étranger à la pensée de Heidegger. Sa place est déjà marquée en creux dans le paragraphe 68 de *Etre et temps* en relation à la notion – paradoxale dans ce contexte – de « présent authentique ». Et sa fonction stratégique est alors décisive puisqu'elle révèle, au cœur même de l'« angoisse », un phénomène qui seul préserve celle-ci de l'oubli qu'elle suscite ordinairement contre elle-même : « l'oubli constitutif de la peur égare, et il laisse le *Dasein* aller et venir entre des possibilités non saisies ; à l'opposé de ce présentifier sans retenue, le présent de l'angoisse est *tenu* » [2]. Non que l'angoisse se voie soudainement attribuer à ce point le caractère d'évidence que lui avait toujours auparavant refusé l'analyse : ce qu'elle « tient » ou retient dans son présent, c'est seulement « l'instant [...]

1. Négativité pure, le temps serait aussi pure abstraction.
2. *Op. cit.*, p. 344 / 240-1 / 405. Nous soulignons.

d'une décision possible »[1] dans le sens de la décision résolue, autrement dit d'une reprise accordée à ce qu'elle dévoile. Le suspens constitutif du présent de l'angoisse comme présent tenu – et comment ne pas entendre ici, malgré les critiques de Heidegger à l'encontre de toute approche du temps à partir du maintenant, *maintenu* – est ce qui rend celle-ci par principe « répétable » ou assumable dans un autre présent[2]. Mais la répétabilité adviendrait-elle à l'angoisse, si le temps n'avait lui-même originairement la structure de la répétition ? Et cette structure appartiendrait-elle au temps, si l'instant ne l'y inscrivait ? L'instant se trouve alors nommé deux fois : explicitement comme celui de la décision résolue et implicitement comme ce qui rend cette décision possible. Il est la manière même dont le temps, loin de s'abîmer dans sa pure ekstase, se réfléchit et vient à soi.

Dans le Séminaire de l'été 1927, de fait, l'instant nomme non seulement la chance d'un comprendre authentique mais encore « *un archi-phénomène qui relève de la temporalité originaire* » (tandis que « le maintenant n'est qu'un phénomène propre au temps dérivé »)[3]. Mais la nature de l'instant reste alors indéterminée et il est impossible d'assigner, dans un cadre conceptuel dont cette notion menace de contredire les prémisses, une relation *interne* entre le temps et l'instant. Il faut pour cette raison retourner contre Heidegger la critique que celui-ci adresse à Aristote : « Aristote, dit-il, avait déjà aperçu le phénomène de l'instant, le *kairos*, et l'avait défini comme tel au livre VI de l'*Ethique à Nicomaque*, mais sans parvenir à harmoniser le caractère temporel spécifique du *kairos* et ce qu'il connaît par ailleurs sous le nom de temps »[4].

Quelles que soient, en effet, les corrélations suggérées ici et là entre l'instant et les notions de « suspens » ou de « présent tenu », la seule indication explicite le concernant est qu'« il doit être pris au sens actif, *en tant qu'ek-stase* »[5]. La contradiction est alors entre cette détermination de l'instant et la fonction que lui assigne l'analyse. Elle

1. *Ibid.*, p. 344 / 241 / 405 : « Mais quoique le présent de l'angoisse soit tenu, il n'a pourtant pas encore le caractère de l'instant qui se temporalise dans la décision. L'angoisse transporte seulement dans la tonalité d'une décision possible ».

2. *Ibid.*, p. 344 / 340 / 405 : « L'angoisse re-porte à l'être-jeté-répétable [...] et de ce fait elle dévoile conjointement la possibilité d'un pouvoir-être authentique qui, dans la répétition, doit revenir en tant qu'advenant vers le Là jeté ».

3. *Op. cit.*, p. 346 / 409. Nous soulignons.

4. *Ibid.*, p. 346 / 409.

5. *Etre et temps*, p. 338 / 237 / 399.

ruine la capacité reconnue sous ce nom au temps d'accéder lui-même à la manifestation.

Car c'est bien *la question de l'apparaître du temps* qu'engage toute réflexion authentique sur l'essence de l'instant [1]. La réévaluation tardive du présent et la distinction inédite entre un présent « authentique » et un présent « inauthentique » ne se comprennent que dans cette perspective. Mais que l'instant soit pris seulement « en tant qu'ek-stase », c'est ce qui oblige à dire qu'à peine reconnue, son essence se trouve perdue à nouveau et que demeure entière une telle question.

Il ne pourrait en aller autrement que si, à la notion d'existence – où l'accent est mis sur la première syllabe –, il était possible d'opposer « la notion d'un être dont l'avènement même est un repli sur soi ou qui, dans un certain sens [...], est une substance » [2].

Or il y a plus, de ce point de vue, qu'une ressemblance formelle entre la manière dont l'instant consacre, sur fond d'« existence anonyme », un « existant » donné à lui-même sans dérobade possible, et l'expérience singulière de la souffrance [3].

Quatre traits constitutifs de l'essence de l'instant s'offrent alors à la description. Nous attendrons de leur mise au jour un approfondissement de l'approche phénoménologique du temps et la solution de certaines des apories liées à une telle approche.

1. L'instant comme commencement

Si le mal est l'inattendu, s'il est irruption pure, s'il ne s'inscrit pas dans un horizon qui déterminerait *a priori* la possibilité et le mode de son apparaître [4], alors l'instant dit proprement cette nouveauté et cette singularité absolues ; il dit le temps lui-même comme perpétuel commencement. Non que, par là, rien ne demeure ni ne puisse être compté (comme si l'instant avait le pouvoir de transférer à ce qui passe son éternelle jeunesse). C'est au contraire l'événement même de la temporalisation qui entre ainsi en résonance et se trouve préservé de ce qui ne serait sans cela que la « fuite du temps » ou l'uniformité grise du « flux temporel ». Promesse toujours réaffirmée du présent, l'instant

1. Et avec cette question, encore une fois, celle de la possibilité de la phénoménologie elle-même.

2. E. Lévinas, *De l'existence à l'existant*, Paris, Fontaine, 1947, p. 138.

3. Dans la souffrance, dit-on à propos, « chaque instant / dure / une éternité ».

4. Ce en quoi il limite radicalement le pouvoir de l'imagination transcendantale au sens kantien et dément la complicité – cachée, selon l'auteur de la *Critique de la raison pure*, dans les « profondeurs de l'âme » – de l'imagination et du temps.

ne cesse pourtant de démentir sa propre innocence et de rendre effectives les possibilités dont il est porteur. Il fait advenir le temps lui-même – autrement condition simplement formelle de l'expérience ou, comme dit Husserl, « temps vague et vide » – comme quelque chose de réel.

Ce n'est donc jamais comme un élément quelconque ni seulement « en puissance » [1] que l'instant à la fois « divise » et « lie » le *continuum* temporel [2]. Ce n'est pas ainsi qu'il confère au temps le pouvoir de commencer quelque chose ou d'être lui-même ce commencement toujours recommencé. Distinct de tout *présent*, il élèverait, dans cette hypothèse, une barrière infranchissable entre le temps du monde et le temps de la conscience. Or ne parlons-nous pas à bon droit de l'« instant présent » ? Actualité pure, l'instant est la possibilité même d'un présent « tenu » – autrement dit d'un présent effectif. Il ne l'est pas comme une *limite* ou, à l'inverse, comme un *point matériel* dans l'ordre extérieur d'une nature mais comme ce qui rend sensible le temps et qualifie proprement sa durée.

Le pouvoir de commencer n'advient donc pas au temps comme une fonction ou une propriété extérieures. L'attribution d'un tel pouvoir à l'instant ne doit pas tromper : elle vise, sous ce nom, une modalité originaire du temps lui-même. La question de savoir comment, phénoménologiquement parlant, l'instant peut commencer quelque chose, doit être envisagée dans le même sens : sensibilisation du temps, l'instant perpétue, en l'intensifiant, l'événement de sa propre scission interne ; loin de commencer quelque chose « dans » le temps – auquel cas il n'aurait, pour supposer déjà celui-ci, aucune fonction constitutive –, il est la manière toujours singulière dont celui-ci *se rapporte à lui-même*. L'instant ne commencerait rien, il serait comme un dieu précédé par sa création ou cessant, à l'inverse, de soutenir dans l'être, à peine créées, les choses produites par sa puissance, s'il n'était pas d'emblée une relation.

Le rapport originairement noué entre le temps et l'instant doit être conçu ainsi non comme le rapport qui unit un « tout » à ses « parties » mais comme la réapplication immédiate de ce tout à lui-même. L'instant n'est une relation [3] (plutôt qu'un point mathématique) que

1. Aristote, *Physique*, IV, 222 a : « c'est en puissance que le temps divise » ; « l'instant est [...] division en puissance du temps ».

2. *Ibid.*, 220 a : « Le temps est aussi continu par l'instant qu'il est divisé selon l'instant ».

3. Comme l'affirme E. Lévinas, *op. cit.*, p. 130.

pour donner au *temps* la forme de la relation. S'il ne peut pas, comme on dit, « revenir », c'est qu'il est le revenir sur soi du temps lui-même.

Nier la réalité de l'instant reviendrait donc à nier l'originarité de la réflexion et la possibilité ainsi donnée au temps *d'accéder lui-même à la manifestation.*

2. L'instant comme réflexion et le problème de l'apparaître du temps

Nous avons dit en quel sens cette possibilité était identique à la possibilité d'une ontologie phénoménologique et pouvait seule lui donner sa consistance et pourquoi néanmoins elle entrait en contradiction avec la conception de la temporalité mise en œuvre dans *Etre et temps*. Ce n'est donc pas sans raison que P. Ricœur discerne, dans la volonté de faire paraître le temps, l'ultime défi que la phénoménologie – et plus encore la phénoménologie husserlienne – se lance à elle-même et choisit, en se référant à Kant, d'y voir aussi sa pierre d'achoppement [1] : le temps est l'« inapparaissant » ; il ne saurait devenir l'objet d'une intuition déterminée.

Cette formulation du problème paraît néanmoins s'offrir elle-même à plusieurs objections : a) elle fait fond sur une conception particulière du temps ; b) elle exige pour celui-ci un mode d'apparition identique à celui de l'objet connaissable (le seul qu'envisage Kant) ; c) elle règle implicitement sur ce dernier le régime universel de l'apparaître ; d) elle ignore la distinction introduite par Husserl, dès le début des *Leçons* sur le temps, entre le « perçu » et le « senti » et son invitation à dissocier de cette façon le *visible* et l'*apparaissant*.

Il est vrai qu'il ne s'agit nullement pour P. Ricœur d'« attend[re] d'un retour à Kant la réfutation de Husserl » mais seulement de constater « les emprunts répétés de la phénoménologie husserlienne de la conscience interne du temps à des structures du temps objectif, que cette phénoménologie prétend non seulement mettre hors circuit mais constituer » [2]. Mais si, en effet, « les conditions formelles de l'expérience que Kant tenait pour des présuppositions [sont] [...] traitées comme des intuitions par Husserl » [3], il importe, pour évaluer la portée d'une telle transformation, de considérer la signification nouvelle

1. Tel est en effet l'un des moments de l'« Aporétique de la temporalité » développée dans le troisième tome de *Temps et récit*.
2. *Op. cit.*, p. 68.
3. *Ibid.*, p. 64.

que reçoivent dans ce contexte les notions de « forme » et de « matière » d'une part, celle d'« intuition » d'autre part.

Que le temps soit la « condition formelle de l'expérience » signifie, dans la perspective kantienne, qu'il ne peut être lui-même la matière d'une expérience déterminée. Cette déclaration ne peut qu'être acceptée si elle implique que le temps ne peut être objet de *représentation* ou subsister là-devant comme la chose perçue. Mais l'hylétique transcendantale esquissée par Husserl sous l'égide de l'*Urimpression* rompt simultanément avec la représentation et avec un *a priori* formel reconduisant, au prix d'une simple transposition, la dualité aristotélicienne de la *morphè* et de la *hylè*. Elle promeut un mode de manifestation soustrait aussi bien aux lois éidétiques qui régissent la constitution de l'objet qu'aux synthèses assurant, sur la base de cette organisation préalable, sa détermination par concepts. Le temps pourra donc apparaître – et apparaître « en personne », comme l'exige explicitement Husserl du « flux absolu » lui-même – sans avoir besoin pour cela d'être objectivement donné dans le champ de visibilité dont il conditionne l'ouverture. C'est de cette manière que le corps propre s'apparaît à lui-même. Sans doute l'auto-apparition du corps propre exige-t-elle, en l'occurence, la rencontre des corps extérieurs et ne se produit-elle qu'*à l'occasion* d'une telle rencontre. Mais c'est *nécessairement* et non occasionnellement que celle-ci présuppose en retour le mode de manifestation qui est le sien. L'auto-apparition du temps, de même, pourrait bien n'être effective que pour une conscience engagée dans un monde et nouant avec les choses de ce monde des relations réglées par les principes de la permanence, de la succession et de la simultanéité tels que les déploient les « analogies » kantiennes de l'expérience, elle n'en aurait pas moins son mode propre et sa loi de constitution spécifique.

Certes, le projet de « *faire* paraître le temps » n'est pas sans ambiguité. Car ce n'est pas médiatement, au terme d'une enquête méthodique destinée à l'inclure lui-même dans le milieu de l'objectivité – ce n'est pas médiatement mais immédiatement que le temps apparaît. P. Ricœur montre à bon droit que la phénoménologie ne peut expliciter cette manifestation première sans emprunter subrepticement au domaine méthodiquement réduit à cette fin. Mais les emprunts fréquents de l'*analyse* de la conscience intime du temps au domaine objectif dans lequel sont données et ordonnées les choses conformément aux analogies kantiennes ne ruine nullement l'autonomie du mode de manifestation visé dans la notion de « temps immanent ». Ils n'impliquent pas que la *constitution* passive du temps requière elle-même une telle médiation. S'il est vrai qu'avec la thématisation de l'« auto-constitution du flux temporel » s'achève l'entreprise théorique d'une phénoménologie pure, cet achèvement nous semble donc avoir le sens d'une *découverte* – celle d'un mode de manifestation jusque là dissimulé à l'analyse intentionnelle – avant d'avoir celui d'une *aporie*.

L'instant est précisément la manière dont le temps, pour n'être jamais « *perçu* en lui même », *apparaît* néanmoins, dans la nuit d'une impression originaire. Il est à la fois le point de suspension et le point de recroisement de la temporalité avec elle-même. Par lui la condition de toute manifestation accède elle-même à la manifestation.

Une analogie ne s'impose-t-elle pas ici entre l'instant et la notion stoïcienne du « lieu » ?

L'impression est définie en effet par Husserl comme le *point-source* du présent et de tout ce qui, sur cette base, est susceptible d'être qualifié temporellement. S'il faut insister sur le deuxième terme de cette conjonction paradoxale, c'est, comme nous l'avons vu, afin de pouvoir parler de l'impression non comme d'un atome de durée mais comme d'un véritable dynamisme formateur. Si Husserl peut écrire : « la forme temporelle de l'impression originaire », « l'impression originaire dans son ensemble », « la teneur d'ensemble de l'impression originaire », etc., c'est parce que l'impression est moins une portion qu'un échantillon ou, mieux, qu'un *cristal de temps*. Le « point », certes, évoque presque invinciblement l'« instant ponctuel » des théories atomistiques. Mais la vivante profusion de la « source » montre assez que la représentation géométrique du rapport entre l'instant et le temps est au même moment congédiée et qu'il faut plus proprement concevoir l'instant comme l'auto-engendrement du temps lui-même. Or dans le système stoïcien, de même – et particulièrement chez Chrysippe – , l'espace ne cesse de se confondre avec le « vide infini » et de partager l'indigence ontologique des « incorporels » qu'à partir du moment où un corps vient l'occuper et y importer les limites et la détermination dont il a besoin pour exister [1]. C'est le *lieu* qui engendre et détermine l'espace. Certes, l'auto-engendrement de l'espace à partir du lieu n'est intelligible que s'il peut être tenu en même temps pour l'auto-engendrement du virtuel à partir de l'actuel : on ne voit pas sans cela comment l'espace pourrait apparaître comme un véritable champ d'expérience avec les horizons et la relativité qui, d'un point de vue phénoménologique en tout cas, lui appartiennent nécessairement. Mais on peut voir dans l'introduction par Chrysippe, entre le vide (ou

1. Sur tout ceci, cf. V. Goldschmidt, *Le Système stoïcien et l'idée de temps*, Paris, Vrin, 1977.

absence de corps) et le lieu (défini comme ce qui est entièrement occupé par un corps), de la notion de « place » (*kôra*), une manière de résoudre la difficulté. « Si de ce qui est capable d'être occupé par un être, écrit Stobée, quelque partie est occupée, quelque partie ne l'est pas, l'ensemble ne sera ni le vide ni le lieu, mais autre chose qui n'a pas de nom » [1]. Or *kôra* est le propre nom de ce qui, dans ce passage, en manque encore. C'est ainsi en effet que, « les dimensions intérieures d'un vase étant données, elles sont la 'place' du liquide qui y est contenu, quand ce liquide ne le remplit pas entièrement », ou que, lorsqu'« un corps pénètre par mélange à travers un autre et qu'il occupe seulement une partie du lieu du second, ce second corps est appelé [...] la 'place' du premier » [2]. La « place » est ainsi, dans une perspective dynamique que le deuxième exemple met peut-être mieux en évidence, le lieu *susceptible* d'être occupé par un corps à partir de la position qui est présentement la sienne (en un sens proche de la notion aristotélicienne de lieu relatif). Dire, en généralisant, que le lieu engendre l'espace, c'est dire alors qu'il déploie *actuellement* celui-ci comme un système de lieux *possibles*. Il lui confère un mode d'existence intermédiaire entre le déterminé (le corps) et le pur indéterminé (le vide). C'est dans le même sens que l'instant aménage, dans le flux absolu, une authentique « situation temporelle » [3] et fait advenir le temps comme *déterminabilité*.

Mais le parallélisme est rompu au même moment entre ces deux couples de termes. Car la notion de « lieu possible » n'est pas concevable indépendamment du temps. Elle présuppose elle-même l'actualité productive de l'instant. S'il revient à Heidegger (dont la propre réflexion sur le lieu et l'espace doit par ailleurs beaucoup à l'ancien stoïcisme [4]) d'avoir mis en évidence, avec le phénomène de l'« éloignement », la dimension originairement temporelle de l'espace – ou, plus exactement, de la spatialité –, ses analyses manquent pourtant d'une notion qui pût jouer, du côté du temps, un rôle médiateur ana-

1. Cité par E. Bréhier, *La Théorie des incorporels dans l'ancien stoïcisme*, Paris, Vrin, 1970, p. 52.

2. *Ibid.*, p. 52-3.

3. Sur cette notion et plus généralement sur le pouvoir individuant de l'impression originaire, cf. le § 31 des *Leçons*.

4. Dans « Bâtir, habiter, penser » (*Essais et conférences*, Paris, Gallimard, 1958, p. 170-194), il ne manque pas d'intégrer à sa réflexion sur le « Quadriparti » la notion de place. Ainsi dans l'exemple célèbre du pont : « le pont [...] rassemble le Quadriparti de telle façon qu'il lui accorde une place. Car seul ce qui est lui-même un lieu peut accorder une place » ; « à partir de cet emplacement se déterminent les places et les chemins par lesquels un espace est aménagé » (*op. cit.*, p. 182-183).

logue à celui qu'assume, dans la théorie stoïcienne de l'espace, la notion de place. Cette lacune tient, nous le savons, à sa conception générale de la temporalité à l'époque de *Etre et temps* et à l'absence de tout lien nécessaire entre une telle conception et la notion d'instant introduite tardivement dans cette œuvre, où elle est comprise « au sens actif, en tant qu'ekstase ». Or nous sommes désormais en mesure de comprendre pourquoi : l'*activité transitive* de l'ekstase est confondue alors avec l'*actualité réflexive* de l'instant. L'*analogon* temporel de la « place » n'est donc pas plus qu'elle un troisième terme qui viendrait du dehors assurer la « synthèse » de l'instant et du temps : il est cette *réflexion* elle-même comprise, en un sens radical, comme la propre venue à soi du temps. « Point-*source* du présent », l'impression ne l'est qu'en vertu d'une telle duplication interne. Il n'y aurait, sans celle-ci, que réalité brute ou possibilités vides.

3. L'insistance de l'instant et la constitution du temps objectif

Il est précisément essentiel au mal d'imposer sa présence en suspendant l'ouvert du temps. Sans doute, le temps est ce qui ouvre les horizons en relation auxquels seulement se peut une réalité humaine en projet vers un monde. Mais la souffrance révèle, en l'instant, le stigmate accablant d'un impossible qui, loin d'en présupposer l'événement absolu ou d'en représenter seulement la retombée amorphe, détermine le mode propre selon lequel cette ouverture elle-même se produit. Le *nunc stans* n'est donc pas pour nous hors du temps. Il n'est pas comme chez Duns Scot une simple métaphore de l'éternité divine. C'est au contraire dans un sens éminemment temporel que nous tiendrons à présent l'*insistance* de l'instant pour son troisième trait distinctif.

Si l'ekstase était la structure ultime de la temporalité, toujours la fuite serait possible, qui nous permettrait d'échapper au mal, de n'être jamais sa « proie ». C'est cette structure qui condamne le *Dasein* au divertissement ou au bavardage. Qu'importe alors l'angoisse puisqu'elle suscite originairement sa négation et n'est elle-même qu'à se méconnaître! L'instant suspend cette méconnaissance. Il est la manière même dont le temps reflue sur soi et se charge de sa transcendance. Impliqué dans le « jet » du pro-jet, il n'anéantit pas mais *transit* les possibilités qui constituent celui-ci comme tel.

Non que la durée se trouve alors abolie : c'est à la faveur de cette insistance au contraire qu'advient ce que durer veut dire. « Le temps est rigide et pourtant le temps coule. Dans le flux du temps [...] se constitue un temps qui ne coule pas, absolument fixe, identique, objectif. Tel est le problème », note Husserl dans un texte [1] où ce phénomène n'est encore décrit que d'un point de vue particulier (celui du *son* qui dure et persiste, identique à soi, à mesure qu'il s'« enfonce » dans le passé au gré d'une modification continue de l'appréhension) mais où il est progressivement étendu à la durée *du temps* lui-même. Plus encore que l'ennui, la souffrance l'atteste. Qu'est-elle d'autre en effet que le temps rendu sensible à son propre passage et maintenu auprès de soi en une sorte d'atermoiement illimité ? En chargeant l'existence des possibilités mêmes qu'elle déploie et en les marquant de sa propre démesure, elle détermine réciproquement maintenant et toujours. Cette réciprocité définit le phénomène authentique de la durée. Elle détermine le présent comme un *plenum* temporel de prime abord étranger à l'opposition de ce qui « passe » et de ce qui « demeure ».

L'insistance de l'instant est identique à son pouvoir de contracter, à l'extrême pointe du présent, l'infini du temps. Elle est « cette équivoque ou le temps et l'éternité se touchent » [2]. C'est un tel pouvoir qui fonde, aux deux pôles de la vie sensible, la thèse stoïcienne du bonheur instantané [3] et les propositions de Bayle sur la « densité du mal ». Les secondes seules, toutefois, ont une réalité indiscutable. Seules donc elles peuvent être envisagées comme les fragments d'une phénoménologie indirecte de la temporalité en sa durée vraie. « Servons-nous, propose Bayle, d'une comparaison empruntée à la doctrine des scolastiques : il disent que les corps *rares* contiennent peu de matière sous beaucoup d'étendue ; et que les corps *denses* contiennent beaucoup de matière sous peu d'étendue. Selon ce principe, il faudrait dire qu'il y a plus de matière dans trois pieds d'eau, que dans deux mille cinq cent pieds d'air [...]. Or le chagrin est une chose qui coule sur nous par mille et mille canaux, et qui est de la nature des corps denses : il renferme beaucoup de matière sous un petit volume ; le mal y est entassé, serré,

1. *Leçons*, *op. cit.*, p. 84.

2. Kierkegaard, *Le Concept de l'angoisse*, tr. fr. par K. Ferlov et J.J. Gateau, Paris, Gallimard, 1935, p. 92.

3. Cf. sur ce point V. Goldschmidt, *Le Système stoïcien et l'idée de temps*, *op. cit.*, p. 186-210. C'est pour concilier présent limité et *aiôn* infini et fonder temporellement la possibilité du bonheur qu'est introduite l'idée d'un « instant totalisant » capable même, selon Marc-Aurèle, de « contenir et de comprendre les siècles des périodes cosmiques ».

foulé »[1]. Cette comparaison éclaire la nature de l'instant aussi bien que celle du mal. Elle signifie, en toute rigueur, que le mal n'est possible que dans l'instant compris lui-même comme le « corps dense » de la temporalité.

Mais ces remarques ouvrent plus généralement un passage vers une idée positive du *réel* (a), vers une notion non chosiste de la *substance* (b), enfin vers certains aspects déterminants du *temps objectif* dissocié d'abord, en bonne phénoménologie, du temps originaire (c).

a) Le « poids » du réel

Le *réel* ne peut être confondu ni avec la *réalité* comprise comme le tout des choses, ni avec le *référent* du discours, ni avec l'*existence* conçue comme une articulation déterminée de l'ekstase du temps, ni enfin avec l'*être* défini, tel un Dieu caché, par la conjugaison paradoxale de la Présence et de l'Absence, du Don et de la Réserve, de la Ressource et de la Réticence. Il ne se laisse ni déduire de la différence ontologique ni ramener à l'un de ses termes. Il ne coïncide, par exemple, ni avec l'étant déterminé dont nous parlons en nommant l'« arbre » actuellement perçu ni avec l'être de cet étant, sa chosité, son « demeurer-là-devant ». Il ne désigne aucune chose que l'on puisse connaître ou comprendre au titre soit de son inclusion dans un horizon de perceptibilité, soit de son pouvoir constituant à l'égard de cet horizon lui-même. Moins encore lui appartient l'être purement logique de la proposition ou du système. Réel est ce qui ne peut être perçu ni conclu mais ne peut être inscrit pour autant au nombre des conditions qui rendent possible la perception ou la démonstration.

N'est-il pas plus, pourtant, que la limite ou le point de résistance sur lequel butent par principe toutes les entreprises humaines ? *Position* d'une chose, l'acte qui pose ne se distingue pas en lui de sa réception et de sa passion. *Il demeure auprès de soi,* étranger à l'opposition du sujet et de l'objet. C'est l'autre du possible aux trois sens – logique, transcendantal, existential – du terme : l'*impossible* à la rigueur.

Comment donc cet impossible, loin de le réduire à rien, donne-t-il au contraire au réel la consistance et l'effectivité qui lui sont propres ? Comment fait-il de lui la dénonciation en acte de la « simple

1. *Dictionnaire historique et critique*, article « Xénophones ». Nous laissons provisoirement de côté l'argument fourbi ainsi contre la théodicée.

apparence »[1], le fondement pour nous de toute critique possible de la représentation ? Comment peut-il opposer, au papillonnement étourdi et à l'irréalité de la « vie quotidienne », le sérieux et la gravité qui lui appartiennent pourtant et qui nous interdisent, *à nous qui la vivons*, de la tenir pour banale ou indifférente ?

La réponse commune à ces questions est : par la seule force de l'insistance qui, de l'impossible, fait une structure originaire de la phénoménalité. *Le réel consiste parce que l'instant insiste*. Il est la révulsion même de la réalité déployée par la transcendance, sa secrète brisure, sa sourde retombée. Le moindre paradoxe de la Pensée de l'être n'est pas de s'être constituée tout entière – et cela dès les définitions qu'elle forma conjointement du « phénomène » et de l'« existence » – comme une authentique forclusion du réel. L'existence retrouvée, c'est le réel oublié. Et l'on voit en quel sens alors ce concept d'existence est impuissant à mener à son terme la critique de la représentation dont il semblait pourtant être le ferment : il en est la forme même subrepticement réfléchie et ontologisée.

b) La substance vive

La question de l'apparaître du temps ne doit pas être considérée indépendamment des deux problèmes qui en révèlent l'importance stratégique : celui de la possibilité d'un sujet responsable et celui de la déduction des catégories ontologiques fondamentales. C'est le premier que pose E. Lévinas en s'efforçant d'assigner la condition proprement temporelle du passage « de l'existence à l'existant ». Or ce dernier terme se voit appliquer au même moment deux notions tenues pour équivalentes : la notion de *personne* et celle de *substance* : la possibilité du soi-même est identique à celle de « *l'apparition [...] d'un substantif* au sein de cette existence impersonnelle »[2]. A la question de savoir « si l'extase est le mode originel de l'existence [...], si le *ex* est la racine principale du verbe exister », il est donc répondu par la négative : l'existence ne mérite son nom, elle ne devient proprement ce qu'elle est qu'au prix d'un « retour sur soi » du temps, d'un arrêt enchaînant à lui-même son dynamisme originel et lui donnant ainsi la pesanteur et l'épaisseur d'une chair.

Qu'une phénoménologie implicite de l'expérience du mal soutienne de bout en bout une description où la réflexivité et l'insistance de

1. « Il faut toucher l'impossibilité pour sortir du rêve », écrit S. Weil (*La Pesanteur et la grâce*, Paris, Plon, 1947/1988, p. 112).

2. *Op. cit.*, p. 140. Nous soulignons.

l'instant tiennent les premiers rôles, c'est ce qu'attestent, dans les pages mêmes où se trouvent nommées la « présence » et l'« hypostase », deux occurences explicites du thème de la souffrance [1]. Ce lien, entre souffrance et temps, n'est pourtant pas clairement placé au centre de l'analyse. Tout comme demeure impensée la question sous-jacente de la déduction des catégories ontologiques fondamentales. *D'où savons-nous, en effet, que l'être se dit en plusieurs sens* ?

Nous avons vu qu'il fallait, pour qu'un accès à la catégorie de « substance » fût ménagé à la pensée, qu'*au cœur même de la temporalité* le substantif le disputât au transitif. Or cette condition n'est qu'en partie remplie par l'exégèse lévinassienne de l'instant. D'un côté, elle compromet la distance qui sépare nécessairement l'être de la personne et l'être de la chose et se montre impuissante à fonder une analyse *différentielle* du substantif. De l'autre, elle juxtapose le « substantif » et l'« extatique » comme deux modes de temporalisation entièrement distincts et manque l'*unité* de ces déterminations. C'est d'un même geste, au contraire, qu'il faut assigner ces différences et cette unité.

C'est ainsi que l'homme qui souffre a un pied dans la Nature et un pied dans le Monde, tendu entre ces deux ordres sans pouvoir s'abîmer en l'un ni séjourner dans l'autre et comme écartelé par des manières d'être dont la contradiction le pousse à situer au-delà d'elles la possibilité de son être propre. Cette contradiction [2] est immédiatement réfléchie comme telle et suscite un dédoublement du substantif à l'occasion duquel l'élan pétrifié de la transcendance s'inverse en protestation. Cette protestation est le mode de subsistance propre à la personne. Elle recompose à partir de son propre point d'impossibilité ces différentes guises de l'être. En ce point, la personne advient comme autre que la chose (dont l'éternel repos hante ses rêves comme ce que sa propre nature lui refusera toujours) et que le monde (comme monde à faire et en ce sens seulement authentiquement ouvert et offert à sa préoccupation). Mais elle retient alors en soi-même son autre. Elle est *l'unité pour soi* de ces trois déterminations. Cette unité n'est donc pas l'unité abstraite d'une connaissance qui nous en donnerait après-coup l'intelligence : elle est *l'unité tensionnelle du temps lui-même* [3].

1. *Ibid.*, p. 153 : « La souffrance même du présent reste comme un cri dont l'écho retentira à jamais dans l'éternité des espaces » et p. 156 : « la caresse du consolateur qui effleure dans la douleur ne promet pas la fin de la souffrance ».

2. Qui pose dans leur différence l'être de la chose et l'être du monde.

3. Dans la souffrance, l'humain touche sa propre limite et trouve *en soi-même*, dans cette impuissance à être soi qui le rive à son être et le tourne inconditionnellement vers son *autre*, la transcendance du monde et l'étrangeté inhumaine de la chose.

c) L'auto-constitution du temps objectif

Un passage n'est-il pas ménagé ainsi vers certaines propriétés et relations appartenant au « temps objectif » ou réputées telles tant dans la perspective heideggerienne que dans la perspective husserlienne ? Cette question est décisive puisque la phénoménologie ne peut justifier la « réduction » censée lui ouvrir l'accès à l'originaire que si elle se montre en retour capable de retrouver dans celui-ci la possibilité des phénomènes exclus de la sphère réduite. Dans les développements qu'il consacre aux *Leçons* de Husserl sur la conscience intime du temps, P. Ricœur montre que la description phénoménologique du temps que Husserl appelle « immanent » (et que celui-ci tient, au terme de la « mise hors-circuit du temps objectif », pour le temps originaire) n'est pas possible en réalité « sans l'appui de quelque objectivité constituée » [1]. La même démonstration est appliquée à l'analytique heideggerienne de la temporalité et à la hiérarchie instituée par l'auteur de *Etre et temps*, sur la base de la temporalité ekstatique, entre différents niveaux de temporalisation (dans l'ordre : « temporalité », « historialité », « intra-temporalité ») : on peut douter que les modes les « moins authentiques » puissent être entièrement dérivés du premier nommé ; chacun apporte avec lui des traits originaux (l'« étirement », par exemple, pour l'historialité, auquel répondent la mensurabilité et le caractère englobant de l'intra-temporalité) qui justifieraient que soit bouleversé à son profit l'ordre établi initialement. C'est ainsi que la place intermédiaire occupée par l'historialité entre la temporalité ekstatique et l'intra-temporalité pourrait aussi bien la désigner comme une authentique *médiation*, comme un « pont jeté, à l'intérieur même du champ phénoménologique, entre l'être-pour-la-mort et le temps du monde » [2]. Mais l'historialité elle-même n'a pas été complètement pensée « tant qu'elle n'a pas été à son tour complétée par l'idée d'intra-temporalité qui, pourtant, en dérive » [3]. Il faut alors répondre positivement à la question de savoir « si la dérivation des modes les moins authentiques ne dissimule pas la circularité de toute l'analyse » [4]. Les notions même de « temps originaire » et de « temps dérivé » sont coupables puisqu'elles impliquent une appréciation des modes de temporalisation telle que la description de leurs caractéristiques

1. *Temps et récit*, t. 3, p. 63.
2. *Ibid.*, p. 143.
3. *Ibid.*, p. 120.
4. *Ibid.*, p. 106.

autonomes le cède à une volonté de hiérarchisation qui mime, en l'inversant, la volonté de nivellement propre à la « pensée calculante ».

N'en irait-il pas autrement si l'« originaire » désignait seulement le *centre de perspective* à partir duquel la réflexion pût accéder d'un coup à l'unité des diverses déterminations temporelles et leur accorder à toutes un droit égal ? C'est dans ce sens que nous posons à présent la question du passage de l'archi-temporalité dont nous avons dégagé plus haut les structures élémentaires, au temps objectif.

Du côté de Heidegger, ainsi, notre affirmation selon laquelle l'ekstase du temps implique l'événement secret d'une hypostase qui en redouble immédiatement l'élan et y rend possible l'apparition du substantif, n'annule-t-elle pas la plupart des difficultés que l'auteur de *Etre et temps* avait rencontrées pour avoir, à l'inverse, maintenu ses analyses dans le cadre d'une opposition massive entre substance et temporalité ? Si le substantif est une structure du temps originaire, alors sa détermination phénoménologique se trouve d'emblée de plain-pied avec les descriptions qui, au plan de l'intra-temporalité, s'appliquaient à un ensemble de propriétés de prime abord étrangères au régime ekstatique de la temporalité et rangées sous une catégorie de « substance » coupée encore de son ancrage phénoménal. L'« échec de la genèse du concept vulgaire du temps » ne serait sans doute pas aussi vite consommé si le pouvoir possibilisant du temps n'était pas dévolu à la seule *ekstasis* mais rapporté *cooriginairement* à celle-ci et à l'*épochè* qui l'enroule sur lui-même et provoque sa substantivation. Il est vrai que cette genèse perdrait dans cette hypothèse une partie de son sens puisque le concept « vulgaire » du temps cesserait au même moment d'être regardé comme l'*autre* du « temps originaire ». Mais c'est précisément cette proximité, si elle peut être mise en évidence, qui plaide selon nous en faveur d'une authentique phénoménologie de la temporalité – le « passage » d'un plan d'analyse à un autre désignant moins alors un ordre de dérivation entre « niveaux » de temporalisation dans une structure fortement hiérarchisée, qu'un rapport de correspondance ou d'entre-expression tel que chaque phénomène temporel décrit sur un plan quelconque constitue pour ainsi dire le *répondant* sur ce plan du mode de temporalisation auquel il se trouve lié par une relation d'essence.

Le problème demeure certes, dans cette perspective, de savoir comment mettre en relation un mode de temporalisation et son répondant. Cette opération ne requiert-elle pas la médiation d'un *tiers-temps* ? Telle est, dans l'œuvre de P. Ricœur, la fonction du « temps raconté » relativement au « temps immanent » et au « temps objectif » méthodiquement dissociés par Husserl. On peut penser néanmoins que cette médiation est toujours seconde par rapport à l'événement même de la temporalisation et aux effets – traduits en termes de possibilités théoriques, pratiques ou existentielles – que celui-ci produit multiplement dans le champ de notre expérience [1].

L'articulation des modes de temporalisation originaires et de leurs répondants n'est-elle pas d'ailleurs moins problématique si l'on postule leur homogénéité ou leur identité formelle ? C'est à ce postulat d'identité que renonce d'emblée Heidegger en opposant substance et temporalité. Il se pourrait, certes, que l'introduction d'un tel postulat transforme moins la nature que le contenu particulier des apories liées

1. La fonction médiatrice du récit regarderait moins, dans cette hypothèse – et pour user encore d'un vocabulaire husserlien – l'archi-*constitution* du temps, que les conditions qui nous en donnent après-coup une *connaissance* appropriée ; et elle serait commandée de l'intérieur par l'événement même dont elle assure la répercussion au plan du langage. Au moment d'aborder la « poétique du récit » qui doit servir de « réplique » aux apories du temps mises en évidence mais aussi perpétuées, d'après lui, par la phénoménologie, P. Ricœur place d'emblée « sous l'égide de *mimèsis III* » l'ordre des problèmes que devra affronter cette discipline. C'est au plan de la « refiguration » du temps par le récit, autrement dit, qu'est présentée la fonction médiatrice qui est la sienne à l'égard du temps vécu et du temps cosmique. La question que nous posons est celle de savoir si cette refiguration a elle-même une fonction temporalisante, ou bien si elle ne fait que transporter dans le milieu de l'objectivité un événement qui lui est par essence étranger et qui a pour ainsi dire déjà eu lieu. Une telle question est compliquée, certes, par le fait que c'est plus proprement l'*ensemble* formé par *mimèsis I, II* et *III* qui est substitué par P. Ricœur à la notion husserlienne de constitution, la « refiguration » ne pouvant être détachée alors de la « préfiguration » et le la « configuration » correspondant à *mimèsis I* et à *mimèsis II*. A l'intérieur d'un tel ensemble, la préséance du temps vécu dans la sphère « de l'agir et du souffrir » par rapport aux pouvoirs configurant et refigurant de l'activité narrative est en un sens clairement reconnue et prise en charge au niveau de *mimèsis I*. Mais le problème du « passage » de l'« expérience vive » du temps à ses formes objectivées n'est-il pas répété au même moment en d'autres termes comme celui de *l'articulation interne de ces trois instances* ? Et pouvons-nous faire plus, à cet égard, que *présupposer* l'homogénéité des opérations décrites au niveau de *mimèsis II* et *III* à l'événement silencieux qui en appelle à elles au niveau de *mimèsis I* ? C'est à bon droit sans doute que P. Ricœur inclut dans ce qu'il appelle le « temps humain » l'ensemble des opérations rétrospectives qui assurent l'objectivation d'un tel événement et nous en offrent l'intelligence. Mais si l'on peut facilement admettre que ces opérations participent elles-mêmes à l'œuvre de temporalisation identifiée alors avec le mouvement général de la culture, *leur propre possibilité temporelle* n'est pas intégralement pensable à partir d'un tel mouvement et paraît devoir mobiliser de nouveau, pour cette raison, les ressources de la description pure. Il appartient à cette dernière de montrer que la réflexion compréhensive du temps dans et par le récit ne serait pas possible, n'étaient l'autoréflexion immanente du temps lui-même et l'exigence *donnée en lui* d'une telle reprise et d'une telle compréhension au lieu du plus profond silence.

selon P. Ricœur à toute phénoménologie de la temporalité. Mais au moins le « passage » du temps originaire – ou, comme l'appelle Husserl en un sens qui n'est pas psychologique, « immanent » – au temps de la compréhension quotidienne – ou temps « objectif » – s'en trouve-t-il facilité. C'est ce qu'il est possible de vérifier plus en détail tant sur le versant heideggerien que sur le versant husserlien de la difficulté.

Sur le versant heideggerien, l'un des moments essentiels de la dérivation du concept « vulgaire » du temps à partir de la temporalité ekstatique est la description unitaire des trois traits originaux de l'intra-temporalité : databilité, extension et publicité – et plus particulièrement des deux premiers, dont la conjonction dans le « laps de temps » fonde existentialement la possibilité de l'horloge, du calendrier et de l'ensemble des méthodes qui nous permettent de traiter le temps comme une grandeur mesurable. Heidegger montre que nous ne pourrions nullement compter le temps si, d'abord, nous ne comptions avec lui. « Alors que... », « maintenant que... », « durant que... », telles sont quelques unes des expressions par lesquelles nous témoignons d'une modalité de notre rapport au temps qui coïncide à peu près avec le sens ordinaire du mot durée et dont le « laps de temps » constitue, relativement à la diversité des situations auxquelles nous lie la préoccupation quotidenne, l'effectuation à chaque fois déterminée.

Notons d'emblée que la durée dont il s'agit ici ne coïncide nullement avec sa définition « vulgaire ». Elle ne désigne pas, en effet, l'intervalle qui sépare plusieurs « maintenant » dans la « suite » que ceux-ci composent objectivement, mais un étirement ou, pour reprendre un terme augustinien, une « distension » *intérieure au maintenant actuel*. C'est dans ce sens que Husserl peut parler *du* « maintenant qui dure ». A ce concept authentique de la durée – que Heidegger feint, quant à lui, de confondre avec sa notion commune –, peuvent être corrélés des concepts de permanence, de succession et de simultanéité qui loin de supposer, comme le prescrit la conception kantienne, la perception extérieure d'*objets* « sur » lesquels seulement ces déterminations pourraient apparaître – à la fois comme les conditions d'application et comme les ombres portées des catégories correspondantes –, appartiennent d'une certaine façon au temps originaire. C'est un tel concept qui nous paraît pouvoir être tiré, sans distorsion ni confusion inaperçue des plans d'analyse, de l'idée d'une *épochè* constitutive.

Nous avons dû en effet, pour assigner la possibilité temporelle de l'*épochè* phénoménologique, concevoir finalement celle-ci comme une structure *a priori* du temps lui-même. La *suspension* de l'ouvert du temps n'est pas sa *négation* pure et simple mais cette ouverture elle-même comprise comme différ*a*nce indéfinie. « Retard », « suspens » et « délai » nomment alors, d'une telle différ*a*nce, les trois modalités fondamentales. Ce sont eux qui confèrent au passé, au présent et à l'avenir l'être qui est le leur. Nous nous proposons donc d'envisager à présent le « laps de temps » comme le répondant, sur le plan de l'expérience constituée, de ce troisième mode de temporalisation.

Dans son acception la plus commune, la notion de délai renvoie à celle de « temps imparti ». Elle a alors une signification double que fait bien apparaître son emploi juridique : en terme de droit, le délai est à la fois le temps accordé par la loi pour s'acquitter d'une obligation et sa limitation interne, relative à une échéance fixée objectivement. C'est cette limitation qui donne au temps qui m'est laissé son caractère d'urgence : « j'ai le temps » mais je n'ai pas tout le temps ; j'ai le temps mais ce temps, de prime abord ouvert et déployé au-devant de moi, m'est compté. On voit en quel sens alors le délai est homogène au laps de temps : il est le laps de temps rendu sensible à sa propre constitution et à sa propre tension internes. Il faut pourtant, pour se convaincre que l'on a bien affaire, avec lui, à une modalité du temps originaire, mettre encore entre parenthèses l'assignation objective d'un terme à ne pas dépasser et l'idée d'une « période » ou d'un « intervalle » compris entre ce terme et le maintenant actuel.

Le délai se montre alors *à la fois* comme l'ouverture d'un horizon d'attente et comme l'auto-apparition contraignante de cette ouverture elle-même. Il est essentiellement le mode selon lequel nous sommes *tenus en attente*, quels que puissent être alors l'objet de notre attente ou l'échéance liée à sa détermination. C'est la pure affection du temps par lui-même où ce qui nous « tient » n'est pas un terme qu'il serait possible d'y situer objectivement mais son propre passage éprouvé en une sorte d'expectative toujours continuée. Cette expectative éveille seule en nous les patiences et les impatiences dont la préoccupation quotidienne suscite les occasions. Seule elle peut faire du temps un temps qui compte et avec lequel il faut compter. Le laps de temps n'a pas d'autre origine que cette non-indifférence du temps à lui-même et la manière dont elle est conquise en lui sur le pur dynamisme du projet.

Sur le versant husserlien, la question des « emprunts » d'une description prétendûment pure au temps objectif pourra être posée différemment, s'il est avéré qu'un passage est ouvert, à partir de ce que les *Leçons* nomment « temps immanent », en direction des analogies kantiennes de l'expérience et plus particulièrement du « principe de la permanence de la substance » correspondant à la première d'entre elles. Si nous choisissons d'insister d'abord sur ce principe, ce n'est pas seulement parce qu'il est le premier, à lire Kant, dans l'ordre de l'exposition, mais encore et surtout parce que, des trois modes du temps : permanence, succession et simultanéité, c'est la permanence qui l'emporte en généralité sur les deux derniers nommés et fonde leur réalité temporelle : « si la simultanéité et la succession sont les seuls rapports dans le temps », « ce n'est que dans ce permanent que sont possibles des rapports de temps en général » [1]. Pour que deux phénomènes soient tenus pour successifs ou simultanés, il faut leur donner pour fondement « quelque chose de durable ou de permanent dont tout changement et toute simultanéité ne sont pour le permanent que des manières d'exister (modes du temps) » [2]. L'apparente équivalence, dans ce passage, du « durable » et du « permanent » ne doit pas tromper : c'est la permanence qui fonde la durée, la durabilité de tout ce qui dure. C'est elle par conséquent qui donne au temps lui-même détermination et durée : « la permanence exprime *en général* le temps, comme le corrélatif constant de toute existence des phénomènes, de tout changement et de toute simultanéité » [3].

Comme le remarque à son tour P. Ricœur, « pour que le temps ne se réduise pas à une suite d'apparitions et de disparitions, *il faut que le temps lui-même demeure* » [4]. Mais l'auteur de *Temps et récit* ajoute aussitôt que « nous ne reconnaissons ce trait qu'en observant *ce qui* demeure ». Cette dernière proposition, sans doute, s'accorde avec la thèse constante de Kant, selon laquelle « [la] permanence n'est [...] rien de plus que la manière dont nous nous représentons l'existence des choses (dans le phénomène) » [5] ; dans l'hypothèse, en effet, où le temps lui-même n'est pas perçu, « le permanent [ne peut être] que l'*objet* même conçu comme le *substrat* de tout changement » [6]. C'est là pourtant le point qui fait difficulté. Et cette difficulté est double : elle est d'abord de savoir si l'on peut affirmer à la fois que « le temps lui-même demeure » et que la permanence est une propriété de l'objet perçu ou, plus précisément, de notre rapport à l'objet compris comme le substrat, donné individuellement, des modifications qui l'affectent dans notre représentation. Elle est ensuite de comprendre comment nous pourrions nous représenter un objet comme permanent si la permanence n'appartenait déjà d'une certaine façon *à notre mode de*

1. *Critique de la raison pure, op. cit.*, p. 178.
2. *Ibid.*
3. *Ibid.* Nous soulignons.
4. *Op. cit.*, p. 77. Nous soulignons. Cf. *idem* Kant, *op. cit.*, p. 179.
5. *Op. cit.*, p. 180.
6. *Ibid.*, p. 179. Nous soulignons.

représentation lui-même : la perception de l'objet comme permanent serait-elle possible si elle ne présupposait la permanence au titre non d'une propriété de l'objet (comme substrat identique) mais *de la condition même qui ouvre l'horizon de perceptibilité* à l'intérieur duquel celui-ci peut apparaître comme tel ?

Lorsque Kant dit que « [la] permanence seule est la raison pour laquelle nous appliquons aux phénomènes la catégorie de substance » [1], il désigne du même nom l'*unité du temps* entendue comme la condition formelle de l'expérience et l'*identité du substrat* comprise comme un contenu d'expérience déterminé. Mais une ambiguïté affecte alors l'emploi du terme, qui occulte la nécessaire subordination de la seconde acception à la première. Rien d'identique n'apparaîtrait dans le temps, si le temps ne s'apparaissait pas immédiatement lui-même comme l'unité persistante, comme la cohésion toujours maintenue, comme la forme indéfectible de l'expérience possible.

En comprenant le substantif comme une modalité du temps originaire, nous avions déjà en vue l'idée d'une *substance sans substrat*. Or une telle idée est impliquée dans la détermination husserlienne du temps immanent. Il est donc possible d'interpréter le principe kantien de la permanence comme le répondant, sur le plan plan d'une analytique de l'objectivité, d'un trait général de l'expérience susceptible d'être décrit comme tel dans le cadre d'une analytique de la temporalité. C'est en effet indépendamment de toute représentation d'objet que le temps s'apparaît, dans l'instant maintenu de l'impression donatrice, comme un passer-en-demeurant. Or il n'en est pas moins homogène alors aux conditions qui, tel le principe de la permanence, déterminent *a priori* l'applicabilité des catégories de l'entendement (ici de la catégorie de substance) et, par là, les conditions de l'objectivité en général.

Mais ce n'est pas seulement la permanence, ce sont encore la succession et la simultanéité qui accèdent à la manifestation antérieurement à toute représentation selon des règles et peuvent être regardées à leur tour comme les répondants de deux modalités du temps originaire en lesquelles elles puisent leur possibilité :

L'*Urimpression* est à la fois le pur mouvement de s'écarter de soi et ce mouvement indéfiniment itéré comme tel. Non-coïncidence avec soi, elle puise paradoxalement dans cet initial refus d'elle-même le pouvoir de constituer en arrière de soi sa propre trace. Telle un regret, elle s'attarde sur son propre passage – écho sans fin d'un événement

1. *Ibid.*

qu'elle ne devient proprement qu'en s'attardant ainsi. Ce retard n'est pas la marque d'un intervalle de durée objectivement mesurable. Il est structurellement impliqué dans le mouvement même de la temporalisation. L'impression ainsi *se succède à elle-même*, sans cesser pourtant de se tenir auprès de soi, *en phase avec sa propre scission interne*. Successivité et simultanéité pures, elle est le successif et le simultané rendus possibles comme tels avant d'être représentés dans l'objet et associés à ce titre – comme c'est le cas chez Kant pour les deuxième et troisième analogies de l'expérience – aux *concepts* correspondants de la causalité et de l'action réciproque.

On objectera peut-être que, même si l'homogénéité du temps originaire à certaines déterminations du temps « dérivé » était avérée au terme des trop brèves remarques qui précèdent, l'essentiel resterait à faire pour faire droit à notre sentiment d'*appartenir* au temps comme à un *universel englobant*. Nous devrons, pour en décider, tenir compte moins de nos critiques à l'encontre de la conception heideggerienne de la temporalité que de notre interprétation radicale de la notion husserlienne de « temps immanent ».

Non sans paradoxe, en effet, c'est cette notion qui, mieux que l'analytique heideggerienne de l'« être-au-monde », nous paraît pouvoir ménager un accès aux traits proprement « cosmologiques » de notre expérience du temps. Toute la question n'est-elle pas de savoir comment le temps peut apparaître, non seulement comme l'*horizon de dépassement* où nous nous projetons sans fin, mais encore comme l'*élément qui nous dépasse* et, tel l'« univers infini », nous déborde de toute part ? Or la transcendance telle que la pense Heidegger est par essence impuissante à fonder ce mode d'apparition du temps. Mais en est-il de même de l'événement qui en redouble immédiatement l'élan initial et rend celui-ci comptable, pour ainsi dire, de sa propre puissance apriorique ? Nous avons trouvé chez Husserl, en thématisant la structure itérative de l'impression originaire, l'idée d'une passivité portée à la deuxième puissance et rendue sensible ainsi à son propre *pathos*. C'est dans ce sens que l'impression n'est pas seulement passive mais a encore, comme *emphase de la passivité*, la structure même du souffrir. Notre sentiment d'appartenir au temps comme à quelque chose qui nous précède et nous excède a-t-il une autre origine que *le reflux des possibilités déployées par la transcendance et leur suspension dans cette hyperbole du sentir* [1] ? Ce n'est pas l'exténuation, c'est

1. C'est tout autrement que Husserl, dans le § 81 des *Ideen I*, s'attache à « la façon dont le temps cosmique s'annonce dans le temps phénoménologique ». Il se contente d'abord de suggérer que « le temps cosmique est au temps phénoménolo-

le trop-plein de la présence qui fait éclater les limites de la représentation et met le temps immanent au diapason du temps cosmique. Si le temps originaire est indivisément l'ouverture qui donne carrière à l'être-au-monde et la suspension de cette ouverture dans l'instant qui rend celle-ci sensible à sa propre constitution passive, alors cette passivité fonde seule l'irréductibilité des différentes modalités temporelles à de purs vécus « subjectifs » – seule elle leur confère l'extériorité que leur prête aussi la conscience commune. L'extérieur est donné dans l'intérieur. L'excès du souffrir est l'origine de toute extériorité [1].

L'« immanence » du temps telle que l'implique l'hylétique transcendantale ébauchée par Husserl, loin de fermer sur elle-même une sphère de la conscience pure, est l'aveu toujours continué d'une transcendance étrangère au dynamisme auquel Heidegger entend réduire cette notion en l'appliquant à la seule transitivité du projet. Elle annonce une *altérité* plus radicale que celle de l'horizon déployé par sa puissance et préfigure ainsi des traits « objectifs » de notre expérience du temps qui n'auraient, sans elle, aucune réalité phénoménale. Il ne serait pas possible autrement de comprendre comment ce monde *auquel* nous sommes, aussi bien nous *en* sommes. C'est l'auto-affection de l'être-à... comme tel dans l'instant qui en suspend et en redouble immédiatement le pur transit qui donne à sa temporalité spécifique la forme de la dépossession et à ses horizons hypostasiés la consistance et l'extériorité d'un véritable milieu d'existence.

gique dans un rapport en quelque manière analogue à ce qu'est l''extension' (*Ausbreitung*) qui tient à l'*essence* immanente d'un contenu concret de sensation [...] par rapport à l''étendue' (*Ausdehnung*) spatiale objective, à savoir l'étendue physique de l'objet physique qui apparaît et qui s'esquisse dans ce *datum* de sensation ». Puis il relève l'insuffisance de cette analogie : « dans le vécu et ses moments vécus, écrit-il, le temps transcendant peut se figurer au moyen d'apparences, mais par principe cela n'aurait pas plus de sens dans un cas que dans l'autre de supposer une ressemblance de type portrait (*bildliche*) entre la figuration et le moment figuré ; cette ressemblance en effet présupposerait une unicité d'essence » (*op. cit.*, p. 273 pour la tr. fr. / p. 162). Enfin *il abandonne la question* et justifie cet abandon par « la difficulté exceptionnelle des problèmes recouverts par la notion de temps ».

1. C'est le problème de l'origine de l'espace qui est ici en jeu. La thèse de l'auto-engendrement de l'espace à partir du temps trouve un renfort surprenant dans un passage des *Principes de la philosophie* de Descartes où ce dernier fait de la douleur le révélateur affectif de l'espace (II, 2 ; cité par P. Ricœur dans *Le Volontaire et l'involontaire*, *op. cit.*, p. 423).

4. L'instant comme position : l'avènement du sujet

Commencement toujours recommencé (1), auto-réflexion du temps (2), insistance du transitoire (3), l'instant est enfin la *position* absolue d'un existant éprouvant l'indéfectible présence de l'être comme la marque même de son engagement et de sa responsabilité originaires. « 'Présent', 'je', 'instant' – moments d'un événement unique » qui tranche sans le dénouer le « nœud gordien » du temps et aménage au sein de l'être une situation « où il n'y a plus seulement de l'être en général mais où il y a *un* être, un sujet »[1]. Telle est, croyons-nous, la vérité de l'instantanéisme de Descartes : sans l'actualité de l'instant et son pouvoir d'attacher à elle-même une âme volontiers vagabonde, le *Cogito* ne serait pas l'évidence d'un « je suis, j'existe » mais l'impersonnelle conclusion d'une inférence au terme de laquelle un sujet = x serait tout au plus fondé à croire qu'*il y a* de la pensée[2]. Même si la conception cartésienne de l'instant devait à son tour ne pas coïncider avec la fonction méthodique que lui attribue l'analyse, l'exigence demeurerait de penser, sous ce nom, autre chose qu'un néant de durée[3] : la condition proprement temporelle de l'être de l'*ego*. L'instantanéisme n'implique nullement, au vrai, le discontinuisme. Et il est possible d'affirmer la réalité de l'instant sans dissoudre le temps en atomes intemporels. Pourquoi faudrait-il, pour rendre à la pensée son épaisseur, détruire ce qui ne serait que « l'illusion du *Cogito* instantané » ? C'est la pensée au contraire qui serait toujours condamnée à l'illusion sans l'instant qui la rive à elle-même et donne ainsi au temps dont elle est faite réalité et détermination. Si l'on peut difficilement attribuer à Descartes une conception de l'instant indexée sur l'idée d'un infini actuel, il est en revanche bien des textes dans lesquels l'auteur des *Méditations métaphysiques* renvoie implicitement dos à

1. E. Lévinas, *De l'existence à l'existant*, *op. cit.*, respectivement p. 137 et p. 125. Nous soulignons.

2. *Ibid.*, p. 117.

3. Après avoir suggéré que la conception cartésienne de l'instant n'impliquait pas une telle réduction, J.M. Beyssade (*La Philosophie première de Descartes*, Paris, Flammarion, 1979) l'opère à son tour. Il creuse ainsi l'opposition du temps et de l'instant et n'introduit le premier dans la sphère égologique que pour en exclure ce qui n'est plus appelé que l'« instant ponctuel », instant couplé avec une « évidence actuelle [...] radicalement étrangère à la durée » (*op. cit.*, p. 354). La notion de « moment » qu'il substitue alors à celle d'instant renforce encore cette opposition. Mais elle n'a nullement la même fonction que celle-ci. Il faut affirmer, sans doute, la temporalité de l'évidence. Mais comment la temporalité peut-elle ne pas entraîner celle-ci dans sa perte ? Ce problème concerne l'être même de l'évidence. Il appelle la conception d'un instant qui ne soit pas étranger au temps.

dos l'instant ponctuel et l'instant réduit, comme il le sera chez Leibniz, à un pur élément différentiel : « il ne peut y avoir en nous aucune pensée de laquelle, *dans le même moment qu'elle est en nous*, nous n'ayons une actuelle connaissance », écrit-il ainsi dans un passage des *Réponses aux quatrièmes objections* où il est clair que le redoublement de la *conscientia*, loin de résulter d'une opération seconde, appartient au contraire à la pensée commençante et a seul le pouvoir de faire de celle-ci un processus réel [1]. Ce redoublement est l'instant lui-même. Il fonde seul ce qui se trouve désigné ici comme le « moment » de la réflexion. Auto-position de la pensée, il donne à celle-ci une forme qui, pour n'être pas celle de la connaissance d'objet, ne suppose encore aucun acte déterminé de l'esprit. Bien plutôt cet acte n'est-il lui-même possible que dans la simultanéité ambiguë et dans la *passion* de son événement unique. C'est l'indivisibilité de l'instant qui fonde la certitude du Je-pense, mais c'est son redoublement passif qui le distingue du point mathématique et donne à cette certitude elle-même la réalité d'une effective expérience de soi. L'instant indivisible fait de l'impossibilité de s'échapper à soi, de l'impossibilité de n'être pas soi la condition de l'existence en première personne ; l'instant redoublé donne à cette existence elle-même sa lucidité et son épaisseur de chair. Il fait de son être même une pensée et de la pensée, réciproquement, le devenir immobile et la méditation muette de la présence. Par cette « actuelle connaissance », il faut donc entendre la venue à soi d'une pensée *apodictiquement* certaine mais non *adéquate* à ce qu'elle pense. Dans ce deuxième cas, en effet, l'instant qui pose la pensée l'abîmerait en lui-même. Du repos absolu qu'il lui assurerait d'entrée ne pourrait monter la moindre exigence, le moindre appel à penser encore et à penser mieux. La précarité du Je-pense, dans la Méditation seconde, a la signification inverse. La première vérité n'est fondatrice que pour avouer d'emblée son insuffisance. Elle place la pensée devant le *chemin* qu'elle doit suivre pour pouvoir être elle-même. Elle est l'acte commun – ou la commune passion – d'une évidence et d'une exigence apodictiques, l'unité tensionnelle d'un « je-ne-peux-pas-ne-pas-être-moi » et d'un « je-ne-puis-continuer-d'être-ainsi ».

Affirmer la réalité de l'instant et entendre, par la position dont il est l'événement singulier, la condition proprement temporelle de l'existence certaine de soi, c'est comprendre ainsi que *le Je-pense est originairement un Je-souffre*. « Je suis, j'existe » : nous verrons que cette évidence tient en suspens la possibilité même d'être et ne la consti-

1. Cette interprétation reprend pour partie le commentaire du même passage par J.M. Beyssade, *op. cit.*, p. 353.

tue en tant que mienne que pour lui donner le statut d'une Idée pratique. Mais une interprétation radicale du *Cogito* [1] ne saurait alors chercher ailleurs que dans l'instant du souffrir l'unité dès toujours scellée, en celui-ci, entre existence et obligation. Pourquoi me *faudrait*-il – et comment pourrais-je ? – « entreprendre une fois en ma vie de me défaire de toutes les opinions que j'avais reçues jusques alors en ma créance », si l'instant de la décision n'était la réplique, sur le plan de la réflexion constituée, de l'instant absolu qui lie originairement la pensée à l'idée de ce qu'elle doit être et fait advenir le « je suis » tout à la fois comme un donné et comme une tâche ? Le doute méthodique, certes, est l'œuvre de la liberté. Mais la liberté surgit comme protestation contre le mal.

1. Dans *Existence et obligation* (Paris, P.U.F., 1967, p. 333-340), J. Henriot donne à cette interprétation l'orientation qui convient. Mais il ne peut remonter jusqu'à la véritable racine de l'Idée ni justifier suffisamment son affirmation selon laquelle notre rapport à celle-ci – c'est-à-dire l'obligation – « ne fait qu'un avec le *Cogito* ».

CHAPITRE SEPT

TRANSCENDANCE ET IMMANENCE

Les analyses précédentes avaient pour but d'accorder la conception heideggerienne de l'*a priori* comme temporel avec les réquisits d'une phénoménologie réflexive : l'*épochè* ne serait pas possible – ou bien elle serait l'œuvre non d'un homme mais d'un ange ou d'un dieu, et manquerait à la fois du point d'ancrage qui maintient le sujet philosophant dans la sphère de la finitude et de la détermination qui lui permet de s'y orienter – si l'instant n'avait le pouvoir de contracter l'infinité du temps et d'en matérialiser la forme pure. Car il suspend ainsi son déroulement impersonnel et donne à l'événement même de sa temporalisation la force d'une exigence.

La dimension *éthique* du questionnement ontologique se trouve alors avérée. Le problème moral n'est-il pas en dernière instance, en effet, celui des conditions qui fondent la possibilité d'un sujet responsable ? Or ces conditions sont apparues impliquées dans la structure temporelle du questionnement lui-même.

Non que leur détermination ait été possible sans abstraction : ni l'existence d'autrui ni l'impératif moral ni le langage n'ont fait jusqu'à présent l'objet d'études spécifiques. Nous n'avons pu qu'indiquer en creux leur place dans l'économie générale de la recherche. Mais celle-ci ne leur fournit pas moins une structure d'accueil. *Elle préserve leur possibilité au cœur même de l'objet atteint par la description pure*. A ce titre seulement une telle abstraction ne condamne pas l'analyse à la contradiction interne.

Cette contradiction affecte au contraire la phénoménologie heideggerienne. Mais elle ne touche pas moins, malgré l'apparence, la « phénoménologie matérielle » mise en œuvre par Michel Henry dans son grand livre [1]. Certes, il est bien vrai que la transcendance n'épuise pas l'être du phénomène. Mais la distinction de raison introduite entre la « transcendance » et l'« immanence », tenue pour une distinction réelle entre deux modes de phénoménalisation indépendants, ne rend-elle pas leur *unité* et leur *articulation* problématiques ? Et la réflexion n'est-elle pas également impuissante alors à rendre compte, à partir de ce qu'elle tient pour ontologiquement premier, de sa propre possibilité et de sa propre motivation ? N'entretient-elle pas avec elle-même, autant qu'avec son objet, une relation qu'elle ne peut penser à fond ?

Notre critique de Heidegger dirigée contre le primat de la transcendance appelle donc une critique symétrique de M. Henry dirigée contre certains traits de sa philosophie de la « vie » pensée comme immanence radicale. Non qu'il n'y ait entre notre travail et cette philosophie, par plus d'un aspect que nous n'avons jusqu'ici évoqué qu'allusivement, une proximité évidente : nous sommes obligé d'avouer notre dette à l'égard d'une pensée puisant dans son opposition à ce qu'il faudrait appeler – par allusion à un titre connu – le mythe de l'extériorité, une profondeur et une force peu communes. Mais si des références fréquentes à Eckhart expriment clairement son orientation *mystique*, l'exigence *éthique* n'y est-elle pas réduite à nouveau à un phénomène dérivé ? N'y est-elle pas privée de tout fondement et de toute signification véritables ? Or cette exigence constitue en vérité l'expérience commençante. Elle enracine dans la profondeur même de la subjectivité absolue l'appel du devoir. Nulle séparation entre l'élément dans lequel celle-ci s'éprouve elle-même et se tient auprès de soi dans l'éternelle passion qui la rive à son être, et le champ pratique ekstatiquement ouvert à son initiative. Il n'y a donc pas lieu de choisir entre immanence et transcendance. Bien plutôt faut-il penser ensemble ces deux modalités constitutives de l'essence de la manifestation.

1. Affectivité et temporalité

Notre critique visera au premier chef la décision qui amène M. Henry, au terme de sa discussion du « monisme ontologique », à *exclure le temps de l'essence du phénomène*. C'est cette exclusion qui menace l'unité de l'essence. Dans la mesure où elle coïncide avec la détermination de la phénoménalité comme immanence radicale, il importe de retracer d'abord dans ses grandes lignes la genèse d'une telle détermination.

1. *L'Essence de la manifestation*, deux volumes, Paris, P.U.F., 1963.

a) L'apparaître de l'apparaître

Par « monisme ontologique », l'auteur de *L'Essence de la manifestation* entend l'ensemble des « présuppositions [qui] commandent, depuis son origine en Grèce, le développement de la pensée philosophique occidentale » en tant qu'elles « indiquent l'unique direction de recherche et de rencontre où quelque chose peut se montrer et, par suite, être trouvé par nous » [1]. En vertu de telles présuppositions, la possibilité d'une monstration en général, l'essence du phénomène réside dans « l'ouverture de l'horizon transcendantal de l'être », dans l'acte par lequel l'être s'écarte de soi et se dispense comme le pur milieu de visibilité dans lequel apparaissent les choses mais où lui-même n'apparaît pas. A ce mode de phénoménalisation privilégié par la pensée occidentale à l'exclusion de tout autre, M. Henry donne le nom de « transcendance », témoignant par cet emprunt au lexique heideggerien de ce que le privilège qu'il dénonce atteint avec l'auteur de *Etre et temps* son point culminant. C'est dans un rapport polémique à la phénoménologie heideggerienne qu'est conçu dès lors le projet d'une phénoménologie de l'« immanence », autrement dit d'une « éludication radicale du concept de phénomène » guidée par l'idée d'« une révélation qui ne doit rien à l'œuvre de la transcendance » [2].

Cette dernière proposition trouvera maints échos dans le développement de la recherche sous l'égide du principe dit de l'« autonomie de l'essence ». « Ne pas être l'œuvre de la transcendance, écrit ainsi M. Henry, cela signifie [...] pour une manifestation surgir et s'accomplir *indépendamment* du mouvement par lequel l'essence s'élance et se projette en avant sous la forme d'un horizon, surgir, s'accomplir et se maintenir indépendamment du processus ontologique de l'objectivation, c'est-à-dire précisément *en l'absence de toute transcendance* » [3]. Un tel principe sanctionne l'antinomie des modes de phénoménalisation ainsi décrits. Il rend d'emblée problématique la thèse selon laquelle « la transcendance *repose* sur l'immanence ». Notons à cet égard l'équivalence proposée entre transcendance et temps. C'est elle qui donne la mesure de l'opposition à l'énoncé de base de l'onto-phénoménologie heideggerienne selon lequel être et temps se présupposent mutuellement – le temps seul donnant à l'être, dans ce cas, le pouvoir d'accéder à la manifestation ou, à défaut, de rendre manifeste tout ce qui, dans sa clairière, est susceptible d'apparaître : il s'agit de

1. *Op. cit.*, p. 91.
2. *Ibid.*, p. 51.
3. *Ibid.*, p. 279. Nous soulignons.

penser les conditions d'une révélation « qui ne doit rien au temps ni à la transcendance ». La légitimité d'une telle équivalence doit être appréciée relativement à ce qui motive, sur le plan théorique, l'entreprise entière de M. Henry.

La *première motivation* tient dans le constat que la question du sens de l'être telle que l'a posée la philosophie occidentale s'est révélée incapable d'intégrer de manière satisfaisante la question du sens de l'être *de l'ego*. Une ontologie phénoménologique ne peut prétendre à la radicalité et à l'universalité, en effet, si elle n'a pas les moyens de rendre compte, à partir de ce qu'elle tient pour l'essence du phénomène, de la possibilité du « sujet », du « je », du « moi », de la « conscience », de l'« esprit » pour lequel – sinon par lequel – quelque chose en général apparaît où est rendu manifeste. Un renversement paradoxal de l'ontologie heideggerienne s'ensuit au terme duquel la question du sens de l'être est subordonnée à la question du sens de l'être de l'*ego*, qui joue pour celle-là le rôle d'une « démonstration par l'absurde »[1]. Ce renversement ne touche pas seulement la méthode (comme c'est le cas chez Heidegger lorsque la considération de la finitude du *Dasein* fait apparaître l'« interprétation spéciale d'un étant déterminé » – à savoir celle du *Dasein* lui-même – comme la condition préalable de toute avancée en direction du sens de l'être pris en général) mais encore le contenu même de la doctrine. Répudier l'affirmation selon laquelle « l'être est le *transcendans* pur et simple »[2] pour la seule raison qu'elle ruine dans le principe l'être de l'*ego*, c'est faire implicitement de la question des conditions de possibilité de l'*ego* l'unique *criterium* de la validité des propositions ontologiques et lui donner une portée qu'elle n'avait pas dans la philosophie de la conscience, sans retrouver cependant les difficultés qui avaient suscité la critique heideggerienne de l'idéalisme transcendantal et son abandon au profit d'une analytique de l'être-au-monde propre à en exhiber les présupposés. « L'orientation de la problématique vers l'*ego cogito* ne peut signifier l'oubli de la question de l'être, si l'auto-explicitation transcendantale de cet *ego* est le mode même selon lequel la pensée poursuit la réalisation de son dessein ontologique »[3]. Et c'est à titre ultime, alors, que *l'ontologie est une égologie*.

La *seconde motivation* du projet mis en œuvre dans *L'Essence de la manifestation* se fait jour à ce point précis. Demander, en effet, comment quelque chose comme un « je », comme un « moi », comme

1. *Ibid.*, p. 58.
2. *Etre et temps*, p. 38 / 49 / 67.
3. *Op. cit.*, p. 34.

une « conscience » est possible, c'est demander non seulement : « comment l'*ego* peut-il devenir un phénomène ? » mais encore : comment peut-il l'être de telle sorte qu'un accès lui soit ménagé au même moment à l'essence du phénomène en tant qu'elle est l'objet propre de la phénoménologie ? Loin d'être étrangère au réquisit fichtéen de l'auto-réflexion, une phénoménologie de l'immanence n'aura de cesse, en effet, d'assortir à ce réquisit sa conception de la phénoménalité. Paraphrasant l'auteur de la *Doctrine de la science*, M. Henry peut écrire que « les problèmes ultimes de la phénoménologie se rapportent à la réflexion de la phénoménologie sur elle-même et sur son fondement »[1]. Ces problèmes reconduisent tous à un seul : « comment la condition de possibilité de toute manifestation peut-elle devenir elle-même quelque chose de manifeste ? »[2]. C'est lui qui introduit la proposition centrale selon laquelle *la manifestation de soi est l'essence de la manifestation*[3].

Ces deux motivations convergent vers une théorie de l'affectivité qui n'est elle-même qu'un long commentaire de cette dernière proposition. La rupture avec la conception heideggerienne du phénomène est consommée, en effet, lorsqu'il est avéré que « la manifestation originaire de la transcendance n'est pas l'œuvre de la transcendance elle-même »[4]. Car elle requiert alors un mode de révélation étranger à son mouvement ekstatique. L'impuissance de la transcendance à assurer sa propre manifestation est la preuve *a contrario* de l'existence d'un mode de manifestation dont l'essence consiste, au contraire, dans la manifestation de soi. Or c'est peu dire que l'auto-manifestation de l'essence de la manifestation ne soit possible que dans l'immédiateté de la vie affective : *elle est l'affectivité elle-même comprise comme auto-affection* : « l'auto-affection désigne la rétro-référence à elle-même de l'essence de la manifestation, c'est-à-dire cette essence elle-même saisie dans ce qui constitue la possibilité ontologique de sa propre manifestation »[5].

La réciprocité est parfaite ainsi entre l'affectivité et la phénoménalité. Il faut affirmer simultanément que « l'essence ne se manifeste à elle-même [...] que parce qu'elle est capable de s'affecter elle-

1. *Ibid.*, p. 69.
2. *Ibid.*, p. 50.
3. *Ibid.*, p. 73. Par où il faut entendre : a) tout ce qui apparaît, d'abord *s*'apparaît ; b) ce qui d'abord s'apparaît, c'est l'*essence* de toute apparition – soit l'apparaître comme tel.
4. *Ibid.*, p. 259.
5. *Ibid.*, p. 290.

même » [1] et que « l'auto-affection détermine l'essence de la manifestation comme ce qui la rend possible » [2]. Le s'apparaître de l'apparaître ne se produit pas dans l'élément de la représentation ou bien, comme le veut la conception dialectique du phénomène, au terme d'une histoire dont il recueillerait médiatement en lui-même toutes les figures, mais dans l'immédiateté d'un sentir dont il s'agit dès lors de reconnaître (contre la réduction empiriste et psychologiste dont il est traditionnellement l'objet) le pouvoir ontologique propre. La proposition selon laquelle la manifestation de soi est l'essence de la manifestation ne perd son apparence par trop formelle, elle ne lève les apories de l'autoréflexion que lorsqu'elle est reformulée dans les termes d'une affectivité comprise, non comme réceptivité de l'*étant*, mais comme « passivité originaire de l'*être* à l'égard de soi » [3]. *L'effectivité est affectivité*. L'auto-réflexion de la phénoménologie s'achève avec la détermination de l'essence du phénomène comme auto-affection.

b) Deux concepts d'auto-affection

Il en irait ainsi, du moins, si la distinction fondamentale, si le « dédoublement » qui donne lieu à une telle détermination n'était l'occasion d'une critique de la thèse de l'apriorité du temps qui, parce qu'elle tient pour acquise l'identité du temps et de la transcendance, est obligée de conclure à l'atemporalité de l'essence. Car cette critique *rend impraticable le chemin inverse* : *celui qui mène de l'auto-affection confondue avec cette essence elle-même à la réflexion phénoménologique*.

C'est en relation à la problématique kantienne du schématisme telle que la comprend Heidegger qu'est introduite l'idée d'une affection irréductible, non seulement à une simple affection par l'étant, mais encore à l'auto-affection de l'horizon de perceptibilité de l'étant tel que l'institue, chez Kant, l'imagination transcendantale. La ligne de partage n'est plus alors entre une conception psychologique et une conception ontologique mais entre deux conceptions ontologiques de la réceptivité. Délivrée de l'ancienne théorie des « facultés » et reconduite à sa présupposition véritable, la doctrine du schématisme fait apparaître en effet, aux lieu et place de l'imagination, le pouvoir formateur et la structure d'horizon du temps. Mais l'énigme de la médiation assurée selon Kant par l'imagination, qui tenait à l'« unité originelle et non

1. *Ibid.*
2. *Ibid.*, p. 291.
3. *Ibid.*, p. 367.

composée »[1] formée en elle par la réceptivité et la spontanéité, est alors simplement transférée à ce dernier. Et le problème demeure entier, lorsqu'au temps est dévolue la puissance apriorique attribuée auparavant à une fonction spéciale de l'esprit, de comprendre comment cette puissance peut être *réceptive* à l'égard de cela même qu'elle *forme*. Car seule, alors, la *sensibilisation du temps* peut faire de celui-ci autre chose que la condition simplement formelle de l'objectivation et réaliser le programme que s'était fixé Kant en élaborant la théorie du schématisme. Le temps ne remplit son office, il n'ouvre effectivement l'horizon de perceptibilité de l'étant et ne prépare le terrain à l'entendement, que pour s'affecter originairement lui-même. C'est donc de manière cohérente que M. Henry affirme que « le temps est compris par Heidegger, à la suite de Kant, comme auto-affection »[2].

Son intention, à ce point, est double : elle est, d'une part, de mettre en évidence la portée proprement ontologique de la problématique de la réceptivité et pour cela d'en repérer l'occurrence au point précis où se joue – comme c'est le cas avec le schématisme – le destin de la phénoménalité ; elle est, d'autre part, d'opposer cette problématique aux doctrines qui, telles l'analytique kantienne ou l'ontologie heideggerienne, lui ménagent une place en leur sein sans toutefois trouver en elles-mêmes les moyens d'en développer et d'en assumer positivement toutes les implications. C'est ainsi que l'auto-affection du temps manifeste authentiquement, d'un côté, la « structure ultime » de la phénoménalité, mais qu'elle enveloppe, d'un autre côté – et précisément comme auto-affection *du temps* – une « ambiguité fondamentale »[3]. C'est cette ambiguïté que devra lever – au profit d'une conception résolument atemporale de cette notion – le « dédoublement » de la réceptivité mis en œuvre au même moment.

Si la détermination ontologique du temps comme auto-affection est aporétique – et avec elle, réciproquement, la détermination temporale du concept d'auto-affection – , c'est parce que le temps considéré *en tant que tel* conserve, quoi qu'il en soit, sa structure d'horizon, parce

1. Heidegger, *Kant et le problème de la métaphysique*, tr. fr. par A. de Waelhens et W. Biemel, Paris, Gallimard, 1953, p. 210 : « L'imagination est aussi et surtout une faculté d'intuition ; elle est donc réceptivité. Elle n'est pas réceptive en outre et en dehors de sa spontanéité mais [comme] l'unité originelle et non composée de la réceptivité et de la spontanéité ».

2. Nous ne discutons pas pour le moment la question de savoir si cette détermination – d'ailleurs absente de *Etre et temps* –, est compatible avec les énoncés les plus constants de Heidegger relatifs au temps originaire.

3. *Op. cit.*, p. 288.

qu'« il est essentiellement horizon » [1]. Lors même que l'auto-affection serait désignée formellement comme la possibilité dernière de l'expérience, la question demeurerait par conséquent de savoir « comment le temps peut [...] assurer la réception de l'horizon de la transcendance », comment sa propre structure, autrement dit, « le rend finalement possible comme affection de soi » [2]. Or à cette question, il n'est pas difficile d'apercevoir qu'aucune réponse ne peut être apportée dans le cadre conceptuel ainsi tracé. L'affirmation selon laquelle « la manifestation originaire de la transcendance n'est pas l'œuvre de la transcendance elle-même » signifie que l'auto-affection du temps telle que la met en évidence la doctrine du schématisme *n'est pas elle-même un événement temporel.* Elle dépend d'un mode de phénoménalisation en lui-même étranger au temps. Comment d'ailleurs en irait-il autrement, aussi longtemps que celui-ci est réduit à la définition qu'en donne Heidegger dans *Etre et temps* au titre de la temporalité dite, justement, « ekstatique-horizontale » ? C'est dans cette perspective qu'il faut opposer, à la « réceptivité qui reçoit l'horizon », une réceptivité « dont le propre est de se recevoir elle-même » indépendamment de « l'acte qui forme l'horizon » [3], et dire que « la première est une réceptivité dans la représentation, la seconde, une réceptivité dans l'immanence ». Mais cette dissociation de l'essence en deux régimes de manifestation autonomes ne s'impose en vérité que parce que M. Henry reprend à son compte la réduction du temps originaire à la temporalité ekstatique. Elle seule prive de tout contenu effectif, même lorsqu'il est formellement appliqué au temps comme une partie de sa définition, le concept d'auto-affection. Bien plutôt faut-il contester cette réduction elle-même et *former un nouveau concept du temps.*

c) Vivre à en mourir

Cette exigence est accordée à ce que nous avons appelé plus haut les réquisits de l'auto-réflexion. Dans l'hypothèse, en effet, où vaudrait le principe de l'« autonomie de l'essence » dont le dédoublement du concept de réceptivité est à la fois la traduction et la justification méthodiques, aucun chemin praticable ne serait ouvert, à partir de la sphère d'« immanence », en direction du milieu dans lequel se déploie la philosophie elle-même, et celle-ci cesserait au même moment d'être liée par une relation d'essence à son objet. Seul le temps peut fonder

1. *Ibid.*, p. 299.
2. *Ibid.*, p. 236-237.
3. *Ibid.*, p. 299.

l'unité de l'essence. Seul il assure la continuité du passage qui, du phénomène, conduit à la phénoménologie.

Il faut, pour s'en convaincre, préciser le sens que reçoit chez M. Henry le concept même d'« immanence ».

La première détermination est négative : « *ce qui ne se dépasse pas*, ce qui ne s'élance pas hors de soi mais demeure en soi-même sans se quitter ni sortir de soi est, dans son essence, immanence »[1]. Dans la subjectivité absolue, « rien ne s'écarte [ou] ne va vers le dehors »[2]. L'essence « ne se divise pas, elle ne se sépare pas de soi ; aucune distance ne s'institue entre elle et elle ». Le concept même d'« intuition » grâce auquel la pensée philosophique traditionnelle avait cru pouvoir décrire la saisie immédiate de la réalité se révèle, de ce point de vue, insuffisant : alors qu'« il n'y a pas, dans l'essence, d'opposition », ce concept « implique l'opposition, dans l'intuition elle-même, de l'intuitionnant et de l'intuitionné »[3].

La seconde détermination est positive. Sa fonction explicite est de concilier la proposition selon laquelle « dans l'essence, il n'y a rien de transcendant », et l'affirmation que l'immanence est la « structure ontologique fondamentale de toute manifestation possible » – la transcendance elle-même devant dans ce cas lui être subordonnée. C'est un fait que l'expérience présente en général une *cohérence* à laquelle renvoie par exemple le thème kantien de l'« affinité des phénomènes » et que nous attribuons plus communément « au » monde et à « la » vie. Or cette cohérence a sa source dans « la cohérence de la structure interne de l'essence de la manifestation »[4], que vérifient même les formes et les domaines d'expérience qui présupposent l'action de la transcendance. Cette action elle-même, en effet, persiste et cohère avec soi ; elle se préserve indéfiniment comme une action une et identique. « [Cette] unité originairement cohérente du mouvement de la transcendance, remarque alors M. Henry, réside dans le *maintien auprès de soi* de ce mouvement dans son accomplissement »[5]. Elle dépend donc d'une puissance ou d'une force qui, bien qu'elle fonde sa propre possibilité, lui demeure essentiellement étrangère. Telle est précisément la puissance, la force de cette « réceptivité dans l'immanence » à laquelle correspond le seul usage phénoménologiquement valide, selon lui, du concept d'auto-affection.

1. *Ibid.*, p. 279.
2. *Ibid.*, p. 352.
3. *Ibid.*
4. *Ibid.*, p. 332.
5. *Ibid.*, p. 333.

La décision d'exclure le temps de l'essence du phénomène est solidaire de cette double détermination (négative et positive) des notions d'immanence et de réceptivité dans l'immanence. Et la conclusion que nous avions nous-même tirée de notre lecture de Heidegger paraît bien s'imposer, dans ces conditions, selon laquelle « l'interprétation ontologique existentiale de l'affectivité comme temporalité fait s'évanouir ce qui constitue proprement le caractère affectif de ce qui est affectif et le manque par principe, manque par principe l'essence de l'affectivité comme telle »[1].

Mais *le choc en retour de cette exclusion sur la conception de l'affectivité* tient dans un glissement de sens dès lors inévitable : le *maintien auprès de soi* censé fonder la cohérence interne et ainsi, d'une certaine façon, la possibilité de la transcendance, devient presque sans transition un *reposer en soi-même* dont l'indivision, l'indifférence et la paix intérieure nous feront douter à ce point que le nom de « vie » choisi pour en qualifier l'« immanence radicale » soit autre chose qu'un habit d'Arlequin posé sur une réalité présentant, au contraire, tous les traits de la *mort*. « Il n'existe dans l'essence, lit-on en effet, ni intérêt ni quoi que ce soit de semblable et, moins que tout autre chose, un intérêt à l'égard de soi. Il n'existe en elle aucune 'réalité' avec laquelle elle pourrait vouloir se confondre, parce qu'il n'y a rien en elle d'opposé. C'est pourquoi encore l'essence ne veut rien, ne se propose rien. Elle est sans projet ni désir. Parce qu'elle ne veut rien, parce qu'elle n'a ni projet ni désir, parce qu'il n'y a rien en elle dont elle soit séparée, tout en elle est aussi repos, elle est, dans son absence de trouble, sans rien qui la divise, le calme de son absolue simplicité [...]. Dans sa parfaite immobilité [...], l'essence est elle-même, comme telle, le repos »[2].

Comment pourtant, de cette parfaite suffisance, de cette parfaite jouissance, de ce repos absolu de l'essence, quelque chose pourrait-il sortir qui justifiât le rôle de « fondement » qu'entend lui faire jouer l'analyse à l'égard non seulement de ce que nous disons communément relever de la « vie intérieure » – à laquelle M. Henry s'efforce de « redonner un sens » – mais encore de l'ensemble des phénomènes qui ne sont possibles que « dans le milieu de l'extériorité » ? Cette

1. *Ibid.*, p. 745.

2. Reportée sur l'analyse heideggerienne et sartrienne de l'« être-en-situation », de la facticité du *Da* qu'est toujours le *Da-sein*, l'opposition du mouvement et du repos permettra d'affirmer, de même, que celui-là ne doit rien à l'« éclatement ekstatique de la temporalité », que sa structure ontologique est définie au contraire « par [une] indépendance radicale à l'égard de tout ce que l'existence peut faire ou être » (*op. cit.*, p. 459).

opposition, entre le mouvement et le repos, n'est-elle pas elle-même trompeuse ? Suffit-elle à tracer la ligne de partage entre ce qui est temporel et ce qui ne le serait pas ? Une conception adéquate de la temporalité n'oblige-t-elle pas plutôt à dépasser cette opposition et avec elle l'opposition du temps et de l'éternité ? Sans doute M. Henry a-t-il raison de remarquer, après Kierkegaard, que le désespoir ne serait pas possible « sans éternité en nous-mêmes » : il ne pourrait pas être sans cela – au sens que le père de l'existentialisme donne à cette expression – la « maladie mortelle ». Mais l'éternité ne serait rien de réel, si elle n'était pas un mode essentiel du temps lui-même. Le désespoir, certes, révèle la précarité du lien qui unit l'être et le possible. Mais cette précarité exprime précisément notre condition temporelle. Ne désespérons-nous pas d'abord des occasions manquées et des possibilités enfuies ? Et n'éprouvons-nous pas ainsi une inversion du mouvement de la transcendance qui abolit moins la temporalité qu'elle n'en promeut la vivante immobilité ? L'« auto-affection » resterait un concept aporétique, elle rendrait une fois pour toutes inintelligible l'articulation interne de l'essence, si, loin de lui être étrangère, elle ne coïncidait au contraire avec l'événement même de la temporalisation.

Sans doute, seul ce qui est affectivement réel est effectivement réel. Mais l'affectivité ne serait pas l'épreuve que la *vie* fait d'elle-même, elle ne serait pas la phénoménalité s'accomplissant sous la forme d'une *expérience*, son « calme », son « absence de trouble » la feraient passer dans son contraire, si le temps n'en dénonçait la clôture autistique et ne lui donnait originairement la forme de la relation. L'auto-affection est proprement l'auto-réflexion du temps dans l'instant qui, sans l'annuler comme tel, en *suspend* le développement ekstatique et en *matérialise* la forme pure.

d) L'unité de l'essence

Immanence et transcendance ne désignent pas deux modes de manifestation indépendants mais deux points de vue différents sur l'essence du phénomène. Il n'y a pas, entre elles, une distinction réelle mais une distinction modale. Mais si le temps peut seul fonder leur unité, encore faut-il en proposer un concept accordé également à l'une et à l'autre. Telle est précisément l'opportunité offerte par l'idée d'une *épochè* originaire.

Epochè : ce terme ne dit proprement ni le mouvement ni le repos. Mouvement arrêté ou vivante immobilité, il consacre plutôt leur unité paradoxale. Ce paradoxe s'est montré d'abord comme le paradoxe même de la réflexion. Mais nous avons pu, en reconduisant la réflexion à sa possibilité ultime, en surprendre l'étrange fécondité au cœur du temps originaire. Le temps, certes, a essentiellement un caractère d'ouverture. Mais l'*époché* du temps appartient constitutivement à cette ouverture même ; elle en redouble l'élan indifférent et y inscrit le stigmate de sa propre scission interne : ouverture hypostasiée, lourde des possibilités libérées à partir d'elle-même et comme intérieurement affectée par une secrète brisure ; élan trahi par son propre dynamisme et s'effondrant sur soi-même ; négation béant sur son propre néant et maintenue auprès de soi comme l'écho sans cesse gonflé du déchirement initié par son fait ; différence et répétition enfin, confondues dans l'actualité d'un événement unique. La différ*a*nce est alors, nous l'avons vu, la structure commune aux trois modalités (retard, suspens, délai) par lesquelles l'*époché* tient au temps et au gré desquelles elle détermine ses trois dimensions fondamentales (passé, présent, avenir).

Cette structure elle-même, toutefois, garderait un caractère purement formel, si l'*instant* n'avait le pouvoir de la rendre effective. C'est l'instant qui met le temps en relation avec sa propre puissance apriorique et en fait un processus réel. Sans doute, « l'affectivité n'est pas la condition abstraite de l'[expérience] » : elle est l'« *événement* ontologique »[1] qui fait de l'expérience à chaque fois *une* expérience. Mais l'instant détermine le temps et suspend son déroulement anonyme. Là où régnait, dans la distance creusée à l'égard de soi par sa propre fuite en avant, un temps sans événements, *il fait advenir le temps lui-même*. Il réconcilie donc affectivité et temporalité et rend l'affirmation d'un *a priori* temporel compatible avec la détermination de l'essence du phénomène comme immanence radicale. Il est – pour reprendre les termes dans lesquels M. Henry exprime le « dédoublement » du concept de réceptivité – la manière même dont la réceptivité se reçoit elle-même.

Nous n'avons pas parlé par hasard du *temps* du souffrir. Non que la souffrance ne tienne aussi à l'instant et à l'éternité : il n'est meilleure manière de nier la réalité du mal que d'ignorer celle de l'instant ou de réduire son occurrence singulière à la succession où elle prend place pour un regard extérieur. Mais ce sont justement ces distinctions que rend caduques une phénoménologie guidée par l'expérience du souffrir. Qu'elles gardent un semblant de pertinence dans l'œuvre de M. Henry et y déterminent une opposition massive entre la « transcendance » et l'« immanence » qui, loin d'éclaircir l'essence de la manifestation, en ruine plutôt l'unité interne, c'est ce qui montre : a) que la

1. *Op. cit.*, p. 620.

distance prise par l'auteur de *L'Essence de la manifestation* par rapport à la pensée de Heidegger, parce qu'elle procède par simple renversement des contraires, dissimule la dépendance profonde et persistante qui l'attache à cette dernière ; b) qu'aucune voie ne reste ouverte, à considérer l'opposition marquée de ces deux modes de phénoménalisation, qui permettrait au philosophe réfléchissant de déduire de l'essence du phénomène l'exigence même qui détermine son propre travail de compréhension et d'explicitation ; c) que le nom de « souffrance » servant à qualifier, dans telle page de cet ouvrage, l'essence de l'affectivité, y fonctionne pour partie de façon métaphorique.

2. La souffrance comme essence de l'affectivité

Atemporelle et indivise, pur reposer en soi-même, l'essence « ne v[oudrait] rien, ne se proposer[ait] rien ». Lors même que sa vérité intrinsèque se laisserait penser en terme de « dévoilement », ce dévoilement ne devrait rien à la lumière du monde. Bien plus, sa parfaite suffisance et son immédiation sans reste lui assureraient la *jouissance* dont on dit qu'elle caractérise la vie des dieux [1] : rien en elle ne requiert, ne commande ou n'exige ; rien ne suscite la parole ou n'en appelle à l'action. Voilà l'éthique et le politique privés du sol ontologique qui eût pu en justifier l'existence aux yeux désabusés du sceptique ou du cynique et renvoyés au monde de l'« irréalité », à l'illusion. Ne faut-il pas pourtant faire droit dans ces deux ordres à l'énergie dépensée par les hommes et lui donner le sens non d'un oubli ou d'une déchéance mais d'un apport et d'un accomplissement ? Ne faut-il pas tirer de l'auto-révélation de l'essence la nécessité d'un tel accomplissement ? Ne faut-il pas enfin accorder à cette nécessité la structure de la révélation ?

Ces questions sont appelées par les deux paragraphes qui donnent son véritable sens à la théorie de l'affectivité développée dans *L'Essence de la manifestation* : les paragraphes 53 et 70. Le premier reprend la question de « l'affectivité comme passivité ontologique originaire » et assigne « l'effectivité de son essence dans le 'souffrir' » [2]. Le second présente la souffrance comme « tonalité onto-

1. Ou bien qu'elle est l'autre nom de cette « pulsion de mort » dont la tendance à la répétition atteste la réalité en l'homme, et que Freud comprend précisément comme l'exigence d'un retour à l'indivision d'un ordre purement vital, préservé encore de l'*altérité* qui structure originairement l'existence du sujet et dont celui-ci veut croire qu'il peut conjurer la loi.

2. *Op. cit.*, p. 585.

logique fondamentale » et pose, d'une manière plus générale, que « l'être, l'affectivité, par essence, est souffrance » [1], la possibilité de la souffrance devant alors « être saisie dans l'être comme la possibilité de l'être lui-même ». Cette ultime détermination de l'essence du phénomène s'accompagne en effet de deux précisions qui en trahissent la veine initiale et y introduisent la contradiction.

La première concerne la « non-motivation de l'affectivité »[2]. Par cette remarque, il est vrai, M. Henry entend d'abord se démarquer d'une conception réaliste et causaliste de l'affectivité qui verrait dans le sentiment conçu comme un état particulier le produit de ce qui nous affecte [3]. Mais il admet ainsi l'équivalence de tonalités affectives que l'analyse psychologique distingue rigoureusement, et tient pour inessentielle la *polarité* qui nous paraît, à l'inverse, constituer la structure fondamentale de la vie affective.

Telle est en effet la seconde précision apportée à la thèse initiale : ce qui se réalise dans la passivité du souffrir, c'est « la joie du rassemblement, la jouissance de soi de l'être » [4]. Distincts pour le psychologue comme « états » ou affections déterminé(e)s, jouissance et souffrance se confondraient pour le phénoménologue comme deux aspects d'une seule et même tonalité ontologique, d'une seule et unique apparition à soi-même de l'« absolu » : « souffrance et joie ensemble et *indistinctement* composent et désignent ce qui se phénoménalise originairement dans l'être et le constitue, l'effectivité de la Parousie » [5]. Le *hiatus* ainsi consommé entre la phénoménologie et la psychologie est alors l'occasion d'un rapprochement brutal entre la phénoménologie et la théologie. Ce rapprochement explique après-coup la multiplication des moyens mis en œuvre pour nier la temporalité du phénomène. A la question de savoir ce qui fonde les thèses conjointes de l'atemporalité, de l'immotivation et de l'indistinction de l'essence, la réponse est apportée sous la forme d'une autre question : « quel choix arbitraire décidera si Dieu est triste ou joyeux ? » [6].

A ce moment, cependant, tout bascule. Et la « philosophie de la Nuit » destinée à renouveler, contre la morbide indéterminité de la philosophie de la Lumière, la problématique de l'*ego cogito,* s'offre à son tour à l'objection qu'elle adressait à celle-ci. Que reste-t-il, en

1. *Ibid.*, p. 837.
2. *Ibid.*, p. 829.
3. Contre cette conception, il faut affirmer que c'est, à l'inverse, l'affectivité qui fonde la possibilité de toute affection de ou par l'étant.
4. *Op. cit.*, p. 831.
5. *Ibid.*, p. 832. Nous soulignons.
6. *Ibid.*

effet, de l'affirmation selon laquelle « plus originaire que la vérité de l'être est la vérité de l'homme », que reste-t-il de l'idée que le fondement de l'expérience est lui-même une expérience [1], que reste-t-il de la souffrance identifiée transcendantalement à une telle expérience, si, loin de se régler sur celle-ci, cette philosophie veut ignorer la *contradiction* dont elle est le lieu ? La vie pour laquelle serait possible « la venue de la jouissance à partir de la souffrance », la vie pour laquelle « se produi[rait] entre la souffrance et la joie une oscillation telle que non seulement la souffrance passe sans cesse dans la joie et se change en elle mais que, pour cette raison, l'excès de l'une [soit] la surabondance de l'autre » [2] – cette vie, quoique dise Nietzsche dont M. Henry est sur ce point si proche [3], n'est pas notre vie ; elle n'est pas une vie humainement possible. *La souffrance proteste contre sa propre existence* ; elle est l'impossibilité même du consentement. Loin d'en éprouver elle-même l'infinie douceur, elle sait la joie comme son *autre*. Telle est la vérité de l'expérience. Telle est la vérité de la chose même.

« Le devenir de la souffrance, sa transformation intérieure en ce qu'elle est, en la joie de l'absolu », c'est là ce qu'exprimerait, d'après M. Henry, « toute parole essentielle concernant l'être de la souffrance ». « Si ma souffrance est en Dieu, dit de même Eckhart, ma souffrance devient elle-même Dieu. Comment [...] la souffrance pourrait-elle encore être une peine, si la souffrance perd sa peine ? » [4]. – « Si ma souffrance est en Dieu »... : cette condition est peut-être impliquée *problématiquement* dans l'expérience que fait la conscience souffrante ; mais en aucun cas elle ne s'y trouve réalisée sous la forme d'une « dialectique immanente » [5] qui en constituerait le contenu

1. *Ibid.*, par exemple p. 50-1 : Si « la question de la réalité du fondement est [...] liée à celle de la possibilité pour l'être de devenir un phénomène », « ne devons-nous pas reconnaître [...] les droits d'une pensée qui [...] repose sur une expérience effective », et cela de telle sorte que ce qui se donne dans cette expérience ne brille pas « sur le fond d'une relation obscure », demande M. Henry en explicitant l'un de ses principaux chefs d'opposition à Heidegger ?

2. *Généalogie de la psychanalyse*, Paris, P.U.F., 1985, p. 292.

3. *Ibid.*, p. 293 : « C'est de cette façon que, selon [...] Nietzsche, la volupté naît de la douleur ». Cf. *idem L'Essence de la manifestation* : « l'essence de la vie, comme l'avait reconnu Nietzsche [...], est une puissance originelle d'oscillation entre la souffrance et la joie » (*op. cit.*, p. 839).

4. Cité par M. Henry, *L'Essence de la manifestation*, p. 843.

5. *Ibid.*, p. 843 : « Avec le devenir de la souffrance et sa transformation intérieure dans la joie se révèle à nous un concept nouveau et, à vrai dire, essentiel de la dialectique, celui d'une dialectique immanente, d'un mouvement s'accomplissant

effectif et y consacrerait la transformation mutuelle, le « passage les unes dans les autres » des déterminations qualitatives ressortissant, respectivement, au souffrir et au jouir. Et force est de dire, lorsqu'est évoquée, à propos de Scheler [1], « l'inversion radicale de l'attitude à l'égard de la souffrance, l'*acceptation* de celle-ci, sa transformation 'd'ennemie mortelle qu'elle était en l'amie bienvenue de l'âme' », puis « la béatitude vécue [par le martyr] dans la possession d'un Dieu clément » [2], que le discours sur la chose est confondu avec la chose elle-même. Etait-il besoin de tourner le dos à Hegel et à sa propre conception de la dialectique pour conclure, à l'adresse des psychologues ou des moralistes qui tiendraient la polarité de la souffrance et de la joie pour la structure irréductible de l'affectivité humaine, qu'avec eux « la dialectique immanente de la vie s'est perdue pour laisser place aux oppositions extérieures et arbitraires » ? *La phénoménologie de l'immanence s'achève en théodicée.*

L'« expérience interne transcendantale » qui était censée livrer, en la donnant à soi, l'essence de la manifestation, cesse ainsi d'être adéquate à son concept. Non seulement elle n'est pas *une* expérience, mais elle n'est tout simplement plus une *expérience*. Quand la critique de la conception formaliste de l'*a priori* culminait dans l'idée d'une *expérience apriorique* vérifiant l'identité, en elle-même, de la forme et du contenu [3], la réflexion applique à présent du dehors au contenu de la souffrance une forme que celle-ci ignore et qui en contredit l'évidence interne. Certes, une fois niée la réalité du temps, aucune voie ne restait ouverte à la protestation impliquée dans une telle évidence. Il n'était plus possible d'assumer phénoménologiquement la différence entre ce qui est et ce qui doit – ou ne doit pas – être. Mais c'est alors à la fois contre ses propres propositions de base et contre la vérité de la chose même qu'une philosophie de l'immanence pourra prétendre que « loin de s'exclure, la souffrance et la joie sont liées au contraire par une relation positive [et] vont ensemble de telle manière que l'on ne [puisse] vouloir l'une sans l'autre » [4]. Le véritable choc en retour sur la théorie de l'affectivité de la décision d'exclure le temps de l'essence du phénomène ne se trouve pas ailleurs que dans ce prétendu « dépassement » de l'opposition qui structure le vivre humain et en fonde l'éthicité. Il

dans l'immanence et qui est le mouvement de nos tonalités, le passage des déterminations qualitatives les unes dans les autres ».

1. *Le Sens de la souffrance*, tr. fr. par P. Klossowski, Paris, Aubier, p. 65.

2. *L'essence de la manifestation*, p. 845. Nous soulignons.

3. Identité telle que l'auto-affection de la forme de l'expérience constitue alors son seul contenu.

4. *Op. cit.*, p. 845.

réside dans cette équivalence, dans cette indistinction dont nous avons suggéré en commençant qu'elle était la manière même dont la Technique prête sa forme au monde et y prononce l'éclipse de la Personne.

L'indifférence affective qui constitue en son propre fond, selon M. Henry, l'essence du phénomène, ne ruine pas seulement la distinction introduite par le concept d'auto-affection entre la souffrance et l'angoisse ; elle ne réactive pas seulement – en contradiction avec une conception du phénomène qui devait pourtant l'en préserver – la séparation des plans ontique et ontologique [1] : elle dément encore l'affirmation selon laquelle « à l'essence de l'affectivité, il appartient qu'elle se phénoménalise sous la forme d'un sentiment particulier », qu'elle ait toujours un « contenu déterminé » [2]. Il faut, sans doute, lever l'objection selon laquelle la détermination de l'affectivité comme souffrance ne peut prétendre à la radicalité et à l'universalité phénoménologiques et éviter de « substituer à l'ontologie [...] des considérations axiologiques étrangères [...] à son dessein » [3]. Mais comment ignorer le fait que toutes nos affections se distribuent en deux classes distinctes et n'existent concrètement que sous la forme de modalités opposées ?

A cette « indistinction » et à cette « oscillation » indéfinie des contraires, une phénoménologie plus attentive à la protestation suscitée par la souffrance substituera l'*alternative* originairement ouverte par celle-ci. La loi du temps est précisément la loi d'incompossibilité, la loi d'exclusion mutuelle entre souffrance et jouissance. Non seulement parce que ces deux modalités de l'expérience ne sauraient subsister ensemble ou se produire autrement que de manière successive (alternance) mais encore parce que le temps du souffrir tient en suspens la possibilité même d'être et s'accomplit comme attente de l'Autre (alternative). *L'alternative appartient à l'essence de la manifestation et constitue la manière dont cette essence elle-même devient manifeste.*

Mais cette proposition engage implicitement une *détermination radicale de l'idée de raison* dont il nous faut à présent esquisser les contours.

1. Séparation dont Heidegger tire quant à lui la conséquence en engageant l'analyse dans le cercle herméneutique.
2. *Op. cit.*, p. 825.
3. *Ibid.*, p. 830.

3. Souffrance et raison

« L'idée occidentale du héros, remarque M. Scheler, comporte l'élimination de la souffrance par l'action »[1]. Or si les moyens diffèrent, c'est une même volonté d'« exterminer dans le monde jusqu'au moindre atome de souffrance » et « la croyance fanatique d'atteindre pratiquement ce but » qui « relie à Bouddha les manifestations de l'héroïsme occidental »[2]. A cette volonté, à cette croyance transculturelles, seule échapperait la conception chrétienne de la souffrance comme « endurance bienheureuse » et renoncement au monde : « pour le chrétien, le monde extérieur est obscur et sombre, mais le noyau de ce monde, plongé dans la nuit des douleurs, n'est tout entier que sérénité et enchantement »[3]. Or ce renoncement est identiquement, pour l'auteur du *Formalisme en éthique*, renoncement à la raison : « le chrétien a renoncé à fuir hédoniquement la douleur avec le secours de sa propre raison et d'un vouloir égocentrique »[4]. Dans ce double renoncement consisterait donc la vérité de la souffrance, son « sens » le plus propre.

Quelle est cependant la portée de l'antinomie, ainsi consommée, du sentiment et de la raison ? Jusqu'à quel point l'issue subjective que la « grâce » ménage à la souffrance est-elle étrangère aux conditions objectives qui structurent notre rapport au monde et y organisent notre séjour ? Un texte de M. Henry où l'influence de Scheler se fait nettement sentir répond indirectement à cette question. Le désespoir, écrit-il, « se manifeste [...] comme foncièrement indifférent aux circonstances qui l'entourent ou qui l'ont vu naître, en sorte qu'il ne saurait être modifié par elles, qu'on ne saurait agir sur lui, le provoquer ou le supprimer, en agissant sur elles, en cherchant par exemple à infléchir leur cours dans un sens favorable aux aspirations du sujet. Pas davantage celui-ci n'est-il capable d'agir lui-même sur son propre sentiment, lequel apparaît ainsi, en fin de compte, dans son indépendance absolue à l'égard de toute condition étrangère à sa nature propre, comme ne pouvant être donné que là où cesse le jeu des corrélations transcendantes et leur pouvoir ». Les mêmes remarques valent pour la béatitude : « pas plus que le désespoir, [celle-ci] ne saurait être produite. L'ensemble des techniques par lesquelles les hommes transforment le monde et l'aménagent à leur convenance peut beaucoup –

1. *Le Sens de la souffrance*, *op. cit.*, p. 41.
2. *Ibid.*, p. 40.
3. *Ibid.*, p. 70.
4. *Ibid.*

absolument rien, on le sait toutefois, en ce qui concerne la béatitude, de telle manière que la tentative de provoquer néanmoins celle-ci n'aboutit qu'à la multiplication des moyens utilisés à cette fin, à l'invention incessante de nouvelles techniques du bonheur dont la prolifération insensée dans le monde moderne manifeste seulement leur totale impuissance quant au résultat visé »[1]. Non que la souffrance, le désespoir ou la béatitude ne dépendent en quelque façon de l'état du monde et n'apparaissent toujours relativement à un ensemble de circonstances accessibles à la connaissance ou à l'action. Mais il y a pour ainsi dire, entre ces circonstances et le devenir propre des tonalités affectives, le même rapport qu'imagine Malebranche entre les « occasions » dont a besoin, pour s'exercer, la puissance divine, et sa causalité vraie. L'autonomie de la vie affective se marque avant tout dans cette impuissance des moyens rationnels que nous mettons en œuvre pour transformer le monde à orienter ou à modifier aussi son propre développement.

Mais dans l'hypothèse même où cette proposition ne souffrirait aucune discussion, elle marquerait tout au plus l'antinomie de l'affectivité et de la raison *instrumentale*[2]. Elle n'accréditerait donc qu'au point de vue particulier de cette dernière l'opposition du « monde extérieur » et de la « vie intérieure ».

Car c'est précisément contre une forme de rationalité dont elle sanctionne la cécité sur l'essentiel et les prétentions illusoires que la souffrance promeut, du fond même de la nuit dans laquelle elle plonge toutes choses, *une idée de la raison indiscernable encore de sa propre protestation* et par essence étrangère au calcul et aux opérations qui consacrent son efficience dans des régions toujours plus vastes de notre expérience.

Cette raison n'est donc pas celle qui explique et transforme le monde (quoiqu'elle détermine *a priori* la forme du rapport qui nous unit à celui-ci et lui subordonne les fonctions logique et technique susceptibles d'en objectiver la signification) : elle est la raison qui commande inconditionnellement et, comme appelée par elle-même au lieu du plus profond silence, *demande justice*.

Comment un commencement de fait, demandions-nous plus haut, peut-il être aussi principe de raison ? Comment le fondement de l'expérience peut-il être lui-même donné à l'expérience et fournir ainsi la

1. *Op. cit.*, p. 615-16.
2. Ce n'est pas moins vrai pour Scheler, dont la critique vise explicitement l'« action technique » et, d'une manière générale, « les modes de penser et de vivre du monde technico-capitaliste » (*op. cit.*, p. 41).

règle de notre réflexion sur celle-ci ? La solution de ce problème est pour partie contenue dans l'idée d'un *a priori matériel*. Encore faut-il alors que celui-ci *secrète sa propre normativité*. La protestation impliquée dans la souffrance n'est ni réductible à un contenu d'expérience particulier à l'égard duquel la conscience philosophique serait justifiée à opérer l'abstraction méthodique qui la poserait en face de lui comme son autre, ni déductible d'un principe ou d'une règle préexistants qui seuls lui permettraient d'apparaître comme tel : *elle est la raison elle-même venant à soi.*

L'affirmation kantienne selon laquelle la raison, pure, est pratique, a un fondement ontologique. Elle va de pair avec une conception de l'originaire qui, pour se placer sur le terrain de l'affectivité, n'entend pas moins dépasser l'opposition de la raison et du sentiment. Il n'est donc pas vrai que « ce que révèle l'affectivité [soit] l'affectivité elle-même *et rien d'autre* » [1]. Celle-ci implique au contraire une appréciation positive de la mondanéité sans laquelle l'idée d'une raison pratique serait vide de sens. Dans l'instant même où elle proteste contre sa propre existence, la souffrance suspend le monde comme représentation et le fait advenir comme volonté. Il est vain, sans doute, d'espérer « l'élimination de la souffrance » par l'un quelconque des moyens rationnels qui assurent notre emprise théorique et technique sur l'étant. Mais l'impuissance de la raison théorique et de la raison instrumentale à supprimer le mal ne prive pas de toute signification cette espérance elle-même. Elle révèle seulement la forme *intersubjective* de toute volonté et de toute action authentiques.

Pour la conscience abandonnée au mal, un tel abandon est identique au mal lui-même. Le moment de l'objectivation ne signifie donc aucune réalisation extérieure dans le milieu où prennent corps les objets quotidiennement offert à notre préoccupation. *Il appartient à la subjectivité du phénomène et coïncide en celle-ci avec la promotion impérative de l'existence d'autrui.*

Acte d'un vouloir pur, la passivité du souffrir dénonce le mythe prométhéen dans l'espace duquel la *ratio*, coupée du réel, met en scène ses opérations et entretient, comme dans une pièce dont elle serait l'unique personnage, l'illusion de sa puissance. Elle est le point d'émergence d'une *Idée pratique* comprise elle-même comme la prescription inconditionnelle d'un *monde commun*. Il n'est donc pas vrai qu'elle s'épuise tout entière dans l'étreinte censée assurer la vie de sa propre suffisance. Pur « *demeurer* auprès de soi », elle ne peut

1. *Op. cit.*, p. 692. Nous soulignons.

néanmoins *reposer* en soi ni perdurer comme la joie sans mélange – et sans partage – qui témoignerait le cas échéant de sa perfection et de sa divinité. L'auto-affection de l'être dans l'instant du souffrir est sa répulsion interne. Elle est son impuissance à continuer d'être ainsi comme le Soi même qu'il est dans un tel instant. *L'essence normative de l'a priori procède justement de cette incompatibilité première de la souffrance à l'égard de soi.* Elle implique une contradiction dont elle éprouve et dont elle répercute à l'infini le caractère indépassable. Loin d'être à elle-même sa propre négation ou son propre passage dans son contraire, la souffrance peut tout au plus exiger cette négation et l'espérer *en dépit de tout* comme la promesse de sa propre suppression. Dans cette identité de la présence absolue du présent et de sa modalisation dans un à-venir improbable réside, rendue sensible comme telle par l'exigence qui en révèle la temporalité spécifique et la forme irréductiblement éthique, le souffrir même de la souffrance [1].

Certes, M. Henry ne réduit nullement à la seule instrumentalité l'idée qu'il forme de la raison. Les pages qu'il consacre à la relation qui unit, selon lui, *affectivité* et *logos*, témoignent au contraire de son effort pour échapper à l'irrationalisme et aux critiques traditionnellement adressées aux philosophies du sentiment. Mais l'unique commun dénominateur de ces deux concepts est l'idée de « révélation » transférée anologiquement du premier au second et conçue indépendamment de toute idée de principe ou de règle à l'exemple du « dévoilement » heideggerien et de l'idée eckhartienne d'une « Raison vivante » identifiée à l'essence de la Déité. Or on met simplement un mot pour un autre lorsque l'on affirme que « la structure la plus intérieure de l'être, c'est-à-dire l'être lui-même originairement donné à lui-même dans la passivité fondamentale de la non-liberté, c'est-à-dire encore la structure interne de l'immanence, constitue précisément la structure de la révélation elle-même et, *comme telle*, l'essence du *Logos* » [2]. La spécificité de la raison n'est préservée que dans les passages où celle-ci se voit attribuer le pouvoir de fonder l'*unité* [3] et la *réversibilité* [4] de l'essence. Mais rien d'autre n'est pensé sous ces noms

1. L'*auto-réflexion* immanente dont nous avons élaboré la notion se distingue précisément par ces deux traits – éthique et temporel – de l'auto-affection telle que la pense M. Henry.

2. *Op. cit.*, p. 371. Nous soulignons.

3. *Ibid.*, p. 412 *sq.*

4. *Ibid.*, Cf. particulièrement p. 417, à propos du Verbe divin selon Eckhart : « parce que ce qui est entendu dans la Parole de l'essence est l'Essence qui prononce la parole, qui accomplit l'œuvre de la manifestation, c'est celle-ci, l'essence qui accomplit cette œuvre, qui se manifeste en elle ».

que la fonction monologique et axiologiquement neutre chargée déjà, dans les textes que nous avons commentés plus haut, d'assurer la persistance et la cohésion de l'acte qui déploie temporellement la transcendance. Principe de *cohérence*, la raison est comme telle – à l'image, là encore, du « rassemblement » heideggerien – étrangère à l'*exigence* qui consacre son incarnation proprement humaine. Elle n'oppose donc à sa réduction instrumentaliste que la forme ontologisée d'un critère purement logique.

Non que M. Henry ne fasse mention de la raison pratique : le paragraphe 58 dans son entier est consacré à la problématique kantienne du respect et à l'énigme que constitue, tant qu'un concept approprié de l'affectivité n'est pas élaboré (lequel, comme il est montré, fait défaut à l'auteur de la *Critique de la raison pratique*), l'idée d'une affection par la loi. Mais sa conception du phénomène ruine la spécificité du sentiment moral en privant de tout fondement cette loi elle-même.

A quoi bon insister, en effet, sur l'auto-affection de la législation apriorique de la raison, si cette législation est phénomélogiquement inconcevable et ressortit non à la structure interne de l'essence de la manifestation mais à une forme épiphénoménale du vivre humain ? La sensibilité empirique, certes, ne peut d'aucune façon être affectée par une loi. Mais la loi ne saurait trouver davantage dans la sensibilité transcendantale un contenu affectif approprié, si la manière dont cette sensibilité s'affecte et cohère avec soi exclut d'elle-même l'alternative qui donne carrière à l'exigence morale. Que la thèse selon laquelle « l'affectivité constitue non un contenu de l'expérience mais sa forme, la forme de toute expérience possible en général », soit incompatible, selon la notion qu'en propose M. Henry, avec l'idée d'un sentiment pratique, c'est ce dont témoigne la critique faite à Kant d'avoir substitué le respect à l'amour et trahi ainsi l'apport essentiel du christianisme [1]. Comment mieux dire, en effet, que l'effacement de la polarité, de l'altérité interne qui structure originairement l'affectivité humaine rend la phénoménologie de la « vie » incapable d'assigner la possibilité de la conscience morale et de l'énigmatique unité que forment en celle-ci la sensibilité et la raison pure ? *A fortiori* l'éthicité de la vie affective en général ne pourra-t-elle, dans le cadre conceptuel ainsi tracé, être reconnue pour elle-même.

Sans doute la problématique kantienne du respect et l'idée d'un « fait-de-la-raison » attesté par ce sentiment lui-même exigent-elles un approfondissement de l'esthétique transcendantale dans le sens prescrit

1. *Ibid.*, p. 665-66.

par la phénoménologie de l'immanence. Mais il ne suffit pas, pour mettre en évidence le rôle de l'affectivité dans la constitution de la moralité, d'opposer à la sensibilité empirique le « pouvoir ontologique pur [...] d'être affecté par quelque chose » (en l'occurence par la loi) ou d'affirmer sans plus de précision que la loi n'est morale que pour autant qu'elle nous affecte [1]. Car bien qu'il soit vrai que tous les motifs moraux doivent, pour mériter leur nom, être aussi des mobiles [2], l'unité, requise par là même, de l'affectivité et de la raison comme pratique resterait inintelligible, si la première n'était formellement homogène à la seconde ou si, à défaut, un troisième terme ne créait indirectement entre elles les conditions d'une synthèse de l'hétérogène [3]. Or la structure de l'affectivité telle que la conçoit M. Henry la rend étrangère autant à la forme impérative du devoir qu'à la médiation d'une puissance dont l'action seconde aurait pour effet de la conformer à son contraire. *Ontologiquement préservée de la contradiction*, elle l'est par là même des conditions qui président à la formation de la conscience morale [4].

Si la raison, pure, est pratique, alors il faut, pour qu'elle s'impose comme un fait indépendant de toute détermination extérieure à son exigence propre, que l'expérience qui la fait advenir comme telle ait elle-même la forme que le jugement moral, en se référant à sa loi, accueillera dans sa maxime. Or la souffrance ne peut remplir cet office que parce qu'elle s'apparaît immédiatement comme l'*expérience de l'injustifiable*.

Il revient à J. Nabert, par l'expression qu'il forgea à cet effet, d'avoir assigné l'origine effective de la différence entre ce qui « est » et ce qui « doit être ». Son *Essai sur le mal* manque certes, pour dé-

1. *Ibid.*, respectivement p. 658 et p. 661.

2. *Ibid.*, p. 661.

3. Synthèse analogue à celle que rend possible, dans la philosophie théorique de Kant, l'imagination transcendantale en accordant les concepts purs de l'entendement aux intuitions sensibles correspondantes, et à laquelle il faudrait donner le nom de *schématisme pratique*. Sur les difficultés soulevées par cette notion, cf. *infra*, ch. VIII.

4. Nous nous demanderons nous-même si la souffrance n'ouvre pas une perspective qui est plus *religieuse* que *morale*. Mais même dans cette perspective, il est nécessaire de reconnaître, avec H. Cohen, que « *religion et mystique se scindent* à propos du rôle que Dieu joue à l'égard de l'homme souffrant » et que « ce n'est pas l'amour pour Dieu qui est à l'origine de la conscience religieuse mais l'amour pour l'homme souffrant » ; car « l'amour pour Dieu ne se présente dans ses multiples acceptions que lorsque Dieu est reconnu come le protecteur de ceux qui souffrent » (*La Religion dans les limites de la philosophie*, tr. fr. par C. Prompsy et M. B. de Launay, Paris, Cerf, 1990, p. 112).

ployer ses ressources conceptuelles à un point de vue qui ne serait pas seulement celui d'une philosophie étroitement « morale » ou même d'une anthropologie philosophique, mais bien d'une philosophie première, de la phénoménologie réflexive qui lui eût permis, en ordonnant toutes ses acceptions à la réalité singulière de la souffrance [1], de déduire à ce plan même l'apriorité du mal. Ni la préséance logique et transcendantale du souffrir sur le faillir, ni les conséquences d'une critique du rationalisme bornée en réalité au formalisme kantien, ni la portée radicale du problème du mal n'y sont proprement assumées comme telles. Mais c'est bien l'apport essentiel de cette œuvre d'avoir rendu possible, par-delà la frontière élevée entre eux par une tradition dont M. Henry est encore l'héritier, une conception du phénomène propre à faire apparaître l'unité que forment originairement en celui-ci l'indicatif et l'impératif, et d'en avoir rapporté la commune émergence à une *ontologie* contrainte alors, pour s'accorder à son objet, de prendre elle-même la forme d'une *éthique* fondamentale.

Est-il besoin de marquer avec plus d'insistance, à l'heure où les attaques croisées du naturalisme et du technicisme mettent en doute la spécificité humaine et où, en philosophie même, l'antifondationalisme gagne le terrain abandonné par une métaphysique réduite à une simple curiosité historique, que la question de la justification trace seule la ligne de partage entre ce qui nous constitue comme tels et les performances spectaculaires de certains animaux et de certaines machines ? Que cette question s'enracine dans l'expérience du mal et appartienne à sa propre constitution phénoménale, c'est à la fois ce qui nous a permis d'inférer, au seuil de ce travail, sa dimension essentiellement éthique, et ce qui nous a fait craindre, à chaque fois qu'une certaine critique entreprenait d'en nier conceptuellement la *pertinence*, que les arguments mis en œuvre à cette fin n'entrainassent leurs auteurs à nier aussi sa *réalité*. La dénégation du mal souffert par les hommes est déjà plus qu'en germe dans la négation de la question dont celui-ci est le lieu.

Il est paradoxal qu'une philosophie se donnant expressément pour tâche de sauver, contre la puissance du Neutre, la « vérité de l'homme » et entreprenant à cette fin de poser à nouveaux frais la question du fondement, répète contre son gré, au moment de toucher au but, le geste commun à tous les discours qui, loin de faire obstacle à sa prolifération indéfinie, se laissent infuser par cette puissance. N'est-

1. Le péché et la faute occupent une place centrale dans l'œuvre de J. Nabert. Mais les thèmes de l'« injustifiable », de la « sécession des consciences », etc. n'en présupposent pas moins une phénoménologie de la souffrance. La *réduction du mal à la souffrance* sera justifiée plus avant dans la Conclusion du présent ouvrage.

ce pas la conséquence de son incapacité à reconnaître dans la souffrance l'expérience de l'injustifiable et dans cette expérience elle-même l'origine du désir de justification qui soutient l'humaine persévérance dans l'être ?[1]

Le mal n'est pas seulement à la fois, en effet[2], le point de rencontre et le point de rupture entre une philosophie de la liberté et une philosophie de la nature respectivement contraintes, pour s'accorder à leur objet, de faire droit en leur sein à ce qui les conteste le plus ; il renvoie encore dos à dos une philosophie de la raison facilement tentée par le dogmatisme et une pensée trouvant en lui, faute d'en restituer complètement la structure phénoménale, prétexte à sa dérive irrationaliste. Or si elle *suspend* les rationalités instituées, la souffrance *promeut* simultanément une idée de la raison référée ainsi aux exigences fondamentales de la personne.

L'irrationaliste et le rationaliste omettent donc, dans l'appréciation qu'ils portent sur l'être et sur l'existence, l'un des deux moments qui indivisément composent la conscience souffrante. Aussi Nietzsche, dont l'âme chavirée par la douleur ne prend pas ailleurs que dans celle-ci le motif unique qui traverse toute son œuvre, ne retient-il du doute radical dans lequel elle plonge toutes choses que le moment négatif de la destitution, de la discontinuité, de la séparation, du non-sens enfin, et ne peut-il conclure poétiquement qu'à une *conversion irréelle de la souffrance en jouissance* dans laquelle la raison, certes, mais aussi l'expérience possible n'ont plus leur place. Le rationaliste dogmatique, à l'inverse, feint d'ignorer ce premier moment, cette modalité initiale de l'expérience du mal, et tient pour assuré un « règne de la raison » dont cette expérience est seulement la détermination *problématique*. A l'un comme à l'autre Hölderlin pourrait donc adresser sa prière :

> Hâte-toi, ô temps, ne tarde plus et conduis-les à l'absurde
> Sinon ils ne croiront pas voir leur propre déraison
> Sinon tu ne leur apprendras jamais qu'ils ont en eux une raison
> Hâte-toi, détruis-les tout à fait et conduis-les au terrible néant
> Sinon ils ne croiront pas combien ils sont détruits
> Ces fous ne reviendront pas à la raison, qu'ils ne soient pris de vertige

1. « Comment la raison est-elle venue au monde ? Comme il se doit, de façon déraisonnable, par un hasard. Il faudra le déchiffrer comme une énigme » (Nietzsche, *Aurore*, § 123). Cette énigme est la souffrance elle-même.

2. Comme l'atteste l'histoire même du problème.

Jamais ils n'y reviendront, qu'ils n'aient vu l'extrême
désastre [1].

Non seulement il y a un *temps* du souffrir, mais ce temps est un temps *orienté*. L'unité qu'il forme avec l'expérience n'est donc pas celle qui lie à un « contenu » particulier et d'une manière quelconque (comme le voudrait aussi la conception formaliste de l'*a priori*) un fondement étranger à ce qu'il fonde, mais l'unité immanente qui, d'avance instruite de sa propre précarité, monnaie en déterminations impératives les possibilités enveloppées en son sein.

Ne faut-il pas postuler alors l'identité de l'Evénement qui accomplit l'essence de la manifestation et du Fait auquel Kant ramène en dernière analyse la conscience de la loi morale ?

Envisagées dans leurs contextes respectifs, certes, ces notions manquent, l'une, de l'éthicité qui permettrait d'en dériver la question de la justification, l'autre, de la matérialité qui lui donnerait un appui dans l'être. Mais cette hétérogénéité n'est-elle pas plus apparente que réelle ? La *venue à soi du temps* dans l'instant du souffrir n'est-elle pas

1. *Prière pour les incurables*, cité par M. Picard, *L'Homme du néant*, Neuchâtel, La Baconnière, 1963, p. 75. Echo lointain de l'*Agamemnon* d'Eschyle : « Il a guidé vers la raison les hommes / en leur posant pour règle / de s'instruire à leurs dépens / Dans le sommeil l'affreux regret / goutte à goutte sur le cœur, nous apporte / malgré nous la sagesse, / une grâce brutale de ces déités / qui rament dans la barque sainte » (tr. fr. par J. Grosjean, Paris, Gallimard, coll. « Pléiade », p. 269). En affirmant le primat de la raison pratique et en cherchant son origine dans l'essence du phénomène, nous n'entendons pas réduire la rationalité à l'une de ses formes particulières mais seulement fonder, entre ces dernières, un *rapport de subordination* dont la règle est donnée avec la souffrance elle-même. Certes, l'Idée n'en appelle pas seulement dans un sens abstrait à la justice ; elle mobilise encore les conditions théoriques et pragmatiques nécessaires à sa réalisation. Mais il est vain d'attendre de ces conditions qu'elles *suffisent* à restituer les possibilités suspendues par le mal et à ouvrir de nouveau à la conscience le chemin du monde. Bien plutôt celle-ci en appelle-t-elle, contre leur clôture formaliste et leur absolutisation volontariste, à ce qu'il faudra bien nommer la *grâce de l'Autre*. Le *langage* appartient à cette perspective. Il est la manière dont l'homme *répond* à une question enracinée dans sa propre constitution ontologique et fait l'aveu de son impuissance à lui ménager individuellement une issue. En préservant la possibilité du *signe* au cœur de la *présence*, nous avons fait une partie du chemin qui doit nous permettre de clarifier ce point. Tel n'est pas le cas de M. Henry, dont la propre conception de la phénoménalité prive de tout fondement le monde des significations. Non qu'il n'ait conscience du problème. Il remarque ainsi, dans une note, que « la théorie du langage naturel n'a pu être exposée ici malgré son importance », alors qu'« elle seule fonde [...] la possibilité pour la pensée d'accomplir le Remémorial authentique de ce qui constitue sa propre essence » – autrement dit la possibilité de la philosophie de l'immanence elle-même (*op. cit.*, p. 489). Mais cette théorie reste à l'état de projet et rien n'est dit par ailleurs qui permette d'en préciser l'idée.

identiquement la *venue à soi de la raison* ? Ou bien y a-t-il, entre le Temps (comme condition de tous les phénomènes) et la Raison (comme raison pure pratique), une relation moins primitive que nous ne le supposons ? Il nous faudra, pour en décider, confronter cette supposition à la critique heideggerienne du principe de raison puis à la doctrine morale de Kant.

CHAPITRE HUIT

TEMPS ET RAISON

C'est l'ambiguité persistante affectant, dans la *Krisis* de Husserl, la notion de fondement – à la fois fondation anonyme et légitimation exigeante, commencement de fait et principe de raison – qui nous a paru marquer la nécessité d'une critique interne de la phénoménologie transcendantale. La phénoménologie surgit elle-même, en effet, comme un événement d'un type particulier dans lequel viennent se réfléchir et se contracter, sous la forme de questions visant leur sens d'être spécifique, toutes les possibilités relatives aux « faits » de toutes sortes que nous offre notre expérience et dont l'ensemble unitaire constitue le « monde ». Cet événement trouve son expression méthodique dans la réduction. Mais c'est aussi en elle que vient au jour son caractère singulier. Qu'est-ce que la réduction phénoménologique, en effet, sinon la manière dont la raison philosophante accède à la conscience de soi et soumet à sa juridiction tout ce qui peut entrer dans le champ de notre expérience ? En quoi consiste-t-elle sinon en l'unité, comme telle énigmatique, du fait et du droit ? La mutation de la phénoménologie répond précisément à la nécessité de thématiser cette unité comme telle. Elle est indissociable d'une réflexion sur les conditions de possibilité de l'*époché* phénoménologique elle-même.

On ne passe pas de la phénoménologie à l'ontologie autrement qu'en renvoyant ainsi la méthode à la structure interne de l'événement qui la rend possible et en soutient réellement l'opération [1]. Mais dans

1. « Sans doute faut-il que l'Etre se soit toujours déjà donné à penser dans la présomption [...] de la Méthode, sans doute faut-il qu'un accès à l'Etre et une venue de l'Etre se soient toujours déjà contractés quand la phénoménologie commence », remarque J. Derrida dans son Introduction à l'édition française de *L'Origine de la géométrie* de Husserl (Paris, P.U.F., 1962, p. 169-70). *Comment*, toutefois, ce commencement lui-même se produit-il ? *Quels* doivent être cet « accès » et cette « venue » préalables pour qu'une phénoménologie soit possible en général ?

une telle perspective, la raison ne peut plus être tenue pour une détermination particulière de l'expérience ou comme un vêtement posé sur une infrastructure ontologique de prime abord étrangère à ses principes. Elle est nécessairement coextensive à l'être et appartient à la manière même dont celui-ci se temporalise et accède à la manifestation.

Même si elle n'est pas explicitement rapportée à la différence de l'être et de l'étant, la distinction rigoureuse introduite par Husserl entre l'*Idée* et l'*essence* [1] ouvre la voie à une détermination proprement ontologique de la raison. L'intérêt d'un texte comme *L'Origine de la géométrie* ne vient pas seulement, en effet, de ce qu'il inscrit toutes les productions des mathématiques et des sciences dans l'horizon d'une Idée infinie à laquelle aucune ne peut s'égaler, mais encore de ce que cette Idée elle-même s'y trouve pensée relativement à un *événement* propre à en concrétiser la pure puissance apriorique et appelé pour ce motif « proto-fondateur ». L'Idée, certes, n'est rien d'étant et ne peut donc faire l'objet d'un saisie intuitive. Mais elle n'en a pas moins le pouvoir de prescrire le « saut » sans lequel la mathématique pure et la science galiléenne de la nature n'auraient jamais pu émerger sur la toile de fond de nos expériences et de nos pratiques quotidiennes. Or le pourrait-elle si elle devait demeurer toujours – sous le prétexte qu'elle n'a pas ou qu'elle n'est pas une essence – le « pôle [indéterminé] d'une intention pure » ou la pure « ouverture d['un] horizon pour l'apparition et la détermination » ultérieures de celle-ci [2] ? L'infinitisation inaugurale qui fait de l'origine de la géométrie un événement philosophique à part entière ne mérite son nom, elle n'est précisément un *événement*, que pour constituer le mode déterminé selon lequel *cette ouverture elle-même se montre*. Ce sont alors les arguments mêmes qui nous ont contraint plus haut d'affirmer que l'essence du phénomène était elle-même un phénomène qui nous obligent à présent à interpréter l'événement fondateur comme la *donation pure de l'Idée* dont le discours philosophique est l'explicitation. L'auto-réflexion de la phénoménalité s'accomplit comme l'auto-apparition de l'Idée issue de sa propre itération indéfinie [3]. Une phénoménologie radicale n'est possible que sous la forme d'une phénoménologie de la raison [4].

1. Dès l'Introduction des *Ideen I*, Husserl entend « maintenir pure la distinction entre le concept kantien d'*Idée* et le concept général d'*essence* (formelle ou matérielle) » (*op. cit.*, p. 6 / p. 9).

2. Selon la proposition de J. Derrida, *op. cit.*, p. 153.

3. Le passage de la phénoménologie à l'ontologie n'échappe donc à la contradiction interne que s'il est compris solidairement comme la thématisation du *fait* qui fonde originairement la possibilité de la phénoménologie elle-même et comme la détermination d'un tel fait comme fait *de la raison*. Sa réussite dépend de l'aptitude

Cet emprunt au lexique kantien peut surprendre. Car si l'Idée telle que la conçoit Kant et plus encore la notion qu'il forme d'un *fait de la raison* intéressent, comme nous le croyons, le projet d'une phénoménologie radicale, la critique heideggerienne du principe de raison ne rend-elle pas caduc ce projet lui-même ? Si, dans la relation que nouent originairement l'être et le temps, la raison n'a pas sa place, alors l'écart n'est-il pas irréductible entre l'*Evénement* qui, selon Heidegger, prodigue la pensée en plaçant toutes choses dans sa lumière, et le *Fait* qui, selon Kant, prouve la réalité de la loi morale et donne à l'Idée sa force impérative ? Quand les références de Husserl à l'« Idée » kantienne témoignent seulement de l'incapacité où se trouve celui-ci de mener à bien l'auto-réflexion de la phénoménologie qui lui eût permis de déduire de ce qu'il tient pour l'essence du phénomène la possibilité et la motivation de son propre projet fondationnel (au point qu'il est difficile de ne pas se ranger ici à l'avis de P. Ricœur selon lequel « Husserl fait la phénoménologie, mais Kant la limite et la fonde » [1]), Heidegger rejette l'Idée comme telle et répute étrangère à sa première entrée-en-présence cette articulation, dans le phénomène, du fait et de

du sujet réfléchissant à penser non seulement *a parte cognoscendi* mais encore *a parte rei* – c'est-à-dire comme une structure interne de la phénoménalité – cette unité du fait et du droit.

4. *Fonder* signifie d'abord reconduire un donné à ses conditions de possibilité. On appellera fondation *théorique* l'effort accompli par la réflexion pour satisfaire à cette requête. Mais cet effort n'est nullement le produit d'une décision arbitraire. Il est lui-même orienté vers une fin. Toute reconduction à... (d'un donné à ses conditions de possibilité) est reconduction pour... (la réalisation d'un but prescrit *a priori* et à l'égard duquel l'entreprise théorique de fondation apparaît simplement comme un moyen). L'entreprise fondationnelle mise en œuvre par le discours philosophique répond à une exigence de légitimation que celui-ci présuppose mais n'épuise pas, et dont la signification est donc essentiellement *pratique*. Aussi la tâche d'une phénoménologie radicale est-elle double : elle est d'abord d'assumer le dédoublement qui affecte intérieurement l'essence du fondement ; elle est ensuite de mesurer les limites qui sont, justement, celles d'une réponse théorique à la question du fondement, lorsque celle-ci enjoint à la pensée de se comprendre elle-même au point de vue non de ce qu'elle peut déterminer par concepts mais de ce qu'elle devrait réaliser pour s'égaler à l'Idée.

1. « Kant et Husserl », in *A l'école de la phénoménologie*, *op. cit.*, p. 250. Il est vrai que cette proposition n'a pas exactement dans cet article la signification que nous lui donnons ici : elle conclut un développement qui montre comment le dualisme du phénomène et de la chose en soi peut seul fonder, dans la philosophie kantienne, la détermination de la personne (et singulièrement de la personne d'autrui, dont on sait en effet comment l'étrangeté spécifique vient faire obstacle, dans la Vème *Méditation cartésienne*, au projet d'une phénoménologie pure) comme fin en soi. Mais nous prendrons en charge cet aspect du problème dans notre chapitre XI dans un sens plus favorable à la phénoménologie.

la raison. Où l'auteur des *Ideen* et de la *Krisis* voyait l'énigme même de la manifestation [1], il dénonce l'occultation de son essence véritable.

Mais c'est alors que la critique ontologique du principe de raison, appliquée indifféremment au rationalisme dogmatique et au rationalisme critique, s'offre en retour à la question de savoir comment le temps, qui occupe désormais la place laissée vacante par l'Idée, peut engendrer principes et règles.

Cette question a valeur d'objection non seulement pour une phénoménologie de la connaissance [2] mais encore pour une phénoménologie réflexive puisqu'il appartient à celle-ci de tirer des choses elles-mêmes l'« appel à fournir une raison » qui détermine implicitement son propre travail de réduction au sens.

Elle aura cette valeur, du moins, tant que la détermination de l'*a priori* comme temporel sera pensée dans les termes d'une antinomie, entre Temps et Raison, dont la solution est envisagée seulement comme la réduction du second terme au premier.

Quelle est en effet la réalité d'une telle antinomie ? La notion d'*événement fondateur* ne nous oblige-t-elle pas plutôt à postuler, contre les apories engendrées à la fois par un rationalisme impuissant à enraciner dans les choses les principes dont il est l'expression systématique et par une phénoménologie incapable, à l'inverse, de tirer des choses elles-mêmes l'Idée infinie dont elle est la traduction méthodique, *l'identité originaire du Temps et de la Raison* ?

D'un côté, la phénoménologie se précède elle-même à la manière d'un fait dont elle ne peut rendre raison puisqu'il est le mode selon lequel la raison *se prescrit à elle-même la tâche* dont elle n'est proprement qu'une explicitation déterminée ; mais de l'autre, une telle prescription ne deviendrait jamais effective, si la raison ne s'*apparaissait* pas immédiatement comme telle dans une expérience dont la philosophie kantienne ne permet nullement d'envisager la possibilité.

Notre problème revient donc à demander symétriquement comment le temps peut se faire règle et sceller, dans l'instant où il se temporalise, l'unité du fait et du droit, et comment la raison peut s'affecter elle-même et prêter ainsi sa forme à ce qui n'est pas elle. Non

1. De deux manières différentes dans ces deux ouvrages, dans lesquels Husserl envisage le problème respectivement au point de vue de la raison théorique et au point de vue de la raison pratique.

2. C'est sur ce plan essentiellement que P. Ricœur remarque, dans *Finitude et culpabilité*, que « personne n'a jamais montré comment, de la seule considération du temps, on peut tirer un ordre notionnel articulé », ajoutant que l'« on évacue simplement le problème lorsque, avec Heidegger, on parle de la transcendance de la finitude » (*op. cit.*, p. 61).

que le seul fait de postuler, pour satisfaire simultanément à ces deux réquisits, l'identité du Temps et de la Raison, nous donne déjà les moyens de penser cette identité comme telle : ce postulat fournit seulement le principe d'une conception unitaire de l'*Ereignis* et du *factum rationis*. Mais il importe de justifier d'abord cette conception elle-même. Nous reconduirons pour ce faire la critique heideggerienne du principe de raison et la tentative kantienne d'une fondation en raison du fait moral jusqu'au point où elles se trouvent contraintes, pour s'accorder avec leur objet, d'adopter le point de vue même qu'elles contestent : le point de vue de la raison pour Heidegger (puisque celle-ci peut seule arracher l'être à l'indéterminité et à l'immotivation de sa pure déclosion) ; le point de vue de la sensibilité pour Kant (puisque celle-ci peut seule donner à la forme de la loi la réalité d'un mobile pratique).

1. La présupposition éthique de la critique ontologique du principe de raison

a) L'origine transcendantale de la question *pourquoi ?*

D'un point de vue formel, notre question est de savoir comment penser ensemble l'unité et la diversité de l'essence du fondement. Cette question détermine, selon Heidegger, la tâche propre d'une *genèse transcendantale du fondement*. Il s'agit alors de rendre cette notion homogène non seulement à la structure spécifique de la réalité humaine mais encore à la « donne » initiale dont cette réalité tire les possibilités mêmes qu'elle déploie en avant de soi.

C'est ainsi que, dans les deux textes qu'il lui consacre explicitement [1], Heidegger s'efforce de résoudre l'ambiguité du « fondement » en dérivant ses multiples acceptions d'une origine commune. Cette origine se trouvera être d'abord la *transcendance* envisagée comme

1. « Ce qui fait l'être-essentiel d'un fondement ou raison », in *Questions I*, tr. fr. par H. Corbin, Paris, Gallimard, 1968, p. 85-158, et *Le Principe de raison*, tr. fr. par A Préau, Paris, Gallimard, 1962 (*Der Satz vom Grund*, Pfullingen, 1957), ce dernier ensemble correspondant à un cours professé à Fribourg pendant le semestre d'hiver de l'année 1955-56 et à une conférence prononcée sur le même thème en mai puis en octobre 1956. L'intervalle de temps séparant ces deux publications (la premère remonte à 1929) explique leur différence d'orientation : l'une s'inscrit nettement dans la perspective qui est celle d'une analytique du *Dasein*, l'autre, postérieure au « tournant », témoigne d'un abord plus direct de la question de l'être.

l'articulation concrète de la temporalité ekstatique [1], puis le pur *Jeu* à quoi revient en dernière analyse, selon la suggestion d'Héraclite, la dispensation de l'être [2]. Or l'entreprise n'aboutit, dans les deux cas, qu'au prix d'une violence dans l'interprétation. Elle met hors-jeu la signification génante (en l'occurence la signification éthico-juridique de l'acte de fonder) et substitue à l'exigence de « raison » (métamorphosée en frénésie calculatrice et en volonté de domination) l'indifférence d'un « fond », la jouissance d'un « être » ou, justement, l'autarcie d'un « jeu » en regard desquels la question *pourquoi ?* cesse même d'avoir un sens.

Certes, dans le texte de 1929, c'est cette dernière question qui détermine explicitement l'une des trois acceptions de l'acte de fonder distinguées par Heidegger : « ériger, instituer (*stiften*) » ; « prendre base, 'se fonder' (*Boden-nehmen*) » ; « donner un fondement, 'motiver' (*begründen*) » [3]. « Motiver » signifie en effet « rendre possible la question 'pourquoi ?' » [4]. Cette détermination requiert donc d'une analyse soucieuse de faire apparaître son caractère propre qu'elle éclaire « l'origine transcendantale du 'pourquoi' comme tel ». Mais quand Heidegger affirme que « seule la notion de l'être donne, en tant qu'elle est une toute *pré*liminaire réponse, la *motivation* première et dernière » [5], on ne peut s'empêcher de douter que le mouvement de la transcendance ait le pouvoir d'engendrer d'un seul jet les trois significations du « fondement » issues de cette première approche de la notion : base, possibilité, légitimation. C'est à cette troisième acception, en effet, que renvoie plus essentiellement la question *pourquoi ?*. Est-il bien vrai que « cette dernière façon de 'fonder' coexiste dès l'origine, dans l'unité de la transcendance, avec les deux autres » [6] et trouve ainsi dans le seul essor du possible déployé par la temporalité ekstatique son assise et son orientation spécifiques ? Il eût fallu pour cela que cette unité fût intérieurement déterminée par un intérêt étranger aux sollicitations qui dispersent et tiennent à l'écart d'elle-même la transcendance telle qu'en son dynamisme aveugle, l'accomplit

1. Après avoir demandé : « comment la transcendance [...] peut-elle équivaloir à 'fonder' selon les différents sens que nous venons d'indiquer ? » (*op. cit.*, p. 144), Heidegger précise : « la transcendance a sa racine dans l'essence du temps, c'est-à-dire dans sa constitution ekstatique-horizontale » (*ibid.*, p. 146).

2. « L'être en tant qu'il fonde, n'a pas de fond. C'est comme sans-fond qu'il joue ce Jeu qui nous dispense, en jouant, l'être et la raison » (*op. cit.*, p. 243).

3. *Op. cit.*, p. 144.

4. *Ibid.*, p. 149.

5. *Ibid.*, p. 150. Nous soulignons.

6. *Ibid.*, p. 151.

ordinairement le Souci. Or c'est l'absence manifeste, dans la conception heideggerienne de la réalité humaine, d'une telle détermination, qui avait motivé notre critique de l'analytique existentiale mise en œuvre dans *Etre et temps*. Cette critique s'applique donc également à la question présente.

Lorsque Heidegger, après avoir affirmé que « chacun des actes d'instituer, de prendre-base, de légitimer, provient respectivement à sa façon du Souci [...] qui, à son tour, n'est [...] possible que comme temporalité », ajoute, en référence à cette dernière notion, que c'est « de naissance [que] l'être, en tant qu'être d'ores et déjà compris, motive »[1], il confond motivation et possibilité et prête à l'être des traits qui contredisent manifestement la conception qu'il en forme par ailleurs. Certes, l'idée d'une « motivation ontologique » n'est pas en soi dénuée de sens. Mais elle exigerait que fût substituée, à l'apathique et impersonnelle procession de l'essence, une expérience propre à en réfléchir et à en subvertir intérieurement l'allant. Car comment le « jeu » que l'être joue avec lui-même pourrait-il susciter la question *pourquoi ?*[2] ? Comment sa donne indifférente pourrait-elle conférer à la transcendance le pouvoir d'assurer ce passage du fait au droit qui, bien avant sa cristallisation dans un principe déterminé, est la marque propre de l'existence humaine ? Le pourrait-elle, si elle n'était elle-même soufferte et ne s'accomplissait ainsi comme l'unité indéfectible d'une Impression et d'une Injonction originaires ?

Il est vrai que la question qui, chez Leibniz, donne carrière au principe de raison – « pourquoi *quelque chose*, plutôt que *rien* ? » – tend elle-même à occulter la dimension éthico-juridique de la question du fondement. Elle entretient l'idée que l'alternative de l'être et du néant dessine le cadre ultime dans lequel l'existence déploie ses possibilités. Heidegger n'a pas de mal, en référant à cette formulation ce qui est pour lui la seule entente valable de la question *pourquoi ?*, à neutraliser une acception de la notion de légitimation que cette alternative, en vérité, ne contient pas, et à réduire en conséquence cette notion aux deux sens du fondement qu'il tient pour ontologiquement pertinents (base, possibilité). Avec cette réduction, cependant, la genèse transcendantale de la question du fondement manque à sa propre règle puisqu'elle nous contraint de renoncer à une entente de celui-ci dont la plainte de Job, en sa pointe tragique, atteste au contraire la signification irréductible.

1. *Ibid.*, p. 153.

2. Comment le pourrait-il, si ce Jeu est « le Jeu de Ce où l'être jouit comme être de son repos » (*op. cit.*, p. 240) ?

b) La question *pourquoi ?* et le Jeu de l'être

Cette difficulté doit guider notre lecture du second texte consacré par Heidegger à l'essence du fondement. Postérieur au « tournant » qui reconduit l'étant à l'être et l'analytique existentiale à l'ontologie pure, il achève en effet de vider le fondement de sa substance éthique et d'en disperser les cendres aux confins d'un Jeu où rien devient tout – la mort elle-même accédant ainsi à la dignité d'un quasi-principe [1]. Mais la mort n'est pas davantage le dernier mot de l'existence que le Rien n'est l'ultime secret de l'Etre. Car si même l'on niait la pertinence de la question du fondement au plan d'élaboration qui est celui d'une ontologie pure, il resterait à montrer comment l'Evénement absolu qui « dispense » l'être et nous dispense nous-mêmes en se temporalisant rend possible la sorte de compréhension qui soutient la protestation de Job demandant raison du mal qui l'affecte ou la résolution d'un Socrate s'inquiétant de savoir, lors même que la mort l'attend, non qu'il va mourir mais s'il « a été juste » [2]. Et il faudrait encore, si d'aventure on choisissait de dénoncer comme illusoire (ou comme « ontiquement déterminée ») une telle compréhension, dire comment cette illusion est elle-même possible. Comment pouvons-nous, devant la mort, comprendre qu'il y a « pire que la mort », plus impossible qu'elle, et nous résoudre à celle-ci non pour elle-même mais pour ce qui, au-delà du Rien qu'elle révèle, pourrait le cas échéant justifier cette résolution elle-même ? Comment pouvons-nous comprendre, jusqu'à en mourir, que le vrai courage n'est pas de mourir mais de vivre, et subordonner le néant auquel nous condamne le mourir à la dignité à laquelle nous appelle le vivre ? La critique ontologique du principe de raison trouve sa limite au moment où celui-ci se montre non comme principe de *maîtrise* mais comme principe de *justice*, et où il substitue à l'alternative de l'être et du néant [3] celle de l'être et du devoir-être. Cette alternative, en effet, détermine subrepticement son propre développement. Elle ne peut donc tomber sous le coup de la réduction ou être elle-même dérivée d'une « base », d'une « possibilité » ou – pour user

1. *Op. cit.*, p. 241 : Où toutes les raisons se sont abîmées dans le sans-fond, la Mort seule reste comme « le don encore impensé de la mesure de l'Immense, c'est-à-dire du Jeu suprême auquel l'homme est conduit sur son chemin terrestre et où lui-même est mis en jeu ».

2. Platon, *Gorgias*, 522 e : « Personne n'a peur de la mort, si on la prend pour ce qu'elle est, ou alors il faut être incapable de faire le moindre raisonnement et ne pas être vraiment un homme ; – non, ce qui fait peur, c'est l'idée qu'on n'a pas été juste ».

3. Qui maintient l'analyse dans la dépendance d'une conception en dernier ressort biologique de l'être et de l'existence.

de la terminologie mise en œuvre dans *Le Principe de raison* – d'un « fond » qui ne l'impliqueraient pas déjà. En réduisant l'exigence de légitimation qui déterminait, dans les termes du texte de 1929, la troisième acception du fondement, à une volonté tournée vers la domination (dont témoigne pour partie, de fait, l'histoire du monde occidental), Heidegger feint d'ignorer cette limite ; mais il fait ainsi implicitement sienne une conception réductrice de la rationalité qui, étrangère à la signification propre d'une telle exigence, fait taire en elle la voix de la personne et lui substitue l'absurde prosodie de la Technique.

Toute sa stratégie dans le Cours de 1955 consiste en effet à convertir le principe de raison suffisante en principe de raison puissante et à interpréter dans ce sens l'« appel » qui consacre son émergence au cœur de ce qu'il croit n'être que l'« époque moderne », puis à s'autoriser d'une telle interprétation pour creuser, entre les deux déterminations de l'essence du fondement qu'il distingue alors, un écart tel qu'*il soustrait le discours humain sur l'être à la juridiction de la question pourquoi ?*.

Mais de ce que l'Etre n'*a* pas de raison (au sens onto-théologique d'une Cause, d'un Premier Moteur, d'une Fin d'avance fixée, etc.), résulte-t-il que l'Evénement qui le prodigue et nous donne à nous-mêmes *soit* en lui-même étranger à la Raison ? Comment, s'il en allait ainsi, serait-il possible de tirer du Temps [1] un ordre intelligible ? Nulle précession de l'Etre qui n'aille, en vérité, sans une précession de la Raison. C'est l'abstraction même qui est censée assurer la constitution d'une ontologie pure qui coupe celle-ci de l'ensemble des phénomènes liés, dans l'ordre du connaître et dans l'ordre de l'agir, à l'effectuation concrète de notre être-dans-le-monde – à commencer par notre activité même de philosophes ou de « penseurs ». Il importe, pour préciser cette objection, de suivre de plus près l'argumentation développée dans le Cours.

Le principe de raison s'énonce, commence Heidegger, *Nihil est sine ratione* : rien n'est sans raison. Pour sembler claire par elle-même, cette formulation n'appelle pas moins une série de remarques (Heidegger parle de « curiosités »). La première est que, s'il a fallu des siècles pour que Leibniz parvînt à l'articuler si simplement, cette recherche des raisons « a lieu [pourtant] dans toute pensée humaine représentative » [2] lors même que celle-ci demeurerait incapable d'élever ce qui la détermine dans ce sens à la dignité du principe et à la

1. Comme prétend pourtant le faire Heidegger dans son interprétation de Kant.
2. *Op. cit.*, p. 44.

clarté de la proposition : « sans le savoir au juste, nous sommes constamment interpelés et, de quelque manière, invités à être attentifs aux raisons et au fond »[1]. La deuxième identifie précisément la pensée qui s'inquiète ainsi des « raisons » ou du « fond » avec la pensée représentative (ou, comme il est dit ailleurs, « d'entendement »). Mais ces deux remarques introduisent seulement une distinction, bientôt décisive, entre deux acceptions inconciliables du « fondement » dont on comprend dès ce moment que l'habituelle confusion recouvre celle, plus primitive, de l'être et de l'étant.

Cette distinction est l'objet d'une troisième remarque : pour que soit « défini ce qu'est une raison [et] clair le fond sur lequel repose l'être de la raison », il faut poser à part *Grund* et *Vernunft*[2]. *D'un côté*, le principe de raison signifie que tout ce qui s'offre en tant qu'objet à notre savoir ou à notre pouvoir procède soi-même d'un « fond » que ceux-ci n'épuisent pas. *De l'autre*, il postule la capacité qu'aurait la Raison entendue comme la source de toute intelligibilité de ramener la réalité des choses à la représentation qu'elle en forme. D'un côté, le fondement est ce qui, se retirant toujours plus loin dans l'abîme qu'il est pour lui-même, dénonce la prétention hégémonique de quelque faculté supérieure de l'esprit humain. De l'autre, il est la manière même dont cette faculté prétend imposer sa loi à tout ce qui accède à la manifestation.

Mais le bénéfice de cette distinction sera reversé au bénéfice exclusif de la première acception du fondement, à mesure qu'il apparaîtra qu'elle seule convient à l'*être* en tant qu'être. L'être, en effet, ne dépend que de soi. Il est lui-même ce qui fonde en un sens de ce terme que ne peut que méconnaître la conception rationaliste du fondement. C'est à cette dernière conception, à l'inverse, que se réfère Heidegger pour dire que « l'être ne tombe pas sous le coup du principe de raison, auquel seul l'étant est soumis »[3]. Cette proposition prend tout son sens relativement au thème de l'*objectivation* : si l'être ne tombe pas sous le coup du principe de raison dans sa forme traditionnelle, c'est qu'il n'est pas objet. C'est en tant qu'objet, au contraire, que l'étant s'offre à une détermination par une « cause », par un « motif » ou par une « loi ».

1. *Ibid.*, p. 58.
2. Nous adopterons désormais, pour éviter toute confusion, la solution du traducteur du *Principe de raison* en rendant par « *R*aison » l'allemand *Vernunft* et par « *r*aison » l'allemand *Grund*. Nous conserverons en outre la minuscule à chaque fois que ce terme est employé de manière indéterminée.
3. *Op. cit.*, p. 131.

Mais s'il est vrai que l'être n'est rien sans l'étant et qu'il n'accomplit son essence que dans une relation privilégiée avec l'homme, en déployant devant celui-ci un horizon à l'intérieur duquel seulement une rencontre devient possible en général entre un « sujet » et un « objet », alors il reste à penser au point de vue de l'homme lui-même l'origine du principe de raison et la confusion dont il est communément le lieu.

c) L'« appel à fournir une raison » : volonté de puissance ou désir de justice ?

C'est ce projet qui donne toute leur importance aux analyses consacrées par Heidegger à l'*appel* dont procède en réalité la formulation savante du principe. Dans le principe de raison, remarque-t-il, « la raison apparaît avec son caractère d'exigence » [1] ; « ce qui, dans le principe, est puissant, est l'appel à fournir le principe » [2]. Cet appel, si nous savions l'entendre, se montrerait à nous comme appel de l'être. Nous y reconnaîtrions une convocation muette à entrer dans son Jeu et en relayer paisiblement le destin anonyme. Or nous l'interprétons, au contraire, comme un appel à connaître et à produire davantage, et à multiplier ainsi sans limite les moyens susceptibles d'assurer notre emprise théorique et technique sur l'étant. Etrangers à son insondable provenance, nous en transformons la nature et nous efforçons de rendre celle-ci homogène à notre pouvoir de représentation, où notre pouvoir de manipulation trouve lui-même son assise.

Serait-il possible, toutefois, de parler sans métaphore d'un appel de l'être (en tant qu'être), si celui-ci n'était originairement donné à lui-même dans une expérience propre à fonder son ipséité ? Cet appel nous concernerait-il, s'il ne coïncidait avec l'institution de la personne et ne possédait *a priori* certains traits en commun avec celle-ci ? Ou bien l'idée d'un « appel de l'être » n'a aucun sens (pas plus que n'en avait, dans le texte de 1929, celle d'une « motivation ontologique »), ou bien elle engage une conception de l'*Ereignis* – c'est-à-dire, dans les termes du Cours, de la manière dont l'être se dispense et nous dispense – qui infirme à la fois l'immatérialité et la neutralité de cette donation inaugurale.

Ces objections rendent nécessaire une conception *unitaire* des deux acceptions du « fondement » opposées par Heidegger, acceptions rendues chez lui inconciliables autant par l'acharnement qu'il met à préserver le projet d'une ontologie pure que par les glissements de sens

1. *Ibid.*, p. 91.
2. *Ibid.*, p. 89.

et la réduction arbitraire affectant, dans le texte que nous commentons, l'idée d'un « appel à fournir une raison » et le terme même de « Raison ».

La « puissance de l'appel » s'inverse en effet sans transition en appel à la puissance. En lui parle déjà le « déchaînement » caractéristique de l'« ère atomique ». L'« exigence » qui le révèle à la conscience et à la volonté des hommes devient au même moment l'autre nom de l'efficience propre aux sciences positives et à leurs applications techniques [1]. Fournir une raison n'est plus autre chose qu'« ar-raisonner » – autrement dit produire rationnellement les conditions d'une objectivation totale [2] et, par là, d'une domination totale [3]. Volonté de domination, d'appropriation sans reste, c'est à quoi se réduirait en dernière instance le principe de raison, qui ne sera plus appelé désormais que le « tout-puissant principe ». La Raison se trouve réduite en conséquence à ses formes théorique et instrumentale. Sa fonction est d'abord de ramener toutes choses à la représentation qu'elle en donne puis d'assurer par ce biais à la volonté la maîtrise de celles-ci. Réunies dans le concept d'« objectivation », ces deux opérations déterminent la manière dont se trouve consommé, à chaque fois que prévaut l'auto-interprétation rationaliste du principe de raison, l'« oubli de l'être ». Certes, dans un tel principe, « la raison apparaît avec son caractère d'exigence ». Mais cette exigence est seulement celle d'une détermination par concepts ou d'un calcul efficace pour la transformation anthropocentrique du monde. Et rien ne distingue essentiellement, de ce point de vue, la position leibnizienne d'un Dieu conçu comme *ultima ratio* et « ce qui aujourd'hui s'est objectivé sous les noms d'atome et d'énergie atomique » [4]... Cette réduction du fondement supposé *justifier* toutes choses à l'efficacité des moyens mis en œuvre par la volonté rationnelle de l'homme pour s'assurer leur *contrôle* est plus directe encore dans le texte de la Conférence, où l'on peut lire que « la perfection de la technique n'est qu'un écho de l'appel exigeant de la

1. *Ibid.*, p. 94.

2. *Ibid.*, p. 98 : « La raison qui demande à être fournie exige en même temps qu'elle suffise, c'est-à-dire satisfasse entièrement, comme raison. Qu'elle suffise à quoi ? A assurer la consistance d'un objet ».

3. *Ibid.*, p. 96 : « Il s'agit de demander quel rôle [...] joue l'invisible domination du très puissant principe de raison ».

4. *Ibid.*, p. 100 : « L'invitation à fournir la raison suffisante de toute chose représentée parle dans ce qui aujourd'hui s'est objectivé sous les noms d'atome et d'énergie atomique ».

perfectio, c'est-à-dire de la fondation complète sur des raisons »[1] dont l'œuvre de Leibniz est apparemment le meilleur témoignage.

Quel est toutefois le statut d'une telle réduction ? N'est-elle pas le fait de Heidegger autant que du « mouvement général » qui, de la métaphysique spéculative à la technique moderne, entraîne selon lui dans le même Oubli toutes les productions de la pensée occidentale ? La décision herméneutique affectant, dans *Le Principe de raison*, la notion de Raison (autant que l'interprétation péjorative de l'« appel » dont celle-ci est censée détourner à son profit la signification originaire) n'est-elle pas elle-même, faute d'être le moins du monde justifiée par un argument digne de ce nom, déterminée par la Technique ?

La volonté constante de Heidegger, dans les textes que nous commentons, est de tirer la Raison du côté de la « pensée représentative » ou de la « pensée d'entendement ». Or cette orientation n'occulte pas seulement d'une manière générale la distinction reçue entre la Raison et l'entendement[2], elle veut ignorer encore plus particulièrement l'idée kantienne d'une Raison pratique.

Mais elle se ferme ainsi à ce qui détermine la signification authentique du principe de raison et à ce qui distingue essentiellement celui-ci d'une opération destinée à étendre notre emprise sur l'étant. Comment ne voir en effet dans le principe de raison que ce qui rend possible la science moderne, quand c'est lui au contraire qui nous apprend que si la science *explique* beaucoup, elle ne *justifie* rien ?

Pour Leibniz lui-même, c'est cette distinction qui donne tout son sens à la question *pourquoi ?*. La limitation qu'il impose au mécanisme vaut moins par la réhabilitation théorique des causes finales que par le renvoi de celles-ci à un « règne des fins » où la Justice l'emporterait sur la Puissance. Ne voir en lui que le précurseur de l'âge atomique, c'est méconnaître non seulement les derniers paragraphes de la *Monadologie*, où se trouve anticipée sans équivoque la notion kantienne de Monde moral[3], mais encore le sens et la vérité propres de

1. *Ibid.*, p. 285.

2. Pour Kant lui-même, lit-on ainsi, « la Raison [...] est le pouvoir de représenter quelque chose ».

3. § 85-90 : « L'assemblage de tous les Esprits [que Leibniz place, on le sait, au sommet de la hiérarchie des êtres] doit composer la Cité de Dieu », laquelle est un « Monde moral [...] et *ce qu'il y a de plus élevé et de plus divin dans les ouvrages de Dieu* » (nous soulignons). Dans un tel Monde, « il n'y aurait plus de bonne action sans récompense, point de mauvaise sans châtiment » ; et rien n'arriverait qui ne vérifie la *justice* de Dieu « non seulement pour le tout en général mais encore pour nous-mêmes en particulier » (*passim*).

la métaphysique lorsque son ambition est appréciée – comme il se doit – à ce dernier point de vue.

Il n'est possible de parler de la technique comme d'une objectivation du principe de raison suffisante qu'au prix d'une ambiguité affectant aussi bien, dans cette expression, l'emploi de « raison » que celui de « suffisante ». Car la technique ne connaît d'autres « fins » que celles qui regardent son propre accroissement et sa propre régulation interne. Elle substitue, à la justification intérieurement réclamée par la personne, l'ensemble des fonctions qui consacrent sa performance dans l'ordre extérieur des objets accessibles à son œuvre anonyme. Loin d'être la réalisation authentique du principe de raison suffisante, elle en constitue donc plutôt la perversion et la destruction réglées. *Dans l'auto-interprétation du principe de raison suffisante comme principe de raison puissante consiste précisément la ruse de la Technique.* On ne peut identifier sans autre forme de procès la « puissance de la Raison » avec la Puissance pure, avec la Puissance en soi et pour soi de la technique, sans avoir préalablement réduit la Raison tout entière à sa forme instrumentale et confondu ainsi le principe proprement dit avec son plus lointain avatar.

Comment ne voir dans la volonté de raison qu'un déguisement de la volonté de puissance, quand le désespoir de l'homme contemporain vient témoigner sans équivoque, contre les multiples réussites de la science et de la technique, de ce que leurs « raisons » *ne suffisent pas* et de ce que nous avons faim d'autre chose, originairement, que de savoir et de pouvoir ? La volonté mobilisée par l'appel à fournir une raison n'est pas la volonté de puissance. C'est celle au contraire qui, dans l'impuissance radicale et à partir du sans-raison de la souffrance, *demande raison* de ce qui l'accable. Elle ne va pas chercher dans le monde formé par nos concepts et nos machines mais au-delà de lui, dans l'idée d'un à-venir improbable et, finalement, dans un Autre, la réponse à la question qu'elle est pour elle-même. Volonté selon l'espérance et non selon la puissance : telle est justement la « foi rationnelle » dont Kant élabore la notion pour accorder notre nature finie avec l'Idée infinie. En elle réside la *vérité problématique* du principe de raison suffisante.

Peut-être n'est il pas faux d'affirmer qu'« au fond le plus secret de son être, l'homme [...] est à sa manière comme la rose – sans pourquoi »[1]. Mais la réalité est que nous n'en savons rien et qu'il nous est interdit pour ce motif d'asserter que c'est ainsi qu'il « est *vérita-*

1. *Ibid.*, p. 108.

blement »[1]. Bien plus : l'homme en tant qu'homme n'*est* proprement qu'en demandant *pourquoi ?*. Il est l'être qui, pour être, a besoin d'une raison d'être. Si même, par conséquent cette demande devait s'avérer sans objet, il resterait à reconnaître son caractère constitutif et à déterminer ontologiquement sa possibilité. La séparation du fond (*Grund*) et du fondement (*Vernunft*) met cette dernière notion hors de portée de toute genèse transcendantale. Elle rend l'ontologie fondamentale impropre à déterminer la possibilité d'un existant dont le désir de justification structure l'existence même. C'est en effet bien avant d'accéder à la pensée représentative et de devenir pour soi-même un objet que l'homme demande *pourquoi ?*. L'émergence de l'humain est contemporaine de l'émergence d'une telle question et tire d'elle seule sa mesure.

d) L'empire du *parce que*

Si l'homme en tant qu'homme, pour être possiblement « sans pourquoi », n'est jamais sans demander pourquoi, n'est-ce pas plutôt des formes de son existence que régit la seule instrumentalité qu'il faut dire ce qu'Angelus Silesius dit de la rose, qui « fleurit parce qu'elle fleurit » ? N'est-ce pas de même à l'homme abandonné à la pure efficience de la technique que Goethe pourrait conseiller, si ce précepte n'était superflu : « tiens-t-en au parce que, ne demande pas le pourquoi » ? Comment Heidegger peut-il prétendre que « l'homme d'aujourd'hui écoute de plus en plus le principe de raison »[2], quand celui-ci a pour fonction d'expliciter une différence, entre ce qui est et ce qui doit être, que le premier s'efforce d'ignorer ou dont il méconnaît le sens véritable ? Comment peut-il *opposer* à la technique la nécessité de « nous libérer de la question 'pourquoi ?' »[3], quand cette question fait surgir, entre le fait et le droit, une contradiction dont l'essence de la technique est précisément d'abolir la tension au plus profond de nous-mêmes ? « Ai-je le droit de... ? », « suis-je justifié à... ? » : telles sont les questions qu'oublie de plus en plus de poser, parce qu'il tend à n'être lui-même, comme la technique, qu'*au-devant de soi*, l'homme d'aujourd'hui.

La technique est l'empire du parce que comme tel. Réduction du fait au droit, elle coupe l'homme de ce qui l'empêche de coïncider tout à fait avec la fonction qu'il assume à chaque fois dans le système

1. *Ibid.*
2. *Ibid.*, p. 261.
3. *Ibid.*, p. 264.

biologique, économique ou social qui assure sa conservation, et donne seulement l'illusion de constituer une réponse suffisante à la question qu'il est pour lui-même. Ne peut-on craindre alors que la pensée qui ontologise le *parce que* et l'élève à la dignité d'une maxime paradoxale [1], participe elle-même de la stratégie de légitimation dont la Technique a besoin pour développer ses ramifications dans la sphère des significations et des valeurs, où se joue l'avenir propre de l'humain ? Sans doute le *parce que* nomme-t-il, en effet, la « pure et simple présence ». Mais toute la question est justement de savoir comment le *pourquoi ?* peut sourdre de la présence elle-même. Il est symptomatique que le texte de 1929, bien qu'il fasse finalement violence à l'acception éthico-juridique du fondement, commence par reconnaître la pertinence d'une telle question, lorsque le Cours de 1955 en nie d'emblée la portée ontologique. Si cette évolution de la pensée de Heidegger épouse le « tournant » qui, de l'analytique existentiale, mène à la « vérité de l'être », alors c'est d'une manière générale qu'*il faut tenir l'ontologie fondamentale pour l'idéologie de la technique moderne*.

Les deux axes de la dissolution de la question du fondement dans la philosophie contemporaine sont aussi les deux traits essentiels de la technique moderne : ce sont le primat de l'Opératoire et l'extension du Neutre. Or la critique heideggerienne de la métaphysique échappe sans doute au premier. Mais en sacrifiant sur l'autel de l'Etre le désir de justification enveloppé dans la Raison pure, elle succombe à la seconde. L'antifondationalisme d'inspiration logique et linguistique trouve ainsi dans une pensée dont l'intention directrice semblait pourtant devoir l'en préserver une parente éloignée. A l'exténuation méthodologique de la signifiance répond chez Heidegger, comme la conséquence de sa critique unilatérale du principe de raison [2], l'exténuation ontologique

1. L'énoncé en serait : « Laisse être et consens ». Peut-être nous objectera-t-on que ce qu'il s'agit de laisser être, c'est dans l'être l'appel qu'il délivre continûment à partir de lui-même. Mais l'idée d'un « appel de l'être » n'en est pas rendue plus claire.

2. On ne peut manquer de mettre en parallèle cette critique avec celle qu'élaborent les principaux représentants de l'Ecole de Francfort à partir des notions de « rationalisation » et de « réification ». Ici et là, c'est la Raison en général qui est clouée au pilori, sans que soit éclaircie la nature de l'Idée ou de la Norme au nom de laquelle cette critique elle-même est formulée. On peut penser que, dans les deux cas, une telle critique, par l'assimilation qu'elle implique de la rationalité aux formes particulières que lui prêtent les stratégies de domination capitaliste et totalitaire, est elle-même déterminée par son objet.

du sens. *Banalité du mal* : telle est la signification effective de l'« oubli de l'être » à l'époque de la technique.

e) Appel de l'être et fait-de-la-raison

Notre problème est bien de savoir si le caractère d'*appel* que présente originairement le principe de raison est concevable indépendamment de toute référence primaire à la personne. Tout comme, dans l'analytique existentiale mise en œuvre dans *Etre et temps*, l'usage récurrent de certains termes éthiques contrarie son ambition déclarée d'en réduire le contenu positif et de constituer elle-même le préambule axiologiquement neutre de la Pensée de l'être, l'interprétation de l'appel à fournir une raison comme appel de l'être serait vide de sens, n'était le pouvoir donné à ce qui *prodigue* l'être d'en *réfléchir* et d'en *infléchir* l'essence au cœur d'une expérience effectivement vécue comme telle.

Or le *Temps* aurait-il ce pouvoir, prendrait-il lui-même la forme pure d'un appel, s'il était l'autre de la *Raison* ou n'entretenait avec celle-ci qu'une relation contingente ? *L'auto-réflexion du Temps est identique, dans l'appel, à l'auto-affection de la Raison pure.* La personne advient au point de coïncidence du Temps compris comme l'auto-donation de l'Idée infinie dans laquelle la Raison trouve son expression première et de la Raison entendue, réciproquement, comme la manière dont le Temps s'immobilise un instant au-dessus de l'abîme creusé en lui par sa propre temporalisation et s'éprouve impérativement comme l'ouverture même qu'il est.

Parler d'un « appel de l'être », c'est donc prêter à l'Etre, au moment où l'on entend se passer d'elle, la nature propre de la Raison, sans se donner pourtant les moyens de penser cette identité comme telle. Cette notion n'est concevable que si ce qui prodigue toutes choses et favorise leur première entrée en présence se produit comme l'auto-différenciation de l'être et du devoir-être. Cette différence est donc irréductible. Elle est la structure même de la donation originaire. Mais cette structure, à son tour, accéderait-elle jamais à la manifestation, sans la suspension native, sans l'incréation, sans le reflux paradoxal des possibilités issues du Don initial de la présence ? Pourrait-elle advenir si, dans l'instant qui donne au temps sa consistance et sa réalité propres, l'impossible ne le disputait au possible et n'en dénonçait l'apparente innocence ? L'impossible a seul, en effet, le pouvoir de faire apparaître le possible comme ce qui doit être et d'imposer au jeu indifférent des marques temporelles l'orientation d'une conscience et d'une volonté animées par un intérêt pur.

Nous voici parvenu ainsi au point où la coïncidence, dans un même événement fondateur, de ce qui rend possible l'expérience et de ce qui lui prescrit inconditionnellement sa règle, indique la proximité d'un tel événement et du « fait-de-la-raison » que Kant place au centre de sa philosophie pratique. A ce qui se donne, d'un côté, comme l'identité paradoxale du Temps et de la Raison, répond de l'autre l'énigmatique accord de la Sensibilité et de la Loi. Et à l'expérience apriorique qui rend, ici, cette identité effective, fait pendant là le *sentiment a priori* réalisant – dans le respect – les conditions d'un tel accord.

Mais cette proximité resterait purement formelle, s'il n'était pas possible de reconduire à son tour la conception kantienne du fait-de-la-raison jusqu'au point où les apories qu'elle suscite font éclater le cadre spéculatif qui l'avait vu naître.

2. La présupposition ontologique du principe de raison

a) La notion d'un fait-de-la-raison et sa cristallisation paradoxale dans le « respect »

On connaît la conviction, acquise par Kant avant qu'il n'entreprenne la *Critique de la raison pratique*, que « des principes empiriques sont toujours impropres à servir de fondement à des lois morales »[1]. C'est cette conviction qui l'amène à penser un tel fondement au seul point de vue de la raison pure et à en concevoir synthétiquement la formule dans les termes d'une action immédiate de celle-ci sur la volonté. Chez des êtres finis (comme le sont les hommes), cette action n'est révélée à elle-même que sous l'aspect d'un *impératif* étranger au bonheur et à l'amour de soi. Elle détermine le vouloir, non par le biais d'un quelconque mobile sensible, mais par la seule forme de la législation universelle qui constitue le fond de la raison elle-même. De cette conception du fondement de la moralité suit la formule la plus générale de la loi morale : « agis de telle sorte que la maxime de ta volonté puisse valoir en même temps comme principe d'une législation universelle ».

Or non seulement l'existence d'une raison pure pratique n'a pas, selon Kant, besoin d'être démontrée mais son pouvoir de déterminer immédiatement le vouloir doit être admis comme un *fait* d'une espèce particulière qu'il propose d'appeler, pour le distinguer du fait

1. *Fondements de la métaphysique des mœurs*, Paris, Delagrave, 1967, p. 172.

empirique, « fait-de-la-raison » (*factum rationis*) : « la raison pure peut être pratique, c'est-à-dire déterminer la volonté par elle-même, indépendamment de tout élément empirique – et elle l'établit à vrai dire par un fait dans lequel *la raison pure se manifeste* comme réellement pratique en nous » [1]. Ce fait, on le voit, est relié à la conscience de la loi morale, à laquelle s'attache un caractère d'*apodicticité* que sa reformulation du *Cogito* cartésien en un « Je pense qui accompagne mes représentations » avait amené Kant à refuser, au contraire, à la conscience transcendantale relativement à ses propres opérations de connaissance : « la loi morale est donnée comme un fait de la raison pure, dont nous sommes conscients *a priori* et qui est apodictiquement certain, en supposant même qu'on ne puisse alléguer, dans l'expérience, aucun exemple où elle ait été exactement suivie » [2].

Comment pourtant la raison pure elle-même peut se manifester, comment et en quel sens une loi – à plus forte raison la simple *forme* d'une loi en général – peut être *donnée*, c'est là l'énoncé d'un problème insoluble dans la perspective kantienne, si l'on se rappelle les conditions qui sont, pour l'auteur de la première *Critique*, celle de toute manifestation possible et son rejet corrélatif de l'intuition intellectuelle [3]. Il faudra donc tenir la possibilité d'un tel fait pour au moins aussi énigmatique, au point de vue pratique, que l'était au point de vue théorique la possibilité du schématisme des concepts purs de l'entendement (cet « art caché dans les profondeurs de l'âme »). Kant l'admet : « comment [la raison pure] peut-elle être immédiatement un principe déterminant de la volonté ? », « comment cette conscience des lois morales [...] est-elle possible ? » – « c'est là ce qu'on ne peut expliquer davantage » ; tout au plus la critique de la raison théorique a-t-elle établi qu'« on peut l'admettre » [4].

Notre réflexion commence exactement à ce point. Elle vise les conditions qui doivent être remplies pour que la simple forme de la raison ait ainsi le pouvoir d'affecter réellement le vouloir et d'accéder elle-même à la manifestation. Non que le formalisme et le réalisme kantiens n'aient respectivement leur justification. Le formalisme garantit la pureté de l'impératif et permet seul de distinguer la moralité qui en résulte de toutes les formes légales de l'action qui, pour n'être

1. *Critique de la raison pratique*, tr. Picavet, Paris, P.U.F., 1971, p. 41. Nous soulignons.

2. *Ibid.*, p. 47.

3. C'est de manière conséquente qu'après avoir pointé la difficulté, Fichte y a trouvé prétexte à réintroduire dans la philosophie transcendantale l'intuition intellectuelle (identifiée chez lui, précisément, avec la conscience de la loi morale).

4. *Op. cit.*, p. 44-46, *passim*.

pas accomplies en vue de la loi elle-même, n'ont précisément pas ce caractère [1]. Le réalisme oblige à reconnaître l'existence de quelque chose qui n'appartient pas au monde des objets offerts à notre perception sensorielle et ne peut être davantage déduit *more geometrico* mais n'en est pas moins susceptible de déterminer notre conduite et la détermine en effet, lors même qu'un abîme subsisterait toujours entre ce que la loi prescrit et ce que celle-ci réalise. Mais c'est la *conciliation de ces deux points de vue* qui doit être pensée, pour que l'accord de la raison avec elle-même puisse être tenu pour une nécessité autre que purement logique dont la reconnaissance ne susciterait qu'une conformité extérieure à la loi et dont l'absence de contenu autre qu'intellectuel réserverait l'appréhension au seul théoricien de la morale [2].

Il revient au même, en ce sens, de *déterminer la possibilité d'un fait* dont la conscience du devoir est en chacun le témoignage irrécusable, et d'énoncer les conditions d'une synthèse immédiate entre la forme de la loi et ce qui, en l'espèce d'un « mobile de la raison pure pratique », pourrait rendre celle-ci sensible à elle-même. Un tel fait cesserait d'être inintelligible, autrement dit, s'il était possible de former l'idée d'une *auto-affection de la législation apriorique de la raison.*

« Il nous est, à nous autres hommes, tout à fait impossible d'expliquer comment et pourquoi l'universalité de la maxime comme loi, par suite la moralité, *nous intéresse* », remarque Kant dans les *Fondements de la métaphysique des mœurs* [3]. Telle est pourtant la question qu'il s'efforce de prendre en charge dans la *Critique de la raison pratique* lorsqu'après avoir déterminé son *principe* puis son *objet*, il cherche à déterminer quelque chose comme un *mobile* de la raison pure pratique : Comment pouvons-nous ne pas rester indifférents à l'impératif moral ? Comment pouvons-nous être effectivement concernés par ce qu'il commande ? Comment la loi peut-elle déterminer la volonté, si cette détermination doit être indépendante, d'un côté, de tout intérêt empirique mais rester compatible, de l'autre, avec la finitude du vouloir humain en général, qui exclut la possibilité d'une conduite que ne susciterait aucun mobile ? Comment peut naître, dans une nature finie, un intérêt quelconque pour ce qui en soi ignore les marques subjectives d'une telle limitation ? Comment, finalement, la

1. Et il préserve en outre, contre les complaisances inévitables du positivisme éthique et juridique, la possibilité d'un jugement critique sur les institutions.

2. Nous sommes sur ce point précis en consonnance avec le Bergson des *Deux sources de la morale et de la religion* (Paris, P.U.F., 1932, particulièrement p. 86-95).

3. *Op. cit.*, p. 205. Nous soulignons.

raison peut-elle produire en nous un phénomène (sous la forme d'un état et d'une conduite appropriés), si sa loi transcende l'expérience et demeure donc hétérogène à ce qui fonde pour l'homme la possibilité des phénomènes en général ? Autant de façons de poser l'unique question à laquelle la recherche d'un « mobile de la raison pure pratique » devra apporter une réponse.

Il est remarquable que cette recherche, exclue d'abord de l'*établissement* du principe moral conformément à la double requête d'autonomie et d'universalité inséparable du projet kantien d'une fondation en raison de la moralité, soit finalement mise en œuvre pour déterminer sa possible *application.* Car de son succès ou de son échec dépend alors le succès ou l'échec de la philosophie pratique de Kant dans son entier, son aptitude à énoncer une loi valable non pour des anges mais pour des hommes.

Mais Kant ne peut que renouveler à ce point la déclaration d'inintelligibilité qu'il appliquait auparavant à l'idée la plus générale du fait-de-la-raison : « savoir comment une loi peut être, par elle-même et immédiatement, principe déterminant de la volonté (ce qui cependant est le caractère essentiel de toute moralité), c'est là un problème insoluble pour la raison humaine [...]. Donc nous n'aurons pas à montrer [...] *pourquoi* la loi morale fournit elle-même un mobile, mais *ce que*, en tant que mobile, elle produit (ou pour mieux dire, doit produire) dans l'esprit »[1]. Ce qu'il faut renoncer à comprendre, ce qu'il faut « admettre » sans questionner plus avant, c'est la manière dont la loi, quoique purement formelle, acquiert l'efficacité d'un mobile. Quant à « ce qu' »elle produit, Kant le désigne d'un nom : *respect* : c'est une même chose de demander comment l'homme est apte à un comportement moral et comment il devient capable de respect. Mais ce terme nomme davantage la difficulté qu'il ne la lève, tant il est malaisé de comprendre comment, à considérer la conception générale de la sensibilité adoptée par ailleurs par l'auteur de la deuxième *Critique*, un sentiment peut être « connu *a priori* » et se retourner même *contre l'amour de soi* envisagé pourtant d'un bout à l'autre de cette œuvre comme la marque principale de notre nature sensible. Réception du formel de la loi, auto-affection de la raison pure, venue à soi de l'universel transformant la nécessité logique en motivation réelle, le « respect » coïncide en tous points avec la notion d'un fait-de-la-raison qui trouve en lui son sens effectif mais dont aussi bien il entretient et cristallise le mystère.

1. *Op. cit.*, p. 76. Nous soulignons.

Faut-il cependant abandonner si vite tout espoir de déterminer la possibilité de ce qui témoigne peut-être d'une *affinité* plus profonde, entre la sensibilité et la raison, que l'apparente hétérogénéité que ces deux termes présentent à l'analyse ? La tâche d'une phénoménologie radicale n'est-elle pas d'assumer cette affinité et d'en tirer toutes les conséquences pour la conception qu'elle forme de l'essence du phénomène et de la manière dont cette essence elle-même se phénoménalise ?

Si un tel projet n'est plus explicitement kantien, on trouve pourtant chez Kant deux suggestions accordées au problème impliqué dans sa formulation. La première reconduit à l'idée d'un *schématisme pratique*. La seconde fait virtuellement droit à l'idée d'un *a priori matériel* ; elle rend caduques les oppositions laborieusement mises en œuvre par l'analyse et révèle, entre des termes abstraitement séparés, une homogénéité remarquable.

Ces deux suggestions ne nous retiendront pas au même titre ; et c'est après avoir tiré toutes les conséquences des apories liées, selon nous, à l'idée d'un schématisme pratique – autrement dit d'une reconstruction de la conscience morale dans les termes d'une *synthèse* de l'hétérogène – , que nous affirmerons l'*identité* de la Sensibilité et de la Raison pures dans le sentiment qui les fait advenir comme telles.

b) Les apories du schématisme pratique

L'idée d'un schématisme pratique est appelée par l'hypothèse méthodique de l'hétérogénéité de la sensibilité et de la raison et par l'impossibilité d'assortir ces deux éléments constitutifs de la conscience morale sans faire intervenir entre eux un élément médiateur. Elle intéresse la phénoménalisation du principe pratique déduit *a priori* de la pure réflexion de la raison sur elle-même, autrement dit les conditions propres à inscrire ce principe dans une expérience de prime abord étrangère à sa requête. L'idée en est introduite par Kant dans sa « Typique du jugement pur pratique » [1] pour donner au concept d'un objet de la raison pratique, une fois celui-ci distingué du bonheur confondu à tort avec le véritable bien moral, le minimum de consistance sans lequel il demeurerait pour le sujet fini une forme vide. La fonction du jugement pratique, en effet, est d'appliquer *in concreto* à une action réelle ou possible ce qui se trouve universellement mais *in abstracto* dans la loi. C'est à ce point que le rapprochement semble

1. *Ibid.*, p. 70 *sq.*

s'imposer entre le problème auquel répond la doctrine du schématisme dans le cas du jugement de connaissance et les obstacles que devrait pouvoir lever une typique du jugement pratique.

Mais il faut dire d'emblée que la distance est plus grande entre la loi et le sentiment qu'entre le concept et l'intuition, et que les difficultés s'avèrent bien plus redoutables lorsque c'est la raison pure en tant que telle qui doit trouver hors de soi un répondant susceptible de fonder son application au monde sensible. Kant lui-même en fait la remarque après avoir noté que le bien moral étant, comme objectivation immédiate de la forme de la loi, quelque chose de supra-sensible, il ne saurait « trouver par conséquent rien de correspondant dans une intuition sensible »[1]. L'hétérogénéité qu'avait à surmonter le jugement de connaissance était toute relative puisque ce jugement portait sur des objets donnés ou susceptibles d'être donnés dans l'intuition et pouvait mobiliser à cette fin les ressources de l'imagination pure. Mais aucune image – fût-elle « pure » – ne correspond à la loi morale. C'est pourquoi l'on ne peut parler que *par analogie* d'un schématisme pratique[2].

La substitution de la notion de *type* à celle de *schème* en témoigne : on appellera « type » de la loi morale la règle que suit l'entendement lorsqu'il représente celle-ci comme pouvant prendre la forme d'une loi naturelle[3] et compare ainsi la maxime de l'action avec les conséquences qu'elle entrainerait dans cette éventualité. L'*absence d'un moyen terme* entre la forme du jugement moral et la nature sensible n'exclut pas tout à fait entre eux la possiblité d'un accord mais cet accord, fondé dans le seul concept de loi envisagé lui-même *in abstracto* – dans la seule idée de l'universalité en tant qu'elle convient indifféremment à la loi naturelle et à la loi morale –, n'a lieu que devant l'entendement. C'est pourquoi elle nous donne en définitive le contraire de ce que nous cherchions.

Cette déception était prévisible, puisque l'analogie entre la loi morale et la loi naturelle qui en est le type n'est opérante que pour le

1. *Ibid.*, p. 70.

2. *Ibid.*, p. 71 : « La loi morale n'a aucune autre faculté de connaître que l'entendement (*et non l'imagination*), qui puisse l'appliquer aux objets de la nature » (nous soulignons).

3. *Ibid.* : « L'entendement peut, en vue du jugement, donner pour fondement à une idée de la raison, non un schème de la sensibilité, mais une loi, telle toutefois qu'elle puisse être représentée *in concreto* dans les objets des sens, partant une loi naturelle, mais seulement quant à la forme : par conséquent nous devons appeler cette loi, le *type* de la loi morale ».

sujet réfléchissant thématiquement sur l'action qu'il projette [1] et prend place, dans la *Critique de la raison pratique*, dans une typique du *jugement* moral supposant déjà résolue la question de la possibilité d'une *conscience* morale en général. Or cette possibilité coïncide précisément avec celle du fait-de-la-raison. C'est elle que Kant avait en vue à la fin des *Fondements de la métaphysique des mœurs* lorsqu'il demandait : « comment une raison pure peut[-elle] être pratique[?] » et déplorait que « toute peine, tout travail pour en chercher l'explication dusse se faire en pure perte » [2]. Elle résume donc un ensemble de difficultés qui doivent être assumées au plan d'immédiateté correspondant au concept non d'un objet mais d'un mobile de la raison pure pratique [3].

Il est d'autant plus surprenant que Heidegger, au moment pourtant où il reconnaît l'originarité du fait dont le sentiment du respect résume subjectivement l'énigme, transpose dans le domaine pratique sa propre interprétation du schématisme et étende au rapport unissant *a priori* la raison et la volonté la fonction médiatrice de l'imagination transcendantale [4]. Car il nie ainsi toute différence de nature entre la condition qui rend possible la connaissance pour un sujet en général et ce qui détermine moralement la conscience et la conduite du sujet singulier. Cette extension au domaine pratique, c'est-à-dire au monde dans lequel s'éprouvent et agissent en commun des personnes, d'une thèse intéressant d'abord le domaine théorique, c'est-à-dire le monde réduit à un ensemble d'objets possibles pour notre faculté de représentation, est assurée par le concept d'une raison finie, c'est-à-dire « réceptive en sa spontanéité même » [5]. Mais bien que ce soit, en effet, sa nature à la fois active et passive qui permette à l'imagination de nouer, entre le concept et l'intuition, la relation constitutive du connaître, cette homologie justifie-t-elle le lien de dérivation qu'établit sans transition Heidegger entre l'imagination transcendantale et la

1. Pour le sujet capable de s'adresser à lui-même en ces termes : « demande-toi si l'action que tu projettes, en supposant qu'elle dût arriver d'après une loi de la nature dont tu ferais toi-même partie, tu pourrais encore la regarder comme possible pour ta volonté »

2. *Op. cit.*, p. 206.

3. C'est pourquoi nous en chercherons le principe dans une modalité de notre expérience ne ressortissant ni au pouvoir d'une fonction particulière de l'esprit ni aux opérations qui, dans cette hypothèse, médiatiseraient son activité pour en inscrire la forme dans un ordre qui l'aurait d'abord ignorée absolument.

4. *Kant et le problème de la métaphysique*, § 30, tr. fr. par W. Biemel et A. de Waelhens, Paris, Gallimard, 1953, p. 213-217.

5. *Ibid.*, p. 213.

raison pratique [1] ? Cette dérivation surprend d'autant plus que l'auteur de *Kant et le problème de la métaphysique* n'hésite pas dans le même temps à ramener à la détermination de l'essence du « soi pratique » – c'est-à-dire de la personne – le problème de l'origine de la raison pratique [2] et à faire coïncider cette essence avec le *sentiment* privilégié qui la révèle à elle-même : le respect [3]. Car comment l'imagination transcendantale, qui ouvre l'horizon du visible et rend d'avance les *choses* homogènes à notre pouvoir de représentation, pourrait-elle participer aussi à la constitution de l'exigence qui révèle pré-objectivement la *personne* à elle-même ?

Parce qu'il confond le visible et l'apparaissant et tient, réciproquement, l'invisible pour l'inapparent, Heidegger méconnaît la spécificité du sentiment et avec lui celle d'un mode de révélation auquel l'imagination n'a pas part. Sans doute remarque-t-il que la raison pratique ne peut être déduite et offre au contraire le caractère d'un fait primitif ; sans doute admet-il que la réalité d'un tel fait coïncide avec celle du sentiment qui donne la personne à elle-même ; sans doute exige-t-il de la réflexion qu'elle « s'interroge d'abord sur l'essence du sentiment en général » puis détermine la nature propre du respect compris comme un « sentiment pur » ; sans doute distingue-t-il encore clairement entre l'intentionnalité et la réflexivité du sentiment en général [4] ; sans doute voit-il enfin dans la soumission à la loi et dans la passivité du sentiment telle que l'actualise le respect le fondement de l'auto-responsabilité et de l'« être-soi véritable » [5]. Mais c'est alors en contradiction non seulement avec la lettre du texte kantien mais encore avec de telles propositions qu'il peut, en revenant brutalement à une thèse que celles-ci semblaient plutôt condamner sans retour, conclure que « la structure essentielle du respect fait apparaître en elle-même la nature originelle de l'imagination transcendantale » et que l'origine de

1. *Ibid.* : « Si la raison finie est réceptive en sa spontanéité même et, *pour cela*, dérive de l'imagination transcendantale, la raison pratique se fonde nécessairement sur cette dernière » (nous soulignons).

2. *Ibid.* : « L'origine de la raison pratique ne doit pas être 'déduite' par voie de simple raisonnement si justifié soit-il, elle requiert un dévoilement [...] qui s'accomplira par l'explicitation de l'essence du 'soi pratique' ».

3. *Ibid.*, p. 213-14 : « Le moi éthique, le soi, l'essence propre de l'homme, Kant les nomme aussi la personne. En quoi consiste l'essence de la [...] personne ? [...][Dans] l'idée de la loi morale avec le respect qui en est inséparable [...]. Le respect constitue l'essence de la personne ».

4. *Ibid.*, p. 214 : Tout sentiment, en plus d'être sentiment *à l'égard de...*, est « comme tel, pour celui qui l'éprouve, une manière de *se* sentir ».

5. *Ibid.*, p. 216.

la raison pratique est « située ainsi dans l'imagination transcendantale »[1].

Kant, certes, affirme bien que « la raison se manifeste comme réellement pratique en nous » dans un « fait » d'une espèce particulière ; mais il insiste dans le même temps sur la singularité d'un mode de manifestation distinct de celui qui rend possible l'existence des objets et n'impliquant nullement l'opération médiatrice de l'imagination : la loi morale « ne nous donne aucune vue »[2] ; elle *agit* sur la volonté avant d'être d'une façon ou d'une autre *représentée*. Le pouvoir de l'imagination schématisante s'arrête aux frontières de la moralité. Nulle comparaison possible entre le procédé qui rend *visible* la règle que suit l'entendement pour déterminer théoriquement son objet et les conditions qui rendent le sujet de l'action *passible* d'une conduite accordée à ce que la raison commande.

Pour apprécier cette impuissance de l'imagination à combler la distance qui sépare dans le domaine pratique la raison et la sensibilité, que l'on ait à l'esprit l'arrière-plan éthico-religieux de la critique pascalienne de la même faculté et les raisons qui amènent l'auteur des *Pensées* à voir dans la charité la seule réponse accordée à l'injonction muette enveloppée dans l'expérience de la foi. Cette critique doit être située en effet dans le cadre plus vaste d'une critique générale de la représentation, autrement dit d'une modalité de notre existence pour laquelle l'être a le statut de l'objet. Car ce dernier doit, pour apparaître comme tel, se trouver préalablement inclus dans l'horizon de visibilité où, soustrait à l'« ample sein de la Nature » et accordé ainsi à nos facultés, il pourra recevoir de celles-ci sa mesure. Or un Dieu infini ne peut être au contraire qu'un « Dieu caché ». Le chemin qui mène à lui n'est pas tel que l'on puisse l'embrasser du regard ou le réduire à la succession des « figures » que le sujet de la connaissance serait peut-être tenté de superposer à son parcours exigeant. A ceux qu'il appelle les « figuratifs », dont l'imagination « maîtresse d'erreur et de fausseté » hypostasie le sens du divin en prétendant l'inclure dans son thème, Pascal oppose une relation s'accomplissant non comme un savoir mais comme une conduite inspirée. Si l'imagination schématisante telle que l'entend Kant, de même, ne joue aucun rôle dans l'accession du sujet à la moralité, c'est qu'elle est essentiellement faculté de représentation et concourt ainsi à l'institution d'un mode de relation à l'être et aux êtres que l'*action* justement ignore puisqu'elle doit, pour pouvoir être elle-même, substituer d'abord sa propre

1. *Ibid.*
2. *Op. cit.*, p. 42.

véhémence à la distance creusée par cette faculté entre la conscience et ses objets. Une chose est de rendre possible une représentation, autre chose de déterminer pratiquement une conduite. L'hypothèse du parallélisme entre la structure du connaître et celle de l'agir doit être abandonnée, s'il est vrai qu'un « mobile de la raison pratique » ne doit pas, encore une fois, *rendre visible quelque chose au sujet*, mais *rendre le sujet lui-même passible de quelque chose* (en l'occurence d'une conduite accordée à la loi). C'est pour ne pas faire droit à cette distinction que Heidegger croit pouvoir trouver dans l'imagination transcendantale l'origine de la raison pratique mais prive plutôt ainsi le monde de toute signification pratique.

Il est vrai que l'interprétation heideggerienne de Kant – et de la doctrine kantienne du schématisme en particulier – ne prend tout son sens qu'à partir du moment où se trouve mise en évidence l'imbrication originaire de l'imagination et du temps. C'est le temps qui, « en tant que seule image pure et universelle [...], donne à l'horizon [de visibilité de l'étant] le caractère d'une ouverture préalablement circonscrite » [1]. L'enracinement commun de la sensibilité et de l'entendement pur dans l'imagination schématisante est leur enracinement commun dans la temporalité comprise elle-même comme ekstatique-horizontale. « Le temps [...] forme la nature de l'ob-jectivation et son horizon ». Le « caractère temporel intrinsèque de l'imagination transcendantale » signifie que celle-ci tient non d'elle-même mais du temps son pouvoir d'ouvrir l'horizon du visible et d'assortir en son sein les conditions logique et empirique de la connaissance.

Mais comment accorder une conception de la temporalité qui n'attribue à celle-ci la fonction d'un véritable fondement que pour supposer sa structure homogène à celle de l'objectivité, et les traits propres au sentiment, puisqu'il appartient essentiellement à ce dernier, par l'un d'entre eux au moins, de suspendre une telle structure et d'en inverser la direction ? Comment le temps peut-il appartenir, selon la notion qu'en forme Heidegger, à la genèse du sentiment pratique, quand l'auto-affection de la législation apriorique de la raison précède en celui-ci l'acte qui permettrait d'en objectiver la signification immanente ? La forme impérative du principe moral identifié, dans le respect, au sentiment qui le révèle à lui-même, est étrangère au temps, *si* l'on entend par là ce qui déploie en avant de nous-mêmes les possibles vers lesquels nous nous projetons sans fin. Car ce déploiement ignore à la fois la sorte d'*immobilité* qu'implique toujours

1. *Op. cit.*, p. 166.

le sentiment, et l'absolue *nécessité* que détermine, par sa forme catégorique, le commandement dont le respect répercute indéfiniment l'écho dans la conscience.

Nécessaire est en effet ce dont le contraire est l'*impossible*. Le temps ne pourrait donc être regardé à bon droit comme l'origine de la raison pratique et comme la forme effective de sa propre venue à soi, que si ces modalités pouvaient recevoir elles-mêmes un caractère temporel. Or la contingence de la temporalité ekstatique exclut cette éventualité. C'est pourquoi nous devrons ou bien nous ranger à l'avis de Kant, selon lequel l'impératif moral, comme le sentiment qui en matérialise l'exigence, ignore le temps, ou bien substituer à cette notion du temps une conception telle que l'impossible et le nécessaire, loin d'être tenus en marge de la complicité originairement scellée, en lui, entre l'être et le possible, y apparaissent au contraire associés dans la tension d'une unité indécomposable.

Toutes les difficultés de la thèse kantienne viennent justement de l'abîme creusé par une raison atemporelle entre phénomène et noumène, et des conséquences d'une telle dualité pour la compréhension de la manière dont la loi morale peut s'appliquer, sans perdre au même moment la pureté qui la fait telle, à la volonté d'un sujet incapable, comme sujet fini, de se déterminer indépendamment d'un mobile sensible. Sans doute cet abîme est-il surmonté selon Kant dans le sentiment du respect, où la forme même de la loi devient la matière d'une expérience d'un type inédit. Mais si le temps est la condition de tous les phénomènes, il est impossible de comprendre comment la raison peut, sans sa médiation, accéder comme telle à la phénoménalité. L'« admettre » sans plus d'explication, comme le demande Kant, c'est admettre l'existence des miracles et attribuer au respect le statut qui reviendra de même, dans l'analytique heideggerienne du *Dasein,* à la « résolution » en regard des modes « inauthentiques » du comprendre et de l'exister : celui d'une infraction aberrante au régime universel de la phénoménalité.

C'est pourquoi nous renverrons dos à dos la thèse heideggerienne de l'*antériorité* du Temps sur la Raison et la thèse kantienne de l'*hétérogénéité* de la Raison et du Temps. La première ne peut prétendre trouver dans la temporalité ekstatique l'origine de la raison pratique qu'en confondant indûment celle-ci avec la raison théorique ; la seconde rend une fois pour toutes incommensurables l'infinitude de l'impératif et la finitude du vouloir. Si l'on admet la proposition, commune à Kant et à Heidegger, selon laquelle le temps est la condition de tous les phénomènes, et que l'on s'efforce de ce point de vue de comprendre comment la loi morale peut néanmoins déterminer catégoriquement la volonté, on conviendra donc que seule l'hypothèse d'une *identité* profonde entre la forme de la sensibilité et la forme de la loi – ou, plus simplement, entre le Temps et la Raison – est de nature à résoudre la difficulté. Seule elle rend compte de la manière dont la loi peut, tout en s'*affectant* elle-même, commander *inconditionnellement* au sujet.

Cette hypothèse appelle toutefois un *dédoublement du concept de sensibilité* auquel Kant est d'ailleurs contraint lorsqu'il introduit, avec le thème du respect, l'idée d'un sentiment *a priori*.

c) Sensibilité empirique et sensibilité transcendantale : l'identité originaire du sentiment et de la raison

Si l'obéissance à la loi ne suppose pas le *medium* d'une représentation quelconque, si elle ne doit rien à la lumière qui ferait apparaître la loi comme un objet devant la conscience, si elle est étrangère au temps compris comme l'ouverture ekstatique d'un horizon dans lequel seulement apparaîtrait tout ce qui peut apparaître au sujet, si elle est, au contraire, le produit d'une action *immédiate* de la raison sur la volonté, alors comment concevoir cette action, sinon comme une affection originaire de la raison par elle-même ? Cette action doit donner lieu à un *sentiment* distinct de toute *intuition* réceptive (tout comme, chez Pascal, l'idée d'un « Dieu caché » reconduit à celle d'un Dieu « sensible au cœur »): le respect. Mais le « respect », nous l'avons vu, est lui-même l'énoncé d'un problème. Il révèle une structure de la phénoménalité dont le caractère singulier nous a obligé à rejeter la thèse de prime abord séduisante du parallélisme entre « synthèse transcendantale » et « synthèse pratique » [1].

1. Cette thèse est défendue notamment par P. Ricœur (*Finitude et culpabilité*, *op. cit.*, p. 89 *sq*). Toutefois ce dernier remarque, en commentant un passage de la Méthodologie kantienne de la raison pratique, que le terme de *Gemüt* utilisé dans ce contexte appelle un « dépassement du dualisme éthique vers une anthropologie plus radicale » ouverte à l'idée d'une « *affinité* de la sensibilité et de la rationalité ». Ajoutons que la thèse de l'unité originaire de la *personnalitas transcendantalis* et de la *personnalitas moralis*, impliquée elle-même dans la théorie du *Gemüt* esquissée en plusieurs endroits de l'œuvre de Kant, exclut à son tour l'idée d'un parallélisme entre « synhèses » correspondantes et dénonce implicitement ce parallélisme comme l'effet d'une abstraction méthodique : cette unité doit être cherchée en-deçà de toute *synthèse* – c'est-à-dire de toute opération – dans la constitution ontologique de l'homme. Qu'est-ce que l'*esprit*, en effet, sinon ce qui s'éprouve et s'appelle soi-même inconditionnellement dans l'intimité et dans l'inconfort d'une souffrance originaire ?

La singularité du mode de manifestation visé dans le « respect » est mise en évidence dans un passage de la deuxième *Critique* qui résume d'ailleurs toutes les difficultés aperçues dans les pages précédentes : « l'hérérogénéité des principes de détermination (empiriques et rationnels) est révélée par [la] résistance d'une raison pratiquement législative contre tout penchant qui tend à s'y mêler *par une espèce particulière de sensation (Empfindung)* qui ne précède pas la législation de la raison pratique, mais est au contraire produite uniquement par elle et comme une espèce de coercition, c'est-à-dire par ce sentiment d'un respect tel que nul n'en a pour ses penchants, de quelque espèce qu'ils soient, mais qu'il en a pour la loi »[1]. Le choix, tout d'abord, du terme de *sensation* (ou d'*impression*) pour caractériser l'auto-révélation de la raison pure, marque l'indépendance de cette révélation par rapport à l'ouverture préalable, par l'imagination transcendantale, de l'horizon de perceptibilité dans lequel se tiennent les objets accessibles à notre faculté de représentation – autrement dit par rapport à la structure de la transcendance à laquelle Heidegger s'efforce de ramener tout ce qui est phénoménalement possible. Il dénote l'*immanence* d'un mode de manifestation qui seul s'accorde avec l'idée d'une raison pratique puisqu'il appartient à celle-ci de tirer non du dehors (comme la raison théorique) mais d'elle-même son objet. *La raison vient à soi dans la passivité d'une impression originaire qui en matérialise la forme même*. Et cette passivité ne peut plus être confondue avec la réceptivité impliquée dans le procès de détermination de l'objet de connaissance : l'analytique de la raison pure pratique se distingue de l'analytique de la raison théorique en cela qu'« ici, la sensibilité n'est pas du tout considérée comme capacité d'intuition [empirique ou pure] »[2]. Le dédoublement du concept de sensibilité est accompli, comme nous l'avons dit déjà, au moment où le *sentiment* se trouve ainsi opposé à l'*intuition* et où la sensibilité, jusque là simple composante de l'opération synthétique qui institue le monde comme représentation, s'affirme comme un pouvoir de révélation à part entière. Que ce dédoublement ait une portée transcendantale, c'est ce dont témoigne, dans le texte kantien, la détermination du respect comme « sentiment *a priori* » (et non plus seulement « pur »).

Certes, « un sentiment [...] qui n'est pas d'origine empirique et qui est connu *a priori* » ne peut être, selon Kant, que le *résultat* d'une action de la raison sur la volonté ou ce qui se produit, pour ainsi dire, à l'*occasion* d'une telle action. Le respect pour la loi, répète à l'envi

1. *Op. cit.*, p. 98. Nous soulignons.
2. *Ibid.*, p. 96.

l'auteur de la deuxième *Critique*, est produit par la loi elle-même ; il n'est rien de tel qu'« une espèce particulière de sentiment qui serait antérieur à la loi et lui servirait de fondement »[1]. L'« impression » évoquée à l'instant est explicitement l'impression de la forme de la loi sur notre personne. Mais notre question revient toujours de savoir comment la personne pourrait être sensible à l'action de la loi (distincte pourtant de toute action empirique), si la forme de la sensibilité n'était d'avance accordée avec la forme de la raison et cet accord lui-même enraciné dans l'essence de la manifestation comprise comme manifestation de soi.

Les hésitations de Kant au moment de déterminer la nature et l'origine du respect donnent un poids supplémentaire à cette question. Quels sont, en effet, les traits essentiels d'un sentiment qui, seul de son espèce, constitue par lui-même une exception non seulement au partage habituel des rôles entre la sensibilité et la raison, mais encore au critère qui présidait, dans la *Critique de la raison pure*, à la distinction de tous les objets en général en phénomènes et noumènes ? Après avoir défini le respect comme un « sentiment favorable à l'influence de la loi sur la volonté » et rappelé qu'une telle définition n'impliquait nullement qu'il y eût dans le sujet, antérieurement à l'action de la loi, de « sentiment qui le déterminerait à la moralité » – l'intention devant, en effet, être libre de toute condition empirique – Kant remarque que, nonobstant cette antériorité, « tout sentiment est sensible »[2]. Un sentiment intellectuel, précise-t-il, « serait une contradiction ». Il en résulte que, même si « la *cause* de [sa] détermination réside dans la raison pure », le sentiment sensible « est sans doute la *condition* du sentiment que nous nommons respect »[3]. Certes, la distinction mise en œuvre dans ce passage entre les termes de « cause » et de « condition » paraît s'appliquer au respect compris comme une affection déterminée d'une part, à la possibilité générale d'être affecté par... – c'est-à-dire à la sensibilité comme telle – d'autre part. Mais comment une affection déterminée est-elle possible, qui ne le serait pas en vertu de la structure générale de la sensibilité, et comment sa « cause » deviendrait-elle jamais opérante, si elle ne trouvait pour ainsi dire déjà réalisées en celle-ci les conditions susceptibles de la rendre telle ? *La raison ne pourrait imprimer sa forme à un sentiment quelconque si la sensibilité n'avait a priori la forme de la raison.*

1. *Ibid.*, p. 78.
2. *Ibid.*, p. 79.
3. *Ibid.* Nous soulignons dans les deux cas.

Le fondement de l'unité nouée, dans le respect, entre la raison et la sensibilité, ne se trouve pas dans quelque opération médiatrice mais dans la structure même de la sensibilité. La loi ne produirait aucun sentiment, elle ne prendrait jamais la forme d'un mobile, elle ne serait telle que devant l'entendement, *si la sensibilité n'était elle-même instruite a priori de la différence entre ce qui est et ce qui doit être*. Sans doute Kant a-t-il raison de nier qu'un sentiment particulier ait le pouvoir de fonder la moralité. Mais la raison n'aurait nullement un tel pouvoir, si elle ne rencontrait dans la sensibilité une puissance capable d'actualiser ses principes et d'en éprouver la force impérative. C'est pourquoi la raison et la sensibilité sont faites, pour ainsi dire, *de la même chair*. Elles doivent être regardées non comme deux fonctions ou comme deux éléments hétérogènes dans un rapport où l'un exercerait une mystérieuse « influence » sur l'autre, mais comme deux points de vue différents sur l'essence d'une manifestation qui, dans le respect, devient elle-même quelque chose de manifeste. Raison sensible au cœur. Cœur sensible à la raison. Identité de la raison et du cœur dans une expérience apriorique où les conditions qui permettent à la raison de s'affecter elle-même sont aussi celles qui permettent à la sensibilité de se réfléchir et de se faire règle.

d) Pathétique de la raison pure pratique

Encore faut-il préciser les modalités d'un dédoublement dont nous n'avons jusqu'à présent exposé que le principe le plus général et dont l'effet le plus important est d'infirmer l'apparente nécessité du lien qui unit la sensibilité à la *nature* et au *moi empirique*.

Le moindre des paradoxes que présente le sentiment du respect n'est pas, en effet, que celui-ci inhibe l'amour de soi et inverse la direction donnée par la nature à l'ensemble des « penchants » et des « inclinations » qui, entre les deux pôles du plaisir et de la peine, en attestent la réalité en nous-mêmes. C'est cette inversion qui oppose le respect, comme « sentiment pratique », aux sentiments dits « pathologiques ». Les preuves abondent, jusqu'à l'introduction, relativement tardive dans le texte kantien, du thème du respect – présenté d'ailleurs comme l'exception qui confirme la règle –, de l'adhésion de Kant à une conception naturaliste de la sensibilité où l'on peut voir l'expression d'un *préjugé anthropologique* étranger à l'ordre transcendantal des raisons et qu'une approche plus conséquente de ce thème doit donc nous amener à critiquer comme tel. Dans la mesure où cette conception est indissociable de l'idée selon laquelle le sentiment qui nous attache à notre propre individu prime tous les autres – l'égoïsme se trouvant être ainsi, pour chacun, la marque la plus constante de sa dépendance par rapport à une nature étrangère aux impératifs de la moralité –, la critique du préjugé dont elle procède sera aussi pour nous celle d'une raison incapable de concevoir positivement sa propre incarnation.

Or si, à la question : comment le respect est-il possible ? nous répondons : en vertu de la structure interne de la sensibilité et de la relation d'essence qui accorde *a priori* celle-ci avec la forme de la loi, nous nous trouvons bientôt justifié à rompre avec ce préjugé et à penser sur le plan même de la sensibilité une ouverture à l'universel qui manquerait, sans celle-ci, de la prégnance propre à en manifester réellement la requête dans le champ de notre expérience. La possibilité d'un « sentiment favorable à l'influence de la loi sur la volonté » est en effet celle d'une épreuve *instruisant le procès de l'individu* et avec lui précisément des « penchants » et autres « inclinations » censés résumer l'influence de la sensibilité dans le domaine pratique. Elle montre que la « sensibilité d'un être raisonnable » n'est pas d'abord un obstacle mais une condition positive de l'ouverture et du décentrement qui consacrent son existence.

L'expérience qui révèle originairement à soi, dans le respect, la contradiction de l'être et du devoir-être, et réalise ainsi sur le terrain même de la sensibilité les conditions propres à rendre la loi opérante, coïncide en effet avec l'émergence de la personne. *Elle fait surgir comme telle la différence entre l'individu et la personne* et lui applique les termes d'une opposition en regard de laquelle la seconde apparaîtra non comme une donnée mais comme une tâche.

C'est bien, pour Kant lui-même, la sensibilité à la loi qui définit l'existence personnelle. Mais le sentiment qui rend cette sensibilité effective ne s'*applique* pas seulement aux personnes [1], il *constitue* encore celles-ci comme des fins étrangères autant à la nature et à ses lois qu'aux affections purement individuelles qui en perpétuent indirectement la tyrannie en nous-mêmes. L'institution de la personne ne fait qu'une avec la destitution de l'individu. Et elle a son principe non dans une opération mais dans un événement immédiatement et passivement éprouvé comme tel.

Kant insiste à plusieurs reprises, de fait, sur la passivité du respect. Et il le fait en des termes qui sont loin d'être indifférents puisqu'ils l'amènent à prêter au « se sentir » du sujet affecté par la loi la structure même du souffrir. Ce n'est pas seulement qu'un tel sentiment – comme tout sentiment – « se produise malgré nous » [2] ou qu'il s'oppose au

1. Par opposition aux choses.
2. *Op. cit.*, p. 88.

sentiment de plaisir[1] : il doit encore « humilier » l'individu, « terrasser » la présomption[2]. Cette *hyperbole de la passivité* permet seule à la sensibilité d'accéder au savoir de soi. Elle seule provoque, au cœur du « soi » naturel, la fission qui en dénonce l'illusoire autarcie. Passivité immédiatement affectée par son propre pâtir – vulnérabilité et *douleur* : telle est la sensibilité propre au sentiment du respect. Kant n'hésite pas à employer le mot au début du chapitre qu'il consacre au mobile pratique. Et il le fait d'une manière qui pourrait nous faire douter que ce qui sera ensuite désigné comme l'*effet* de l'action de la loi sur la volonté n'en soit pas aussi bien la *condition* : « la loi morale, comme principe déterminant de la volonté, doit, parce qu'elle porte préjudice à tous nos penchants, produire un sentiment qui peut être nommé de la douleur »[3].

Que la *passivité* du souffrir ait seule le pouvoir de faire apparaître la *nécessité* de la loi, que le Je-dois soit non empiriquement mais transcendantalement un Je-souffre, c'est, sans doute, ce que nous ne pourrons établir que lorsque nous mettrons en évidence, pour assumer dans le domaine pratique la thèse selon laquelle le temps est la condition de tout apparaître, la *structure temporelle de l'inconditionalité*. Mais il est possible de relever dès à présent dans le texte kantien d'autres formules accordées à cette suggestion et dessinant en pointillé les grandes lignes d'une phénoménologie de la souffrance. Nous nous rendrons compte alors que celle-ci constitue la présupposition permanente, non seulement de la solution apportée par Kant au problème du fondement de la morale, mais encore de l'émergence et de l'élaboration du problème lui-même.

On lit ainsi que la volonté de l'être raisonnable est astreinte, dans le respect, à « ne le soumetre à aucun but qui n'est pas possible d'après une loi *pouvant tirer son origine de la volonté du sujet passif (leidenden) lui-même* »[4] (Barni traduit plus explicitement : « *du sujet même qui souffre l'action* ») ; puis qu'une telle astreinte présente un caractère *insupportable*[5] ; enfin qu'elle se rapporte à une affectivité structurée, de manière irréductible, par la polarité du souffrir et du jouir[6]. N'est-ce pas dire que le respect n'est possible que pour un être capable de

1. *Ibid.*, p. 81.
2. *Ibid.*, p. 77-78.
3. *Ibid.*, p. 76.
4. *Ibid.*, p. 92. Nous soulignons.
5. *Ibid.*, p. 93 : « L'honnête homme [...] ne peut supporter d'être à ses yeux indigne de vivre » et dans cette souffrance d'indignité seulement se sait déterminé à exister par devoir.
6. *Ibid.*, p. 94.

souffrance ? Nous ne considérons pas, ce disant, l'*objet* du respect mais sa *modalité* phénoménale. Que la souffrance ait en plus le pouvoir de fournir au respect son objet, qu'elle fonde encore ce que nous appellerons ultérieurement la *préférabilité inconditionnelle de l'Autre*, c'est ce qu'une phénoménologie de la souffrance plus complètement développée nous permettra de déterminer. Mais il n'est pas trop tôt pour remarquer que, dans la souffrance – et dans la souffrance seulement –, ce n'est pas l'autre mais moi qui suis de trop. Au prix d'une telle excentration, au prix d'une telle destitution des privilèges attachés comme naturellement à l'*ego* et au sentiment qui en traduit psychologiquement (dans l'amour de soi) la réalité en nous-mêmes – au prix d'une telle dénucléation du Je seulement le respect est possible.

Il en résulte que *la raison n'est pratique que pour autant qu'elle se souffre elle-même.* Mais la souffrance se montre alors, réciproquement, comme la naissance d'un intérêt pur pour la raison sans lequel celle-ci ne susciterait jamais chez le sujet qu'une conformité extérieure à la loi. Elle délimite le champ d'application du principe moral en référant l'universel non au pur concept d'un être raisonnable mais à tous ceux que leur *commune capacité de souffrir* rend susceptibles, comme personnes singulières, d'un tel intérêt pour la raison et fait pour cela membres d'une même humanité [1].

Cette réciprocité justifierait le renversement de l'ordre prescrit par Kant pour l'analytique de la raison pratique laquelle doit, au rebours de l'analytique de la raison théorique, « commencer par la possibilité des *principes* pratiques *a priori* », « de là seulement [...] passer aux concepts des *objets* d'une raison pratique, c'est-à-dire du bien et du mal absolus pour les donner conformément à ces principes », et conclure avec la question du « rapport de la raison pratique à la sensibilité et de l'influence nécessaire [...] de la première sur la seconde, c'est-à-dire du *sentiment* moral » [2]. Non qu'il s'agisse d'en revenir à l'affirmation de quelque « bonne nature » dont la sensibilité humaine porterait témoignage ou de réactiver, en contradiction avec nos propres principes de méthode, une hypothèse anthropologique contestable et au demeurant ruineuse pour une philosophie pratique ne pouvant sans inconséquence cesser de se référer au concept d'autonomie. Mais aussi nous sommes-nous contenté d'enraciner la raison pratique

1. Sans cette référence immanente, l'universalité resterait dans le domaine pratique un concept vide. Nous verrons par ailleurs – selon une ligne de réflexion inaugurée par H. Cohen – comment elle désigne implicitement la religion comme l'horizon irréductible de la vie morale.

2. *Op. cit.*, p. 96.

dans la structure de la phénoménalité et d'identifier les conditions lui permettant de s'affirmer comme telle dans le champ de notre expérience avec les conditions qui assurent la phénoménalisation de cette structure elle-même. Aucune hypothèse anthropologique particulière n'est impliquée dans une démarche qui ne vise à rien d'autre qu'à mettre en évidence le lien qui unit la possibilité de la morale et la possibilité de l'expérience et la manière dont elles s'apparaissent ensemble au sein de l'existence en première personne.

Il nous faut pour cette raison écarter l'objection selon laquelle ce que nous accordons à la *passivité*, nous le retirons à la *liberté* : la passivité détermine au contraire l'émergence de la liberté comme liberté morale. Voir dans la souffrance l'origine de la raison pratique, c'est dire non que la liberté n'est rien mais qu'elle a originairement la forme de la protestation. La souffrance ne détermine pas mécaniquement l'homme au bien [1] : elle *rend possible* un mode d'affirmation de la liberté dénonçant à la fois les illusions de la volonté de puissance et un mode de conformité à la loi – ou une manière de « faire son devoir » – qui risquerait, faute de ce point d'ancrage, d'en hypostasier la forme et de la retourner contre les intérêts réels de la personne [2].

Dans un autre contexte, Kant lui-même esquisse, à propos du sentiment du sublime, une typologie des affections qui, par bien des côtés, plaide en faveur d'une telle conciliation. C'est ainsi en particulier qu'il distingue entre un « désespoir *découragé* » et un « désespoir *révolté* » [3] et trouve, dans l'intimité du même sentiment, tantôt un enlisement et une pétrification donnant au *pathos* l'apparence d'une détermination naturelle, tantôt une résistance impérative à cette première tendance et un élan vers l'Idée. Cette alternative montre que la liberté trouve encore sa place au cœur du sentiment. Elle fait pièce à la compréhension, propre à M. Henry, de l'affectivité comme non-liberté. La souffrance, certes, *suspend* la liberté mais ce suspens, loin d'*annuler* celle-ci, la révèle au contraire à elle-même ; il est l'instance paradoxale qui inscrit en son propre centre les conditions qui la constituent comme telle. Comment expliquer d'ailleurs, si l'autonomie n'étaient préservée

1. L'affirmer serait confondre la notion de *condition* et celle de *cause* et manquer absolument la signification transcendantale du fondement.

2. C'est en ce sens qu'Hannah Arendt peut écrire qu'Eichmann le nazi pouvait sincèrement croire n'avoir fait « que son devoir » et s'être scrupuleusement conformé à l'impératif kantien lorsque, pendant son procès, il en appela explicitement à l'auteur de la *Critique de la raison pratique* – non certes sans déformation – pour tenter de justifier sa conduite (*Eichmann à Jérusalem*, *op. cit.*, p. 152-155).

3. *Critique de la faculté de juger*, Paris, Vrin, 1968, § 29, p. 109.

là où vacillent tous nos pouvoirs, que la même expérience puisse donner lieu indifféremment à vengeance ou à compassion ? *Une expérience n'est pas une nature.* La passivité qui fait pièce, dans la souffrance, au « libre déploiement » des possibilités issues de l'éclatement ekstatique de la temporalité, est la manière même dont ces possibilités prennent corps et nous requièrent. Elle fait d'elle l'« expérience intérieure de la liberté ». L'expérience-limite de l'univers concentrationnaire, par les conduites opposées qu'elle a pu susciter, témoigne assez de ce que la souffrance, loin de l'anéantir, reconduit à lui-même un pouvoir des contraires qui perd seulement, dans cette extrémité, son despotisme.

e) Le devoir à la source

Deux problèmes soulevés par la philosophie pratique de Kant nous paraissent pouvoir trouver dans ces propositions le principe de leur solution. L'un concerne l'origine du concept de devoir. L'autre, les conditions susceptibles de donner à ce concept un contenu réel.

On a pu remarquer en effet que l'origine du concept de devoir restait, chez Kant, mystérieuse [1]. Kant se donne ce concept sans se soucier d'en faire la genèse. D'où vient, cependant, qu'il y ait du devoir et que commencent de se poser les questions morales ? Et pourquoi ces questions demandent-elles à être élaborées en termes de fondement ou de justification et non seulement de fonction ou d'utilité ? Ce problème, on le voit, regarde autant la possibilité propre que le contenu de la philosophie morale. Sa portée est à la fois éthique et métaéthique. Il est patent que la question « que dois-je faire ? » suscite – comme la question « que puis-je connaître ? » – une question de second degré portant sur ses propres conditions d'émergence et d'élaboration. Une approche transcendantale de la moralité se doit donc de traiter ensemble ces deux questions.

Deux remarques, à cet égard, s'imposent immédiatement : la première est que la question « que dois-je faire ? », qui ouvre explicitement le champ de la philosophie pratique de Kant – et, sans doute, de toute philosophie pratique –, n'a de sens que par rapport à la question qui en constitue implicitement le négatif : « que *ne* dois-je *pas* faire ? » [2]. La seconde est que ce non-devoir-*faire* ne se constitue lui-

1. Ainsi I. Radrizzani, « Kant répond-il à la question : 'que dois-je faire ?' », *Revue internationale de philosophie*, 1988, n° 3, p. 171-288.

2. *Ibid.*, p. 276. Par référence à ce non-devoir-faire seulement la loi morale : α) s'adresse à la liberté en ouvrant devant elle une authentique alternative ; β) acquiert une force dont le mode d'influence sur la volonté se montre essentiel-

même que sur le fond d'un non-devoir-*être* qu'il serait vain de référer à son tour à quelque norme préexistante (une telle hypothèse condamnerait l'analyse à la régression à l'infini ou à la circularité) et qui doit donc s'apparaître immédiatement comme tel dans une expérience apriorique.

Or tel est précisément le mode d'être du *mal* éprouvé par la conscience dans l'instant du souffrir. Parce qu'elle proteste contre sa propre existence, parce qu'elle fait de l'impossible la mesure de l'injustifiable, parce qu'elle en appelle – c'est là le moment d'affirmation qui la distingue de tout sentiment « réactif » au sens de Nietzsche – à une justification dont l'Idée se trouve ainsi proprement donnée, la souffrance est l'origine véritable d'un concept qui perdrait, s'il n'était pas directement ou indirectement référé à son cri, tout pouvoir de susciter une conduite ou une réflexion authentiquement morales. Sans doute, le concept du devoir suppose celui de la liberté. Mais l'auto-limitation de la liberté est constitutive, dans le devoir, de l'acte même qui la pose. C'est pour avoir méconnu la passivité transcendantale du souffrir que Fichte a dû a son tour laisser impensée la solidarité absolue de ces deux concepts. Le mal est l'*événement ontologico-métaphysique* sans lequel le problème moral ne se poserait tout simplement pas et en référence auquel seulement l'ensemble des concepts moraux prennent sens. Il est donc ce que présuppose inévitablement toute recherche d'un fondement en raison du fait moral et plus généralement toute réflexion morale. Non que nous confondions, ce disant, la notion de fondement et celle d'origine. Mais il n'y a pas d'autre manière d'échapper aux apories dans lesquelles s'enferme fatalement toute stratégie fondationnelle maintenant hors de soi son origine [1], que d'*identifier origine et fondement*.

Mais la solution de notre premier problème – celui de l'origine du concept de devoir – commande alors celle du second. A la question de savoir comment la loi morale peut n'avoir pas seulement une nécessité logique mais trouver encore la chance de voir transformée en motivation réelle la règle de cohérence à laquelle Kant ramène finalement son contenu, on ne peut répondre en effet qu'en attribuant à ces notions mêmes de nécessité et de cohérence un contenu phénoménologique approprié. La seule vérité de l'interprétation heideggerienne de Kant dans le domaine pratique tient à l'effort accompli alors

lement distinct de celui d'une causalité naturelle ; γ) voit son champ d'application délimité.

1. La pragmatique transcendantale de K.O. Apel nous en offrira plus loin un exemple.

pour donner à l'ensemble des notions relevant de ce domaine un contenu compatible avec les conditions les plus générales de la finitude. Nous avons eu toutefois l'occasion de dire comment une conception de la phénoménalité indexée sur la seule temporalité ekstatique interdisait qu'un tel contenu fût trouvé : où le possible est la structure de toute réalité, où tout ce qui se manifeste se manifeste dans l'horizon d'avance ouvert par la transcendance, où rien ne vient briser l'élan de ce qui ainsi perpétuellement s'avance et s'échappe à soi-même, une expérience est inconcevable qui donnerait à la forme de la loi un contenu réel. L'irréductible contingence du « temps originaire », loin d'en fonder ontologiquement la notion, ruine alors sans retour la possibilité d'un sentiment moral. *Nécessaire*, rappelions-nous plus haut, est ce dont le contraire est l'impossible : ainsi le concept positif du devoir tire lui-même son sens de la relation qui l'unit *a priori* à l'idée de ce qui ne doit pas être. Mais l'impossible doit être alors donné à son tour selon un mode propre. Un mode de temporalisation est-il concevable, dont la prodigalité s'accorderait avec l'inconditionalité de l'impératif et permettrait à celle-ci d'accéder elle-même à la manifestation et à l'existence ?

Un tel mode de temporalisation n'est pas seulement concevable, il est la possibilité la plus propre de l'expérience du mal. C'est souffrir, en effet, que d'être soi en ne pouvant l'être. Nous ne souffririons pas si l'ekstase était la structure ultime de la temporalité. Le mal brise l'élan de la transcendance. Il est l'*époché* du possible en tant que possible. L'impossible est, dans la mesure où le mal est. Irréductible à la contradiction logique, il apparaît, dans un tel suspens, comme la manière même dont la loi *reçoit* la forme impérative qui lui fraye, comme loi morale, une voie jusqu'à la conscience et à la volonté du sujet fini. C'est à l'impossibilité réelle de continuer-d'être-ainsi comme le soi même que l'on est dans le temps suspendu et dans la solitude absolue du souffrir que doit être mesurée l'inconditionalité de la loi, et non à quelque principe étranger à la matérialité de l'existence effective.

La nature « rationnelle » de la loi n'est nullement infirmée par de telles propositions. Celles-ci témoignent au contraire de ce que sensibilité et rationalité sont comme deux faces, deux aspects indissociables d'un phénomène unitaire qui, dans la souffrance, révèle son visage de Janus. Si, d'un côté, la raison ne devient pratique qu'en se souffrant elle-même, de l'autre, la souffrance a déjà en soi la forme que le jugement moral, en se référant à sa loi, accueillera dans sa maxime. Cette réciprocité manquait d'une assise suffisante tant que n'avait pas été mise en évidence la structure temporelle de l'inconditionalité – bref l'événement qui introduit dans cette structure elle-même la sorte d'*impossibilisation* sans laquelle les possibilités prescrites par la loi morale n'apparaîtraient jamais comme nécessaires. Cette impossibilisation transforme seule le pouvoir-être en devoir-être et la durée indifférente en requête de justification.

La souffrance n'a donc pas ici le statut réservé par Kant aux sentiments « pathologiques ». Elle n'est pas davantage leur « principe » commun [1]. Elle est l'événement ontologique en lequel la forme de la loi, rendue sensible comme telle, se montre indiscernable de la forme de l'expérience comprise alors comme la forme de l'existence en première personne. Nous tiendrons donc cet événement pour la présupposition irréductible du « fait-de-la-raison ». Si le mal est l'*impensé* de l'ontologie heideggerienne, il n'est pas moins – en ce sens précis [2] – le *présupposé* de la pensée kantienne.

Au terme du double mouvement qui nous a permis de reconduire l'*Ereignis* heideggerien à sa présupposition éthique puis d'accorder le *factum rationis* kantien à sa propre possibilité ontologique, *le rapport d'implication mutuelle unissant ces deux notions paraît fermement établi* [3].

1. Quoiqu'en ait un hédonisme dont nous sommes en vérité au plus loin.

2. E. Weil a montré, dans ses *Problèmes kantiens*, comment le « mal radical » était chez Kant « condition de possibilité de la loi morale ». Mais le concept kantien du mal radical ne suffit pas en réalité à rendre compte de ce qui fait du mal ce qu'il est. Il méconnaît l'antériorité logique et phénoménologique de la souffrance sur la faute et sur la possibilité de la faute. Encore moins peut-il jeter un pont entre l'ontologie et la morale.

3. La phénoménologie réflexive dont les premiers pas accompagnent notre commentaire de la *Krisis* trouve ainsi un aboutissement provisoire. Certes, l'auto-réflexion de la phénoménologie est d'abord sa promotion *ontologique* : c'est bien, en effet, la possibilité même d'être qui se trouve mise en question dans l'instant du souffrir. Mais le mal est immédiatement éprouvé comme ce-qui-ne-doit-pas-être : l'expérience de l'être en tant qu'être enveloppe une exigence puisant dans l'excès du mal, sanction de notre finitude, les forces qui soutiennent son propre appétit d'inconditionné. L'auto-réflexion de la phénoménologie est aussi bien de ce point de vue sa promotion *éthique* ; elle justifie l'idée d'une éthique comme philosophie première. Mais si l'ontologie n'est pas autorisée – sauf à se couper de cela même qui la guide intérieurement – à réduire comme inessentielles les questions qui, explicitement ancrées dans l'expérience du mal, relèveraient seulement d'une « conception morale de l'existence », l'éthique ne saurait quant à elle sacrifier la question de l'être à l'obsession d'un Bien « au-delà de l'être ». Enraciner le questionnement ontologique dans l'expérience du mal, c'est affirmer l'unité de l'interrogation philosophique et se donner le moyen d'embrasser systématiquement ses différents aspects, tout en lui donnant un fil conducteur accessible à la description.

L'analyse n'en devra pas moins surmonter pour finir deux difficultés qui en limitent encore la portée :

a) Notre thèse, selon laquelle la raison ne commande inconditionnellement qu'à un être capable de souffrir et de reconnaître dans les autres, identiquement, d'autres êtres capables de souffrance – l'expérience du mal *réalisant* alors entre les hommes, en les dépouillant de tout, la condition d'égalité sans laquelle ils ne pourraient se savoir membres d'une même humanité ni entrer par contrat dans une société de droit – soulève d'abord un problème analogue à celui que Fichte relevait dans la philosophie de Kant lorsqu'il constatait l'absence, dans celle-ci, d'une véritable déduction de l'intersubjectivité : *comment, en effet, en venons-nous à l'admission d'autres êtres raisonnables hors de nous et, qui plus est, à leur admission comme fins en soi* ? Au-delà des quelques indications distillées sur ce point dans les pages précédentes, il appartiendra donc à une phénoménologie de la souffrance de montrer comment une telle admission est possible – comment, autrement dit, *la donation d'autrui est impliquée dans l'évidence même du Je-souffre*. Nous ne manquerons pas le moment venu de composer – en empruntant d'ailleurs à Fichte une méthode que celui-ci appliquait, dans le cadre de son examen critique du problème du fondement de la représentation, aux positions divergentes de l'idéalisme et du réalisme – la mystique de l'immanence radicale (dont nous avons trouvé le modèle chez M. Henry) et la métaphysique de la transcendance [1] radicale (dont l'œuvre d'E. Lévinas nous fournira l'exemple).

b) La deuxième difficulté touche la conjonction opérée, à ce terme provisoire de la recherche, entre l'idée d'un *a priori matériel* et celle d'un *fonctionnement normatif de l'a priori*. S'il est vrai que les conditions qui permettent à la raison de s'affecter et d'acquérir la réalité d'un mobile pratique sont les conditions mêmes qui permettent à la sensibilité, réciproquement, de se réfléchir et de se faire règle, il resterait en effet à dire plus clairement comment cette « réflexion » et cette « formalisation » elles-mêmes se produisent. Certes, notre postulat d'identité appliqué au rapport entre Temps et Raison nous a permis de tenir pour indépassable la réciprocité des propositions touchant ces deux déterminations concurrentes du fondement. Mais *notre prétention de tenir, contre Heidegger, le Je-souffre pour le seul événement véritablement fondateur, et d'y ramener, contre Kant, le Je-pense et le Je-dois envisagés alors comme deux spécifications de son unique instance*, nous ferait obligation d'éclairer plus particulièrement la

1. En un sens du mot « transcendance » qui ne sera donc plus heideggerien.

manière dont un *a priori* matériel peut ainsi ouvrir à partir de soi un champ pratique régi par certaines propriétés formelles universalisables. L'« éthique matériale » de M. Scheler offrirait sans doute, sur ce point, plus d'un développement fécond. Mais, outre l'abîme qu'elle creuse entre l'« être » et la « valeur » et la méconnaissance où elle laisse leur articulation primitive au sein du phénomène [1], elle se constitue tout entière comme une éthique de la valeur *opposée* à une éthique de la norme. Ne faut-il pas introduire plutôt, contre cette séparation, une dialectique de la valeur et de la norme enracinée elle-même dans l'être du phénomène ? La souffrance n'est pas moins, en effet, ce qui détermine impérativement l'événement d'être, que ce qui « donne prix aux choses ». Elle ne *proteste* pas moins contre sa propre existence qu'elle ne *désire* ce qui s'annonce en celle-ci comme la source des possibles dont le sujet se trouve provisoirement sevré. C'est sur le seuil de cette dialectique que devra donc nous laisser le présent ouvrage.

Il nous faut défendre avant cela notre solution du problème du commencement de la philosophie contre l'objection massive issue de la philosophie du langage, selon laquelle *il n'y a pas de problème du commencement en philosophie*. Ce problème en effet est suspect de n'être, comme toutes les questions de « fondement » ou d'« origine », qu'un faux problème lié au paradigme idéaliste de la conscience. Or le langage se montre lui-même l'ennemi de tout ce qui est premier. Les mots nous montrent notre faiblesse ; ils dénoncent notre orgueil ; de tout premier, ils font un second, de tout événement une reprise, de tout commencement une fable. La philosophie vient toujours après. Sa seule chance – comme sa seule gloire – est de se savoir telle. Ce que nous avions appelé initialement la « troisième voie » dans la solution du problème qui nous occupe serait donc plutôt celle de sa dissolution. Elle est déjà en un sens celle de Heidegger puisqu'elle met en jeu, une fois dispersées les cendres du *Cogito*, l'énigmatique articulation du

1. Nous renverrons donc dos à dos le projet d'une ontologie pure et celui d'une axiologie pure. Là où Heidegger ignore la dimension éthique de la différence ontologique, Scheler ignore cette différence elle-même et omet du même coup d'interroger le fondement de sa propre distinction entre ce qui « est » (comme corrélat d'un acte de représentation) et ce qui « vaut » (comme corrélat d'une « perception-affective »). Il est certain que toutes nos perceptions-affectives, toutes nos intuitions axiologiques particulières s'accomplissent à l'intérieur du champ total et d'avance unifié de l'expérience possible. Mais il ne l'est pas moins que cette ouverture elle-même, loin d'être axiologiquement neutre, inscrit d'avance toutes les déterminations particulières de l'expérience dans ce qu'il faudrait appeler l'*horizon du préférable*.

comprendre et de l'interpréter au sein du « cercle herméneutique ». Mais elle est aussi celle de toutes les doctrines qui prennent acte de l'« universelle médiation du signe » et nient principiellement que la philosophie – comme d'ailleurs une pensée ou une conduite quelconques – puisse prendre son point de départ ailleurs que dans ce que P. Ricœur nomme « le plein du langage ». Elle engage donc une réflexion plus générale sur les rapports entre le langage et l'expérience.

TROISIÈME PARTIE

EXPÉRIENCE ET LANGAGE

(la voie pragmatico-herméneutique)

Nous avons rencontré la question du langage une première fois en proposant une détermination de la présence susceptible d'échapper à l'impasse dans laquelle s'engagerait fatalement toute philosophie qui, après avoir montré la nécessité d'en revenir à un « immédiat », à un sol d'expérience antérieur à la médiation du signe, n'en proposerait pas une conception *consistante avec sa propre possibilité* [1] ; et une deuxième fois en pensant la souffrance, dans l'effort qu'elle déploie pour échapper à son impossible solitude, comme l'auto-engendrement d'une Idée pratique projetant au-delà d'elle-même la forme *dialogique* de l'existence possible [2].

S'il n'est pas explicitement au centre de notre conception de l'*a priori*, le langage est donc bien loin de lui être étranger. Virtuellement compris dans l'essence du phénomène, il est à la fois sa *destination* la plus générale et le mode de *schématisation* privilégié de l'Idée engendrée par sa propre réflexion immanente.

Cette allusion à la doctrine kantienne du schématisme n'est pas fortuite : elle situe la place et le statut qui sont, pour une phénoménologie radicale, ceux du signe et de l'ensemble des institutions qui en dépendent. Si l'Idée, en effet, est l'auto-révélation impérative de la forme du sens au cœur de l'impression donatrice, le langage est l'élément dans lequel cette forme est appelée à se déterminer et à prendre corps. Mais c'est du langage lui-même alors qu'il faut dire qu'il *continue* toutes choses mais n'en *commence* aucune. C'est ainsi que la raison ne devient pas pratique en vertu de la communication linguistique mais trouve seulement, en celle-ci, un *medium* approprié à la nature de l'exigence qui la révèle originairement à elle-même. On peut sans doute concevoir le langage comme le schème de la loi morale, mais à condition de rappeler qu'au sens kantien de ce terme, le *schème* d'un concept n'en est pas l'*origine*. Aussi est-ce sans incohérence que nous avons plus haut rejeté l'idée d'un schématisme pratique et que nous la réintroduisons à présent dans l'analyse. Nous ne suivons plus en effet la voie régressive qui permet de percer à jour la *constitution* de la moralité mais la voie progressive qui permet d'en penser la *réalisation*. C'est sur cette deuxième voie qu'il faut situer le langage. Sa puissance ainsi se trouve pleinement reconnue mais n'en est pas moins désignée comme une *puissance seconde*.

1. Voir *supra*, ch. V.
2. Voir *supra*, ch. VII, § 3.

De cette secondarité, que concluerons-nous ? a) Sur le plan particulier de ce que nous venons d'appeler la théorie morale, qu'il n'est pas au pouvoir du langage d'engendrer le phénomène de l'obligation ou d'initier, entre l'être et le devoir-être, une différence qui, sans doute, s'épanouit dans la discussion mais n'en procède pas ; en sorte qu'il convient de dire non *Je parle donc je dois* mais *Je dois donc je parle* ; b) sur le plan métaphénoménologique et métaéthique qui nous intéresse prioritairement ici, et qui est celui du rapport qu'entretient la réflexion philosophique avec sa propre possibilité, que la philosophie du langage ne peut sans inconséquence prétendre au titre de philosophie première [1].

Pour ne nous attacher dans les pages qui suivent qu'à celles, parmi les philosophies du langage, qui nous paraissent les plus accueillantes aux exigences propres de la réflexion, nous relèverons toutefois une différence entre la tentation *herméneutique* de dissoudre la question du fondement et la volonté, propre à la *pragmatique transcendantale*, de prendre en charge cette question et de lui donner un développement positif dans le cadre même d'une philosophie d'inspiration linguistique [2]. Notre critique consistera d'un côté à montrer que cette question est incontournable (ch. IX) et de l'autre à nier qu'elle puisse être assumée comme telle sans une référence primaire à une expérience de la conscience (ch. X). C'est à cette expérience elle-même que nous viendrons enfin en plaçant le langage sous le signe d'une primitive et toujours préalable ouverture à l'Autre (ch. XI).

1. Cette distinction en plans n'a qu'une valeur relative, si la question du commencement de la philosophie est la question même de ce qui peut déterminer l'homme à faire le choix du discours raisonnable et, ainsi, d'un mode du vivre conforme à son humanité. Car elle intéresse alors *eo ipso* la théorie morale.

2. Même si la pragmatique transcendantale se donne plus volontiers pour une *synthèse* de la philosophie de la conscience et de la philosophie du langage.

CHAPITRE NEUF

APPARTENANCE ET DISTANCIATION

1. Le paradigme du jeu

Par-delà l'emploi restreint de ce terme dans le champ de la théologie puis son élaboration romantique par Schleïermacher, par-delà même les remarques épistémologiques de Dilthey sur la différence entre l'« explication » et la « compréhension » et sur le type de rationalité impliqué respectivement dans les sciences de la nature et dans les sciences de l'esprit [1], c'est à H.G. Gadamer qu'il revient d'avoir élevé l'herméneutique au rang d'une philosophie. Il le fait en donnant une forme déterminée au cercle de la compréhension mis au jour par Heidegger dans *Etre et temps* et en montrant sa fécondité dans des champs de réflexion de prime abord dégagés de la fascination pour l'être en tant qu'être. Non que les analyses parallèles mises en œuvre dans *Vérité et méthode* [2] dans les sphères esthétique [3], historique [4] et linguistique [5] ne reconduisent elles-mêmes en dernière instance au projet d'une « ontologie herméneutique » [6], mais c'est de manière indirecte et au prix d'une redéfinition appropriée des notions d'« être » et de « vérité » dans les termes d'un discours instruit des conditions et, partant, de la relativité de tout discours, fût-il philosophique. L'herméneutique telle que l'entend Gadamer est précisément l'explicitation

1. Sur tout ceci, cf. P. Ricœur, *Essais d'herméneutique I* (*Le Conflit des interprétations*, Paris, Seuil, 1969) et *II* (*Du Texte à l'action*, Paris, Seuil, 1986), et particulièrement *II*, p. 75-100.

2. Paris, Seuil, 1976 (traduction partielle) / *Warheit und Methode*, J.C.B. Mohr, Tübingen, 1960.

3. Correspondant à la section I.

4. Correspondant à la section II.

5. Correspondant à la section III.

6. Comme l'atteste le ch. 3 de la section III.

systématique de la structure caractéristique, selon Heidegger, du rapport qui unit le *Dasein* à son être : le « toujours-déjà »[1]. Cette structure dit la finitude du *Dasein*, s'énonce temporellement en termes de présupposition et d'anticipation et se montre enfin, à travers l'unité de ces deux aspects, comme la structure même du sens.

C'est à l'analyse du concept de « jeu » qu'incombe initialement l'exemplification d'une telle structure. Certes, cette analyse a en apparence une portée plus restreinte puisqu'elle sert à caractériser, au cœur de l'expérience esthétique, la nature du rapport noué entre l'œuvre d'art et celui auquel elle s'adresse. Mais ce qui importe, c'est que ce rapport ne puisse être décrit – dans les termes de la théorie classique de la connaissance – comme un rapport spéculaire entre un « sujet » et un « objet » qui se tiendrait devant celui-ci comme son vis-à-vis (*Gegenstand*), mais seulement comme un rapport d'*appartenance* préexistant à la position séparée des termes qu'il unit[2]. Il est facile de remarquer d'abord, à cet égard, qu'il y a un sérieux du jeu, sans lequel ceux qui participent à celui-ci ne joueraient pas vraiment : pour jouer, il faut s'impliquer dans le jeu, être, comme on dit, « tout au jeu ». A ce trait psychologique s'en ajoute un autre, d'ordre éidétique : le jeu n'existe que dans son exécution, pour autant seulement qu'il se joue ; il n'a pas de réalité substantielle. Il est alors possible, en combinant ces deux traits, d'affirmer la thèse essentielle du « primat du jeu par rapport au joueur »[3]. L'appartenance du joueur au jeu est une condition de possibilité du jeu. Celui-ci s'arrêterait donc si celui-là, refusant de se perdre en lui, exigeait d'exister à partir de soi et revendiquait pour lui-même le statut de cause ou d'origine. En dernière instance, « le véritable sujet du jeu n'est pas le joueur mais le jeu lui-même »[4]. Le modèle du jeu, certes, n'est pas intolérant à toute réflexivité[5]. Mais cette réflexivité est précisément celle *du jeu* : c'est lui qui conduit et détermine les formes qu'elle revêt dans ce qu'il est convenu d'appeler la « conscience esthétique ». Loin de l'infirmer, elle renforce au contraire sa clôture.

Si l'on peut parler ici, en un sens, d'une « phénoménologie du jeu », le résultat de la description est donc plutôt la contestation du primat phénoménologique de la conscience comprise, ainsi qu'elle l'est

1. Entendons, dans ce sens, le fait qu'il ne soit pas lui-même le fondement de son être.

2. *Op. cit.*, p. 28 / 98 : « L'œuvre d'art n'est pas un objet placé *en face* du sujet existant pour lui-même » (nous soulignons).

3. *Ibid.*, p. 30 / 100.

4. *Ibid.*, p. 32 / 102.

5. *Ibid.*, p. 33-36 / 103-105.

par l'idéalisme transcendantal, comme une origine absolue et l'introduction d'un nouveau paradigme, non seulement pour l'esthétique, mais encore pour la philosophie générale. Il est facile, en effet, de transposer analogiquement l'analyse du jeu et de reconnaître, derrière la préséance du jeu sur le joueur et le rapport d'inclusion qui unit celui-ci à celui-là, la nécessaire préséance de l'histoire [1] mais encore et surtout du langage [2] sur la conscience et l'insertion structurelle de celle-ci dans le « jeu de la question et de la réponse ». La mise en œuvre de la méthode phénoménologique établit alors contre son auto-interprétation idéaliste, à la faveur de l'homologie suggérée entre ces trois domaines de référence (esthétique, historique, linguistique), les droits d'une philosophie herméneutique préservée des apories et des illusions qui étaient celles de la philosophie de la conscience et sommée finalement de chercher non dans quelque subjectivité fondatrice mais dans les ressources propres d'une dialogicité générale le vecteur de toute compréhension comme de toute expérience humainement possibles.

C'est en assumant cette situation primitive d'appartenance de la conscience au langage que Paul Ricœur, à la suite de Gadamer, est amené à nier la pertinence du problème du commencement en philosophie. Dans un article repris dans le tome II de ses *Essais d'herméneutique* [3] et malgré certaines divergences sur lesquelles nous reviendrons, il accepte d'abord l'équivalence entre finitude et appartenance puis introduit la structure de présupposition et d'anticipation qui place l'homme capable de compréhension *in medias res* et « jamais au commencement ou à la fin » [4]. Contre « l'harassante fuite en arrière de la pensée en quête de la première vérité et, plus fondamentalement encore, de la recherche d'un point de départ qui pourrait ne pas être du tout une première vérité », un texte plus ancien affirmait déjà les droits d'une méditation sur les symboles partant « du milieu du langage » et pour laquelle « la première tâche [ne serait pas] de commencer [mais] de se ressouvenir » [5]. Une symbolique du mal, certes, paraîtra plus

1. La réhabilitation de la tradition et du préjugé procède précisément de l'idée que nous sommes toujours d'avance inclus dans un « horizon » historique conditionnant *a priori* tout ce que nous comprenons ou pensons et soumis dès l'abord aux effets d'une « situation » par principe inconvertible en objet de connaissance. Cf. surtout, sur ces différents points, les pages 103 à 148 / 250 à 290.

2. Le langage est le « milieu universel » qui détermine à la fois l'opération herméneutique et son objet.

3. « Phénoménologie et herméneutique », *op. cit.*, p. 39-73.

4. *Ibid.*, p. 48.

5. « Herméneutique des symboles et réflexion philosophique », in *Le Conflit des interprétations*, *op. cit.*, p. 283.

d'une fois exiger le dépassement d'une telle alternative ; c'est ainsi que le péché originel signifie *à la fois* que « nous commençons le mal » [1] et que « nous ne commençons le mal qu'à partir d'un mal déjà là » [2]. Au plan de réflexion propre à l'herméneutique générale, de même, le concept d'« instance de discours », emprunté à Benveniste, rendra possible la dialectisation des notions opposées de point de départ et de milieu langagier, de commencement et de réminiscence. Mais la référence constante à l'idée d'une « liberté seulement humaine » [3] ne signifie rien d'autre, dans tous les cas, que l'impossibilité pour l'homme, soit comme sujet connaissant soit comme sujet agissant, de commencer absolument quelque chose. C'est pourquoi l'affirmation de Gadamer doit provisoirement être admise, selon laquelle « l'herméneutique ne peut connaître aucun problème de commencement » [4]. Le commencement d'une interprétation est en vérité une réponse ; il est relatif à une question préalablement posée à l'interprète dans l'horizon d'un processus intersubjectif de compréhension d'avance ouvert et dans lequel celui-ci se trouve situé en vertu non d'une décision souveraine de sa volonté mais de la structure même de son être. L'idée d'un commencement radical en philosophie, comme celle d'une fondation qui s'achèverait dans un *voir* dont une conscience absolue serait le lieu, procède de l'oubli de la finitude entendue comme l'appartenance de chaque homme au pot commun d'une humanité vouée à s'entretenir sans fin avec elle-même.

Du même coup, l'*épochè* phénoménologique devient semble-t-il sans objet : il ne s'agit plus tant de « réduire » en direction d'un fondement-évident que d'assumer positivement cette condition d'appartenance en *prenant part* au procès sémantique dans lequel nous sommes situés, dans le but de déployer en connaissance de cause la réalité polymorphe de notre être-dans-le-monde. La posture nouvelle du philosophe – à l'opposé de la prétention idéaliste de tenir le monde et, avec lui, l'histoire et le langage à distance par le biais d'une opération méthodique appropriée – est celle du participant-réfléchissant [5]. Loin

1. « Le péché originel : étude de signification », in *Le Conflit des interprétations*, *op. cit.*, p. 282. A bien des égards, d'ailleurs, l'herméneutique du mal sert de fil conducteur à l'herméneutique générale.

2. *Ibid.*

3. Sur cette notion, cf. déjà *Le Volontaire et l'involontaire*.

4. Gadamer, *op. cit.*, p. 327 / 448.

5. C'est aussi la manière dont elle est caractérisée par le dernier Habermas, que ses emprunts répétés à la pragmatique anglo-saxonne ont amené ainsi à nuancer sur ce point sa critique de Gadamer et à réviser sa propre position dans le cadre du débat

de lui conférer le pouvoir exorbitant de se retirer du jeu pour le voir s'accomplir et en évaluer « objectivement » la nature et les conditions, cette posture consiste, au contraire, dans l'explicitation par le philosophe de son engagement même dans une situation dont il libère ainsi les virtualités spéculatives [1].

Mais jusqu'à quel point une telle posture peut-elle ignorer la décision qui l'établit elle-même, comme réflexion sur la signification, à distance des modes et des usages linguistiques quotidiens ?

2. « Réduction » phénoménologique et « distanciation » herméneutique

Le rejet de l'idée d'un commencement radical en philosophie n'affecte nullement, en réalité, la question du commencement de la philosophie elle-même. Elle modifie tout au plus les termes de la question. S'il y a bien, en effet, une manière proprement philosophique de prendre part au jeu de la question et de la réponse, d'assumer son appartenance à la suite des générations et au pot commun du sens, de s'impliquer dans le procès d'interprétation dont les uns et les autres sommes, à chaque fois, un moment ou un segment, alors il y a bien aussi un problème touchant la possibilité et la motivation d'une telle participation, d'une telle assomption, d'un tel choix.

S'il n'y a pas de compréhension qui ne soit médiatisée par des signes et si penser consiste en dernière instance à interpréter des signes, qu'est-ce qui constitue une interprétation comme philosophique et lui permet de prétendre non seulement au sens mais encore à la vérité [2] ? S'il n'y a pas de pensée sans présupposition et si le programme d'une critique générale de tous les préjugés entre en contradiction, pour ce seul motif, avec les conditions mêmes de la compréhension et du discours humain, comment fera-t-on encore la différence, dans ce que l'on a déjà accepté, entre ce que l'on a bien fait d'accepter et ce que l'on

engagé une quinzaine d'années auparavant entre l'Herméneutique et la Critique des idéologies.

1. Aussi le projet particulier d'une « symbolique du mal » doit-il être compris dans cette perspective comme celui de « penser non point *derrière* les symboles mais à partir des symboles, *selon* les symboles », dans l'horizon de ce qu'eux-mêmes « donnent à penser », et à égale distance de l'allégorie et de la gnose.

2. Nous supposerons ici que cette prétention est constitutive du discours philosophique en tant que tel.

aurait mieux fait, au contraire, de ne pas accepter sans réfléchir [1] ? La reconnaissance du « rôle essentiel des préjugés en toute compréhension » ne saurait aller, de l'aveu même de Gadamer, au-delà du constat qu'« il y a des préjugés légitimes » [2] – à côté d'autres qui ne le sont pas. Mais elle ne fournit nullement le critère qui permettrait de distinguer les uns des autres. Il faut donc demander si l'illimitation du sens ne sanctionne pas l'exténuation du vrai et réexaminer dans cette perspective le cercle herméneutique. Condition positive de toute *compréhension*, n'obère-t-il pas la question philosophique de la *justification* [3] ?

1. Nous suivons ici V. Descombes, « Les mots de la tribu », *Critique*, n° 456, p. 431-2.

2. *Op. cit.*, p. 109 / 255.

3. Les difficultés liées à une telle situation sont illustrées de manière exemplaire par les hésitations de saint Augustin dans un passage du livre XII des *Confessions* concernant le sens à donner au « ciel » et à la « terre » dont fait mention la Genèse (*op. cit.*, ch. 13 à 32). Se refusant d'abord à choisir une interprétation plutôt qu'une autre et acceptant par hypothèse l'idée qu'elles soient « toutes vraies », Augustin ne peut néanmoins s'empêcher, dans une ultime prière, de penser que la notion de vérité n'est préservée que si l'un des sens disponibles est « plus excellent que tous les autres » et d'adopter en conséquence « une seule interprétation » : « celle dont Vous m'aurez fait connaître qu'elle est vraie, certaine et bonne, lors même que d'autres se présenteraient à moi nombreuses ». Le théologien comme le philosophe doit postuler : a) que toutes les manières d'être situé « au milieu du langage » ne sont pas équivalentes ; b) que des critères existent qui fondent la distinction entre le sens et la vérité d'un discours, que le discours lui-même en son essentielle pluralité ne contient pas. Le même problème est clairement reconnu par P. Ricœur dans le tome 3 de *Temps et récit* (Paris, Seuil, 1985, p. 322-328), mais il reçoit dans ce contexte une solution tout autre. Dans un premier temps, certes, la prétention à l'universalité impliquée dans la notion de vérité paraît bien ne pas pouvoir être prise en charge par l'herméneutique (créditée seulement d'une « légitimité régionale » mieux accordée à l'historicité de la compréhension humaine). Mais contre l'« auto-position d'un transcendantal anhistorique » caractéristique en particulier de l'idée, commune à Habermas et à Apel, d'une communication « sans entrave et sans bornes » et le renvoi corrélatif de la requête de vérité à une « situation idéale de parole » préservée des distorsions inévitables du langage effectif – contre une thèse qui, en plus d'être elle-même portée par une certaine tradition de pensée (celle de l'*Aufklärung*), tend à réduire la vérité à une simple abstraction – , P. Ricœur s'efforce dans un second temps de faire valoir l'idée d'une *vérité herméneutique*. « Pour échapper à la fuite sans fin d'une vérité parfaitement anhistorique, écrit-il, il faut que la transcendance de l'idée de vérité, en tant qu'elle est d'emblée une idée dialogique, soit aperçue comme déjà à l'œuvre dans la pratique de la communication » et coïncide en celle-ci avec « les anticipations enfouies dans la tradition » (*op. cit.*, p. 328). Avec la réinscription de la vérité dans le procès historiquement déterminé de la compréhension du sens, et contre la dissociation opérée à cet égard par la pragmatique transcendantale, c'est donc le cercle herméneutique qui se trouve finalement reformé. Mais même s'il était vrai, comme le croit après Heidegger l'auteur des *Essais d'herméneutique*, que l'essentiel n'est pas de sortir du cercle mais d'y entrer convenablement, le problème

Une interprétation vraie, en psychanalyse, est une interprétation opérante. Mais ce critère fait défaut en philosophie, laissant la voie libre au relativisme et menaçant de contradiction le projet même d'une « philosophie herméneutique ».

Que notre problème ne soit donc pas supprimé, mais simplement déplacé au terme de la critique herméneutique des illusions du sujet suscitées par sa posture théorétique et par son hypostase méthodologique dans le cadre, respectivement, de la philosophie de la réflexion et des sciences sociales, c'est ce que l'on pourra vérifier par le biais de sa reformulation dans les termes mêmes de cette critique : a) Qu'est-ce qui fonde la possibilité de l'interprétation de second degré que constitue, sur le fond d'une commune appartenance de tous les humains au langage, l'herméneutique philosophique ? b) Qu'est-ce qui permet à l'herméneute, lorsqu'il se dit philosophe, de s'orienter dans le labyrinthe des signes et d'énoncer des thèses prétendant à la validité, voire, au-delà d'un réseau sémantique historiquement et linguistiquement déterminé, à la validité universelle (ce qu'il fait chaque fois qu'il entreprend de justifier les propositions de base de la discipline qu'il pratique et dit quelque chose de la « finitude », de l'« appartenance », du « sens », etc. pris en général) ?

C'est pour prendre en charge ces questions récurrentes que P. Ricœur introduit, à un moment crucial de son article sur les rapports entre « phénoménologie et herméneutique » [1], et en un sens positif [2], le concept de *distanciation*. Ce qui fonde la possibilité de l'interprétation de second degré que représente, par rapport aux formes spontanées de la compréhension quotidienne, l'herméneutique

que nous posons n'en demeurerait pas moins des conditions qui doivent être réalisées pour que celui-ci puisse jouer, comme cercle « bien portant », la fonction positive que lui attribue l'analyse. Qu'est-ce, en effet, qu'un cercle bien portant ? Et comment savoir qu'il l'est ? Il nous paraît qu'une philosophie herméneutique ne peut fournir une réponse satisfaisante à ces questions et qu'elle ne saurait même reconnaître ces questions comme telles, sans adopter au même moment le point de vue de la philosophie de la réflexion.

1. *Op. cit.*

2. C'est essentiellement cette acception positive du concept de distanciation – avec la réévaluation qu'elle implique du rôle de la réflexion – qui oppose P. Ricœur à Gadamer. Alors que toute mise à distance méthodique de la tradition ou du langage qui lui donne vie est pour ce dernier aliénante par nature, il conviendrait, pour l'auteur des *Essais d'herméneutique*, de « reformuler la question de base de l'herméneutique de manière telle qu'une certaine dialectique de l'expérience d'appartenance et de la distanciation aliénante devienne le ressort même, la clef interne de l'herméneutique » (« Herméneutique et critique des idéologies », in *Du Texte à l'action*, *op. cit.*, p. 365).

philosophique, c'est une « distanciation au cœur de l'appartenance » [1]. L'argument entier est placé par là même sous le signe d'une « dialectique de l'appartenance et de la distanciation » à l'intérieur de laquelle le second terme assume en mode mineur l'ensemble des fonctions classiquement dévolues à la réflexion.

Ce concept est introduit en relation au problème auquel se trouve confronté la Critique des idéologies [2] lorsqu'elle veut à la fois prendre au sérieux la théorie marxiste de la représentation et justifier sa propre prétention critique : d'un côté, elle nie principiellement l'autonomie de la pensée et rapporte ses prestations aux conditons de l'existence matérielle et aux formes de vie que celle-ci détermine ; mais de l'autre, elle se donne elle-même pour une pensée affranchie, au moins dans une certaine mesure, de ces mêmes conditions, dont elle entend neutraliser le pouvoir contraignant au terme d'une stratégie de reconnaissance faisant apparaître comme telle la force à chaque fois dissimulée dans la signification. Malgré sa tendance à minorer l'instance critique au profit de l'efficace propre à la tradition, c'est le même problème que rencontre Gadamer sur la voie qui est la sienne : « en tant que nous comprenons, écrit-il, nous sommes entrainés dans un procès de vérité et nous arrivons en quelque sorte trop tard si nous voulons savoir ce que nous devons croire. Ainsi, il n'y a certainement pas de compréhension qui soit libre de tout préjugé, *bien que la volonté de notre connaissance doive s'appliquer à échapper aux chaînes de nos préjugés* » [3].

La solution du problème tient, ici et là, dans l'idée d'une réflexion intérieure au langage lui-même : « le moment critique, écrit P. Ricœur, ne peut être incorporé au rapport d'appartenance [conformément à l'affirmation de la primauté ontologique de l'appartenance] que si la distanciation est consubstantielle à l'appartenance » [4]. Bien plus, c'est expressément que ce concept de distanciation est mis en parallèle avec l'*épochè* phénoménologique, comme, symétriquement, l'appartenance avec la « conscience naturelle » du phénoménologue : « au 'vécu' du phénoménologue correspond, du côté de l'herméneutique, la conscience exposée à l'efficace historique ; c'est pourquoi la

1. *Op. cit.*, p. 51.
2. Sur le *hiatus* entre la Critique des idéologies et la conception gadamérienne de l'herméneutique, cf. l'article de P. Ricœur cité *supra*.
3. *Op. cit.*, p. 347 / 465. Nous soulignons.
4. *Op. cit.*, p. 58-9.

distanciation herméneutique est à l'appartenance ce qu'est, en phénoménologie, l'*épochè* au vécu »[1].

Mais *la correspondance des thèmes indique alors l'identité des problèmes*. Et tout comme la possibilité de l'*épochè* demeure, du côté de la phénoménologie, largement énigmatique, le terme de « distanciation » nomme seulement, du côté de l'herméneutique, une difficulté dont il n'a nullement le pouvoir de fournir la solution. L'expression de « participant-réfléchissant » dont nous avons usé pour qualifier la posture du philosophe herméneuticien commande d'analyser l'articulation interne entre participation et réflexion.

C'est d'ailleurs pour échapper à ce qui pourrait apparaître le cas échéant comme une pétition de principe – que Gadamer, lui, est moins soucieux d'éviter lorsqu'il se contente de porter à l'adresse de la philosophie réflexive l'accusation de « formalisme »[2] – que P. Ricœur introduit, presque au même moment, la théorie de la « case vide » : le signe linguistique ne peut « valoir pour quelque chose » que dans la mesure où «il n'est pas [lui-même] la chose » ; il comporte une « négativité spécifique » ; tout se passe donc comme si, pour entrer dans l'univers symbolique et tenir à distance le simple vivre, « le sujet parlant devait disposer d'une 'case vide' à partir de laquelle l'usage des signes peut commencer », celle-ci désignant « l'événement virtuel, l'acte fictif qui inaugure le jeu entier par lequel nous échangeons les signes contre les choses »[3]. Cette solidarité entre théorie de la réduction et théorie de la signification était affirmée déjà dans un texte où il s'agissait, tout en relevant le « défi de la sémiologie », de préserver les droits d'une philosophie du sujet[4] et, par là, les principaux acquis de la phénoménologie husserlienne. Si la réduction est pour Husserl « l'acte philosophique primordial par lequel la conscience se scinde du monde et se constitue en absolu »[5], alors la critique linguistique semble bien commander son abandon comme celui de la conception idéaliste du sens qui soutient sa mise en œuvre dans les *Ideen*. Mais une autre interprétation de la réduction est possible qui, « renonçant à identifier [celle-ci] à la percée directe qui, d'un seul coup, d'un seul bond, ferait jaillir l'attitude phénoménologique de l'attitude naturelle et arracherait la conscience à l'être », la

1. *Ibid.*, p. 58.
2. *Op. cit.*, p. 185-190 / 324-329.
3. *Op. cit.*, p. 58.
4. « La question du sujet : le défi de la sémiologie », in *Le Conflit des interprétations*, p. 233-262, particulièrement p. 252-257.
5. *Ibid.*, p. 253.

chercherait « parmi les conditions de possibilité de la relation signifiante, de la fonction symbolique en tant que telle »[1]. Par là, la réduction cesserait d'apparaître comme une « opération fantastique » ; elle se confondrait avec la « possibilité pour l'homme d'être autre chose qu'une nature parmi les natures », la « possibilité pour lui de se rapporter au réel en le désignant par le moyen de signes »[2].

Il s'en faut pourtant que la théorie de la case vide suffise à fonder cette « distanciation au cœur de l'appartenance » sans laquelle la dépendance de la pensée à l'égard non plus, cette fois, du vécu immédiat, mais des différents systèmes signifiants, serait telle qu'elle interdirait l'institution d'un rapport philosophique à ces derniers. S'il est vrai, en effet, qu'elle rend compte de notre entrée dans l'ordre du langage et de notre aptitude générale à la signification, elle paraît impuissante en revanche à rendre compte aussi, *une fois admises cette appartenance et cette aptitude*, de la capacité qu'implique en outre la philosophie : celle non de « signifier le vécu » mais bien, sur la base d'un tel acte, de signifier la signification elle-même. Comment la seule négativité du signe pourrait-elle fonder ensemble notre appartenance au langage et notre capacité d'en suspendre l'exercice ? Même s'il n'existe pas quelque chose comme une « machinerie de la signification »[3], le bénéfice spéculatif attendu de l'analyse du langage par lui-même serait-il justifié si cette analyse, loin de tirer de celui-ci toutes ses ressources, n'empruntait au contraire à un principe d'intelligibilité échappant d'une manière ou d'une autre à la médiation du signe[4] ? Entre la *distanciation spontanée* qu'implique tout acte de signification pour autant qu'il échange le réel contre le possible et substitue à la présence brute de la chose la forme variable qui nous en offre l'intelligence, et la *distanciation réflexive* que suppose toujours, à l'égard de cet acte lui-même et des conditions particulières dont il dépend, le mode de signification proprement philosophique, il y a précisément la même différence qu'entre le simple « vivre » dont part le phénoménologue et les différentes « réductions » qu'il met en œuvre – d'abord dans chaque domaine d'expérience puis à l'égard du champ de l'expérience possible pris en totalité – pour en exhiber l'essence.

1. *Ibid.*
2. *Ibid.*
3. Selon une thèse de Wittgenstein commentée par J. Bouveresse dans *Le Mythe de l'intériorité* (Paris, Minuit, 1976/1987, p. 302 *sq*) et dont P. Ricœur, comme nous le verrons, est au plus loin.
4. Cette question, est-il besoin de le préciser, s'adresse davantage encore à la philosophie analytique.

Mais cette différence est aussi celle qui sépare le « fictif » de l'effectif. Si la distanciation herméneutique n'est pas plus que l'*épochè* phénoménologique un acte seulement fictif, une opération seulement virtuelle, il s'agit précisément de rendre compte, au regard, soit des propriétés générales de la fonction-signe, soit des pouvoirs de la conscience, de ce qui rend à chaque fois possible le passage de la puissance à l'acte. Ce passage est aussi, en effet, celui de la réflexivité du langage envisagée comme un simple prolongement de l'opération anonyme de quelque « fonction métalinguistique », à la réduction comprise comme l'avènement d'un sujet capable de se constituer responsable du sens [1].

Notre objection, cependant, ne procède-t-elle pas ici de l'oubli d'une distinction, entre deux plans d'analyse du langage, dont P. Ricœur a justement plus d'une fois explicité les enjeux et les conséquences pour la question même qui nous occupe ? Elle revient, en effet, à marquer l'abîme qui sépare la réflexivité conçue comme une *fonction* en troisième personne opérant à l'intérieur du système de la langue et la réflexion comprise comme un *acte* ou comme un événement vécu en première personne. Or « le discours est autre chose que la langue [...], la signification autre chose que le signe » [2]. Il faut donc faire le départ entre l'analyse *sémiotique* et l'analyse *sémantique* du langage. Si la première peut faire l'économie de toute référence à un sujet porteur du sens, c'est dans la mesure où elle envisage *in abstracto* la langue comme une pure combinaison de valeurs oppositives. Il revient à la seconde, au contraire, de décrire comme telle l'actualisation des virtualités signifiantes offertes par une telle combinaison et, pour cela, de « nouer ensemble langue et parole » [3]. La notion d'« instance de discours » appartient à cette perspective : elle montre que le sens est, à chaque fois, sens incarné et ne se peut ainsi indépendamment de toute implication d'un sujet à même de s'en approprier les conditions. La signification des pronoms personnels est plus, à cet égard, qu'un exemple privilégié à l'appui d'une linguistique du discours : elle fait apparaître la forme pronominale de tout discours effectivement tenu.

Résulte-t-il toutefois, de cette conciliation du système et de l'action au sein de l'analyse sémantique dans ce qui se donne alors à bon droit pour une logique de l'événement, qu'une telle analyse assume elle-même le rôle que jouait, dans la phénoménologie husserlienne, la théorie de la réduction, et soit justifiée à présenter celle-ci comme un

1. Ce qui est tout autre chose que s'en rendre *maître*.
2. « La question du sujet... », *op. cit.*, p. 255.
3. *Ibid.*, p. 251.

cas particulier d'actualisation des conditions auxquelles doit satisfaire tout acte de signification ?

Il nous paraît au contraire que notre critique traverse les deux plans de l'analyse du langage et peut être répétée sans grande modification à ce dernier plan. Lors même, en effet, que la fonction symbolique serait non seulement « la capacité de placer tout échange [...] sous une [...] règle [ou] sous un principe anonyme qui transcende les sujets » mais encore « la capacité d'actualiser cette règle dans un événement, dans une instance d'échange dont l'instance de discours est le prototype » [1], la manière dont le sujet philosophant s'approprie discursivement son existence n'en resterait pas moins essentiellement distincte de la sorte d'« appropriation » spontanée qu'implique tout usage effectif du langage à l'égard des ressources formelles offertes par la langue. Et la tâche demeurerait donc de fonder la différence entre la suspension du rapport naturel aux choses impliquée dans un acte de signification quelconque et la suspension de second rang qui institue le discours philosophique.

Par la vertu d'une telle suspension, en effet, la philosophie : a) thématise ce qui n'était qu'opératoire ; b) fait apparaître, entre le *sens* et la *signification*, une différence que le sujet simplement situé « au milieu du langage » ignore par principe.

Encore n'accomplit-elle son œuvre que sous la détermination d'une *fin* distincte de tous les buts empiriques qui appellent habituellement l'usage du langage et en direction d'une *réalité* que celui-ci n'épuise pas.

3. Sens et réalité

Sans doute le propre de l'analyse sémantique est-il de lier la description du mode d'implication du *sujet* dans le discours et la restitution de la *visée reférentielle* qui permet au langage d'échapper à sa propre clôture en se rapportant à ce qui n'est pas lui [2]. Mais si c'est bien d'un même mouvement que le discours philosophique postule sa propre autonomie par rapport aux mécanismes grammato-logiques et prétend rejoindre une réalité irréductible au signifié linguistique, l'unité du sens et de la référence y présente un caractère *problématique*

1. *Ibid.*, p. 257.

2. *Ibid.*, p. 250 : « C'est au [...] même niveau d'organisation et d'effectuation que le langage a une référence et qu'il a un sujet ».

que la fonction propre de la réduction est de faire apparaître comme tel.

La réduction phénoménologique ne dégage un « empire du sens » qu'en introduisant une distinction rigoureuse entre sens et réalité. Ce qu'elle tient en suspens, c'est, justement, l'identité de l'être et du sens, qui conserve au contraire, pour la conscience naturelle, l'aspect d'une *présupposition* ininterrogée. La question est de savoir comment cette présupposition serait jamais entamée si la réduction n'était qu'une condition interne de la signification et la réflexion dont elle consacre l'émergence un simple prolongement de la réflexivité immanente du langage lui-même. Il est remarquable que la fonction métalinguistique consiste, pour un linguiste comme Jakobson, dans un rapport non au référent mais aux « codes immanents à la structure de la langue » [1]. Car le discours spéculatif n'étant possible, de l'aveu même de P. Ricœur, que « parce que le langage a la capacité réflexive de se mettre à distance et de se considérer, *en tant que tel et dans son ensemble*, comme rapporté *à l'ensemble de ce qui est* » [2], cette capacité ne viendrait pas au langage, sans l'action d'une *époché* indépendante de toute opération sur des signes.

L'événement qui permet au langage d'apparaître comme tel dans sa différence d'avec la réalité comprise absolument comme « l'ensemble de ce qui est » ne saurait sans contradiction procéder lui-même du langage et des fonctions qui en dépendent. Car ces fonctions n'opèrent que sous des conditions et dans un contexte à chaque fois particuliers, et se dépensent entièrement dans l'œuvre de signification que ce contexte et ces conditions déterminent. P. Ricœur est bien près de le reconnaître lorsqu'il écrit que la réflexivité qui permet au langage de se tenir à distance de soi dans l'accomplissement même de l'acte qui assure sa promotion ontologique, loin d'être « une fonction que l'on puisse opposer à d'autres fonctions, en particulier à la fonction référentielle », est en vérité « le savoir qui accompagne la fonction référentielle elle-même, *le savoir de son être-rapporté à l'être* » [3]. Car à quelle instance rapporter alors un tel savoir ? Et comment parler encore de la capacité qu'aurait le langage de « *se* » mettre à distance et de « *se* » manifester, « en tant que tel et dans son ensemble », comme la visée d'un monde ? Pas plus que, chez Kant, le « Je pense » qui « accompagne mes représentations » n'est davantage que la condition

1. Cf. sur ce point la remarque de P. Ricœur dans *La Métaphore vive*, Paris, Seuil, 1975, p. 385, note 2.

2. *Ibid.*, p. 385. Nous soulignons.

3. *Ibid.* C'est P. Ricœur qui souligne.

formelle de la connaissance, la « réflexivité » qui accompagne le mouvement de la référence ne peut tenir lieu de l'effective réflexion que suppose nécessairement le savoir de l'être du langage dans ce qui distingue problématiquement celui-ci de l'être total auquel il se rapporte. Le couplage, dans le cadre de l'analyse sémantique, de la fonction métalinguistique et de la fonction référentielle, ne nous paraît donc pas donner au langage le pouvoir de fonder la réduction. Il renforce plutôt sur ce point la philosophie de la conscience.

Cette critique s'applique plus particulièrement, il est vrai, à l'herméneutique de Gadamer. C'est en effet la notion même de réalité qui se trouve rendue dans celle-ci équivoque puisque la « chose » dont il s'agit dans le dialogue est elle-même de nature langagière et n'en détermine intérieurement l'orientation qu'en vertu de sa propre dialogicité interne. Le « monde » porté au langage est lui-même structuré par le langage. Il n'a rien d'un référé extra-linguistique. Sans doute est-il dit d'abord, et en un sens apparemment restrictif, que « l'être *qui peut être compris* est langage » [1]. Mais que faut-il entendre par là, si le terme de « compréhension » est coextensif, pour Gadamer, à celui d'« expérience », si « venir au langage ne signifie pas [pour une chose] recevoir une deuxième existence » [2], si enfin « hors du comprendre, il n'y a rien » ? L'identité de l'être et du sens est vouée à demeurer, dans un tel contexte, une présupposition inentamable. Sa position problématique à l'horizon d'une réflexion qui puisse la reconnaître non, encore une fois, comme une *présupposition* mais comme une *tâche*, s'y trouve rendue impossible dans le principe. C'est pour la même raison que le désir de justification absolue où le Husserl de la *Krisis* avait su reconnaître la dimension irréductiblement éthique et métaphysique de la réflexion philosophique, et dont l'une des fonctions propres de la réduction est de dissocier l'instance singulière de tous les motifs empiriques qui orientent la conduite ordinaire de la vie, manque dans cette perspective de la place que lui réserve, formellement du moins, le phénoménologue transcendantal.

Si l'identité de l'être et du sens conserve au contraire, dans l'œuvre de P. Ricœur, ce caractère problématique [3], si le sens s'y trouve visé moins comme une évidence que comme une exigence, si l'exercice de

1. *Op. cit.*, p. 330 / 450.
2. *Ibid.*
3. Et ce jusque dans l'œuvre la plus récente, où « temps » et « récit » apparaissent comme des doublets ou comme des schèmes des catégories plus larges et plus indéterminées de l'être et du sens : c'est l'essentielle précarité de la « concordance » introduite par le récit dans l'incohérence du monde et de nos vies qui fait de toute narration non un système clos mais un appel à raconter encore.

la réflexion s'y montre indiscernable d'une aspiration qui, lors même qu'elle aurait renoncé au savoir, n'a rien perdu de sa force impérative, n'est-ce pas parce que l'ancrage phénoménal en est encore assez marqué pour préserver en son sein la force vive de l'événement qui donne au langage son impulsion et son orientation initiales [1] ?

L'apparente dissolution du problème du commencement de la philosophie issue du changement de paradigme opéré par l'herméneutique au profit du langage est donc bien en réalité sa répétition dans un cadre et avec des mots nouveaux. Et s'il est vrai que « la phénoménologie commence lorsque, non contents de ' vivre ' [...], nous interrompons le vécu pour le signifier » [2], alors seule, de la même manière, *l'interruption du langage* pourra exhiber la relation d'appartenance qui nous unit à celui-ci et y introduire la distance propre à fonder sa promotion philosophique – seuls les points de suspension de la chaîne signifiante seront de nature à *faire apparaître le sens comme sens* et à fonder notre rapport réflexif à celui-ci.

Or ce rapport n'est pas seulement *critique*, il est encore et d'abord *éthique*. Seuls ainsi les points d'effondrement du langage constitueront le langage lui-même, soit comme l'objet d'une analyse prétendant à la vérité sur celui-ci, soit comme l'enjeu d'un choix pratique dans le cadre d'une alternative dont l'autre terme est la violence.

Lorsque E. Weil écrit que l'homme peut toujours préférer la violence, qu'il a toujours le choix entre la violence et le discours, il ne vise pas en ce dernier un mode de signification déterminé mais bien l'essence du langage. Comment donc un tel choix n'impliquerait-il pas davantage que la maîtrise d'un système symbolique ou qu'une aptitude quelconque à « suivre une règle » ? Comment pourrait-il dépendre de la seule habitude contractée, de la seule aptitude acquise à user de signes à l'intérieur d'un contexte et dans les conditions contingentes qui déterminent nos comportements linguistiques dans le monde vécu ? Il n'y a pas, sans doute, de discours sans présuppositions. Mais ces présuppositions n'ont nullement par elles-mêmes le pouvoir de fonder le choix même que nous faisons en parlant, *a fortiori* lorsque ce choix est *choix du discours pour le discours*.

1. *Ibid.* : « La souffrance appelle récit ».
2. « Phénoménologie et herméneutique », *op. cit.*, p. 58.

CHAPITRE DIX

LA COMMUNICATION PERDUE ET RETROUVÉE

En dépit d'une ambition fondationnelle déclarée, la pragmatique transcendantale s'offre pour l'essentiel aux mêmes objections que les thèses commentées dans les pages précédentes. Son principal représentant, K.O. Apel, reprend en effet à son compte le principe d'« appartenance » rencontré à l'instant au cœur de la philosophie et de l'expérience herméneutiques : son rejet constant du « solipsisme méthodique » n'a pas d'autre signification. Bien plus, Apel admet que « le discours théorique de la philosophie [« en particulier s'il s'agit de la justification et de la validité des énoncés éthiques »] doit pouvoir en quelque sorte distancier l'univers du discours humain » [1] conçu précisément comme un milieu d'appartenance à chaque fois déterminé. Il retrouve donc la thèse herméneutique de la « distanciation au cœur de l'appartenance ». C'est d'ailleurs au même moment qu'il suggère de mettre en relation « distanciation théorique » et *épochè* phénoménologique : « cette distanciation, écrit-il, est la présupposition d'une 'mise entre parenthèses', et ainsi d'une mise en question de la 'validité' des énoncés telle que celle qu'effectue Husserl vis-à-vis de l''opinion originaire' de l'existence des choses » [2]. Et il ajoute, s'agissant du problème du fondement de la morale identifié pour partie au problème du commencement de la philosophie : « la valeur morale des normes, donc des énoncés pratiques à prétention impérative, doit par principe pouvoir être mise entre parenthèses et mise en question » de telle sorte que « l'approche méthodique du doute augustino-cartésien et celui,

1. Presses universitaires de Lille, 1987. Il s'agit de la traduction française, par R. Lellouche et I. Mittman, du dernier article recueilli dans *Transformation der Philosophie*, Francfort, Suhrkamp, 1973.

2. *Op. cit.*, p. 84.

néo-cartésien, de Husserl, valent aussi obligatoirement pour l'éthique en tant que méta-éthique »[1].

Les ressemblances, sans doute, n'excluent pas les différences : la filiation kantienne revendiquée par la pragmatique transcendantale rend celle-ci d'emblée plus sensible à une exigence d'autonomie et d'universalité que l'herméneutique *rejoint* seulement par degrés à partir d'une attention plus marquée à la diversité des traditions et des usages linguistiques. La relation entre l'expérience – fût-elle toujours déjà médiatisée par des signes – et le discours philosophique sur l'expérience y est explicitement placée au centre de l'analyse. Mais si la nécessité d'une *épochè* analogue à celle qu'accomplit le phénoménologue transcendantal est ainsi reconnue et étendue à tous les emplois réflexifs du langage, la question de sa possibilité n'est posée qu'en relation aux ressources supposées du discours argumentatif dont l'acquisition est ici problématique. Elle revêt donc une forme circulaire.

Nous préciserons cette objection de cercle pour montrer qu'en définitive, la possibilité de l'*épochè* phénoménologique ne doit être cherchée ni dans l'acte auto-positionnel d'une conscience absolue, ni dans l'auto-référentialité envisagée comme une propriété *sui generis* de la fonction-signe[2].

1. L'inscription linguistique du fait-de-la-raison

a) L'idée d'un *a priori* communicationnel

A la question de savoir comment un commencement de fait peut être en même temps principe de raison, la pragmatique transcendantale répond en interprétant le *factum rationis* comme *factum linguistique* et en explicitant dans cette optique les conditions universellement attachées à la pratique effective du langage.

« Pragmatique transcendantale » : ce nom, à lui seul, dit clairement l'ambition affirmée par Apel de résoudre le conflit de paradigmes opposant la philosophie de la conscience et la philosophie du langage et de concilier ainsi l'héritage de Descartes, de Kant et de Husserl, et les conceptions de la signification inspirées par l'œuvre de C.S. Peirce et par la théorie des « actes de langage » développée notamment par

1. *Ibid.*, respectivement p. 84 et p. 86.

2. Sur la formulation technique de cette thèse, cf. particulièrement « la sémiotique transcendantale et les paradigmes de la *prima philosophia* », *Revue de Métaphysique et de Morale*, 1987, n° 2.

J. Austin et J.R. Searle. D'un côté, il s'agit d'assumer certains apports critiques du « tournant linguistique » de la philosophie, en particulier l'idée que nous sommes toujours déjà insérés dans un milieu langagier qui, parce qu'il préforme l'ensemble de nos comportements théoriques et pratiques, nous voue réciproquement à n'espérer que d'une analyse du langage un quelconque éclaircissement réflexif sur ces derniers. Mais d'un autre côté, il faut défendre les exigences de fondation et d'universalité attachées traditionnellement au *logos* philosophique contre les variantes contemporaines du relativisme et du scepticisme issues précisément d'un tel tournant.

Cette tentative de conciliation prend, dans certains textes [1], la forme d'une double aporétique au terme de laquelle la phénoménologie husserlienne d'une part, la philosophie analytique d'autre part se trouvent contraintes d'admettre la légitimité du point de vue adverse. Une attention plus grande à la forme du langage et à l'inévitable contextualité de la précompréhension des phénomènes devrait ainsi amener la phénoménologie à renoncer à se fonder elle-même comme « science rigoureuse », tandis que la consistance réflexive du discours philosophique et l'impuissance des philosophies linguisticistes à produire autrement que sous la forme d'une conformité auto-destructrice à l'« usage » un équivalent acceptable de l'évidence phénoménologique, devrait rendre celles-ci plus attentives à la nécessité où elles se trouvent de recourir à un critère de validité que leurs prémisses les empêchent de reconnaître pour tel. Pas plus que la phénoménologie ne peut occulter les *présuppositions* langagières qui lui permettent d'expliciter dans le cadre d'une stratégie d'argumentation déterminée ce qu'elle tient pour les conditions *a priori* de l'expérience, la philosophie analytique ne peut ignorer l'existence de propositions dont la nature est telle que l'on ne peut les produire ou les comprendre, sans savoir *évidemment* qu'elles sont vraies. Mais de même que ces présuppositions ne sont ni purement logiques ni purement empiriques [2],

1. Cf. particulièrement « Le problème de l'évidence phénoménologique à la lumière de la sémiotique transcendantale », *Critique*, n° 464-465, 1986.

2. Contre les sémantiques formelles, il faut les dire liées à la pratique effective d'une langue naturelle dans une situation d'interlocution unissant des personnes réelles au sein d'une communauté de communication, cette pratique demeurant quoiqu'il en soit le sol irréductible de toute reconstruction et de toute formalisation ultérieures du langage par des moyens techniques ; contre la pragmatique et l'herméneutique « standard », il faut les tenir pour des présuppositions déterminées mais universelles, c'est-à-dire indépendantes des conditions par principe variables attachées au contexte particulier dans lequel elles se schématisent et opérent à chaque fois.

l'évidence ne pourrait avoir droit de cité en philosophie si elle n'était qu'une expérience immédiate de la conscience. La stratégie d'Apel consiste alors à prendre acte, d'un côté, du fait incontournable de notre appartenance au langage, qui oblige toute philosophie conséquente à prendre elle-même son point de départ en celui-ci, mais à exhiber, de l'autre, certaines conditions de la signification qui, envisagées comme les conditions *a priori* de toute communication possible, doivent avoir été d'avance acceptées comme telles par quiconque prend la parole ou s'engage dans une œuvre de discours.

Mais il faut, avant d'aller plus loin dans l'analyse de l'« *a priori* communicationnel » qu'Apel substitue aux conceptions monologiques de l'*a priori* qui constituent selon lui le lieu commun de la philosophie transcendantale jusqu'à Husserl, s'arrêter un instant sur la conception générale de la philosophie impliquée dans cette analyse. Cette conception peut être ramenée, nous semble-t-il, à deux traits principaux, l'un qui fait d'Apel le disciple de Fichte, l'autre qui révèle en lui un ami d'E. Weil.

α) Apel hérite de Fichte une attention particulière au statut et à l'existence propres du discours philosophique et par là du moi philosophant. Il reprend à celui-ci son critère de pertinence des propositions philosophiques, en vertu duquel la possibilité de l'objet de la réflexion est identique à la possibilité de la réflexion sur cet objet [1]. C'est un tel critère qu'il faut opposer par exemple à l'idée, propre à Wittgenstein, selon laquelle l'usage fonde la signification : toute analyse philosophique de la signification serait impossible dans cette hypothèse. Le même critère le conduit à privilégier, parmi tous les modes particuliers du langage ou de la communication, le mode *argumentatif*. Ce privilège est déjà celui que Socrate et Platon lui reconnaissent. Le premier pas hors de la Caverne coïncide avec l'entrée du sujet dans l'ordre du discours. L'être – l'être distingué de l'apparence – est ce que les hommes s'annoncent les uns aux autres en entrant dans le jeu de la question et de la réponse, en prenant pied dans une communauté d'argumentation. La différence est que c'est la théorie entière du langage qui tend chez Apel à se confondre avec une théorie de l'argumentation qui n'en constituait traditionnellement qu'un chapitre particulier. Si bien que la question de savoir quelle conception du langage nous

1. Dans un texte récent encore (*Penser avec Habermas contre Habermas*, éd. de l'Eclat, 1990, traduction d'un article publié initialement dans le volume *Zwischenbetrachtungen im Prozess der Aufklärung*, Francfort, Suhrkamp, 1989), c'est ce critère qu'Apel oppose au faillibilisme pour mettre celui-ci en contradiction avec lui-même et justifier son propre fondationalisme.

permet de rendre compte de la possibilité du discours philosophique se renverse chez lui en l'affirmation que *tout* emploi du langage suppose à titre de conditions de possibilité certaines prémisses philosophiques, en l'affirmation que le langage comme tel et en général est d'essence philosophique. Car il rend tous ceux qui, pour pouvoir parler, en ont d'avance accepté les règles, *virtuellement capables* de constituer une communauté d'argumentation conforme aux exigences transindividuelles, transhistoriques et transculturelles qui sont celles de la pensée et de la vie philosophiques. Nous reviendrons ultérieurement sur ce renversement décisif. Notons seulement qu'en tout ceci, la tactique constante d'Apel consiste à mettre le relativiste et le sceptique en contradiction avec eux-mêmes en les renvoyant à ce qu'ils sont en train de faire à chaque fois qu'ils argumentent en faveur de leur thèses, à leur montrer notamment qu'ils ne peuvent pas, en tant qu'ils argumentent, ne pas faire de l'universel dans ses formes éthique et cognitive plus de cas qu'ils ne le disent – seul les séparant du philosophe conséquent leur refus de reconnaître et d'élire explicitement pour *fin* de leur activité ce qui rend celle-ci *possible*. Une approche pragmatiste du langage permettra de reconnaître dans cette inconséquence une forme de contradiction distincte de la contradiction logique puisqu'elle consiste proprement à *faire* en parlant le contraire de ce que l'on *dit*. Réciproquement, la cohérence devra être tenue d'abord non pour une nécessité logique mais pour une exigence morale. Apel justifie ce rapport de subordination en montrant que la règle selon laquelle il faut être cohérent ne peut être déduite et dépend ainsi de critères propres à la seule compétence communicative ; et il introduit, en référence à celle-ci, l'idée d'une « éthique de la logique ». C'est ce par ce traitement de la règle de cohérence que le disciple de Fichte se montre aussi l'ami d'E. Weil.

β) Faire le choix de la philosophie, c'est, en effet, faire le choix non seulement d'un usage particulier du langage et de la forme de vie particulière qui lui correspond, mais encore des conditions mêmes qui fondent en général la possibilité d'un discours et d'une vie sensés. Le choix de la philosophie est donc bien dans son essence un choix moral. Il est refus de la violence. Non que la violence ne s'avance masquée et ne revête le plus souvent l'apparence du discours. Non de même que nous n'*usions* ordinairement du langage sans *vouloir* pour autant celui-ci comme tel. Mais quiconque use d'un langage, même à des fins autres que philosophiques, voire dans une intention perverse, se montre par là même capable de constituer le langage lui-même comme l'objet d'un choix conforme aux règles impliquées par l'usage qu'il en fait. Cette thèse a un corollaire, c'est que ces règles ne se réduisent pas aux conditions et aux circonstances variables qui déterminent empiriquement leur application dans un « jeu de langage » particulier : comment, ici encore, le choix du discours *pour le discours* pourrait-il dépendre de la seule habitude contractée à user de signes à l'intérieur d'un contexte et dans les conditions contingentes qui sont toujours celles qui déterminent nos comportements linguistiques dans le monde quotidien ?

Pour apprécier la révolution que ces deux traits – fichtéen et weilien – introduisent dans l'analyse des faits de langage, qu'il suffise de rappeler que là où le premier Wittgenstein concluait de la théorie de la signification élaborée dans le *Tractatus* à l'impossibilité ou au non-sens des « propositions éthiques », Apel s'efforce, lui, de dériver des structures mêmes de la signification des normes morales. De même, alors que le second Wittgenstein inférait de la pluralité selon lui irréductible des jeux de langage l'absence en philosophie d'une fondation ultime accessible à un métalangage universalisable, Apel parle de « présuppositions universelles de la communication humaine » dont l'explicitation constituerait précisément la stratégie fondationnelle dont a besoin la philosophie en tant que philosophie.

Mais la question se pose alors de savoir quelle est la nature de ces présuppositions (b) et en quel sens elles peuvent être dites universelles (c).

b) Le Cogito pragmatique

On peut appeler « pragmatiste », en première approximation, l'approche du langage comme acte, voire comme action au sens plein du terme. Ainsi comprise, la pragmatique est en continuité avec la théorie des « actes de langage ». Nous présenterons brièvement cette théorie en accentuant successivement l'un puis l'autre des termes qui composent son titre.

Accentuer le premier terme, penser le langage comme *acte*, c'est d'emblée prendre distance à l'égard d'une linguistique de la langue telle que celle qu'inaugure Saussure lorsqu'il définit celle-ci comme un pur système de différences régi par certaines propriétés formelles susceptibles d'une description parfaitement objective. Une telle description n'est en effet possible, chez Saussure, qu'au prix d'une coupure entre la langue et la parole, autrement dit d'une abstraction méthodique qui fonde sans doute la linguistique comme science mais prive en retour la signification de cela même qui lui donne vie et en fait proprement un phénomène. La pragmatique, plus attentive à la diversité des situations de parole qui actualisent les virtualités offertes par le système de la langue, peut alors être tenue pour une description du langage centrée sur le dire plus que sur le dit, sur l'énonciation plus que sur l'énoncé, sur l'événement plus que sur le système. Tout comme la conception « sémantique » opposée par P. Ricœur, à la suite de Benveniste, à une approche purement « sémiotique » des phénomènes linguistiques, elle arrime la signification à l'activité d'un sujet et la tient pour indissociable des circonstances de toutes sortes dans le tissu desquelles s'insère cette activité. On est de nouveau au plus loin de toutes les hypostases du signifiant, de toutes les machineries de la signification, autrement dit de toutes les théories du langage qui, pour vivre elles-mêmes de l'abstraction méthodique instituée par Saussure au seul profit de la langue, ne peuvent de prime abord faire droit à la subjectivité et se condamnent à ne la retrouver (dans le meilleur des cas) qu'au terme de l'analyse et comme un pur effet de structure. Mais cette attention renouvelée à la subjectivité et au contexte ne doit pas être interprétée comme une rechute naïve dans le psychologisme et dans le sociologisme (dont la coupure saussurienne entre langue et parole avait précisément eu pour fonction de préserver l'analyse linguistique). La pragmatique ne choisit pas la parole contre la langue. Elle enjambe au contraire cette ligne de fracture et dénonce également la réduction de la langue à un ensemble de structures et de propriétés désincarnées et la réduction de la parole à un phénomène psychique et social dont la description relèverait seulement des disciplines empiriques correspondantes.

D'où la nécessité d'accentuer à présent, dans l'expression « actes de langage », le deuxième terme du rapport. L'« acte » dont il s'agit, nous l'avons dit, ne se réduit nullement à la performance individuelle visée par Saussure sous le nom de « parole », encore moins au fait physique et physiologique de l'élocution. Au sens saussurien de ces termes, c'est un fait de langue autant qu'un fait de parole. Il faut certes y voir un événement singulier. Mais il y a une logique de l'événement qui autorise à parler d'une *forme de l'acte* et à voir dans cette forme comme telle une condition à part entière de la signification. Ainsi l'assertion, l'ordre, la promesse, le conseil, etc., sont des actes dont la forme différente engendre des différences de signification. Une théorie pragmatiste de la signification pourra être définie dans ce sens comme la recherche d'un point d'équilibre entre le système et l'action tel que la forme de l'acte et les propriétés du système se conditionnent et se déterminent mutuellement.

Deux moments, sur le trajet qui conduit de ses sources anglo-saxonnes à sa transcendantalisation chez Apel, sont capitaux dans la conquête d'un tel concept de signification : le moment austinien et le moment searlien. Le premier moment se laisse lui-même analyser en deux temps. L'un coïncide avec la distinction, devenue classique, proposée par Austin entre deux espèces d'énonciations (*utterances*) : les « constatives » et les « performatives » [1]. L'autre procède de l'insuffisance de cette distinction et de la nécessité de la dépasser en direction d'une thèse selon laquelle toute énonciation est « performative » en quelque façon. La notion d'acte illocutoire est alors forgée. Elle est au centre de cette théorie du performatif généralisée. Mais Austin distingue rigoureusement, à ce point, entre trois espèces d'actes : « locutoires », « illocutoires » et « perlocutoires » [2]. La locution est l'acte de dire quelque chose en produisant certains sons relatifs au lexique, à la grammaire et à la syntaxe d'une langue naturelle. L'illocution est l'action effectuée en disant quelque chose. La perlocution est l'ensemble des effets produits par le discours, auxquels appartient par exemple la persuasion dans la conscience de l'auditeur. Ainsi, lorsque je dis : « je te parie dix francs qu'il pleuvra demain », j'accomplis simultanément trois actes : j'articule certains sons ; je parie ; je suscite chez mon interlocuteur une attente et une conduite appropriées. Austin concentre son analyse sur l'illocution car elle est la découverte essentielle – et la seule véritablement originale – de sa théorie de la signification.

Aussi est-ce de cette même notion que part Searle dans sa propre théorie des actes de langage [3]. Searle définit à son tour le langage comme une forme de « comportement ». Parler une langue, dit-il, c'est « adopter une forme de comportement régie par des règles » [4]. Et il précise un peu plus loin, pour écarter sans doute toute interprétation béhavioriste de cette notion de comportement : « parler une langue, c'est réaliser des actes de langage ». En sorte que « l'étude de la signification des phrases et l'étude des actes de langage ne forment pas deux domaines différents mais un seul, vu sous deux aspects différents » [5]. Quel est toutefois le sens des « règles » impliquées dans nos actes de langage ? La distinction nodale entre « règles normatives » et « règles

1. *How to do things with words*, Oxford University Press, 1962 ; tr. fr. par G. Lane, *Quand dire c'est faire*, Paris, Seuil, 1970.

2. *Op. cit.*, huitième conférence.

3. *Speech acts*, Cambridge University Press, 1969 ; tr. fr. par H. Pauchard, *Les Actes de langage*, Paris, Hermann, 1972.

4. *Op. cit.*, p. 52 dans la traduction française.

5. *Ibid.*, p. 55.

constitutives »[1] répond à cette question : les premières s'appliquent à une activité préexistante dont la possibilité est « logiquement indépendante » de leur contenu propre; les secondes au contraire fondent cette activité comme telle – ainsi aux échecs la règle de l'« échec et mat » ou, dans une discussion, la règle qui commande aux interlocuteurs de se céder la parole à tour de rôle. Le moindre paradoxe n'est pas, dans ces conditions, que Searle paraisse parfois, dans son effort pour surmonter la distance logique et sémantique entre l'« être » et le « devoir-être », attribuer un contenu *normatif* implicite aux règles mêmes qui, au sens qu'il donne à ce mot, *constituent* nos actes de langage. Plus attentif encore qu'Austin aux valeurs de convention et d'engagement liées indéfectiblement à tous nos comportements linguistiques entendus comme des comportements publics, il est conduit en effet à accorder, dans sa propre approche des actes illocutoires, une valeur paradigmatique à la promesse. Or il montre, sur cet exemple : α) qu'à l'intérieur d'une situation de communication effective, les interlocuteurs partagent plus qu'une référence formelle à une grammaire ou à un code ; β) qu'un acte de langage est en lui-même un « fait institutionnel » doté comme tel du pouvoir de créer des obligations.

Ce deuxième point est évidemment décisif pour une philosophie faisant dépendre notre aptitude à un comportement moral de notre capacité d'user d'un langage. Le problème qui met en branle l'analyse pourrait être résumé comme suit : comment le simple *fait* de dire quelque chose à quelqu'un (ainsi : « je te promets de te rendre les dix francs que je t'ai empruntés ») peut-il se transformer en l'*obligation* de tenir sa parole ? Il doit être situé dans une tradition largement partagée dans la philosophie anglo-saxonne[2] et selon laquelle il existe deux types de propositions irréductibles et insubstituables : les propositions « descriptives » et les propositions « évaluatives ». Cette distinction renvoie à la distinction métaphysique entre fait et valeur censée trouver par là une confirmation logique et grammaticale. La solution du problème revient pour Searle à supprimer le problème lui-même en rejetant cette distinction comme telle (ce que laissait déjà prévoir la notion paradoxale de « fait institutionnel »). Dans le cas de la promesse, il est clair que *le même acte* peut être décrit comme un fait par lequel on passe immédiatement d'un état de non-obligation à un état d'obligation et à l'égard duquel il est impossible de demander : où est le

1. *Ibid.*, p. 72-82.
2. Sur ce point, cf. J.L. Gardies, *L'Erreur de Hume*, Paris, P.U.F., 1987.

fait ? où est la norme ? [1]. La promesse est justement l'acte par lequel un locuteur place sa volonté sous une règle et se trouve *ipso facto* engagé par celle-ci. Elle présente l'aspect paradoxal d'un *événement normatif*. Ainsi se trouve déjà formellement ébauchée à ce point une réinterprétation linguistique du fait-de-la-raison : par le fait que je parle et en vertu des règles auxquelles je me conforme en parlant, je dois me comporter de telle ou telle façon – ou, du moins (et cette ambiguité, nous y reviendrons, n'est pas sans conséquences), je ne peux pas ne pas laisser entendre que je me reconnais par là même en devoir de me comporter de telle ou telle façon.

Au-delà de formules qui ont souvent l'allure de truismes, l'intérêt de l'analyse de Searle est qu'elle met plus précisément en évidence certaines conditions de la signification comprises comme ce que ne peuvent pas ne pas supposer tacitement les locuteurs pour se faire comprendre et pour se comprendre eux-mêmes et indissociables ainsi des « engagements illocutoires » qui en traduisent subjectivement la contrainte spécifique. Parmi ces conditions (ou ces « engagements »), la condition dite de sincérité : qui promet élève par là même une prétention à la sincérité qu'il ne peut pas ne pas reconnaître comme telle et dont il ne peut pas ne pas penser qu'elle lui sera identiquement attribuée par celui auquel il s'adresse ; cette condition appartient donc à la signification même de l'acte et cela – c'est important – quelle que puisse être par ailleurs l'intention réelle du locuteur. L'engagement à la sincérité enveloppé dans la promesse envisagée comme une classe particulière d'actes illocutoires n'est pas nécessairement un engagement sincère [2]. Il est seulement ce qui ne peut pas ne pas être accepté par quiconque accède à la signification de tels actes. Les implications philosophiques de cette thèse ne sont pas négligeables. La principale est que la présupposition la plus fondamentale de toute communication n'est pas le soupçon mais la confiance. *Le langage ne serait pas possible s'il n'était que la guerre continuée par d'autres moyens*. Même le menteur, pour autant qu'il sache ce qu'il dit, n'est pas sans avoir reconnu une telle condition ni contracté un tel engagement. Et c'est de la même façon qu'il se soumet implicitement, en promettant, à une « condition de responsabilité » entendue comme ce qui le constitue d'avance comptable d'un tel acte à ses propres yeux et aux yeux de tous ceux qui partagent la même situation de parole. Cette condition n'implique nullement qu'il se sente « en conscience » obligé, mais

1. *Ibid*., p. 88. Searle (*op. cit*.) montre dans le même sens comment on peut dériver continûment d'une phrase à l'indicatif une phrase à l'impératif.

2. *Op. cit*., p. 230, p. 250.

seulement qu'il sache en parlant, qu'en parlant il contracte une obligation. Une reformulation pragmatico-linguistique du *Cogito* serait ainsi : *Je parle donc je dois*, où *je dois* signifierait : je me mets en parlant en situation de devoir, c'est-à-dire de me voir attribuer par un autre et, par là, de m'attribuer à moi-même une obligation à l'aune de laquelle je reconnais que sera évalué mon comportement futur.

La *structure auto-référentielle* des actes de langage apparaît alors clairement. C'est elle qui fonde l'espoir qu'Apel place dans l'idée d'une éthique de la communication. Car il faut, pour que les conditions impliquées dans la signification de nos phrases comme autant de *présuppositions* incontournables fonctionnent comme d'authentiques *normes* pratiques (et non seulement comme des règles indifférentes qu'il serait au mieux possible de tirer déductivement et rétrospectivement d'une analyse du discours), que ces conditions soient proprement reconnues comme telles par les locuteurs en sorte qu'ils puissent se les appliquer singulièrement à eux-mêmes. Au terme de cette brève traversée de la théorie des actes de langage et au moment de renouer avec la pensée d'Apel, c'est donc la nature même d'une telle reconnaissance qu'il nous faut déterminer plus avant.

Or s'il n'hésite pas à accorder un caractère d'*évidence* au lien qui attache le sujet parlant aux « règles » et aux « conditions » qui constituent ses actes de langage, Apel refuse néanmoins d'interpréter cette évidence comme une expérience immédiate de la conscience. Une telle évidence présente en effet un caractère solipsiste qui l'offre aux arguments de Wittgenstein contre le langage et l'expérience privés. De l'*évidence phénoménologique*, qui procède d'une mise hors-jeu des modes institués de la pensée et du discours vers ce qui serait leur commencement muet, il distingue l'*évidence performative* attachée au contraire à la pratique même du langage et qui, d'emblée dialogique, confère à celui-ci une efficience propre. Par là la subjectivité se trouve réintroduite dans l'analyse mais dans l'horizon théorique d'une *intersubjectivité fondatrice*.

Mais il reste à comprendre en quel sens les présuppositions du langage ou de la communication telles que les pense Apel peuvent être dites *universelles* (ce qu'elles ne sont pas, en revanche, pour les pragmaticiens anglo-saxons). Cette question – celle de l'universalité des normes – est étroitement liée au privilège, évoqué déjà plus haut, accordé par Apel au discours *argumentatif* et, par là, au « jeu de langage » philosophique[1] par rapport à toutes les modalités possibles de l'activité verbale.

c) L'argumentation comme jeu de langage transcendantal

En première approximation, en effet, ce terme : « universel(les) », appliqué aux règles et aux conditions que mettent en œuvre nos comportements linguistiques, signifie : indépendant(es) des structures d'une langue particulière et des circonstances empiriques (psychologiques, sociales, historiques, etc.) qui leur font habituellement cortège. Mais en deuxième approximation, il signifie : incluant virtuellement tous les sujets dans une communauté de communication originairement orientée vers l'entente. Or une telle communauté ne peut s'établir, en fait et en droit, que sur plan de l'argumentation, c'est-à-dire d'une forme de langage dont la philosophie fournit le paradigme.

Comment pourtant l'argumentation sera-t-elle plus qu'un jeu de langage particulier ? Comment les conditions qui fondent la possibilité de l'argumentation pourront-elles valoir aussi d'une certaine façon – comme l'implique le postulat de congruence unissant ces deux instances – comme des conditions de possibilité de la communication en général ? Cette question est liée à ce que nous avons appelé le réquisit fichtéen de l'auto-réflexion. Dans le cas présent, il est celui d'une conception du langage telle que la possibilité du discours philosophique se trouve d'avance incluse dans nos manières les plus habituelles de parler. Comment, dans le cas contraire, pourrions-nous jamais nous élever de celles-ci à celui-là ? L'énoncé initial du problème se renverse alors, comme indiqué plus haut, en l'affirmation que toute forme de communication, tout jeu de langage implique (doit impliquer) une prémisse argumentative. La thèse selon laquelle l'usage fonde la signification avait conduit Wittgenstein à admettre une pluralité irréductible de jeux de langage. L'« usage » doit s'entendre en effet dans cette perspective comme la mise en œuvre de règles constitutives semblables à celles qui commandent, au jeu d'échecs, le mouvement des pièces, et n'opérant à chaque fois qu'à l'intérieur d'un complexe de circonstances et d'institutions par principes variable. L'affirmation anti-métaphysique et anti-fondationaliste selon laquelle il n'y a pas de métalangage est un corollaire de cette thèse ; elle peut être dérivée directement de ce primat de l'usage. Si l'on demande, cependant : mais dans quel jeu de

1. Même si, sans doute – nous reviendrons sur ce point – , la philosophie n'a pas le monopole de l'argumentation.

langage se trouve donc celui qui élabore ainsi une théorie des jeux de langage et prétend pour celle-ci à la validité philosophique ?, on met le doigt sur une difficulté dont la prise en charge conduit nécessairement à l'idée paradoxale d'un *jeu de langage transcendantal* coïncidant avec le discours argumentatif.

Le jeu de langage argumentatif nous paraît pouvoir être dit « transcendantal » en trois sens : au sens d'abord où il est le seul dont l'usage soit congruent avec l'analyse que l'on peut en faire (nous n'avons pas besoin de sortir du jeu de langage de l'argumentation pour dire ce que nous faisons lorsque nous argumentons, alors que nous devons changer de jeu de langage pour décrire ce que nous faisons lorsque nous jouons aux cartes : savoir jouer aux cartes ne donne pas de soi compétence pour analyser ce que signifie jouer, défendre l'intérêt de ce jeu, etc.) ; au sens, ensuite, où il est le seul qui soit ouvert, au moins virtuellement, à d'autres jeux de langage et à l'intérieur duquel puissent être explicitées les règles constitutives de ces derniers (nous pouvons *en tant que philosophes* nous ouvrir à des jeux de langage non philosophiques et y mesurer d'ailleurs la spécificité de notre pratique mais le joueur de cartes ne saurait, en tant que joueur de cartes, ou le médecin, comme médecin, s'ouvrir à des jeux de langage autres que ceux qui correspondent à chaque fois à leur activité présente) ; au sens enfin, nous l'avons dit, où il est inclus comme une prémisse nécessaire dans tous les autres jeux de langage et y représente pour ainsi dire la chance toujours offerte au sujet parlant de s'approprier de manière réflexive et critique les règles qui constituent ici et maintenant sa pratique.

Indexée sur cette idée d'un jeu de langage transcendantal, la théorie de l'argumentation peut à bon droit être regardée sinon comme le tout, du moins comme la partie principale d'une théorie réflexive de la signification. Mais il reste à dire *quelles* sont ces présuppositions universelles de l'argumentation identifiées transcendantalement à des présuppositions universelles de la communication.

Nous en retiendrons trois : α) quiconque prend part à une argumentation doit avoir reconnu d'avance, comme les autres membres de la communauté d'argumentation (auxquels il ne peut pas ne pas attribuer symétriquement la même reconnaissance) la nécessité de *justifier sa pensée* ; β) quiconque prend part à une argumentation doit avoir supposé d'avance (cette supposition est enveloppée dans la précédente) la possibilité de parvenir par cette voie avec les autres membres de la communauté d'argumentation dont il fait partie à un *accord intersubjectif* valable non seulement de manière conditionnelle et provisoire au sein de cette communauté particulière mais encore de manière inconditionnelle et définitive au sein d'une communauté élargie virtuellement à tous les êtres raisonnables ; γ) quiconque prend part à une argumentation doit enfin avoir tacitement émis une prétention à une forme de *rectitude morale* incluant la sincérité et l'impartialité, sans laquelle la nécessité de justifier sa pensée dans la perspective d'un accord intersubjectif serait elle-même vide de sens.

La notion stratégique de *contradiction performative* s'applique précisément à cette conception de l'argumentation comme jeu de langage transcendantal. Elle vise les présuppositions de l'argumentation envisagées comme les conditions de possibilité de toute communication s'établissant sur ce plan réflexif. Rappelons qu'à la différence de la contradiction logique, elle ne s'applique pas au seul énoncé mais au rapport unissant, au sein de l'acte de langage, l'énoncé et l'énonciation, ce que l'on dit et ce que l'on fait en le disant. Selon la définition qu'en donne Habermas, « on fait intervenir ce concept lorsqu'un acte de parole 'Cp' repose sur des présuppositions non contingentes dont le contenu propositionnel contredit l'affirmation 'p' » [1]. Deux exemples de contradictions performatives proposés par Apel sont les suivants : « j'affirme par ces mots que je n'existe pas » ; « j'affirme par ces mots que je n'ai pas de prétention à la vérité ». Prise en un sens neutre, la notion de contradiction performative a sans doute une fonction positive : elle favorise la compréhension de certains philosophèmes classiques, à commencer par le *Cogito ergo sum*, qui s'offre dans cette perspective à une reconstruction convaincante. Mais son rôle est essentiellement critique : il s'agit de montrer que certaines affirmations « s'oppose[nt] aux préconditions *a priori* de l'argumentation humaine » [2] et indirectement aux préconditions *a priori* de la communication et de la vie humaines. Ainsi comprise, elle est une arme de guerre contre le sceptique. « Si je ne puis contester quelque chose, remarque Apel, sans me contredire moi-même et si je ne puis déductivement le fonder sans commettre une pétition de principe [...], alors ce quelque chose appartient [...] à des présuppositions pragmatico-transcendantales de l'argumentation que l'on doit avoir déjà reconnues pour que le jeu de langage de l'argumentation conserve son

1. *Morale et communication*, Paris, Cerf, 1986, p. 101 (*Moralbewusstsein und Kommunikatives Handeln*, Suhrkamp Verlag, Frankfurt am Main, 1983).

2. K.O. Apel, « Rationalité de la communication humaine... », *op. cit.*, p. 101-102.

sens »[1]. Or c'est une telle contradiction, justement, qu'implique la négation sceptique de la règle d'universalisation appliquée par Kant aux normes et aux comportements moraux. Pour autant que le sceptique accepte d'*argumenter* en faveur de la position qu'il défend, il doit avoir déjà élevé, en contradiction avec celle-ci, une quadruple prétention à la validité universelle prenant notamment la forme d'une prétention à une signification intersubjective communicable sans condition de lieu ni de temps, à la vérité du contenu propositionnel, à la sincérité et à l'impartialité par laquelle il témoigne de ce que cette règle d'universalisation est déjà opérante dans son propre discours au titre non d'une assertion particulière mais bien d'une condition de possibilité incontournable. Présupposant implicitement ce qu'il nie explicitement, il doit donc, s'il veut être conséquent, ou bien abandonner sa thèse initiale et se ranger au point de vue adverse, ou bien se retirer de la discussion et renoncer ainsi au discours argumentatif.

2. D'un silence paradoxal

C'est à ce point, toutefois, qu'il faut soulever *trois difficultés* touchant, respectivement, le privilège accordé par Apel au discours argumentatif en relation à la notion de « présuppositions de l'argumentation en général » (a); la valeur pratique des dites présuppositions (b) ; enfin la possibilité laissée au sceptique de refuser la discussion et de s'exclure purement et simplement du champ d'application des normes morales (dût-il le payer, comme le croit Apel, du prix de la folie) (c). C'est l'examen de ces difficultés qui nous reconduira par degrés à la question qui avait guidé notre critique de Kant : celle du mobile pratique. Il montrera que les ressources conceptuelles d'une philosophie de la signification ne sont pas meilleures, à cet égard, que celles d'une philosophie de la représentation.

a) L'homme et le philosophe

En s'efforçant d'enraciner l'universel dans les structures de l'argumentation et en prêtant à ces structures une valeur normative indépendante du contenu des arguments échangés, Apel admet explicitement, nous l'avons vu, que le discours argumentatif n'est pas seulement un jeu de langage particulier. S'il l'était, l'explicitation des

1. « La question de la fondation ultime de la raison », *Critique* n° 413, 1981, p. 921.

conditions pragmatiques attachées à sa mise en œuvre aurait elle-même une valeur particulière ; elle ne serait nullement l'équivalent d'une déduction transcendantale au sens kantien. Mais ce privilège, pour justifié qu'il soit sans doute au plan méta-éthique sur lequel se place le philosophe réfléchissant, n'implique pas que les règles reconnues incontournables à ce plan le soient aussi en dehors du cadre argumentatif dans lequel elles opèrent. Ne nous obligerait-il pas dans le cas contraire *à « faire de l'homme un philosophe avant que d'en faire un homme »* [1] ? Il revient en effet à mettre sur le même plan la communication réelle et la communication idéale vers laquelle la première est par hypothèse téléologiquement orientée. Or sauf à supposer, contre l'évidence, que l'échange d'arguments dans la perspective d'un accord intersubjectif susceptible de satisfaire tous les membres passés, présents et à venir de la communauté de communication soit l'unique mode d'appartenance possible à cette dernière, force est de dire que cette manière d'être au langage est plutôt celle dont la possibilité fait ici question. Cette question pourrait être formulée ainsi : comment l'appartenance du sujet à une communauté de communication *quelconque* peut-elle susciter le choix de la communication *elle-même* comme communication *rationnelle* ? Qu'*une fois* engagés dans la voie de l'argumentation nous ne puissions, sans inconséquence, ne pas nous conformer aux règles qui fondent la possibilité d'une argumentation en général, cela n'implique ni que d'autres voies ne demeurent pas ouvertes au sujet argumentant dont il lui est loisible de faire choix tout en feignant, pour des raisons purement stratégiques, de se plier à ces règles, ni surtout que toute forme de communication suppose comme sa condition transcendantale de possibilité une prémisse argumentative. Certes, tout emploi du langage est en principe susceptible de faire l'*objet* d'un discours argumenté. Mais il n'en résulte pas que l'argumentation joue à l'égard de tout emploi du langage, réciproquement, le rôle d'une *présupposition* nécessaire. La force illocutoire inhérente aux conditions pragmatiques de la discussion se conserve-t-elle identique lorsque la communication revêt d'autres formes que celle-ci ? C'est plutôt ce postulat de congruence que devrait rejeter une philosophie instruite de la pluralité des formes de langage. Sans doute le projet d'une pragmatique formelle est-il seulement de reconstruire *au point de vue* du discours argumentatif cette pluralité. Mais les conditions qui rendent possible une telle reconstruction, si elles existent, ne peuvent être tenues sans équivoque pour des conditions de

1. Pour paraphraser le Rousseau du *Discours sur l'origine et les fondements de l'inégalité parmi les hommes* (Paris, Garnier-Flamarion, 1971, p. 153).

possibilité de son objet. *Le discours dans lequel nous explicitons les présuppositions de tous les discours n'est pas lui-même la présupposition de tout discours.* L'affirmation inverse est celle d'une bonne essence du langage où nous voyons pour notre part une forme récurrente du sophisme naturaliste dénoncé en d'autres termes par G.E. Moore [1].

En prenant prétexte du réquisit fichtéen de l'auto-réflexion, qui signifie dans ce contexte que toute théorie de la rationalité « doit être consistante avec la reconstruction de sa propre rationalité présupposée de discours argumentatif » [2], pour élever l'argumentation au rang d'un *a priori* universel de la communication et de la vie humaines, Apel ontologise un principe qui n'avait pour Fichte qu'une portée méthodologique et nous paraît commettre une sorte de *category mistake*, d'« erreur de catégorie » au sens de G. Ryle. L'erreur viendrait ici de la confusion indue de la méthode et de son objet, du registre des exigences propres à la *reconstruction* valide de la communication et du plan d'*effectuation* de la communication elle-même [3].

b) Le statut éthique des normes : l'asymétrie de la raison pure pratique

Ce sont les prétentions d'une *éthique* de la discussion qu'il faut évaluer à la lumière des remarques qui précèdent. Celles-ci nous paraissent témoigner en effet de ce que le problème phénoménologique de la « conversion de l'attitude » subsiste même si l'on suppose la subjectivité d'avance immergée dans une communauté de communication – et de ce qu'il subsiste justement comme celui des conditions susceptibles de métamorphoser en normes impératives les présuppositions transcendantales de l'argumentation. La rationalité du langage a-t-elle vraiment, comme le pense Apel, le pouvoir de motivation lié chez Kant à l'idée d'une raison pratique ? A-t-elle *eo ipso* la moralité qui justifierait l'interprétation pragmatico-transcendantale du *factum rationis* comme *factum* linguistique ? Si même le jeu de langage argumentatif était effectivement condition de possibilité de tous les

1. *Principia ethica*, ch. I.

2. « Rationalité de la communication humaine... ; », *op. cit.*, p. 583. Postulat dit d'« auto-intégration ».

3. Dans *Penser avec Habermas contre Habermas*, Apel distingue bien entre le plan de la communication empirique dans le monde vécu et le plan de la reconstruction réflexive de celle-ci dans le cadre de la théorie critique chargée d'exhiber ses présuppositions les plus générales, mais il omet de dire comment la découverte de ces présuppositions est elle-même possible.

autres, le Diable deviendrait-il moral par le seul fait d'entrer dans une communauté d'argumentation [1] ?

Ces questions concernent à la fois le statut des « normes » impliquées dans l'exercice de la discussion et la nature de l'« évidence » qui leur est attachée : on peut douter que les présuppositions de l'argumentation aient par elles-mêmes force d'obligation – autrement dit que la sorte de contrainte qu'elles imposent au sujet effectivement engagé dans la discussion ait un caractère tel que l'appartenance à une communauté idéale de communication devienne alors pour lui plus prégnante que toutes les raisons d'ordre stratégique qui avaient pu motiver empiriquement sa décision d'entrer dans une relation de ce type. La pragmatique transcendantale hérite sur ce point de l'ambiguité liée déjà chez Searle aux notions d'« engagement » et de « force » illocutoires. L'engagement à la sincérité impliqué dans la promesse et dans la plupart de nos actes de langage [2] comme une condition de leur signification n'est pas davantage un engagement sincère que la règle qui lie, sous peine de contradiction performative, le locuteur à une telle condition, n'implique pour lui la nécessité pratique de s'y plier. Il est du type : « s'il me parle, alors il prétend être sincère » ; « si je lui parle, alors il ne peut pas ne pas m'attribuer réciproquement une prétention à la sincérité ». L'institution linguistique a sans doute un caractère normatif mais cette normativité est loin d'être immédiatement morale. Nous-même qui, présentement, argumentons, devons sans doute, *si* nous voulons être cohérent, donner à nos propositions un contenu conforme aux règles impliquées transcendantalement dans toute argumentation en général. Mais notre volonté d'éviter la contradiction n'est pas elle-même déterminée par de telles règles et la cohérence reste manifestement à ce plan sinon une nécessité purement logique, du moins un impératif simplement hypothétique. Non seulement les actes de langage n'ont nullement *en eux-mêmes*, fût-ce dans le cadre du discours argumentatif, la force d'auto-imposition qui fait dire à Kant du devoir qu'il est la loi morale « réellement pratique en nous », mais ils ne peuvent qu'ignorer, si leur seule forme suffit par hypothèse à déterminer indépendamment de toute référence primaire à une

1. Nous empruntons cette formulation de la question à Isabelle Thomas-Fogiel, que nous remercions à l'égal de Félix Duportail en souvenir du travail accompli avec eux et avec quelques autres en 1988 et en 1989 à Rennes dans le cadre du C.R.E.M. (Centre de Recherches et d'Etudes Métacritiques) dont ils furent les membres fondateurs. Leur connaissance de l'œuvre d'Apel nous a permis d'aiguiser nos arguments.

2. Dans une assertion comme « la somme des angles d'un triangle est égale à deux droits » aussi bien.

intention droite la valeur d'une règle pratique, la différence que fait Kant entre agir par devoir et agir conformément au devoir. Or cette différence – à laquelle correspond la distinction kantienne entre catégorique (ou inconditionnel) et hypothétique (ou conditionnel) – trace seule la ligne de partage entre le domaine *moral* proprement dit et le domaine *juridique*.

La juridicité du langage est attestée par le fait que l'on puisse réciproquement décrire le contrat social dans les termes de la théorie des actes de langage comme une énonciation performative. Mais cette réciprocité, entre l'institution linguistique et l'institution juridique, ne fournit nullement le critère dont aurait besoin une *éthique* de la communication. L'affinité structurelle entre langage et droit tient pour l'essentiel à la symétrie et à la réversibilité de la relation juridique. Or la relation éthique est fondamentalement *asymétrique* et *irréversible*. C'est ainsi que le courage authentique implique la possibilité du sacrifice ou ce que nous avons appelé la *préférabilité inconditionnelle de l'Autre*. Le sacrifice, sans doute, est le comble de l'attitude morale. Mais ce comble lui-même doit être pensé et pris en charge par l'analyse pour que soit véritablement fondée la morale (et avec elle, plus généralement, une position d'altérité soustraite au paradigme de l'échange). L'assomption des conditions *a priori* de la communication fonde peut-être ce que le promoteur de la pragmatique transcendantale nomme parfois une « éthique minimale ». Mais *l'éthique est toujours maximale* [1] et ne se distingue que par ce caractère des autres formes de l'action et de la communication humaines. C'est pourquoi il faut conclure, de l'absence de critères distinctifs entre ces deux domaines fondés dans la structure même de l'argumentation, à l'impossibilité de tenir cette structure comme telle pour l'articulation la plus primitive du « fait de la raison » dont parle Kant à propos de l'impératif catégorique.

Apel avoue n'avoir pu prouver encore qu'« il n'exist[ait] pas de rationalité stratégique de la communication » et va jusqu'à remarquer : « notre réflexion pragmatico-transcendantale sur les implications éthiques de la rationalité communicationnelle [...] doit être complétée par une réflexion sur la différence et la tension entre la situation de parole dans le monde vécu et celle du discours argumentatif » [2]. Mais il devrait étendre cette remarque au discours argumentatif puisque ses

1. P. Livet, « Les exigences de la communication », *Critique*, n° 469-470.
2. « Rationalité de la communication humaine... », *op. cit.*, p. 596.

formes sont elles-mêmes diverses [1] et que les présuppositions dont il dépend sont ainsi, quant à leur signification pratique, proprement indécidables.

c) L'*épochè* du langage comme possibilité d'une parole authentique

Impuissante à lever au bénéfice exclusif d'une éthique impérative l'indécidabilité du sens inhérent aux présuppositions de l'argumentation, l'« évidence performative » qu'Apel substitue à la conscience de la loi telle que l'entendait Kant n'est proprement qu'une inférence déguisée. Elle n'a pas par elle-même le pouvoir de donner à la forme de la communication l'efficacité d'un véritable mobile pratique. Aussi l'analyse searlienne de la promesse n'implique-t-elle nullement que ceux qui participent à une communication et présupposent ce faisant un certain nombre de choses auxquelles subjectivement il s'« engagent », se trouvent *tenus* pas là même comme par une force qui contraindrait apodictiquement le vouloir d'*honorer* leurs engagements et de conformer réellement leur conduite à de telles présuppositions. Nous avons dit en quel sens l'auto-affection de la loi avait seule, dans la philosophie pratique de Kant, le pouvoir de rendre celle-ci effective : l'idée d'un fonctionnement normatif de l'*a priori* serait moralement vide de sens si tous les motifs n'étaient aussi des mobiles. En ce domaine plus qu'en d'autres, l'effectivité est affectivité. Quelles que soient ses difficultés intrinsèques, le « respect » correspond chez Kant à un tel réquisit. Réception du formel de la loi, il est la manière même dont la raison pure accède à la phénoménalité et commande pratiquement à la volonté finie. La déduction pragmatico-transcendantale de l'impératif moral n'aurait donc nulle chance d'aboutir, si les présuppositions universelles de la communication humaine ne pouvaient engendrer par elles-mêmes un *analogon* du respect kantien. Or cet *analogon* manque, grâce auquel la forme même de toute communication possible serait non l'objet d'une connaissance théorique ou celui d'une inférence pragmatique axiologiquement neutre mais une règle impérative se proposant catégoriquement comme telle à la volonté du sujet engagé dans la communication [2].

1. P. Livet en recense quatre : l'argumentation théorique ou objectivante ; l'argumentation hiérarchique qui prend en compte les rôles sociaux des individus ; la négociation ; enfin et seulement l'argumentation éthico-philosophique (*op. cit.*).

2. Et ce qui manque alors est autant ce qui pourrait déterminer l'*application* du principe moral déduit par Apel de l'*a priori* communicationnel, que ce qui *motive* sa propre entreprise fondationnelle. Le postulat d'« auto-intégration » typique de la

Toute la question est en effet de savoir comment notre appartenance factuelle à une communauté de communication peut nous rendre capables de faire de la communication elle-même l'objet d'un choix conforme aux règles que nous mettons en œuvre en parlant – comment, encore une fois, les présuppositions du discours peuvent fonctionner elle-mêmes comme des normes et conjurer ainsi l'indifférence ordinaire du langage à sa propre forme. Or rien n'empêche celui qui veut ignorer jusqu'à la réalité des problèmes moraux de déserter le terrain même où ces problèmes sont débattus et d'affirmer ainsi à l'égard du contenu de l'argumentation le même détachement que celui dont il fait preuve dans toutes les autres circonstances à l'égard de ses conditions les plus générales. Sans doute le sceptique doit-il, *en tant qu'*il participe à une argumentation et *s'*il veut être conséquent, renoncer à sa position initiale et se rendre aux raisons de son adversaire. Mais cette participation est aléatoire. Et ce renoncement lui-même doit être motivé. La contradiction performative n'a donc qu'une portée théorique : *elle est impuissante à produire elle-même les conditions de son application.* La volonté d'argumenter dans la perspective d'une justification rationnelle, impliquée à titre de « présupposition » dans nos actes de langage, n'est pas elle-même un fait de langage.

Que le mobile pratique susceptible de convertir le sceptique au discours raisonnable ne procède pas lui-même du langage, c'est ce dont témoigne la nécessité où se trouve à cet égard un autre philosophe de la communication, F. Jacques, d'admettre une « expérience de l'esprit » déterminant l'« *accueil en nous de la compétence communicative* » [1]. Car il interprète cette expérience dans les termes d'une inclination naturelle au Bien dont c'est peu dire qu'elle ne procède pas elle-même du langage mais se présente, relativement aux propositions de base d'une telle philosophie, comme une hypothèse adventice. Il est vrai que l'interlocution telle que l'entend F. Jacques n'a pas le pouvoir de fonder la moindre obligation : elle a vocation au bonheur et non au devoir [2]. Mais ni le bonheur ni le devoir de communiquer ne dépendent primitivement des conditions qu'elle détermine. La mutation

méthode de reconstruction propre à la pragmatique transcendantale devrait, pour justifier son titre, être étendu à l'*origine* même du problème moral.

1. *Différence et subjectivité*, Paris, Aubier, 1982, p. 263 : « Il faut bien que l'exercice *suive* l'accueil en nous de la compétence communicative » (nous soulignons).

2. La forme des propositions déductibles de l'*a priori* communicationnel est pour F. Jacques du type : « il est bon que P » et non du type : « tu dois faire que p ». Cf. sur ce point F. Duportail, « L'humanisme dialogique de F. Jacques », *Archivio di filosofia*, 1987, n°1-3.

éthique des présuppositions de la communication humaine ne ressortit pas elle-même à ces présuppositions. Elle procède plus fondamentalement d'une *ouverture passive à la signifiance*, d'une *réceptivité première du langage à l'égard de soi*.

Pour les philosophes de la communication, celle-ci est un milieu d'existence insurpassable : c'est une seconde nature. Mais *la communication doit être perdue comme nature pour pouvoir être retrouvée comme une fin*. Aux points de suspension du langage seulement le *sens* se trouve dissocié de toutes nos opérations de *signification* particulières et proposé impérativement à notre initiative. La révulsion de l'horizon de compréhension du langage est la condition de son redéploiement téléologiquement orienté. Ces deux moments coïncident dans l'actualité d'un événement unique. Ils ont seuls le pouvoir d'arracher à l'équivoque et au bavardage *la possibilité d'une parole authentique*.

Le privilège accordé par Apel au discours argumentatif par rapport à toutes les formes de la « communication empirique » nous paraît appeler cette reformulation du problème. Le refus sceptique de la discussion doit s'entendre en effet comme le choix moins du silence que de l'indifférence. C'est donc elle qu'il faut briser pour rendre opérante la règle de cohérence dont l'infraction entraine le risque de contradiction performative. Or ainsi formulée, la question de la possibilité d'une parole authentique n'est pas sans analogie avec la question qui est, pour Heidegger, celle de la possibilité d'une existence authentique. Que cette dernière soit posée en relation à la situation langagière dans laquelle nous plonge le discours quotidien, c'est le signe que les deux questions tendent même à se confondre et appellent une solution commune.

Evoquant l'« écoute prêtée au On » par le *Dasein* quotidien, Heidegger ne remarque-t-il pas que « cette écoute doit être *brisée* » ? Ne situe-t-il pas l'origine d'une telle brisure dans l'« être-advoqué immédiat » dont le *Dasein* est le lieu lorsqu'il se trouve ainsi contraint de « *revenir* de sa perte » ? Ne comprend-il pas enfin cette brisure elle-même comme un « appel de la *conscience* » [1] ? Seule, ainsi, l'*épochè* des significations et des usages établis peut reconduire le langage à lui-même et susciter une nouvelle institution du sens. Seule elle peut

1. *Etre et temps*, § 55 : « L'appel brise l'écoute prêtée au On par un *Dasein* qui se mésentend lorsque, conformément à son caractère d'appel, il éveille un entendre qui est en tous points caractérisé par l'entendre perdu. Si celui-ci est pris par le 'vacarme' de la multiple équivoque d'un bavardage chaque jour nouveau, il faut que l'appel appelle sans vacarme, sans équivoque [...]. Ce qui donne à comprendre en appelant ainsi, c'est la conscience ».

arracher aux présuppositions du discours quotidien la chance d'une parole authentique.

Cette *époché*, nous le savons, n'est pas une opération seconde. Elle est l'expérience même du mal s'éprouvant immédiatement comme tel dans l'instant absolu du souffrir. Le mal, certes, est l'interruption du langage ; il est le point aveugle où s'abîment les significations et où s'accuse la vanité des discours. Mais deux évidences, en réalité, coïncident dans l'instant du souffrir : celle de la vanité des discours ; celle de la nécessité du discours. L'*époché* du discours *est* sa promotion impérative. Seule la douleur de la séparation peut faire advenir la communication elle-même comme une tâche. Nous ne sommes pas dans le langage comme dans un milieu naturel mais comme dans l'élément dans lequel nous tentons de *répondre* à une injonction qui en précède et en excède l'exercice. Tout se passe donc comme si, en tant que nous comprenons ou voulons comprendre [1], nous nous mouvions sur les bords d'un « trou noir » de la nuit duquel seulement toute parole authentique, hantée par ce qui la nie, tient sa possibilité et son orientation [2].

On voit en quel sens alors la souffrance tient au langage : *elle est le langage lui-même venant à soi au point d'exténuation des modes institués du comprendre*. La conscience se rapporterait au langage non comme à sa propre condition d'existence et, ainsi, à sa destination véritable, mais comme à un *medium* indifférent dans lequel elle ne se trouverait engagée que pour la poursuite de buts empiriquement déterminés, elle ne pourrait vouloir inconditionnellement le discours, si elle n'éprouvait immédiatement l'impossibilité d'exister sans le discours et ne tirait de cette épreuve elle-même une règle opposée à ce qui la consume.

Identité de la présence et du signe, la souffrance est le devenir-langage de l'expérience envisagée au point de vue des conditions qui rendent possibles sa réflexion philosophique et sa promotion éthique. Ce n'est donc pas dans les structures sémiotiques de la signification et dans la fonction qu'elle assument dans le processus qui mène la clarté conceptuelle qu'il faut chercher la possibilité de la philosophie, mais dans une *évidence charnelle* distincte aussi bien de la certitude sensible que de la certitude intellectuelle. Le sens, certes, avoue sa temporalité ; il a la structure du possible. Mais c'est précisément cette structure que

1. Mais tout comprendre, dans notre perspective, est un vouloir-comprendre, tout dire un vouloir-dire.

2. La philosophie en témoigne mais aussi, plus près peut-être de son centre, le poème, la confidence, la plainte et la prière.

la souffrance tient en suspens en suspendant l'ouvert du temps. C'est un même événement fondateur qui, dans la passivité du souffrir, nous révèle notre condition temporelle et nous constitue responsables du sens.

« C'est l'erreur des philosophies sémantiques de fermer le langage comme s'il ne parlait que de soi : il ne vit que du silence » [1]. Il ne saurait jamais sans cela le réel comme son autre et serait tel un labyrinthe dans lequel le sujet parlant errerait impuissant à reconnaitre en lui le kérygme des possibilités que nous sommes. En affirmant que *les règles qui déterminent nos opérations de signification s'inscrivent elles-mêmes dans la forme du sens comme autant de schématisations de l'Idée infinie qui, dans la souffrance, rend cette forme sensible à elle-même,* nous dénions seulement à la philosophie du langage le droit, ou bien de s'ériger en philosophie première, ou bien de rejeter comme dénuée de sens l'idée même d'une philosophie première. Cette objection signifie, d'un côté, que c'est du langage lui-même qu'il faut dire qu'il ne commence rien absolument, et, de l'autre, que les questions d'origine et de fondement ne peuvent être rejetées par le discours philosophique, sans entraîner dans leur perte ce discours comme tel.

Elle n'a nullement, toutefois, les conséquences solipsistes que l'on pourrait imaginer. Nous avons en effet implicitement fait nôtres, dans ce qui précède, deux définitions du mal : d'une part, le mal inverse le mouvement de la transcendance, il suspend l'ouvert du temps, il est l'*épochè de mes pouvoirs-être* ; d'autre part, le mal dément l'identité de l'être et du sens, il suspend la significabilité du monde, il est l'*épochè du discours.* Or, loin de s'exclure, ces deux définitions s'éclairent et se présupposent mutuellement : c'est en suspendant notre appartenance au langage que le mal dénoue le lien qui unit, dans la réalité humaine, l'être et le possible. Et c'est au même moment qu'il fait apparaître l'identité du pouvoir-être et du pouvoir-dire, de la transcendance et de l'appartenance, de l'existence et du langage, et qu'il nous engage à inventer pratiquement des formes de vie propres à en réaliser l'idée.

Mais que signifie, à son tour, ce rejet du solipsisme, sinon que *l'ouverture passive à la signifiance présupposée par tout exercice de la compétence communicative s'accomplit comme ouverture à l'Autre* ?

Cette ouverture est le sens même de l'« appel » propre à briser le soliloque du On. Et elle est implicitement présente dans la règle du meilleur argument en tant qu'il est celui qu'un autre – et à la limite tout

1. M. Merleau-Ponty, *Le Visible et l'invisible*, *op. cit.*, p. 167.

autre – doit pouvoir faire sien. La notion d'un tel « autre » manque certes à ce point d'une détermination suffisante. Mais quelle magie du langage fera jamais comprendre comment se peut un événement que celui-ci *détermine* mais qu'il est impuissant à *produire* ? La thèse du *primum relationis* ne dispense nullement de chercher la possibilité interne de la relation et le fondement de sa réalité. Tout éprouver serait-il un comprendre et tout comprendre à son tour un parler en puissance, il resterait à enraciner dans l'essence du phénomène cette puissance du langage et à ressaisir en deçà du plan sur lequel se développe la communication verbale la position d'altérité qui en libère les ressources signifiantes. Il n'y a pas des autres parce que nous parlons ; nous parlons, au contraire, parce qu'il y a des autres.

Il est temps alors de placer au centre de l'analyse et de déterminer plus avant la relation nouée, dans la souffrance, entre la *passivité* et l'*altérité*. La question de l'origine du langage ne se confond pour nous ni avec celle de l'origine des noms ni avec celle de la combinaison des Formes ou des Genres premiers. Elle consiste à chercher *comment se peut cette ouverture à l'Autre qui commande en chacun l'accueil de la compétence communicative*.

C'est sur cette voie que nous croiserons l'œuvre d'Emmanuel Lévinas : le langage est primitivement, pour celui-ci, relation à l'Autre et témoignage rendu à l'infini ; c'est pourquoi il ne saurait trouver son fondement dans un dialogue ou dans un « nous » originels : tout dialogue au contraire suppose déjà ouverte la question qu'un Autre nous pose et dont nous avons à répondre ; il suppose l'événement de la « responsabilité » où, à chaque fois – et selon une essentielle asymétrie – l'Un est pour l'Autre ; « trope de la signification », cette structure ne dépend que d'elle-même : sa « logique » ignore la logique et son existence déroge aux lois de l'être ; elle fait du langage un *événement métaphysique* à part entière ; c'est cet événement enfin que cristallise la « merveille » du Visage.

Mais le merveilleux n'est-il pas aussi dans cette perspective le mystérieux ? Non que nous mettions en doute la dimension originairement éthique et métaphysique de la signification ou préférions sacrifier à quelque *logos* impersonnel la singularité du Dire qui, dans l'adresse, ouvre le langage. Mais comment cette ouverture n'appartiendrait-elle pas elle-même à l'expérience et à l'ensemble des conditions qui déterminent *a priori* la possibilité de celle-ci ? Comment ne constituerait-elle pas elle-même une modalisation de l'essence du phénomène ?

Au moment de rompre avec les aspects les plus spécialisés de la théorie du langage, nous nous trouvons ainsi confrontés à nouveau à la difficulté de concilier la phénoménologie et la métaphysique. Une phénoménologie radicale peut-elle faire droit à la *transcendance* quand ce mot désigne, non plus l'auto-dépassement propre à l'existence, mais ce qui ouvre intérieurement l'existence elle-même à ce qui la dépasse ? Peut-elle réunir ce qui, ainsi, dépasse et transcende, et ce qui s'éprouve soi-même dans l'*immanence* radicale et dans la subjectivité absolue du souffrir ? En propres termes, la question de l'origine du langage revient ici à la nécessité de *composer le Temps et l'Autre*.

CHAPITRE ONZE

LA SOUFFRANCE COMME OUVERTURE À L'AUTRE

Cette composition, entre le Temps et l'Autre, sera l'ultime étape de la déduction de l'apriorité du mal dont nous avons formé le projet au seuil de cet ouvrage. C'est elle qui doit mettre en continuité l'investigation de l'*a priori* et la question de la justification. Quel peut être en effet, pour le sujet fini qu'est l'homme, le lieu de la justification, sinon le lieu où se tient l'Autre ? Pour préparer cette transition décisive, il nous paraît toutefois nécessaire de rappeler d'abord l'idée directrice et les résultats antérieurs de la déduction.

1. L'inscription phénoménologique de la déduction fichtéenne du fondement de la réflexion

a) Quelle déduction ?

En tenant la dissolution de la question du fondement pour une caractéristique générale du discours philosophique contemporain et en interprétant comme l'effet d'une « ruse » de la Technique culminant dans l'éclipse de la Personne – ou dans ce qu'H. Arendt appelle la « banalité du mal » – l'abandon cynique ou résigné de la pensée à une telle situation, nous nous étions donné pour tâche non de répondre de manière suffisante à cette question (il eût fallu pour cela qu'elle fût entièrement du ressort de la spéculation) mais d'en mettre en évidence la réalité et la signification irréductibles.

Cette entreprise prend la forme d'une déduction transcendantale dont l'impuissance de la phénoménologie husserlienne à résoudre l'ambiguité qu'elle-même fait surgir au sein de la notion de fondement fournit le prétexte et pour laquelle le problème du commencement de la philosophie tenu pour un problème crucial joue le rôle à la fois d'un guide et d'un critère déterminant. Par ses aspects opposés de fondation et de légitimation, en effet, l'essence du fondement requiert d'une réflexion philosophique conséquente qu'elle compose synthétiquement ces deux aspects et se pense elle-même à leur articulation.

C'est pourquoi l'acception ici reçue du terme de « déduction » n'est pas tant kantienne que fichtéenne. Si pour Kant, en effet, déduire signifie justifier un concept en montrant comment il rend possible un domaine d'objectivité [1], pour Fichte, c'est la possibilité du concept philosophique lui-même qui doit être restituée par la même opération. La proposition selon laquelle « les conditions de possibilité de l'expérience sont en même temps les conditions de possibilité des objets de l'expérience » [2] n'aurait pas de portée transcendantale, si ces conditions n'étaient aussi celles de la réflexion philosophique sur l'expérience et sur ses objets. « Conduire l'objet qui doit être observé jusqu'au point où devient possible l'observation [...] est le travail du philosophe » [3]. Et *c'est en définitive la question « quid juris ? » elle-même qui doit entrer ainsi dans le champ de la déduction* et porter à son point d'achèvement la révolution copernicienne.

C'est en nous conformant à ce réquisit que nous avons, pour notre part, situé dans une *épochè* constitutive de l'essence même du phénomène la possibilité de la réduction phénoménologique et l'origine du désir de justification qui l'anime intérieurement. Il s'en faut, toutefois, qu'une telle situation reconduise sans changement le point de vue de l'idéalisme critique ; et le seul fait qu'une *évidence charnelle* joue dans notre travail le rôle méthodique dévolu par Fichte à l'intuition intellectuelle, en soulignant l'orientation ontologique de toute l'entreprise, témoigne au contraire de notre volonté de rompre avec un tel point de vue. Pour l'auteur de la *Doctrine de la science*, l'intuition intellectuelle est ce que la réflexion doit postuler pour rendre compte de sa propre possibilité et se trouve être, en sa forme primitive, conscience de la loi morale [4] ; elle est le lieu où « la spéculation et la loi

1. Sur cette définition, cf. P. Ricœur, *Finitude et culpabilité*, *op. cit.*, p. 486.
2. *Critique de la raison pure*, p. 162.
3. *Seconde Introduction* à la *Doctrine de la science*, *Oeuvres choisies de philosophie première*, tr. fr. par A. Philonenko, Paris, Vrin, 1980, p. 266.
4. *Op. cit.*, p. 279 : « L'intuition dont parle la Doctrine de la science ne s'applique pas à un être mais à un acte et rien ne la désigne chez Kant [...]. On peut cependant indiquer avec précision le moment où il aurait dû être question de l'intuition intellectuelle [...]. Selon Kant, ne sommes-nous pas conscients de l'impératif catégorique ? Et de quelle conscience s'agit-il ? Kant a oublié de poser cette question parce qu'il ne traite nulle part du fondement de *toute* philosophie [...]. Or cette

morale s'unissent étroitement » dans l'élan absolu d'une même « activité indépendante ». Mais en posant qu'« elle ne s'applique pas à un être mais à un acte » et en réduisant ainsi l'être à l'étant offert en tant qu'objet au pouvoir de représentation du Moi, il s'interdit d'en penser l'origine réelle et n'en fournit qu'une justification abstraite. D'accord avec Fichte lorsqu'il reproche à Kant de n'avoir pas tiré toutes les conséquences de sa propre critique de l'empirisme en n'élevant pas au rang de principe l'identité formelle de la réflexion et de son objet [1], nous le sommes avec Kant lorsque celui-ci accuse Fichte de n'avoir élaboré qu'« une pure logique dont les principes ne parviennent pas jusqu'à la matière de la connaissance » et dont il serait vain de vouloir « extraire un objet réel » [2]. Parvenue dans le cadre de l'idéalisme critique à la claire conscience d'elle-même, la réflexion philosophique manque néanmoins à ce plan d'un point d'ancrage dans l'être et ne peut que sous la supposition d'un « choc » (*Anstoss*) dont le statut demeure lui-même éminemment problématique s'assurer de la détermination et de l'effectivité sans lesquelles elle ne prêterait sa forme à aucun phénomène et ne contemplerait jamais que son propre vide.

Le problème du commencement de la philosophie étant pour nous un fil conducteur pour l'ontologie, nous n'aurions pas peu fait si nous avions permis à la réflexion de faire l'économie d'une telle supposition. Si les conditions de possibilité de l'objet de la réflexion sont identiquement celles de la réflexion sur cet objet et prennent à ce plan la forme d'une exigence inconditionnelle, c'est, en effet, pour être homogènes à la manière même dont l'être se temporalise et accède à la manifestation.

N'est-il pas possible alors, en développant plus avant le parallélisme entre la déduction fichtéenne du fondement de la représentation et notre propre déduction de l'*a priori*, d'*intégrer* finalement au projet d'une phénoménologie radicale le point de vue de l'idéalisme critique ? Au prix d'une telle intégration seulement nous pourrons reprendre à notre compte d'autres propositions de Fichte concernant, respectivement, les limites inévitables d'une déduction théorique du fondement de la réflexion, la signification positive de ces limites sur le plan

conscience est indubitablement une conscience immédiate, mais elle n'est pas sensible. Elle est exactement ce que je nomme intuition intellectuelle ».

1. *Doctrine de la science*, *op. cit.*, p. 111 : « Ce qui est présupposé par la possibilité de toute réflexion philosophique est un fait originaire de la conscience naturelle » prenant la forme d'une « réflexion procédant de l'intérieur [de celle-ci] ».

2. *Kant's Gesammelte Schriften*, BD XII ; cité par A. Philonenko, *La Liberté humaine dans la philosophie de Fichte*, *op. cit.*, p. 218.

pratique, enfin le problème sous-jacent de l'existence d'autrui et de l'origine du langage.

b) La réflexion comme opération et comme événement

On a dit comment le problème du fondement de la représentation, résolu d'abord par Fichte au niveau de la « simple réflexion » par le biais d'une synthèse quintuple renvoyant dos à dos l'idéalisme et le réalisme dogmatiques, se trouvait redoublé sur le plan de la réflexion philosophique comme celui de sa propre possibilité. L'opposition du Moi et du Non-Moi devient sur ce plan celle de l'« activité indépendante » et du « choc ». Si l'« activité indépendante » est la réflexion philosophique elle-même thématisant l'opposition Moi-Non-Moi, le « choc » est réciproquement ce qui, « repoussant » cette activité en elle-même [1], la détermine et lui donne la forme qui est la sienne. Tout le problème se concentre alors sur la question de savoir « comment et en vertu de quoi s'opère sur le Moi le choc qu'il faut admettre pour expliquer la représentation » [2], celle-ci s'entendant désormais comme « la *répétition* de l'acte de position » par lequel le Moi, originairement, s'oppose un Non-Moi dont il *diffère* en tant que Moi [3]. Or l'action du choc ne peut être conçue dans ce contexte – sauf à renouer avec un réalisme de la chose en soi antérieurement répudié – que comme une action immanente [4] et homogène à l'acte par lequel le Moi se pose lui-même [5]. La « répétition » qu'elle rend possible n'a donc pas le caractère d'une opération seconde ; elle est elle-même une *répétition dans l'immanence*.

1. *Doctrine de la science*, *op. cit.*, p. 142 : « L'activité du Moi se dépassant à l'infini doit être heurtée en un point quelconque et être repoussée en elle-même ».

2. *Ibid.*, p. 102.

3. *Ibid.*, p. 143. Nous soulignons.

4. *Ibid.*, p. 97-98 : « Si quelque chose est dans le Moi déterminé comme subjectif et si autre chose, en tant qu'objectif, est, par cette détermination, exclu de la sphère de celui-ci, il faut dès lors expliquer comment ce deuxième terme, qui doit être exclu, peut exister dans le moi [...]. La proposition suivante répondra à cette objection : l'être objectif qui doit être exclu *n'a nul besoin d'exister* ; il n'est besoin *pour ainsi dire* que d'un choc existant pour le Moi », lequel en vérité ne saurait exister « sans une intervention du Moi » (nous soulignons).

5. *Ibid.*, p. 140 : « Le Moi doit trouver en lui-même quelque chose d'hétérogène, d'étranger, et qui doit être distingué de soi » ; cet élément étranger doit être rencontré « dans le Moi » car, « s'il était extérieur au Moi [...], il ne s'ensuivrait rien pour le moi ». « A un certain point de vue donc, cet élément doit être homogène au Moi ; il doit pouvoir lui être attribué ». Nous nous souviendrons un peu plus loin de ces propositions lorsque nous appliquerons au concept lévinassien de la transcendance la critique fichtéenne du réalisme.

Mais comment alors une analytique de la temporalité ne serait-elle pas seule habilitée à rendre à leur lieu propre et à porter à la pleine clarté conceptuelle les notions opposées de répétition et de différence, comme à déterminer conjointement leur signification dans les termes d'une *passivité transcendantale* ignorée de Fichte ? C'est faute de disposer d'une phénoménologie du temps originaire que Fichte apporte au problème du fondement de la représentation une solution idéaliste dans laquelle la réflexion du philosophe, bien qu'elle soit rendue ainsi formellement homogène à son objet, reste une opération mystérieuse et sans soutien dans l'être. Sans doute, le « Moi absolu » n'est pas le sujet de la représentation. Son « activité infinie » le désigne plutôt comme l'ouverture toujours préalable du champ de l'expérience pris en totalité. Au Moi qui accède à la représentation en s'opposant un Non-Moi sous la forme d'un divers phénoménal élaboré en objet, Fichte donne au contraire le nom de « Moi divisible » ou de « Moi fini ». Cette distinction éclaire la proposition inaugurale de la *Doctrine de la science* de 1794 : « j'oppose *dans le Moi* le Moi divisible au Non-Moi divisible » [1]. Le Moi *dans* lequel a lieu la représentation – le Moi absolu – n'est pas premièrement pour lui-même un objet ; il est le milieu immatériel où se constitue l'opposition du sujet et de l'objet. En termes heideggeriens, son statut n'est pas celui de l'« être-sous-la-main » mais de l'« Ouvert » [2]. Mais que faut-il pour que le Moi joue effectivement le rôle que lui attribue l'analyse : celui du « déterminable en soi et pour soi » ? Que faut-il, sinon précisément un « choc » dont l'action immanente « repousse en elle-même » et limite intérieurement son activité infinie, et dont l'*événement* soutient donc toutes ses opérations ? Le Moi ne pourrait, tout en s'opposant à soi, se réfléchir comme la forme pure de l'opposition ; il ne pourrait fonder la moindre détermination en soi et pour soi, si son activité n'était immédiatement donnée à elle-même dans une expérience originaire. Son pouvoir tient tout entier dans l'*auto-réflexion immanente de l'ouverture même qu'il est* au point sensible où prend aussi sa source l'*exigence infinie* qu'à cet instant il devient pour lui-même.

Il faut donc, pour donner, selon le vœu de Kant, une « matière » à la déduction fichtéenne du fondement de la représentation et intégrer ses propositions au projet d'une phénoménologie radicale, attribuer au

1. Nous soulignons.

2. C'est ce dont témoigne, dans la dernière philosophie de Fichte, son approfondissement par le concept d'image (*Bild*) tenu lui-même pour un équivalent général de l'Apparition, de la Manifestation comme telle.

Moi absolu lui-même une passivité que Fichte croit devoir lui refuser [1] et *concevoir le fondement lui-même comme une expérience* [2].

c) La liberté finie

On pourrait douter, il est vrai, que le primat de la raison pratique et, d'une manière générale, les principaux acquis d'un rationalisme traitant l'éthique comme le premier chapitre de la philosophie et donnant finalement à l'action le pas sur le savoir soient préservés dans cette perspective. Mais nous n'avons eu de cesse de tenir l'irréductibilité de l'exigence que la réflexion découvre à l'intérieur d'elle-même pour une invitation à refuser l'idée selon laquelle Ethique et Ontologie résident sur des monts séparés. La souffrance est identiquement, pour nous, la manière dont l'Etre vient à soi et l'auto-engendrement de l'Idée infinie dont sa propre protestation, monnayée en significations impératives, mesure négativement la force pratique. En sorte que, si nous ne *partons* pas de la liberté, nous n'en cherchons pas moins à déterminer son *mode de surgissement* dans le champ de notre expérience. Une telle détermination n'est-elle pas plus appropriée à l'idée d'une liberté *finie* ?

Les trois voies que nous avons suivies dans la position du problème du commencement de la philosophie ne nous ont pas par hasard, de ce point de vue, ramené chaque fois à notre hypothèse de base. Car en tenant ce problème lui-même pour le seul propre à nous ouvrir un accès à l'essence du phénomène, nous avions en vue, autant que la compréhension théorique de cette dernière, la pré-indication des règles qu'il nous faudrait suivre non, certes, pour produire par nous-mêmes une réponse suffisante à la question du fondement mais pour nous mettre, autant qu'il dépend de nous, en situation de la recevoir. L'*a priori* n'a en lui-même un contenu normatif, le commencement ne donne la clef de la justification que pour instruire ainsi la liberté du *chemin* qu'elle doit suivre pour devenir soi. Et c'est, alors, l'impuissance même de la déduction à épuiser théoriquement la question du fondement qui doit être prise en compte par l'analyse et déterminer le contenu comme la forme des propositions qui doivent nous permettre d'en assumer pratiquement toutes les implications.

Le thème de l'altérité ne doit pas être introduit ailleurs qu'à ce point de bascule de la philosophie théorique dans une réflexion pra-

1. *Op. cit.*, p. 125 : « Le Moi absolu n'est pas susceptible d'être passif ».
2. En opposition là encore à la thèse de Fichte. Sur celle-ci, cf. *op. cit.*, p. 246 et 249.

tique à même d'en mesurer l'ambition. Car si la souffrance suscite, comme expérience de l'injustifiable, l'approche d'une justification et, par là, d'une sagesse dont la chance est de prime abord refusée à une liberté captive, alors cette approche sera nécessairement celle d'un Autre que son absence même désigne comme le lieu, encore indéterminé, des possibilités réservées par le mal.

Encore faut-il, sans renoncer à la réflexion transcendantale ni au style propre de la description phénoménologique, assigner le statut de cet « Autre » et fixer le sens de sa transcendance.

2. D'une *transcendance* l'autre

Le terme de « transcendance » ne saurait désigner plus avant dans ce contexte l'ouverture ekstatique d'un horizon pour la détermination objective de l'étant. Il n'est pas le concept antithétique de l'« immanence » à laquelle M. Henry tente de ramener, en opposition à Heidegger, l'essence de la manifestation, et ne peut donc être compris à partir de l'effort que nous avions accompli antérieurement pour composer ces deux notions. Bien plutôt cet effort visait-il, sans l'inclure encore dans son thème, à préserver la signification *éthique* et *métaphysique* que nous lui attribuons à présent et à ménager sa place en creux dans le cadre même d'une analyse ontologique.

C'est pourquoi nous ne faisons pas nôtre l'opposition – commune, malgré leurs divergences doctrinales, à Heidegger et à E. Lévinas – entre l'Ontologie et la Métaphysique. En élevant le mal à la dignité d'un problème ontologique, notre ambition, exactement inverse, était d'exhiber « l'inconditionné qui est au fond de l'être »[1]. L'inconditionalité de l'impératif moral, ainsi, n'a pas d'autre mesure que l'impossibilité du souffrir, et tient de cette référence interne à ce qu'il faudrait appeler, pour exprimer en propres termes cette impossibilité, la *transcendance du mal*, le pouvoir de déterminer réellement la volonté.

La transcendance de l'Autre répond à la transcendance du mal. Elle appartient à la manière même dont l'être accède à la manifestation. Nous assumons pleinement, ce disant, l'équivalence entre phénoménalité et temporalité. Mais la souffrance suspend les possibilités libérées par l'ekstase du temps et situe leur lieu dans un Autre. *L'expérience de l'être en tant qu'être s'accomplit comme relation à l'Autre.* Notre effort pour fonder ontologiquement l'impératif moral ne saurait donc

1. J. Nabert, *Le Désir de Dieu*, Paris, Aubier-Montaigne, 1966, p. 108.

aboutir, que nous ne nous donnions à présent les moyens de déterminer conceptuellement cette altérité comme telle.

Cette détermination trouvera naturellement son centre de gravité dans une catégorie dont on neutralisera la signification traditionnelle et où l'on verra la contrepartie positive des limites rencontrées par la déduction pour s'égaler à son objet : la catégorie de la *grâce*. Comment nommer autrement, en effet, l'identité de la « conscience que nous prenons de l'effort du moi [...] pour s'égaler à soi » et « la conscience aussi de ne le pouvoir absolument que par le secours d'un autre que soi » [1] ?

L'affirmation fichtéenne du primat de la raison pratique enveloppe certes une reconnaissance préalable des limites de la réflexion théorique et l'inscription dans la sphère du droit de problèmes dont la solution semblait plus classiquement pouvoir être fournie par la spéculation dans la forme d'un savoir absolument maître de ses propres principes et formant un cercle parfait. L'auteur de la *Doctrine de la science* situe ainsi dans l'action – et, qui plus est, dans l'action entreprise *en commun* par les hommes – le lieu véritable de l'exigence philosophique. Mais le « choc » qui fonde la réflexion en « repoussant en elle-même » et en limitant l'activité du Moi [2] n'est alors, comme la « résistance » que doit surmonter, sur le plan pratique, l'« effort » du même Moi en vue de transformer cette activité simplement « idéale » en causalité réelle [3], qu'une hypothèse méthodique *à laquelle ne correspond aucune détermination appropriée dans le concept même de liberté* – l'idée du « devoir » manquant ainsi d'une origine propre à justifier le rôle éminent que lui attribue l'analyse.

Tel est, pourtant, le paradoxe d'une liberté finie ou, selon la belle expression de P. Ricœur, « seulement humaine » : le pouvoir de commencer par soi-même n'a pas son origine en soi-même. La liberté risque l'illusion lorsque, telle la pierre dont parle Spinoza, elle se pose, dans l'ordre du savoir comme dans l'ordre de l'action, en excluant ce qui la pose. Elle réalise objectivement son concept au contraire lorsque, sans cesser d'être soi, elle renonce à son hypostase autistique et reconnaît *en elle-même* ce qui n'est pas elle. Car en consentant à sa propre limite, elle se donne ainsi pour objet cela même qui la rend possible. C'est là, si l'on veut, le paradoxe de l'éducation, mais redou-

1. J. Nabert, *Le Désir de Dieu*, *op. cit.*, p. 109.
2. *Doctrine de la science*, IIème partie : « Fondation du savoir théorique ».
3. *Doctrine de la science*, IIIème partie : « Fondation du savoir pratique ».

blé et retourné sur lui-même [1]. Et c'est, plus proprement, sagesse. « L'impossible, écrit Simone Weil, est la porte vers [la justification]. La liberté ne peut qu'y frapper. C'est un autre qui ouvre » [2]. C'est pourquoi réciproquement la liberté n'est vraiment elle-même qu'en s'ouvrant à cette altérité et en s'efforçant de la reprendre dans un acte : la seule sagesse est d'aller à l'Autre.

Le *cercle imparfait de la déduction* est ainsi l'ombre portée sur le plan de la spéculation du *cercle ouvert de la liberté et de la grâce*. En thématisant la « grâce de l'Autre », la réflexion ne renonce nullement à elle-même ; elle intègre au contraire l'impuissance du discours théorique à épuiser la question du fondement et celle de l'action à lui apporter objectivement une réponse suffisante.

Aussi ce thème, loin d'en rompre la continuité, peut-il être introduit sur le plan même de la description pure. Il désigne un *postulat de la conscience souffrante* et le seul propre non, certes, à opérer en elle la mutation qui, sous la forme de l'anticipation optimiste ou de la consolation, rendrait moins impossible ou moins inassumable l'épreuve qui est la sienne, mais, du moins, à lui permettre d'*endurer* celle-ci contre la tentation d'une « délivrance » présentant, dans cette extrémité, le visage même de la mort. Si, comme le montre l'expérience, la souffrance rend la mort au champ des possibles en se montrant plus impossible qu'elle, comment peut-elle n'en pas toujours faire choix contre elle-même ? Qu'est-ce qui, au cimetière de toutes les illusions, peut donner vie à la catégorie du « et pourtant », du « malgré tout », du « en dépit de » ? Pour décrire la structure temporelle du questionnement ontologique, nous avions dû faire abstraction du thème de l'altérité. Mais il faut à présent lever la parenthèse et *reconnaître en l'Autre ce qui préserve l'ouvert du temps*.

Cette reconnaissance est d'abord enveloppée dans l'évidence même qui, dans l'instant du souffrir, donne la conscience à elle-même et la marque de sa propre insuffisance. Elle a originairement la forme d'un appel qui vise, en l'« Autre », le lieu absent des possibilités réservées par le mal. Cet Autre n'est donc nullement une Puissance anonyme ou une Causalité absolument étrangère à l'essence du Moi. Il ne peut être, au contraire, qu'un autre Moi, qu'une autre Liberté capable de

1. Si l'éducation est l'opération par laquelle je reçois d'un autre les règles qui me permettront de devenir moi-même, alors il m'appartient réciproquement, pour achever cette opération, de transformer en *motif*, en désignant expressément autrui comme une fin, cette *structure* paradoxale de la liberté.

2. *La Pesanteur et la grâce*, Paris, Plon, 1947/1988, p. 112. La citation exacte est : « la porte vers le surnaturel ».

répondre. La souffrance dût-elle parfois crier vengeance et envelopper *aussi*, comme l'implique son statut transcendantal, la possibilité de la violence, cette modalité de la relation à l'Autre est seconde, en réalité, par rapport à la direction initiale de l'appel, et le désir de vengeance ignoré d'abord du désir de justice émané de sa pure détresse.

3. Temps et altérité

Mais il faut, pour intégrer au projet d'une *phénoménologie* radicale les thèmes éthique, métaphysique et religieux de l'altérité, de la transcendance et de la grâce et maintenir leur analyse dans le cadre strict d'une enquête sur les conditions de possibilité de l'expérience :

a) montrer comment la différence entre le « phénomène » et la « chose en soi » appartient elle-même à l'essence de la manifestation ;

b) composer en conséquence la thèse « idéaliste » de l'immanence radicale et la thèse « réaliste » de la transcendance radicale ;

c) décrire plus précisément la manière dont l'*épochè* de la transcendance ekstatique-horizontale libère la transcendance radicale de l'Autre et inscrit sa vérité impérative au cœur même de la présence.

a) « Phénomène » et « chose en soi » : une distinction modale

Aucun *Autre* ne pourrait entrer dans le champ de notre expérience si la différence entre le phénomène et la chose en soi, *abolie* d'abord conformément à la proposition selon laquelle la manifestation de l'essence est l'essence de la manifestation, ne se trouvait *posée* simultanément comme une différence intérieure à cette essence elle-même. Sans doute ne peut-on affirmer sans paradoxe que la chose *en soi* doit pour être telle avoir une réalité *pour nous* et se trouver donc impliquée en quelque façon dans l'ouverture du champ de l'expérience possible. De l'assomption d'un tel paradoxe dépend pourtant la chance offerte à la pensée de rencontrer une telle notion – comme les notions de transcendance et d'altérité qui en dépendent – autrement que sous l'aspect d'une notion fantastique tombant d'elle-même hors des limites à l'intérieur desquelles les concepts philosophiques conservent une légitimité.

Les textes dans lesquels Husserl traite de l'écart, *constitutif de l'évidence phénoménologique elle-même*, entre apodicticité et adéquation, comme les analyses qu'il consacre à la structure paradoxale de la « conscience d'horizon », contiennent à cet égard plus d'une indication intéressante. Dans l'« horizon » ainsi, la chose s'annonce et entre en présence, mais comme ce qui se tient au-delà du donné empirique et rend manifeste l'impuissance même de la conscience à s'égaler intuitivement à son objet et à s'assurer sur un mode autre que présomptif du recouvrement attendu entre le sens perceptif et la réalité se donnant ainsi par profils et silhouettes. Il y a pour ainsi dire une évidence de l'intention non remplie, un évidence de l'inadéquation même entre intention et intuition, telle que ce qui se donne est à la fois l'*identité* présumée de l'être et du phénomène et leur *différence* impliquée, en fait et en droit, dans une telle présomption [1].

C'est de la même façon que la réalité du mal est identique à celle de la conscience qui l'éprouve mais que cette conscience voit contesté dans une telle épreuve son pouvoir même de constituer ou de donner sens – la souffrance opposant ainsi aux fonctions par lesquelles elle s'assure habituellement de la cohérence et de la significabilité du monde la singularité et l'extériorité absolues d'un événement dont elle est le lieu mais non la cause. Le mal est *et* n'est pas une apparence. Dans l'instant du souffrir se trouvent posées simultanément l'identité et la différence du phénomène et de la chose en soi [2].

Non que Husserl conclue quant à lui d'un tel paradoxe au dualisme kantien de la chose en soi et du phénomène. Sa décision de comprendre toute transcendance comme une transcendance-dans-l'immanence a même la signification exactement inverse. Mais les difficultés que rencontre la problématique de la constitution lorsqu'elle s'applique à l'existence d'autrui (ou de l'« autre premier en soi »), maintes fois inscrites par les commentateurs de Husserl au passif de l'analyse intentionnelle [3], témoignent de l'obligation où se trouve toute réflexion

1. Comme simple présomption.

2. La catégorie de l'*excès* nous permettra plus loin d'assumer cette contradiction en préservant la différence au sein de l'identité – à la fois comme l'imminence d'un *réel* possiblement distinct de toute réalité comprise et assumée (auquel l'hypothèse husserlienne du chaos, de la discordance radicale du cours de l'expérience, n'accordait qu'une existence fictive) et comme le fondement d'une *exigence* pratique dont nous avons vu qu'elle était précisément destinée à faire pièce à une telle éventualité. Là où, chez Husserl, la réalité se trouve pour ainsi dire, une fois ramenée au sens qu'elle a pour une conscience, délestée de son poids spécifique, c'est le phénomène, c'est l'apparaître lui-même que le mal alourdit d'une charge ontologique. Car en court-circuitant le jeu des synthèses intentionnelles au gré desquelles tout étant se trouve habituellement intégré à un ensemble signifiant, il donne, plutôt qu'il ne la reçoit d'elle, sa mesure à la conscience. C'est ainsi que, chez Maine de Biran, le noumène est conçu de manière paradoxale comme le réel du phénomène : sa dimension, sa profondeur, son mystère propres.

3. P. Ricœur, en particulier, y trouve motif à ce qui apparaît nettement, dans son article sur « Kant et Husserl » (*op. cit.*), comme une justification du dualisme. Seule la différence entre le phénomène et la chose en soi, montre-t-il, préserve la

transcendantale soucieuse d'échapper aux conséquences aporétiques de sa propre hypostase idéaliste, d'assumer expressément une situation dont Fichte, le premier, nous paraît avoir résumé comme il convient les traits essentiels : « que l'esprit fini doive poser quelque chose d'absolu en dehors de lui-même (une chose en soi) et cependant reconnaître par ailleurs que cet être n'est que pour lui [...] – tel est, dit-il, le cercle que l'esprit fini peut élargir à l'infini mais dont il ne peut s'affranchir »[1]. Or la signification positive de ce cercle est avérée lorsqu'à la question : « quelle est la nature des choses en soi ? », il est répondu : « elles sont telles que nous *devons* les faire »[2]. C'est donc la *transposition phénoménologique de la critique fichtéenne de l'idéalisme et du réalisme dogmatiques* qui nous permettra de donner un contenu approprié à ces deux propositions – l'une touchant le mode de production de la différence entre phénomène et chose en soi, l'autre la « nature des choses en soi » – et de *composer les concepts d'« immanence » et de « transcendance »* par lesquels s'opposent et se tiennent mutuellement dans l'ignorance l'auteur de *L'Essence de la manifestation* et celui de *Totalité et infini*.

b) L'unité du Même et de l'Autre

Dans la perspective de M. Henry, l'ultime secret de la phénoménalité est une « épreuve qui ne nous ouvre à aucune altérité, à aucune extériorité, mais seulement à elle-même »[3]. Ce n'est donc pas sans raison qu'une phénoménologie de l'immanence radicale tiendra pour nous, *mutatis mutandis*, la position qui était pour Fichte, dans le cadre de son examen critique du problème du fondement de la représentation, celle de l'idéalisme – impuissant en effet à donner à la conscience un objet. Le point de vue de Lévinas n'est pas sans analogie quant à lui avec la position attribuée symétriquement par l'ancien disciple de Kant au réalisme : l'Autre y tient la place d'une puissance propre à instaurer par elle-même une relation indépendante de toute condition antérieurement déterminée, de tout horizon préalablement

possibilité d'autrui. Ce constat se trouve d'une certaine façon à l'origine de notre argumentation présente. Mais nous tentons de le dépasser en direction d'une thèse pour laquelle cette différence tombe elle-même dans l'essence de la manifestation. C'est pourquoi elle n'a plus pour nous le sens d'une distinction réelle mais d'une distinction modale – où nous voyons davantage toutefois qu'une simple distinction de raison.

1. *Doctrine de la science*, *op. cit.*, p. 146.

2. *Ibid.*, p. 149. Nous soulignons.

3. « Phénoménologie et psychanalyse », in *Psychiatrie et existence*, ouvr. coll., Grenoble, J. Millon, 1991, p. 107.

ouvert, de toute logique déjà régnante ; et cette puissance est « *de soi*, présence d'un visage » qui, *de soi* encore, « exprime », « appelle » et « enseigne »[1]. La réalité du Visage précède sa possibilité. Son extériorité radicale le désigne non comme un phénomène dépendant, au même titre que les autres phénomènes, des lois générales de l'essence comprise précisément comme essence de la manifestation mais, au contraire, comme un « au-delà de l'essence » dont la « révélation » ne peut, dès lors, qu'être apparentée pour le sujet à quelque « traumatisme » causé par une Chose en soi[2].

Comment pourtant le Visage n'aurait-il aucun être ? Et comment son irruption singulière et son refus même de se laisser thématiser et circonscrire, pour distinguer sans doute son mode de manifestation de celui de l'objet connaissable, ne seraient-ils pas sa manière propre d'*apparaître* ? – comment ne seraient-ils pas sa façon de s'offrir dans une expérience dont la chance ne serait, en vérité, nullement donnée à l'homme, si elle n'était comprise *a priori* dans l'essence du phénomène et ne dépendait à ce titre, comme toute expérience possible en général, des lois qui sont les siennes ? La « conversion de l'âme à l'extériorité ou à l'absolument autre ou à l'Infini »[3] serait-elle possible si elle n'était déductible d'une certaine façon de l'identité même de cette âme ?

Tel est le sens de la proposition de Fichte selon laquelle l'opposition du Moi et du Non-Moi « a lieu *dans le Moi* ». La pensée ne pourrait aucunement être « éveillée *par* le Visage »[4] si elle n'était d'avance éveillée *au* Visage conformément à une loi d'essence dont la formulation reste du ressort d'une ontologie phénoménologique[5] et préserve seule l'analyse entière de la relation éthique et l'usage, dans ce contexte, du terme de « transcendance », des reproches conjoints d'« onirisme », d'« empirisme » et de « non-philosophie »[6]. Le terme

1. *Totalité et infini*, La Haye, Nijhoff, 1961, p. 157.

2. Cette causalité fût-elle autre que purement « mécanique », selon une précision apportée dans *Autrement qu'être ou au-delà de l'essence*, La Haye, Nijhoff, 1974, p. 158.

3. *Totalité et infini*, p. 33.

4. « Note sur le sens », in *Le Nouveau Commerce*, 1981, cahier 49, p. 110.

5. La relation éthique appelle non l'abandon mais la réforme et l'extension de l'ontologie dans le sens, notamment, d'un inventaire affiné des manières d'être et des modes de phénoménalisation qui leur correspondent – inventaire que n'épuise nullement la distinction heideggerienne entre le projet et l'être-sous-la-main.

6. La radicalisation du thème de l'extériorité pensée comme extériorité infinie de l'Autre réactive, selon J. Derrida, « le rêve d'une pensée purement hétérologique en sa source » – « pensée pure de la différence pure » – qui est lui-même la marque d'un « empirisme radical » que sa confiance dans l'enseignement immédiat du dehors a toujours conduit la philosophie, de Platon à Husserl, à déterminer comme

de « merveille » dont use parfois l'auteur de *Autrement qu'être* pour désigner son maître-concept témoigne assez par lui-même de ce que la philosophie renoncerait à soi si elle n'entreprenait pas de montrer comment la possibilité d'être affecté par un Autre – cet Autre dût-il n'être pas de prime abord déterminé positivement comme un autre Moi – est comprise dans l'essence de la manifestation et prescrite *a priori* par la manière même dont celle-ci se réfléchit et vient à soi. Pourrait-on encore parler sans cela, et dans un contexte où, pourtant, ces termes ont été préalablement frappés de nullité, de « *rapport* avec la chose en soi », de « *manifestation* d'un 'kat auto' » ? L'extérieur n'affecterait pas l'intérieur si la possibilité d'être affecté par quelque chose d'extérieur en général n'était impliquée dans la manière même dont l'intérieur se rapporte immédiatement à soi. « Si le Non-Moi, écrit Fichte, doit pouvoir en général poser quelque chose dans le Moi, il faut que la condition de possibilité d'une telle influence étrangère au Moi sur le Moi [...] soit fondée sur le Moi lui-même, soit fondée dans le Moi absolu, avant toute action étrangère et réelle » ; car dans le cas contraire, « il ne s'ensuivrait rien pour le Moi » [1]. En d'autres termes, c'est la « totalité » elle-même qui doit être intérieurement ouverte à l'« infini » pour que celui-ci puisse faire signe, prendre corps et s'ouvrir, comme Autre singulier, un chemin jusqu'à son propre centre [2]. Or tout comme, selon Fichte, le « ex » de toute extériorité ne serait rien pour le Moi s'il ne pouvait, d'une manière ou d'une autre, être trouvé dans le Moi et lui être attribué, l'« infini » ne serait qu'un mot et l'« Autre », une pure idée, si le rapport qui unit immédiatement à eux-mêmes la « totalité », l'« essence » ou – selon une autre terminologie – le « Même » n'était tel qu'une place leur y fût déjà ménagée.

Il n'est donc pas vrai que « la présence exclu[e] toute transcendance » [3] et soit par essence fermée à l'existence d'un Autre dont le mode de production, radicalement hétérogène à sa propre structure apriorique, ressortirait à des lois différentes de celles qui régissent la possibilité de l'expérience en général. C'est l'Autre, certes, qui ouvre le temps – mais dans la mesure seulement où, réciproquement, *le temps donne l'Autre* ou annonce sa venue à partir de son propre élan brisé.

dehors a toujours conduit la philosophie, de Platon à Husserl, à déterminer comme « non-philosophie » (« Violence et métaphysique », in *L'Ecriture et la différence*, Paris, Seuil, 1968, p. 224-226).

1. *Doctrine de la science*, *op. cit.*, p. 140.

2. Il faut donc retourner contre E. Lévinas la question que celui-ci adresse à Fichte : « comment le libre Moi fichtéen subirait-il la souffrance qui lui vien(t) du Non-Moi ? » (*Autrement qu'être...*, *op. cit.*, p. 159).

3. « Note sur le sens », *op. cit.*, p. 107.

Pour désigner la venue à soi de l'être comme *présence*, la souffrance n'est pas moins l'expérience d'une *altérité* radicale. L'essence du phénomène tient en réalité de sa propre constitution interne le pouvoir d'accueillir le Même et l'Autre et de les ouvrir ainsi l'un à l'autre. L'auto-manifestation de l'essence de la manifestation comme immanence radicale dans l'impossibilité du souffrir *est* la possibilité de la transcendance d'un Autre que la souffrance elle-même, pour souffrir son absence, fait apparaître comme ce qui doit être.

c) L'excès du souffrir

A la question de savoir *comment* l'essence de la manifestation pensée comme immanence radicale peut faire droit en son propre sein à une transcendance elle-même radicale, il faut répondre alors : en vertu du suspens qui, par la double impossibilité dont elle l'affecte : celle de reposer en soi et celle de s'échapper à soi, structure originairement la temporalité et la constitue tout entière comme le développement d'une exigence visant en l'Autre non une signification ou un objet particuliers, mais la source de tout sens, de tout sujet comme de tout objet en général.

Le temps du souffrir, disions-nous précédemment, se passe comme attente de l'Autre : la souffrance est à l'expérience d'autrui ce que l'imagination transcendantale est pour Kant à la connaissance d'objet : elle aménage l'espace intérieur où cette expérience pourra s'accomplir. Mais il faut, pour intégrer phénoménologiquement le thème de l'altérité et ménager ainsi un passage entre l'ontologie et la métaphysique, compléter cette proposition en introduisant une catégorie intermédiaire : la catégorie de l'*excès*.

La souffrance est l'excès du mal [1]. Elle l'est en vertu non d'une mesure que lui appliquerait un observateur extérieur doublé d'un juge mettant en balance les « biens » et les « maux » qui se produisent dans le monde mais de sa propre constitution phénoménale. Par cet excès, il faut entendre la modalité même de l'impossible qui fait de la souffrance ce qu'elle est. C'est le point où l'« intérieur » et l'« extérieur » passent l'un dans l'autre et se trouvent en même temps posés dans leur différence irréductible : immanence *comme* ouverture

1. Nous empruntons cette expression à P. Némo, *Job et l'excès du mal*, Paris, Grasset, 1978. Mais à l'inverse du sens que lui donne l'auteur d'un ouvrage dont nous nous sentons parfois proche, nous comprenons premièrement l'« excès » comme un superlatif et non comme un comparatif. L'accès à l'« Autre scène » n'est ouvert qu'à partir de la disproportion immanente qui fait à chaque fois du mal un mal extrême ruinant l'apparente cohérence du monde et de nos vies.

passive à l'altérité de ce que rien ne peut contenir ni circonscrire et, réciproquement, *transcendance immanente*, immixtion sans mesure de l'extérieur dans l'intérieur telle que ce qui se donne, se donne pour ainsi dire à partir d'un dehors absolu.

Aucun Autre ne pourrait surgir dans le champ de notre expérience et nous affecter de telle sorte que son altérité, loin d'être abolie dans cette relation, s'y trouve au contraire portée à son emphase, si l'essence de la manifestation *n'était à elle-même sa propre excession*. Dans la souffrance monte l'appel silencieux lancé en direction d'un Autre dont la transcendance appartient déjà d'une certaine façon à l'événement qui, tout en donnant la conscience à elle-même et en lui ouvrant le monde, suspend ses pouvoirs-être et marque dans sa chair le lieu absent de leur restitution.

La catégorie de l'excès permet ainsi à l'analyse d'achever la transposition phénoménologique de la méthode de composition appliquée par Fichte, sur le plan d'une déduction de l'objectivité, à l'idéalisme et au réalisme dogmatiques. Elle reconduit les concepts concurrents d'« immanence » et de « transcendance » au point où, *jusque dans la radicalité à laquelle ils prétendent*, leur réciprocité est avérée. Cette réciprocité doit être inscrite au crédit d'une tentative visant plus généralement, pour concilier ontologie et métaphysique, à ancrer dans la structure même de la phénoménalité la possibilité de la question « pourquoi ? » et l'attestation de sa forme et de sa signification originairement éthiques. La logique de l'excès, du surplus, de la surabondance n'est-elle pas aussi, en effet, celle du don et du pardon ? Elle est seule accordée, en tout cas, à notre désir d'être, si, en surgissant comme désir de l'Autre, il vise en ce dernier le lieu même de la justification.

VERS LA JUSTIFICATION

1. Questions de méthode

En cherchant dans le « point-source » d'un présent immédiatement réfléchi comme tel la possibilité générale de l'expérience et l'articulation, en celle-ci, de la Chair et de l'Idée, nous avons bien conscience de nous être mis en situation de soutenir, comme le narrateur de Proust dans la *Recherche* : « tout cela qui prend forme et solidité, est sorti, ville et jardins, de ma tasse de thé ». Toutefois nous croyons avoir justifié, autant qu'il se pouvait, cette conception de l'*a priori* et serions satisfait si, au terme de la présente déduction et en vertu des arguments produits dans le cadre de celle-ci aux trois points de vue de la philosophie de la conscience, de la pensée de l'être et de la philosophie du langage, nous avions conquis le droit : a) de tenir la souffrance pour le fil conducteur d'une ontologie phénoménologique satisfaisant aux réquisits fichtéens du discours transcendantal ; b) de mettre en continuité une telle ontologie et la requête éthique, métaphysique et religieuse d'une justification dernière. Car nous serions fondés alors à traiter l'oubli de l'Etre et l'oubli de l'Autre comme deux aspects indissociables d'une « ruse de la Technique » dont la Personne, pour constituer le lieu concret où l'être vient à soi et s'ouvre intérieurement à un sens qui arrache dès l'abord à son destin anonyme la chance – et l'exigence – d'une existence partagée, est la seule victime.

Mais nous ne saurions mener à bien l'entreprise fondationnelle destinée à faire pièce à cette éclipse de la Personne – autant, encore une fois, qu'une telle tâche relève de la spéculation – sans déployer tous les moments d'une phénoménologie de la souffrance dont nous avons seulement tracé dans les pages précédentes les lignes les plus générales.

Nul obstacle de principe à une telle entreprise, s'il est vrai que *la souffrance est universelle* et qu'elle tient ce caractère, non d'un concept sous lequel pourraient être rangés les maux particuliers qui affectent des hommes différents et différemment situés dans la société, dans l'histoire ou dans la culture, mais de son aptitude à donner à soi la forme même de l'expérience possible et à se conserver identique à travers la diversité des occasions qui la suscitent.

Nous avons dit en commençant quel rôle devait remplir cette phénoménologie : celui d'une répétition pratique de la question du fondement. Or ce rôle est lui-même triple et coïncide avec une tâche critique d'*assomption* des antinomies produites par le discours philosophique [1] et envisagées dans ce contexte non comme des illusions mais comme des visages opposés de l'essence [2] ; une tâche théorique de *fondation* des différents principes qui, de la religion à la politique en passant par la morale et par le droit, commandent l'organisation du champ pratique ; enfin une tâche pragmatique de *dérivation*, à partir de tels principes, de règles et de fins accordées à la vie réelle et dotées à ce titre, ou d'un authentique contenu normatif, ou d'une effective teneur axiologique.

Ces trois objectifs dessinent seulement, toutefois, l'horizon d'une recherche qui pour partie excède les limites du présent ouvrage et suppose achevée la phénoménologie censée conduire la réflexion jusqu'à eux. Trois difficultés doivent être levées au préalable. Elles concernent : a) le rapport entre la *déduction* de l'*a priori* et son *déploiement* projeté au seuil de ce qui constituerait ainsi un deuxième volet, une deuxième partie de l'ensemble ; b) le choix dans les deux cas d'une méthode strictement *phénoménologique* ; c) la réduction du mal à la souffrance.

a) Le cercle de la déduction et de la description

L'*a priori* désigne à la fois, dans ces pages, l'ensemble des conditions qui rendent l'expérience possible et l'auto-réflexion immanente de ces conditions elles-mêmes dans un désir de justification indiscernable de notre effort même pour être. Sa déduction dans le cadre d'une phénoménologie réflexive précède son déploiement dans les termes d'une phénoménologie descriptive dont la fonction propre serait de donner un contenu positif à ce que nous avons appelé successivement –

1. La souffrance se trouve au point de rencontre et de tension des couples d'opposés dont les termes hypostasiés déterminent, dans l'histoire de la raison philosophique, les antinomies qui arrêtent celles-ci (Nature/Liberté, Temps/Eternité, Même/Autre, Etre/Raison, etc.).

2. Les antinomies de la raison pure n'ont pas, si la raison, pure, est pratique et ne devient telle qu'en s'éprouvant immédiatement elle-même dans l'instant du souffrir, une portée purement formelle : elles s'enracinent dans l'expérience effective et *transportent* seulement sur le plan logique les modes opposés qui la constituent .

en accord avec différentes étapes et différents niveaux de l'analyse – « forme de l'expérience», « forme de la signification», « forme de la justification » et «sagesse ». Néanmoins nous n'aurions pu mener à bien cette déduction ni compris ce que nous faisions par là si nous n'avions pas disposé déjà d'un concept suffisamment déterminé du « mal» ou de la « souffrance» et constamment anticipé la description appelée à en fixer la signification. Que le progrès de la réflexion n'ait été possible qu'en faisant fond sur une cette compréhension préalable, c'est ce qui montre que les deux moments de l'analyse se présupposent mutuellement et ne peuvent être séparés que pour les besoins de l'exposition.

Mais les contraintes de l'exposition n'obèrent pas davantage l'entreprise qui est la nôtre, que le *hiatus* apparent, dans l'œuvre métaphysique de Descartes, entre l'ordre des raisons et l'ordre réel des choses, le sens général du projet fondationnel développé dans les *Méditations*. Et pour ne pas méconnaître mais ne pas tenir pour proprement déterminantes les conditions langagières auxquelles doit se plier tout travail philosophique pour autant qu'il doive prendre la forme extérieure de la dissertation, de l'article ou du traîté, nous ne voyons pas dans ces conditions – prises d'ailleurs en charge par l'analyse au niveau le plus profond – une raison suffisante de réviser à leur enseigne notre conception de l'*a priori*. Les voies par lesquelles la pensée entreprend de *concevoir* la possibilité de l'expérience, pour être homogènes aux règles que la liberté doit suivre pour *réaliser* l'idée d'une justification dont la forme est donnée avec cette possibilité elle-même, ne sont pas telles en effet que la réflexion pût sans sortir d'elle-même et sans autre secours que celui des lois formelles qui régissent la production et l'articulation des énoncés, s'y orienter et les suivre jusqu'à leur terme.

Que la déduction de l'apriorité du mal présuppose la description chargée réciproquement de prolonger celle-ci au-delà d'elle-même, c'est la traduction méthodique du fait que la structure interne de l'essence est identique à l'événement qui l'ouvre à elle-même et revêt en ce dernier la forme d'une exigence condamnant par avance tout discours s'efforçant de la prendre en vue à ne ressaisir qu'à l'intérieur du cercle imparfait qu'il trace ainsi ce qui le prodigue et en appelle à lui.

En quel sens, toutefois, le déploiement de l'*a priori* est-il nécessairement du ressort d'une *phénoménologie* de l'expérience du mal ? Et si l'*a priori* est « mal», une *herméneutique* des symboles dans lesquels celui-ci trouve une expression conjurant son opacité initiale n'est-elle pas le détour obligé que doit s'imposer toute pensée désireuse de monnayer en significations l'instant premier de l'étonnement, de la stupeur et du scandale qui font le lit de cette opacité ?

b) Phénoménologie et herméneutique : les deux voies d'un discours philosophique sur le mal

Tel fut, on le sait, le chemin emprunté par P. Ricœur dans sa *Philosophie de la volonté* au terme d'une analytique des structures générales du « volontaire » et de l'« involontaire » qui n'avait pu elle-même bénéficier, dans un premier temps, des ressources propres de la description pure, qu'au prix d'une « mise entre parenthèses » touchant, justement, la sphère entière de la faute ou du mal humain [1]. Nous ne pouvons retracer ici en détail l'itinéraire qui conduit l'auteur de *Finitude et culpabilité* d'une phénoménologie du « décider », de la « motion volontaire » et du « consentement » dessinant « la sphère neutre des possibilités les plus fondamentales de l'homme » ou le « clavier indifférencié sur lequel [peut] jouer aussi bien l'homme coupable que l'homme innocent », aux idées d'une « mythique de la volonté mauvaise », d'une « symbolique du mal » et, enfin, d'une « herméneutique » définie comme une méthode de déchiffrement appliquée à un monde de symboles [2]. Mais l'assomption philosophique de l'existence du mal n'est possible dans ce contexte qu'en vertu d'une « révolution de méthode » substituant à la « voie courte » de la description et de la réflexion pures la « voie longue » d'une méthode d'interprétation acceptant de se laisser instruire, bien qu'en les tenant à distance et en leur appliquant, le cas échéant, les méthodes critiques des sciences humaines, par les expressions dans lesquelles l'homme projette les modalités et les formes de son existence dont la signification lui est de prime abord dissimulée.

Si l'*obscurité* du mal humain justifiait par anticipation, dès l'Introduction du *Volontaire et l'involontaire*, ce changement de méthode en faisant apparaître « la phénoménologie et toute la psychologie » comme des abstractions relativement au projet général d'une « poétique de la volonté » seule habilitée à prendre en charge dans leur plus grande amplitude les thèmes conjoints de la liberté et de la transcendance que rencontre nécessairement sur son chemin toute pensée conséquente de la faute et du péché [3], c'est dans *Finitude et culpabilité* qu'apparaissent le plus clairement les motifs de la majo-

1. *Op. cit.*, t. 2, p. 9.
2. *Ibid.*, p. 12.
3. *Ibid.*, t. 1, p. 23-36.

ration des problèmes de langage liée à un tel changement. Une ontologie de la réalité humaine usant d'une méthode phénoménologique vouée à l'explicitation des structures générales de la « finitude », apprend-on alors, laisse impensé le point où « la faiblesse constitutionnelle qui fait que le mal est *possible* » bascule tout entière dans le « surgissement » du mal effectivement *réel*. C'est d'un tel surgissement, en effet, qu'« il n'est plus de discours qu'indirect et chiffré » [1].

Mais le privilège méthodique de l'herméneutique n'est justifié alors qu'en accord avec la direction générale d'une pensée allant ainsi de la possibilité du mal inscrite dans la constitution d'une liberté finie à la réalité de l'acte qui en fait un événement du monde et de l'histoire, et en fonction du choix sous-jacent de tenir la *faute* pour la forme première du mal humain et pour la voie royale par laquelle la philosophie accède à celui-ci et l'élabore en problème. En irait-il de même si, à l'inverse, tout le mal commis par les hommes était logiquement et transcendantalement fondé dans le mal subi par eux, et si la *souffrance* était tenue ainsi pour la véritable voie d'entrée dans le problème ?

Sans doute l'abord traditionnel de celui-ci par le biais de la faute et du péché appelle-t-il de lui-même, en effet, l'application d'une méthode herméneutique instruite de la diversité des textes et des contextes où ces notions prennent forme et se spécifient. Mais si nous croyons, pour notre part, pouvoir éviter davantage – ou différer plus longtemps – le détour que celle-ci s'impose en dénonçant les prétentions illusoires de ce qui se donnerait pour une appréhension plus directe de son objet, c'est précisément parce que nous ne faisons plus porter l'accent sur la faute mais sur la souffrance. La divergence sur le plan de la méthode répond donc à une mutation dans le concept au terme de laquelle les *aspects contextuels* de la conscience de faute et du jugement de culpabilité se trouveront subordonnés aux *traits universels* de l'expérience de la victime et la possibilité du mal « moral » comprise elle-même à partir du mal que Leibniz appelle « physique » [2].

L'opacité du souffrir, certes, n'est pas moindre que celle du faillir, et c'est la même incompréhension que suscitent l'épreuve de la créature tourmentée et l'acte par lequel la liberté « fait entrer le mal dans le monde ». Mais la faible représentation, du moins dans la tradition

1. *Ibid.*, t. 2, p. 11.

2. Par ce dernier terme, l'auteur des *Essais de théodicée* entend tout le mal subi par les hommes, « c'est-à-dire les douleurs, les souffrances, les misères » sous toutes leurs formes.

occidentale, de ce que nous serions tenté d'appeler le point de vue de la victime dans un *corpus* dominé par le schème de la rétribution et où le *Livre de Job* fait figure d'exception [1], crée ici une situation différente. Et les ténèbres où le mal plonge la conscience souffrante ne sont pas telles qu'aucun sens ne puisse s'y faire jour sous la forme d'une Idée pratique excédant nos capacités ordinaires de représentation et de signification et indiscernable encore de l'évidence impérative suscitée immédiatement par son irruption. La faute appartient sans doute à un univers de discours dont on peut penser qu'il joue, à l'égard tant du sentiment qui la révèle à elle-même que du jugement d'imputation qui en évalue le degré et y rapporte la règle de droit proportionnant crime et châtiment, un rôle *constitutif*. Mais la médiation du signe ou du symbole n'a pour la souffrance qu'une importance *occasionnelle* : loin d'en déterminer la réalité et la modalité propres, elle reçoit au contraire de celle-ci sa règle. La souffrance d'indignité, par exemple, est liée sans doute à la situation particulière de la personne dans le langage ; mais sa propre constitution phénoménale n'est en rien déterminée par une telle situation et peut être décrite, pour l'essentiel, dans les mêmes termes que les autres figures de la douleur et du malheur. Dans tous les cas, le mal n'est mal que dans l'*excès* qui le fait apparaître comme l'*impossible* dont un *Autre* doit conjurer la fatalité en rendant l'existence à elle-même et en renouant dans une *perspective métempirique* le fil brisé du temps et de l'histoire. C'est cette identité structurelle, ce noyau phénoménologique commun à tous les modes du souffrir qu'il nous faudra mettre plus précisément en évidence dans la suite annoncée. Elle est une invitation à opposer l'Un de la souffrance au Multiple de la faute et à tenir l'Un, selon la leçon constante de la philosophie, pour la raison du Multiple.

Il est frappant, à cet égard, que l'herméneutique, bien qu'elle situe d'emblée le mal dans l'horizon de la société, de l'histoire et de la culture et le rencontre de prime abord comme un objet d'interprétation parmi d'autres, comme un secteur délimité de l'univers des symboles, se trouve progressivement conviée à y reconnaître l'unique vecteur de l'effort de compréhension qui l'anime et l'ultime motif de la théorie des symboles élaborée dans son prolongement. Dans l'article important consacré au rapport entre « herméneutique des symboles et réflexion philosophique » [2], la symbolique du mal est regardée d'abord comme

1. A côté peut-être de la tragédie grecque.

2. Repris dans *Le Conflit des interprétations*, *op. cit.*, p. 283-310 (I) et 311-329 (II).

un simple « exemple » pour la conduite de l'analyse [1], puis comme sa « pierre de touche » [2], et voit enfin sa signification élargie à l'herméneutique générale au point d'intéresser celle-ci non dans son contenu mais dans son propre fondement : « l'herméneutique du mal n'est pas une province indifférente, mais la plus signifiante, peut-être le lieu de naissance du problème herméneutique » [3]. Or si l'interprétation des symboles du mal est « la plus signifiante » et renvoie de cette façon l'acte même d'interpréter à son origine et à sa possibilité la plus fondamentale, n'est-ce pas que l'expérience du mal, dont elle exhibe certains traits diversement élaborés dans les « symboles primaires » de la souillure, du péché et de la culpabilité puis dans les grands récits mythiques, structure unitairement et à un niveau plus profond encore que celui auquel renvoie l'expérience de l'aveu [4] toute compréhension et toute reprise ultérieure de ce qui se trouve d'avance aperçu en elle ? Elle ne le pourrait pourtant, si la *souffrance* n'en constituait la forme primitive et ne lui conférait *a priori* ce pouvoir – si, encore une fois, la diversité positive des expressions du mal que nous faisons ne reconduisait, en amont d'elle-même, au noyau identique du mal que nous subissons et à l'universalité de l'expérience de la victime. La faute est l'œuvre multiple d'une liberté que la douleur et le malheur suspendent et rendent à cette passivité dont Schopenhauer dit qu'elle est « le fond de *toute* vie ». Et s'il est vrai que les symboles qui la disent montrent d'une façon exemplaire qu'« il y a toujours plus dans les symboles que dans toute connaissance par concepts » [5], cette plus-value sémantique n'a peut-être pas d'autre ressort que ce que nous avons appelé plus haut l'excès du mal [6], ni les couples d'opposés [7] qui la déploient d'autre origine que la structure contradictoire du souffrir telle que l'éprouve immédiatement la conscience déchirée par sa pointe. Toute la symbolique du mal est au moins en droit, dans cette

1. *Ibid.*, p. 284.
2. *Ibid.*
3. *Ibid.*, p. 313.
4. Sur le sens de cette expérience, cf. *Philosophie de la volonté*, t. 2, p. 167-186. Comme le remarque P. Ricœur, c'est parce que l'aveu que la conscience religieuse fait de la faute est déjà une *parole* qu'il dépend, dans sa constitution même, d'une tradition et d'un univers symbolique déterminés et qu'il en appelle à une herméneutique propre à en ressaisir les formes objectivées dans le mythe et dans la spéculation (lesquels représentent donc, au regard de son expression la plus élémentaire, des élaborations « de second et de troisième degré »).
5. *Le Conflit des interprétations*, *op. cit.*, p. 328.
6. « La surabondance du sens, remarque à cet égard P. Ricœur, fait pendant à l'abondance du non-sens ».
7. Extérieur/Intérieur, Destin/Liberté, Instant/Durée, Pur/Impur, etc.

hypothèse, adossée à une phénoménologie de la souffrance guidant implicitement ses démarches et rassemblant ses résultats non sous un concept mais sous une expérience élevée au même moment au rang d'un authentique *a priori* concret.

Cette hypothèse elle-même enveloppe, il est vrai, la supposition d'une *homologie*, entre souffrance et faute, sans laquelle l'absence de toute communication entre les méthodes prenant en vue ces deux formes du mal humain ruinerait la fécondité à laquelle elle prétend. Il nous appartiendra de mettre à l'épreuve cette supposition en développant la description du souffrir jusqu'au point où elle trouvera en elle-même les moyens de rejoindre le plan d'affirmation de la liberté capable de mal faire. Ce passage ne soulèvera pas de difficulté, si la passivité du souffrir est elle-même le point d'émergence d'une volonté pure. Car la protestation qui l'anime suffit alors à faire apparaître le sens comme une catégorie moins du savoir que de l'action. Nous n'ignorons pas, certes, que la faute est réciproquement l'œuvre d'une liberté *affectée* et qu'un fond de passivité appartient de manière nécessaire à l'activité proprement humaine. Mais c'est une raison supplémentaire pour laquelle nous tiendrons le point de vue de la passivité pour le seul qui préserve l'unité d'un concept scindé d'emblée en deux aspects irréductibles. S'il fallait choisir entre le schème biblique de l'« écart » et le schème orphique de l'« extériorité affectante »[1], c'est au second que nous demanderions, au prix d'une transposition appropriée, de nous donner l'intelligence du premier[2].

Nous venons à dessein de parler, en opposant le possible de la faute et le réel de la souffrance, puis le multiple du mal commis et l'un du mal subi, enfin l'activité et la passivité, de « points de vue » différents. Si le conflit de méthode entre la phénoménologie et l'herméneutique est déterminé d'abord, en effet, par une *accentuation* différente des deux aspects irréductibles du concept du mal, il ne peut être tranché au profit exclusif de l'une ou de l'autre. Elles enrichissent également l'analyse et s'excluent moins qu'elles ne se complètent. C'est ainsi qu'une phénoménologie de la souffrance pourra trouver un renfort dans la symbolique du mal – la convergence des figures du mal dans des discours issus de sources et d'aires culturelles distinctes et la

1. *Le Conflit des interprétations*, *op. cit.*, p. 299.

2. C'est par la souffrance que l'on entre dans la problématique de la faute, comme c'est par l'injustice que l'on entre dans la problématique du juste et de l'injuste. Nous avons d'ailleurs écarté l'objection, que paraît motiver un tel choix, selon laquelle une philosophie pratique ne peut sans inconséquence cesser de postuler l'*autonomie* du vouloir : tel n'est assurément pas le cas d'une approche dénonçant seulement la prétention de la liberté à l'*indépendance*.

possibilité même de constituer une herméneutique unitaire de ces figures venant alors vérifier la pertinence de la description pure. Non qu'elle renonce ainsi à son ambition fondationnelle. Mais elle usurperait son droit si, à l'inverse, elle prétendait se substituer purement et simplement au patient déchiffrement des signes du mal ou arguait du rapport de subordination qu'elle institue, dans cette perspective fondationnelle, entre le point de vue de l'activité et le point de vue de la passivité, pour nier la valeur d'une méthode ayant assez démontré, dans l'ordre qui est le sien, l'extraordinaire richesse de ses analyses. Au regard d'une telle abondance de biens, notre choix d'une méthode strictement phénoménologique représente un *vœu de pauvreté* dont nous ne songeons nullement à métamorphoser la nécessité en vertu. Mais ce vœu nous paraît appelé – c'est pourquoi nous parlons de nécessité – par le *tournant ontologique* dans lequel nous avons engagé au seuil de ce travail la réflexion sur le mal.

Le privilège accordé au point de vue de la passivité s'explique par l'opportunité qu'il offre de placer de plain-pied avec la question du sens de l'être le désir de justice dont l'éthique tire sa propre véhémence. Au contraire, une réflexion sur le mal prenant son point de départ dans la libre activité d'une volonté même affectée par des motifs ou dialectiquement liée à l'« involontaire » et se développant comme une analytique de la faute, de la conscience de faute et des expressions qui à la fois représentent cette conscience et la dissimulent à elle-même, entérine la coupure méthodique et doctrinale introduite par l'ontologie dite « fondamentale » entre ces thèmes et les problèmes plus directement soumis à sa juridiction.

L'une des conséquences de ce que nous venons d'appeler le « tournant ontologique » de la réflexion sur le mal – outre celles qui intéressent l'ontologie elle-même – est l'impossibilité de penser plus longtemps celui-ci comme « non-être » ou comme « manque ». Si l'on conçoit ainsi la faute, c'est pour avoir d'avance réduit l'Etre à la Nature à laquelle la Liberté s'arrache et qu'elle nie par son acte, et confondu ainsi ce concept avec l'une de ses déterminations particulières. Dans notre perspective, au contraire, la Liberté est au même titre que la Nature une modalité de l'Etre. Leur *tension* seule constitue celui-ci comme tel. La souffrance ainsi n'est pas plus un « être » qu'un « non-être » : elle est l'auto-révélation de l'Etre en l'unité de ses déterminations fondamentales. Qu'au cœur de cette révélation le Bien fasse signe comme ce qui doit-être et s'y découvre comme l'Autre dont la souffrance souffre l'absence, c'est ce qui nous autorisera moins encore à faire nôtre l'identité onto-théologique de l'Etre et du Bien.

Cette identité est tout au plus le pôle, situé à l'infini, d'une Idée pratique dont l'auto-engendrement dans l'instant du souffrir permet seulement d'*exiger* la réalisation, et dont la différence même entre Nature et Liberté reçoit en retour le sens qui est le sien. Dans l'horizon d'une telle Idée, en effet, la Nature s'apparaît comme le mode d'être que la Liberté doit nier pour devenir soi, tandis que, réciproquement, la Liberté se découvre la tâche de réaliser objectivement le contenu de l'Idée en ordonnant à son instance impérative sa propre négativité.

« Si 'le symbole donne à penser', remarque P. Ricœur à propos d'une formule qui donne son titre à la conclusion du dernier volume publié de sa *Philosophie de la volonté*, ce que la symbolique du mal donne à penser concerne la grandeur et la limite de toute vision éthique du monde » ; « car, ajoute-t-il, l'homme que cette symbolique révèle n'est pas moins victime que coupable »[1]. Pour notre part, c'est en privilégiant dès l'abord le point de vue de la victime que nous croyons être justifié à tenir ce *résultat* de la symbolique du mal pour le *point de départ* d'une phénoménologie de la souffrance érigeant le privilège en principe et limitant à son profit le champ d'application de cette première méthode.

c) Le primat du souffrir

Nous ne le serions nullement, cependant, si nous ne pouvions fournir sur le terrain même de la phénoménologie une raison pour laquelle la souffrance, plus que la faute, commande ainsi l'accès au problème de l'existence du mal et au contenu propre de ce concept. « Tenter de comprendre le mal par la liberté, écrit P. Ricœur pour justifier son propre abord du problème, [...] n'est aucunement une décision sur l'origine du mal, mais seulement la description du lieu où le mal *apparaît* et d'où il peut être vu »[2]. Mais en ajoutant que « seule la manière dont il *affecte* l'existence humaine le rend manifeste »[3], il situe du côté non de l'acte par lequel cette liberté s'offre objectivement à la louange ou au blâme, mais de la passion dont elle est le cas échéant l'occasion pour elle-même ou pour un(e) autre le lieu d'un tel apparaître. Il ne suffit plus de dire, dès lors, que l'homme est – comme il est certain –, l'espace de manifestation du mal[4], il faut préciser encore que la liberté humaine ne serait l'origine d'aucun mal, si elle

1. *Op. cit.*, t. 2, p. 17.
2. *Ibid.*, p. 14. Nous soulignons.
3. *Ibid.*
4. *Ibid.*

n'était proprement un pouvoir de souffrir ou de faire souffrir. *C'est la souffrance qui fait apparaître la faute* et constitue rétroactivement la liberté comme une liberté susceptible de mal faire. Le mal que je commets librement ne se montre tel, pour ainsi dire, que « sur » la souffrance d'autrui. Sa souffrance me désigne comme coupable. Comme c'est parce que je souffre qu'un autre – fût-il moi-même ou l'autre en moi-même – peut être regardé comme sa « cause » ou comme son « origine ». La réalité du mal souffert fonde sa possibilité comme faute. Elle a seule le pouvoir d'induire le sentiment et le jugement de culpabilité et d'en déterminer le contenu effectif. Le « parce que nous souffrons, nous reconnaissons que nous avons failli » d'Antigone [1] fait écho à ce point au « souffrir pour comprendre » d'Agamemnon [2] et révèle sa véritable signification : *parce que* l'homme peut souffrir, il peut être coupable et prendre sur lui le mal. « Ceux qui n'ont jamais souffert, dit Fénelon, ne savent rien ; ils ne connaissent ni les biens ni les maux ; ils ignorent les hommes ; ils s'ignorent eux-mêmes ». Le lieu où le mal apparaît n'est ni celui où triomphe la liberté ni celui où règne le langage : c'est le lieu, au contraire, où se produit le double effondrement qui confond l'acte et le signe dans l'impuissance du même appel silencieux, du même cri lancé à l'adresse de l'Autre, du même désir de justice.

Il y a la faute parce qu'il y a la souffrance : cette inversion, phénoménologiquement motivée, de l'ordre traditionnellement imposé à l'analyse par une causalité extérieure, signifiera en dernière instance que le souffrir n'est pas seulement le contraire du faillir – pas plus d'ailleurs que le mal ne s'oppose primitivement au bien comme une signification ou comme une valeur à une autre – mais la *racine commune* du mal commis et du mal subi tels qu'ils se succèdent et s'enchaînent empiriquement sur la scène du monde. Non seulement parce que la faute est essentiellement un faire-souffrir ou constitue elle-même – ainsi dans le remords ou dans la honte – un mode du souffrir [3],

1. Raccourci des vers 919-926.

2. Vers 176-178.

3. P. Ricœur lui-même relève, dans un texte plus récent (*Le Mal*, Genève, Labor et fides, 1986) l'« extraordinaire enchevêtrement [des] deux phénomènes » : « d'une part, écrit-il, la punition est une souffrance physique et morale surajoutée au mal moral, qu'il s'agisse de châtiment corporel, de privation de liberté, de honte, de remords ; c'est pourquoi on appelle la culpabilité elle-même *peine*, terme qui enjambe la fracture entre le mal commis et le mal subi ; d'autre part, une cause principale de souffrance est la violence exercée sur l'homme par l'homme : en vérité, mal faire, c'est toujours, à titre direct ou indirect, faire tort à autrui, donc le faire souffrir » (*op. cit.*, p. 16).

mais encore et surtout parce que la souffrance, *de soi normative*, enveloppe en tant que telle l'interdiction de faire souffrir et donne ainsi à sa protestation une valeur pratique accordée autant à sa propre structure immanente qu'à la place et au statut privilégiés que l'*Autre* trouve originairement au sein même de cette structure.

L'Autre est d'abord, en effet, celui auquel en appelle inconditionnellement le moi souffrant pour la restitution de ses pouvoirs-être. Et s'il est vrai que l'écart demeure à ce point entre l'Autre *auquel* j'en appelle dans la souffrance et celui *dont*, moralement, j'ai à répondre, la fonction propre d'une phénoménologie de la souffrance serait précisément de faire apparaître la possibilité d'un tel renversement et de donner ainsi un contenu pratique universellement valable au « bien » et au « mal », au « juste » et à l'« injuste » compris alors comme autant d'objectivations d'une différence immédiatement comprise dans cette expérience elle-même.

« La présupposition fondamentale de toute éthique, écrit P. Ricœur, est qu'*il y a déjà clivage du valable et du non-valable* »[1]. Mais cette présupposition se confond en réalité avec une autre : *il y a le mal*. Elle appelle donc une phénoménologie de la souffrance propre à l'intégrer à son tour à l'analyse et au regard de laquelle elle apparaîtra moins massivement comme une présupposition *triple* touchant : α) la différenciation de l'être et de la valeur ; β) l'auto-révélation de l'être de la valeur ; γ) la position de l'Autre comme valeur dans la figure singulière de l'autre homme. De cette différenciation, de cette révélation et de cette position, en effet, la souffrance elle-même est le lieu. Non seulement l'expérience de l'être y coïncide avec sa position comme valeur, mais la préférabilité inconditionnelle de l'Autre s'y montre indiscernable, en retour, de la question même qui arrache toutes choses à leur nuit.

Certes, la thèse selon laquelle le mal, avant d'être un acte de la volonté mauvaise, est ce qui requiert contre lui-même la volonté – une phénoménologie de la souffrance faisant donc apparaître la faute comme une *infraction aux conditions de l'existence possible et aux pré-réquis d'une vie signifiante* –, semble aller de pair avec un appauvrissement considérable de la notion de culpabilité censée pourtant retrouver par ce biais un contenu propre : elle met entre parenthèses les multiples emplois de ce terme dans les sphères du droit positif et de la moralité concrète et tient provisoirement pour nulles et non avenues les significations qui leur correspondent. Mais cette réduction, loin

1. *Philosophie de la volonté*, t. 2, p. 158. Nous soulignons.

d'être le résultat d'une décision arbitraire, est d'abord le fait de la souffrance elle-même. Elle se trouve être ainsi au principe même d'une réévaluation et d'une redistribution de ces différents contenus selon des critères accordés non, justement, à l'existence relative des sociétés, des cultures et des traditions particulières, mais à la forme même du sens et de la valeur telle qu'en la diversité de ses expressions l'implique et la promeut l'unique « condition humaine » [1].

Il reste alors, pour préparer la transition qui doit nous permettre, dans une phase ultérieure de cette recherche, de prendre en vue l'unité du champ pratique, à rassembler une dernière fois les divers fragments d'une phénoménologie trouvant, dans cette réduction du mal à la souffrance, une légitimité corroborant celle que nous avions pu établir déjà par trois fois dans le cadre de notre déduction de l'*a priori* en reconduisant à leur commune présupposition la philosophie de la conscience, la pensée de l'être et la théorie du langage. Cette phéno-

1. Les valeurs n'ont pas pour nous le statut d'Idées platoniciennes. Mais la subjectivité qui s'ouvre aux valeurs, pour n'être pas une subjectivité quelconque, n'est nullement à l'inverse le pur produit des médiations sociales, historiques et culturelles qui déterminent son existence empirique : elle est structurée par certains *a priori* indépendants du système de référence particulier dans lequel ces médiations opèrent. Son identité personnelle consiste alors dans sa capacité d'incarner et de projeter d'une manière originale, *au point de vue particulier* qui est le sien, les conditions et les fins qui sont celles de l'existence en première personne *pour un sujet humain en général*. Que la valeur se donne à chaque fois comme pouvant être voulue par tous les hommes n'est pas, certes, la preuve qu'elle soit effectivement telle. Mais la preuve n'est pas non plus donnée par là que l'universalité se réduise à une illusion opérante : elle est à la fois une structure originaire de la subjectivité et une règle permettant d'apprécier les différents *contenus de valeurs* en fonction de *formes de valeur* absolument contraignantes. Admettons, par exemple, qu'il n'existe rien de tel qu'une « vérité universelle » ; il existe au moins des conditions universellement valables sans lesquelles aucune vérité – même relative – ne serait possible, et auxquelles doit satisfaire par conséquent toute proposition élevant une telle prétention. On peut supposer alors que chaque sphère de valeurs implique de telles conditions, qu'il appartient respectivement à la sémantique, à l'esthétique et à l'éthique d'expliciter. Mais *ces conditions doivent elles-mêmes, dans notre perspective, pouvoir faire l'objet d'une appréhension immédiate*. En affirmant l'universalité de la souffrance et en pensant celle-ci comme l'auto-révélation de la forme de la valeur, nous entendons énoncer ainsi la condition de principe qui fait que les formes de vie communes, les idéologies et, finalement, l'histoire du monde, autant que la conduite individuelle, peuvent s'offrir à notre jugement. Faute d'une telle condition, nous devrions convenir que nous proférons des mots vides de sens lorsque nous parlons, pour condamner l'aliénation de la femme arabe ou protester contre le racisme et la tyrannie aussi bien à l'extérieur qu'à l'intérieur de nos frontières, des « droits imprescriptibles de la personne humaine ». Toute recherche en morale d'un principe de justice, dût-il n'obéir en apparence qu'à des critères d'ordre purement procédural, fait fond sur cette révélation préalable.

ménologie trouvera dans le thème de l'altérité son centre de gravité. C'est en lui qu'elle devra puiser les ressources propres à l'amener progressivement au niveau d'une répétition pratique de la question du fondement comprise non plus comme le thème d'une réflexion de second degré de la philosophie sur ses propres opérations mais comme la détermination des règles d'une sagesse et l'approximation du sens de la transcendance dessinant l'horizon de cette sagesse.

La brève esquisse que nous allons en proposer ici au point d'articulation d'une déduction dont elle recueille et organise les éléments épars et d'une description plus détaillée dont elle constitue en quelque sorte la cellule mélodique ne saurait toutefois nous donner davantage, puisque les conditions de leur exploration méthodique ne sont pas encore toutes réunies, qu'une idée elle-même approximative de ce que nous appellerons pour conclure, en paraphrasant J. Nabert, la forme et les voies de la justification.

2. La forme et les voies de la justification

a) La réalité du mal

Il y a le mal : telle est l'évidence sur laquelle fait fond toute détermination ultérieure de cette notion et par où nous entendons avant tout que le mal n'est pas simple privation ou simple apparence tenant au point de vue mais, selon l'expression kantienne, « grandeur négative ». C'est d'un même mouvement que les théodicées relativisent le mal et qu'elles le réduisent à une apparence. Mais l'argument du rêve lui-même cède devant l'évidence du mal : rêver que l'on souffre, c'est encore souffrir. Certes, le mal n'est que pour une conscience. Mais nier la réalité du mal revient alors à nier la réalité de la conscience elle-même et, par là, le fait que des hommes souffrent. Bien plutôt la souffrance, comme elle ignore « les frontières équivoques qui séparent le monde extérieur d'avec nous » [1], abolit-elle la différence entre la « réalité » et l'« apparence ». Faudra-t-il, à l'inverse, n'attribuer pas d'autre existence à Auschwitz et à Treblinka que celle de significations déposées dans la langue ? Négation, alors, vaut dénégation. Or la dénégation est une possibilité offerte aux bourreaux, non à leurs victimes.

1. A. Lubin, *Les Logis provisoires*, Paris, Rougerie, 1983, p. 105. Non que l'intérieur et l'extérieur se confondent dans l'intimité du sentiment ou s'abolissent dans l'agonie du pour-soi. Ils coexistent au contraire dans la tension d'une synthèse de l'hétérogène se sachant immédiatement comme telle.

Il y a le mal... – cette évidence ne fait pourtant pas seulement de la souffrance un événement parmi d'autres ; car en celle-ci, le mal se produit lui-même comme la pure épreuve de l'« il y a », comme la vérité élémentaire que *l'être est*[1]. Que cette vérité ne demeure pas parfaitement indéterminée, qu'elle soit au contraire *la manière même dont l'être paraît en l'unité de ses modalités ou de ses déterminations fondamentales*[2], voilà ce qui fait de la souffrance un événement ontologique à part entière.

Le mal, cependant, ne serait aucun événement, si le *Il* selon lequel s'accomplit l'auto-révélation impersonnelle de l'« il y a » ne coïncidait originairement avec le *Je* du « Je-souffre » et ne dénonçait comme abstraite ou dérivée la dissociation sur laquelle bâtissent, respectivement, les pensées de l'être et les philosophies de la conscience.

Que cette coïncidence, enfin, se produise elle-même selon la modalité déterminée d'une attente que nous avons pu caractériser ci-avant comme attente de l'Autre et où nous avons vu la possibilité même de l'existence d'*autrui*, c'est ce qui nous autorise à inclure à son tour cette modalité dans la sphère primordiale et à penser ainsi la souffrance comme l'*auto-engendrement simultané des trois personnes* qui régissent la vie du langage et donnent à l'expérience humaine son organisation spécifique.

Non seulement la souffrance fait seule de notre existence autre chose qu'un rêve ou qu'un jeu, mais seule encore elle ouvre en celle-ci les dimensions d'où partent et où retournent, pour y trouver leur motivation la plus profonde, toutes nos initiatives. Une initiative est-elle encore pensable, toutefois, où l'instant du souffrir tient en suspens l'ensemble des possibilités qui animent l'existence et la délivrent ordinairement d'elle-même ?

b) La transcendance du mal

Souffrance : révulsion de l'être ; aube dense de la pensée. Proximité absolue de l'aube et du crépuscule. Venue à soi du temps par quoi

1. Cf. ici les remarques décisives d'E. Lévinas dans *De l'Evasion*.

2. Ce n'est pas seulement l'unité de l'homme mais bien encore l'unité de l'*Etre* qui se trouve concrètement fondée dans cette capacité donnée *aux êtres* d'actualiser dans une même expérience sa pure puissance apriorique et le tout différencié de ses déterminations ou de ses modalités fondamentales. Cette unité, certes, n'en existerait pas moins indépendamment d'une telle expérience, mais comme une unité abstraite et indéterminée. La souffrance réalise simultanément l'*unité immanente de l'Etre* comprise comme le *nexus* de ses déterminations fondamentales et l'*unité transversale des êtres* dans lesquels cette unité s'actualise et vient à soi.

le mal, issu pourtant de ce qui, sous ce nom, prodigue toute chose et toute pensée, réserve sa puissance et donne à son mouvement immobile un air d'éternité. Pure patence de l'être où ensemble prennent source l'impossible patience et l'irrémissible exigence qui font l'humain en l'homme. Passivité radicale du souffrir qui, loin d'être de pure inertie, vit au contraire de l'élan même qu'elle brise et tient réciproquement de sa propre impuissance le pouvoir d'orienter celui-ci en l'ouvrant intérieurement à ce qui n'est pas lui. Afflux immanent du dehors. Démesure enfin, dont cette passivité même est la mesure. Non seulement le mal est mais il n'est que dans son excès. C'est en ce sens que Bayle assimile le mal aux « corps denses » et que Job nie que ses fautes et son malheur puissent être « mis dans la balance » [1]. Prendrais-je la mesure du mal que, déjà, celui-ci relâcherait son étreinte et, simple privation, ne m'affecterait plus qu'en idée. La souffrance n'est pas autre chose que cette emphase de la présence : hyperbole du sentir qui, de la destruction du monde [2], fait surgir l'évidence de quelque chose que le monde ne contient pas mais dont l'altérité, accordée à la transcendance du mal, répercute indéfiniment l'écho et, telle l'« idée de l'infini » dont parle Descartes, actualise *en nous* la requête. En nous : au point d'effondrement des possibilités déployées par l'extase du temps et dans cet instant même repoussées, refoulées, empêchées, transies comme si le mal devait durer toujours. La souffrance n'admet pas de degrés : à la fois intériorité et extériorité absolues de la conscience à elle-même, elle est *l'infini fait chair*. Chair : auto-engendrement du plus propre et du plus étranger faisant coexister en soi les extrêmes ; « extimité » préfigurant pour ainsi dire au creux d'elle-même la possibilité ultérieure de tout sentiment comme de tout objet hors de nous ; coïncidence du Même et de l'Autre qui, pour procéder ainsi de ce qui fonde toute réalité, fait qu'il n'y a pas seulement une souffrance dans le monde mais encore, à chaque fois, un monde de souffrance [3].

c) La contradiction

Telle est, constitutive de l'évidence même qui détermine sa vie propre, la contradiction qui déchire la conscience souffrante. *D'un côté*, « on est seul dans la souffrance ». Il ne s'agit pas là de la solitude

1. *Job*, VI, 2-5.
2. *Ibid.*, XVIII, 18-20 : « On le pousse de la lumière aux ténèbres, et du monde on l'expulse ».
3. A. Lubin, *op. cit.*

orgueilleuse que réclame l'individualiste (dont la souffrance d'ailleurs dénonce le caractère illusoire) mais de la solitude ontologique où la suspension de sa vie intentionnelle, en la privant du sol commun du monde et de l'histoire, jette la subjectivité en proie au mal, de l'éternelle passion qui non seulement la retient mais, littéralement, la rive à son être. Nous ne souffririons pas si la « mauvaise foi » était la structure dernière de la conscience, si rien, à la source même de l'acte qui l'engendre, ne contrariait le pouvoir néantisant qui la condamne à « être ce qu'elle n'est pas » comme à « n'être pas ce qu'elle est » – à se fuir, à se manquer toujours [1]. La douleur et le malheur ne sont tels, au contraire, que pour « creuse[r] la conscience en la vidant tout à coup de tous les objets de préoccupation ou de divertissement qui suffisaient à la remplir » [2] : ils l'approprient à elle-même sans dérobade possible. Non seulement le mal – plus encore que la mort – est intransférable, mais il me fait moi-même singularité pure et m'empêche, dans l'instant unique où comme éternellement il me tient, de ne pas être moi. Mais c'est pourquoi, *d'un autre côté*, la conscience souffrante ne peut davantage être soi que ne l'être pas : l'appropriation est désappropriation; la réduction au propre, altération du propre. Comment celui qui souffre, en tant qu'il souffre, pourrait-il assumer son être-là ? Comment pourrait-il s'installer en soi ou séjourner dans sa propre intimité comme en un lieu familier ? Le mal est la position d'un être se rapportant à son être sur le mode de l'impossibilité. L'existence ne lui est pas le fleuve au cours duquel il pourrait s'abandonner mais la pointe aiguë sur laquelle il s'empale. La souffrance, en l'incarnant, lui interdit tout repos et toute complaisance avec soi. Elle est, à la fois, sa lucidité et son insomnie. Dans le pourrissement du corps malade [3] ou le désarroi du survivant, l'individualité se repousse elle-même – souffrant précisément d'être soi et non une autre... Dans la souffrance, c'est moi qui suis de trop. Cette contradiction – impossibilité d'être et de ne pas être soi, *être soi en ne pouvant l'être* – est irréductible ; elle est la structure même du souffrir.

1. Les rares pages que Sartre consacre, dans *L'Etre et le néant*, à l'expérience du mal sont celles qui, plus que d'autres, signent l'échec de sa description du pour-soi et de la finitude. Parler de la « comédie de souffrir » (*op. cit.*, p. 135), c'est, en usant métaphoriquement de ce dernier terme, priver de tout fondement et de tout moyen de se comprendre elle-même la distinction, qui sous-tend pourtant l'analyse entière de la mauvaise foi, entre « conscience authentique » et « conscience inauthentique ».

2. Louis Lavelle, *Le Mal et la souffrance*, Paris, Plon, 1940, p. 41.

3. *Job*, XIX, 20-21 : « Dans ma peau ma chair a pourri / et j'ai rongé mes os avec mes dents ».

d) L'alternative

Elle n'en *appelle* pas moins une solution. Or de cette solution, *la forme est prescrite a priori par l'incompatibilité même de la souffrance à l'égard de soi.* Elle procède de la propre réflexion de la contradiction dans la perspective non d'une *conciliation* qui la dépasserait en la conservant (comme lorsque deux termes s'opposent et créent par leur opposition même la condition d'un progrès dans lequel celle-ci s'apaise et révèle après-coup sa propre relativité) mais d'une *alternative.* Une philosophie prenant son point de départ dans l'expérience du mal ne peut pas être une philosophie de compromis. Elle ne peut, sauf à substituer à son objet des définitions arbitraires, ignorer ce que l'expérience justement révèle : que le mal n'est que pour-être-supprimé et que le monde sans cela, privé de toute signification pratique, retournerait à l'indifférence d'un spectacle pur [1]. Le *Deutéronome* suggère l'idée d'un choix réduisant d'un coup le champ des possibilités offertes à la liberté à l'alternative simple : Dieu ou Rien [2]. Un tel choix fait apparaître le *bien* – ou, dans notre réflexion présente, ce qui n'est pas le mal – comme une condition de possibilité de l'*existence* elle-même : « J'ai placé devant toi la vie et la mort : choisis le bien et tu vivras ». L'alternative ne ressortit plus, dans cette perspective, au plan psychologique d'une analyse des motifs mais au plan ontologique d'une détermination des conditions de possibilité de la réalité humaine. Nous avons établi que l'alternative appartenait à l'essence du phénomène et plus précisément à la manière dont cette essence elle-même se réfléchit et accède à la phénoménalité [3]. Mais c'est le sens d'une telle alternative, c'est le contenu d'un tel choix qu'il faut déterminer à présent pour rendre l'existence à sa possibilité la plus propre. Que cette détermination soit elle-même comprise dans la souffrance et y coïncide avec l'aveu par le sujet de sa propre insuffisance, c'est ce qu'impliquait déjà notre proposition selon laquelle souffrir est, essentiellement, souffrir d'être soi. Car la souffrance ne me donne à moi-même, alors, qu'en m'ouvrant intérieurement à un Autre qu'elle désigne au même moment comme le lieu absent des possibilités suspendues par le mal et, partant, comme la source de toute possibilité et de tout sens.

1. Pour reprendre une expression de L. Lavelle, *op. cit.*, p. 15.

2. Sur la notion de « choix deutéronomique », cf. P. Ricœur, *Philosophie de la volonté*, t. 2, p. 258.

3. Voir *supra*, ch. VII, § 2.

Là où je suis, l'Autre doit advenir – tel est le sens de l'alternative originaire à laquelle le mal confronte la conscience souffrante. Le choix du « bien » n'est pas le choix du plus proche mais du plus étranger. La liberté qui se détermine pour l'existence est une liberté qui fait le choix de l'Autre – une liberté qui vise en l'Autre cela même qui doit être pour qu'elle puisse être. Le « bien » (ce qui doit être) : l'Autre. La révolte contre le mal est consentement à l'Autre. La volonté qui surgit dans la passivité radicale du souffrir ne saurait se prendre elle-même pour objet. Elle n'est pas primitivement volonté de volonté. Bien plutôt se soutient-elle de la répulsion de l'individualité dans l'épreuve de la contradiction et de la différenciation, opérée au même moment, de l'individu et de la personne. Comme auto-affirmation non de l'individu mais de la personne, elle est elle-même structurée par l'alternative du Bien et du Rien. Elle est désir de l'Autre. Et ce désir, antérieur à toute délibération comme à tout choix réfléchi, est la loi de la vie personnelle. Il est la loi de notre existence.

L'incompatibilité première de la souffrance à l'égard d'elle-même marque l'ipséité d'une altérité constitutive. Elle y inscrit la direction d'un choix conforme à sa propre structure apriorique. Cette structure est celle que nous cherchions pour établir sur le plan de la description la congruence, conclue auparavant dans le cadre de la déduction, entre la possibilité de l'expérience et la forme de la justification. Elle est celle-là même qu'E. Lévinas tient pour la structure de la responsabilité mais qu'il réfère quant à lui à une mystérieuse affection par un Autre conçu comme Chose en soi : *l'Un pour l'Autre*. Par là seulement le désir qui révèle à elle-même la forme de l'expérience et lui confère la réalité d'un mobile pratique est effectivement désir de justification et se distingue des diverses « tendances » et autres « pulsions » censées soutenir l'effort humain pour être.

Pas davantage, en ce sens, l'être de l'homme n'est-il un être-pour-la-mort. Non seulement parce qu'il y a « pire que la mort », plus impossible qu'elle, mais encore parce qu'attendre rien, pour paraphraser Bergson, est ne rien attendre, et que le temps du souffrir se passe au contraire comme attente de l'Autre. La mort n'est pas exclue par là de l'horizon de l'humain mais, si elle y a une place, ce n'est pas d'abord comme mort en première personne mais comme mort en deuxième personne. Pire que (ma) mort : ta mort. La mort est primitivement l'expérience de l'absence et non du rien. Elle est soufferte avant d'être anticipée dans l'angoisse [1].

1. Nous rejoignons sur ce point les analyses de Sartre dans *L'Etre et le néant* (*op. cit.*, p. 615-638), où se trouve ébauché un mouvement tendant à substituer

Est-il dit, toutefois, que l'Autre dont la souffrance souffre l'absence et qu'elle désigne à la fois comme la condition de l'existence personnelle et comme l'unique dépositaire d'un sens mis à nu par l'effondrement général des significations et des valeurs composant le monde ambiant de la vie quotidienne – est-il dit que cet Autre soit plus, en réalité, que l'au-delà *indéterminé* d'un tel monde ?

Et si même il devait recevoir de la souffrance elle-même, à travers l'attente, la volonté ou le désir qui nous ouvrent à sa rencontre en lui prêtant les traits d'un visage possible, la détermination qui est la sienne dans l'expérience d'*autrui*, s'ensuivrait-il qu'il soit, ainsi déterminé, l'Ami plutôt que l'Adversaire ? Le désir ne porte-t-il pas en lui l'amour et la haine ? La vengeance ne l'emporte-t-elle pas partout sur la compassion ?

Enfin comment la structure que nous venons de dégager pourrait-elle être convertie en motif si la liberté qu'elle constitue est une liberté captive, impuissante par hypothèse à créer les conditions qui lui permettraient de s'affirmer comme telle ?

e) La grâce de l'Autre

La méthode pour prouver l'existence d'autrui consiste, selon Fichte, à poser l'individualité comme une composante essentielle de la conscience de soi puis à déduire du concept d'individualité la nécessité, pour toute conscience, de n'exister qu'en relation à une autre conscience qui pour ainsi dire la « complète » [1]. Au terme de la déduction, l'intersubjectivité apparaît comme une condition de possibilité de la conscience et plus particulièrement de sa propre réflexion sur soi. La déduction de Fichte, toutefois, reste purement théorique et la nécessité qu'elle infère, simplement formelle. Au contraire, le thème de l'altérité se situe dans notre travail à l'articulation d'une déduction transcendantale qu'il porte à son point d'achèvement [2] et d'une description propre à déployer concrètement ce résultat comme tel. Son appartenance à la sphère de l'*a priori* n'exclut donc pas une référence principielle à l'expérience ; elle l'impose à l'analyse comme une *nécessité à la fois formelle et matérielle*. C'est à ce plan matériel que peut être déterminé, au-delà des vagues notions de « complémentarité » et de « réciprocité » qui en tiennent souvent lieu, le sens d'une

l'effectivité de la « relation *aux* morts » à l'abstrait formalisme de l'être-pour-la-mort et à repenser ainsi la mort en général dans la perspective du pour-autrui.

1. Cf. les *Grundlage des Naturrechts*, *SW*, p. 47-8 et le commentaire qu'en fait L. Ferry dans sa *Philosophie politique*, Paris, P.U.F., 1984, t. 1, p. 152-3.

2. Ou d'inachèvement.

relation dont la forme se confond selon nous avec la forme de la justification et a seule le pouvoir d'en prescrire les voies.

Un trait descriptif nous paraît essentiel de ce point de vue, qui fait apparaître l'expérience de l'altérité comme expérience de la *séparation* et l'im-possibilité propre de la souffrance comme impossibilité de l'être-séparé. Le mal n'est radical, en effet, que dans la mesure où il ne peut être partagé. La souffrance coupe la subjectivité de ce monde commun où s'échangent des paroles, où se nouent des contrats, où se constitue une culture et où s'accomplit l'histoire. Elle est l'expérience du désert.

Or ce monde est le monde même que nous habitons. La souffrance ainsi sanctionne moins la destruction du monde qu'elle n'érige le monde lui-même en problème. Elle est l'expérience d'un monde dont l'habitabilité n'est pas de prime abord avérée – d'un monde que le mal, en m'esseulant, a rendu inintelligible et inhabitable et dont il place l'ouverture elle-même sous le signe du devoir.

La « sécession des consciences » [1] n'est plus seulement, dans cette perspective, une espèce ou une conséquence particulières du mal ; elle est l'unique forme que concrétisent toutes ses occurrences, l'expression universelle de sa malignité. L'« absurdité » qu'on lui reconnaît habituellement épouse les effets d'une telle sécession : elle est indiscernable de cette atomisation de la pluralité humaine, de cette mise en suspens de l'être de l'homme entendu comme un être-ensemble partagé – de ce dépeuplement du monde.

Sans doute, l'idée d'une sécession des consciences – comme d'ailleurs celle d'une séparation faisant fond sur le monde commun auquel se réfère le discours quotidien et recevant au même moment la signification d'une rupture avec soi, d'une scission, intérieure à l'existence elle-même, entre l'être et le possible – suppose-t-elle déjà levée dans le sens de la *socialité* l'indétermination du sens de l'altérité impliquée dans l'expérience du mal. Mais s'il est vrai que l'« Autre » auquel en appelle la conscience souffrante et qu'elle désigne implicitement comme la condition de possibilité de l'existence, ne peut sans contradiction ne pas être un autre Je, une autre Liberté, un autre Sujet

1. Non seulement « ce qui est péché dans l'intimité de la conscience est identiquement sécession dans le rapport des consciences les unes avec les autres », remarque J. Nabert, mais, réciproquement, « le mal dans la sécession des consciences ne se différencie que par abstraction du mal qui paraît n'intéresser que la conscience individuelle » – la « négation de l'un » comprise comme la « mort spirituelle de l'autre » nous situant alors au cœur même de l'injustifiable et de ce que toute « approche de la justification » devra, au rebours, d'abord vaincre ou conjurer.

capable de répondre, l'incertitude demeure, en revanche, touchant l'humanité de cet Autre (son absence ne le désigne-t-elle pas comme l'habitant d'un monde idéal, voire d'un autre monde ?) et la sorte de société ou de communauté que nous formons avec lui. Cette incertitude est essentielle ; elle explique les expressions diverses que trouve l'expérience de l'Autre en s'objectivant dans la conscience religieuse, dans la conscience morale et dans la conscience politique. Toutefois l'Autre ne pourrait répondre s'il ne pouvait comprendre ; et il ne pourrait comprendre s'il ne pouvait souffrir. Il doit donc être, dans tous les cas, une autre liberté incarnée, une autre volonté transie – un même élan brisé. Lorsque Job demande : « As-tu des yeux de chair ? Vois-tu comme voit un homme ? » [1], il s'adresse à un Dieu dont la justice et la divinité même ne signifieraient plus rien s'il ne témoignait pas en quelque façon de ce que, pour Autre qu'il puisse être, son altérité n'est pas telle néanmoins qu'elle le rende incapable de toute participation à notre condition et ne nous autorise, jusqu'à un certain point, à le désigner comme notre Semblable.

f) Le partage

La possibilité du partage se confond ainsi, pour la conscience souffrante, avec la possibilité même d'être, et détermine une forme idéale de société ou de communauté avec l'Autre que nous tiendrons pour cette raison pour *l'une des voies de la justification.*

Dans cette voie, l'Autre se montre doublement l'autre du mal : il est à la fois celui *auquel* j'en appelle pour la restitution de mes possibilités les plus propres et celui *avec* lequel il m'appartient de rendre le monde habitable. D'un côté, la *grâce* de l'Autre est un postulat de la conscience souffrante : seule elle permet à celle-ci d'endurer le mal en projetant dans un avenir métempirique ses possibilités suspendues par la séparation. De l'autre, la *liberté* se trouve requise pour la constitution d'une communauté dont le principe ne serait pas le besoin ou l'utilité mais, justement, le partage envisagé lui-même comme une forme de participation préalable à toute règle particulière de distribution des droits et des biens. A l'ambiguité du statut de l'Autre répond ainsi le *cercle de la liberté et de la grâce* : celui dont j'attends la délivrance est le même dont j'ai à promouvoir l'existence au sein d'une société des personnes dont la forme *dialogique* se trouve déterminée par là même. Ce cercle n'est pas vicieux : il est noué au sein de la parole et de l'action authentiques. Dans celles-ci, l'Autre est à la fois celui

1. *Job*, X, 4.

dont je reçois la grâce et celui dont la garde m'est confiée. Il est celui dont la grâce ne m'est dispensée que pour autant que j'en assure la garde.

« Choisis le bien et tu vivras... » – l'alternative que nous évoquions à l'instant est donc aussi bien celle de la *négation* de l'Autre dans la violence et de son *assomption* dans l'élément commun du sens. Le sens n'est-il pas ce que nous nous annonçons les uns aux autres[1] lorsque nous reconnaissons dans cette participation à une existence commune la condition de la nôtre propre ? Si la souffrance nous rend, littéralement, *passibles du sens*[2], le partage est le sens mis à nu et offert impérativement à notre initiative : non seulement la condition générale de toute compréhension mais ce que nous devons *réaliser* pour rendre le monde habitable. La souffrance promeut la pluralité humaine. Elle appelle la réalisation du sens sous la forme d'une communauté à l'égard de laquelle le partage, pour libérer la prodigalité du temps et marquer de son sceau l'ensemble des possibilités ainsi ouvertes, se trouve être à la fois condition et fin.

Cette coïncidence, dans le partage, entre la forme de l'expérience possible et le contenu de l'Idée pratique issue de sa propre itération au lieu du plus profond silence, justifie la superposition méthodique du plan ontologique de la fondation et du plan éthique de la justification. Qu'est-ce qu'une fin moralement bonne en effet, sinon celle qui favorise la communication et la promotion mutuelle des consciences et se propose à chacune comme susceptible d'une répétition indéfinie[3] ? Et qu'est-ce, à l'inverse, qu'une fin mauvaise, sinon celle qui isole les consciences les unes des autres et « les éparpille en une poussière spirituelle »[4] ? La répétabilité de principe de la *fin* bonne la rend homogène à l'illimitation féconde du partage où il faut voir, pourtant, la *condition* de possibilité du sens et de l'existence.

Que cette condition ne soit dévoilée à elle-même et transformée en motif que dans la solitude du souffrir, c'est là un paradoxe qui ne doit plus nous arrêter s'il est vrai qu'autrui se trouve à la fois, en celle-ci, perdu et retrouvé : perdu comme interlocuteur du discours quotidien et comme partenaire de l'échange dans la communauté empirique dont la souffrance exclut l'individu, il est retrouvé au même moment

1. Nous empruntons cette expression à J.L. Nancy, *Le Partage des voix*, Paris, Galilée, 1982, p. 23.

2. Nous empruntons cette expression aussi à J.L. Nancy, *L'Oubli de la philosophie*, Paris, Galilée, 1986, p. 106.

3. Sur cette définition, cf. R. Daval, *La Valeur morale*, Paris, P.U.F., 1951, p. 149 *sq*.

4. *Ibid.*, p. 151.

comme membre d'une communauté spirituelle dont la personne, pour reconnaître en celle-ci son lieu propre, attend la réalisation comme en écho d'une promesse immémoriale. « Je me révolte, donc nous sommes », écrit Camus : de ce Nous qui sauve, une philosophie du *Cogito* nous semble être à même de prendre la mesure. Car elle n'entend signifier rien d'autre, sinon qu'« il faut que toute conscience humaine traverse le mal et la souffrance pour [pouvoir] descendre jusque dans cet ultime fond d'elle-même où la solitude qu'elle éprouve lui découvre [par-delà toute communauté de tradition ou d'intérêt] sa communion avec les autres consciences » [1].

Le problème du solipsisme ne se trouve-t-il pas d'ailleurs résolu aussitôt que posé si la conscience, d'emblée morale, se découvre immédiatement et pratiquement liée à un Autre dans l'existence duquel elle a toujours déjà su reconnaître la condition de la sienne propre ? A l'inverse, le Nous des communautés authentiques se distinguerait-il jamais du On des communautés inauthentiques s'il devait n'avoir pas d'autre fondement qu'un ensemble de structures linguistiques coupées de l'expérience qui leur donne vie et fait de la signification un événement vécu en première personne ? *Cogito* concret, le Je-souffre dénonce avec la même force l'unanimité des communautés illusoires et l'obstination du sujet à chercher en silence une vérité dont il aurait seul la jouissance. Car ce silence, l'Autre l'habite déjà par son absence même. Et il y aménage en secret, quelle qu'en puisse être l'impossibilité présente, le lieu singulier d'une Parole à venir.

g) Le sacrifice

Le partage n'est, pourtant, que l'une des voies de la justification. La démesure du souffrir enveloppe encore une prescription passant elle-même toute mesure et accordant impérativement à son asymétrie foncière l'initiative du sujet. « Comprenons-nous bien, demande ainsi Nabert, ce que demanderait une authentique justification ? Ce ne serait rien d'autre qu'un dépouillement effectif de notre être » [2]. Et « qu'il s'agisse du malheureux ou du coupable », en effet, nous croyons nous aussi que le mal est comme « redoublé » si ne survient pas, « à l'heure convenable », l'acte par lequel une conscience témoigne, par l'usage qu'elle fait de sa liberté, de son effort pour ériger en règle ce par quoi la vie humaine se distingue de la vie naturelle et se montre apte à un type de rationalité délié du seul impératif de la conservation et

1. L. Lavelle, *op. cit.*, p. 217.
2. *Essai sur le mal*, *op. cit.*, p. 162.

impliqué d'ailleurs d'une façon ou d'une autre en toute œuvre de signification véritable. Le partage lui-même mériterait-il son nom s'il n'échappait à un moment donné au paradigme économique et stratégique de l'échange et n'impliquait l'acceptation du sacrifice ? Cet acte seul, en rendant de nouveau possible la réciprocité des consciences rompue par le mal, restaure les chances perdues d'une authentique communauté humaine [1].

On n'acceptera pas sans réticence, certes, l'idée que l'une des seules réponses possibles à la souffrance est la souffrance consentie, et moins facilement encore le paradoxe selon lequel la possibilité du sacrifice se trouve dans la souffrance elle-même. Mais nous ne nous situons plus, pour parler ainsi, dans l'instant du souffrir. Quelle que puisse être, en cet instant, l'impossibilité du consentement, il nous est en effet donné aussi parfois d'assumer par anticipation les conséquences d'un choix qui, actualisées, ne laisseraient pas d'être vécues comme inassumables. Qu'une telle assomption procède de la souffrance elle-même, c'est ce qui résulte du renversement au profit d'un Autre, dans la passivité radicale du souffrir, des privilèges que le sujet tient naturellement de sa position de sujet et de la préférence qu'il s'accorde, non moins « naturellement », dans toutes les autres circonstances. Aussi bien nous importe seulement à ce point une parenté formelle, entre la souffrance et le sacrifice, en vertu de laquelle la liberté se montre capable de s'affirmer positivement comme liberté-pour-l'Autre et d'assumer ainsi dans son ordre propre, en prenant la mesure de la mort, une préférence à laquelle le mal contraint seulement la conscience souffrante et qui se trouve arrachée dès ce moment au seul registre du désir ou de la passion [2]. Car une telle affirmation inscrit réellement dans le monde une réponse à la question de la justification qui, pour ne pas supprimer la question elle-même en l'enveloppant dans quelque logique de la compensation ou, plus gravement, dans la stérile obsession d'un fanatisme moral qui en perdraient de vue l'origine et en émousseraient la pointe, n'en est pas moins la plus fidèle à son contenu et à son exigence propres. La sorte de consentement à l'Autre dont la souffrance est le

1. *Ibid.*

2. Une préférence, bien plus, dont la signification passivement *dévoilée* dans la souffrance n'est proprement *accomplie* qu'à ce plan d'affirmation de la subjectivité. La question que me pose le mal est, en effet : « as-tu fait tout ce qui était en ton pouvoir pour que le mal n'arrive pas ? » Or à cette question – c'est là la vérité du « péché originel » et, s'il en est une, celle du discours tenu par les amis de Job –, personne ne peut répondre « oui ». Le sacrifice tire plus qu'aucun autre mode d'affirmation de la liberté, en rendant celle-ci à ce qui la fonde, les conséquences d'une telle réponse. Il transforme sa fatalité en motif.

lieu devient, dans le sacrifice, assomption de l'Autre. Et seule ainsi la surabondance du don répond à l'abondance du mal et réalise la tâche infinie née de son impossible attente.

h) La loi et l'amour

Le sacrifice marque de cette manière son appartenance à un ordre qui n'est plus d'abord celui de la parole et de l'action – dans lesquelles le partage, au contraire, trouve son élément naturel – et qui situe son exigence propre au croisement indistinct du *devoir* et de l'*amour*. Aimer, c'est, toujours, aimer à l'infini, aimer « à la folie », selon la même générosité sans reste que paraît aussi en son lieu réclamer la souffrance. L'excès répond à l'excès. Une éternité en conjure une autre. Non qu'il n'y ait une souffrance d'aimer. Mais cette proximité même, entre le souffrir et l'aimer, montre que la secrète injonction qui traverse la chair demeure ici et là étrangère au principe qui, à celui qui hésite entre des mobiles opposés, commande de mesurer le gain et la perte en référant par anticipation tous les cas de figure engagés par sa décision au sentiment dit « de plaisir et de peine ». L'amour ne donne qu'à qui s'abandonne à lui. « C'est en manquant de preuve qu'[il] ne manque pas de sens ». L'institution de l'ordre dans lequel des individus se regardent mutuellement, tant au point de vue de la conservation et de l'accroissement du tout qu'ils composent qu'à celui de l'intérêt particulier qu'ils y réalisent, comme des moyens et comme des fins, est seconde par rapport à l'établissement d'une relation dont l'essentielle asymétrie soustrait la personne à cette logique de la fin et des moyens et l'engage non hypothétiquement mais catégoriquement à l'égard des autres personnes.

Aimer, objectera-t-on pourtant, n'est pas devoir. Comment donc pouvons-nous, après avoir constamment tenu l'idée du devoir pour celle qui était le mieux à même de qualifier l'ordre éthique, appliquer à présent à celui-ci un terme dont la signification semble être étrangère à son exigence propre ? Il faut affirmer ici *l'origine commune du désirable et de l'obligatoire*. Le sacrifice n'échapperait d'aucune façon à sa perversion fanatique sans le fond aimant de don et d'abandon qui leste d'humanité et approprie réellement à la personne la formalité de la loi. Le *devoir*-être se passe, dans la souffrance, comme *désir* de l'Autre. L'amour, sans doute, n'est lui-même que l'une des modalités du désir. Mais si l'ambivalence de sentiments qui, tels la vengeance et la compassion, trouvent au même titre leur source dans la souffrance, n'est peut-être pas levée dès cet instant en faveur de l'amour plutôt que de ce qui ne serait, au contraire, que haine de l'Autre, du moins cette *ambivalence* n'a-t-elle nullement, telles étant la structure du souffrir et la manière dont s'accomplit en elle la mutation interne dont procède le désir, le sens d'une *équivalence* qui situerait la haine sur le même plan que l'amour. Dans le vif de l'événement où se produit son apparition, la souffrance nous rend disponibles pour l'amour. En elle l'inconditionalité de l'impératif rencontre l'inconditionalité d'une préférence dont l'Autre est l'objet. Et il en est ainsi des modes du désir : amour et haine, comme, chez Descartes, des modes de la pensée, dont l'apparente équivalence formelle est finalement tranchée, pour des raisons fondées dans la chose même, au profit exclusif de l'un d'entre eux.

i) L'histoire et après

Ainsi se trouve mieux assuré l'espoir, exprimé au seuil de cet ouvrage, qu'une phénoménologie de la souffrance offre ultérieurement ses ressources à une dialectique de la valeur et de la norme. Mais en favorisant, dans l'ordre du partage comme dans l'ordre du sacrifice, la conciliation de ce que l'on pourrait appeler peut-être les aspects téléologiques et les aspects déontologiques de la théorie morale, c'est plus généralement l'*unité du champ pratique* qu'elle doit permettre de prendre en vue. Décisive de ce point de vue, nous l'avons dit, est l'indétermination initiale du sens de l'altérité impliquée dans l'expérience du mal. C'est elle qui favorise la multiplication des figures de l'Autre dans les différentes sphères de notre existence et la multiplicité corrélative du rapport qui lie ces figures à l'unique centre auquel toutes se rattachent. Religion, moralité, droit, politique : autant de manières dont peut être noué, dans la perspective ainsi ouverte, le cercle de la liberté et de la grâce. Une succession de dialectiques partielles devra exhiber alors, sans compromettre leur spécificité, les rapports d'interdépendance unissant ces différentes sphères.

Dans la subordination, suggérée ci-avant, d'un concept de justice commandé par les notions de mesure et de proportion, à l'idée d'une justification passant toute mesure, ne faut-il pas voir ainsi la marque du primat de la *morale* par rapport à des modes d'analyse de la socialité dont le contenu appellerait plutôt l'inscription au registre du *droit* ou de la *politique* ? C'est dans le même sens que l'hétérogénéité du partage à la forme de la justification d'une part, l'homogénéité de cette forme à sa mise en œuvre dans le sacrifice d'autre part, nous ont fourni à l'instant le critère d'une hiérarchisation, entre ces deux voies de la justification, dont l'expérience de l'amour consacre la pertinence.

Notre thèse est que ce critère – comme le rapport de subordination qu'il détermine – est lui-même fondé dans l'essence de la manifestation telle que l'actualise à chaque fois la souffrance. Ne trouve-t-elle pas un début de confirmation dans le fait qu'aucune solution juridique ou politique ne peut être apportée à l'« énigme de la vraie souffrance » [1] ? Mais ce sera là, plus généralement, motif à reconnaître les limites de notre pouvoir pratique et à tenir la *religion* pour l'horizon irréductible de la vie morale.

Il se peut que la détermination ontologique des *conditions de possibilité* d'un ordre de phénomènes – ici des phénomènes religieux, moraux et juridiques – n'ait nullement par elle-même le pouvoir de prescrire les *règles* propres à en orienter positivement le développement. Mais ces règles n'auraient, à l'inverse, aucun caractère de nécessité, si elles n'étaient intérieurement liées à ces conditions. Affirmer, comme nous l'avons fait, que l'*a priori* a de soi une valeur normative, c'est supposer précisément que la loi morale, autant que la foi qui en dessine l'horizon et que les règles de droit qui en médiatisent empiriquement l'exigence, sont quant à leur forme et quant à leur contenu en continuité avec la possibilité d'une vie éthique en général et reçoivent de cette possibilité plus qu'une orientation indistincte et sans valeur pratique. Cette supposition commandera, dans notre réflexion ultérieure, le passage de la partie « théorique » à la partie « pratique » de la répétition de la question du fondement. Nous ne sommes nullement certain, certes, de pouvoir conduire celle-ci à son terme. Mais une phénoménologie radicale manquerait à l'idée qui la guide si elle ne répondait pas de cette façon au défi du réel.

Elle devrait pourtant, pour justifier une telle prétention, reconquérir encore à partir de ses propres propositions de base la dimension de l'*histoire*. Le « temps » du souffrir, certes, n'est pas de prime abord le temps historique. Mais la conscience souffrante ne pourrait *endurer* le mal, toujours la mort serait préférée au mal si, au cœur du présent absolu enroulant sur eux-mêmes et privant de leur ouverture spécifique, par le suspens dont il les affecte, les horizons déployés par la triple extase du temps, ne s'accomplissait la scission qui marque tout passé du sceau d'une « réminiscence » et inscrit tout futur, symétriquement, dans un avenir excédant les possibilités d'avance incluses en lui. La suspension de l'ouverture temporelle n'est pas sa négation pure et

1. Par rapport à la lutte éthique et politique, remarque P. Ricœur, certaines expériences spirituelles purement intérieures « sont comme [...] des anticipations en forme de paraboles d'une condition humaine où, la violence étant supprimée, l'énigme de la vraie souffrance [...] serait mise à nu » (*Le Mal*, *op. cit.*, p. 44).

simple mais cette ouverture elle-même indéfiniment reportée : « le caractère irréductible de la souffrance qui fait qu'on ne peut pas ne pas en avoir horreur au moment où on la subit a pour destination d'arrêter la volonté, comme l'absurdité arrête l'intelligence, comme l'absence arrête l'amour, afin qu'arrivé au bout des facultés humaines, l'homme tende les bras, s'arrête, regarde et attende »[1]. C'est ainsi précisément que douleur et malheur provoquent au cœur du temps le chiasme qui, par-delà la certitude des possibilités enfuies et l'effondrement d'ambitions projetées mais comme à jamais déçues, libère les horizons plus vastes de la promesse et de la grâce. Or en référence à ces horizons peut se constituer une *pathologie de l'espérance* qui, pour inclure toute mémoire comme tout projet humains dans le procès illimité d'un sens préservé ainsi de la destruction des discours et des communautés institué(e)s, fait apparaître en retour le *monde* lui-même comme la chance offerte d'un tel procès. De cette manière donc, l'histoire est, autant que l'au-delà de l'histoire eschatologiquement compris en elle, un postulat de la conscience souffrante.

Mais le mal, en son excès, n'est pas coordonnable à une économie générale du monde ou à la rationalité d'un tout qui en inverseraient le signe[2] ; et son absurde insistance le rend étranger, autant qu'à la logique, à la patience du Concept. Il est le point aveugle qui menace la rationalité du réel et met en question ses fondements mêmes – fracturant, par le refus qu'il suscite, la totalité qui était sur le point de se refermer sur lui.

Que l'histoire soit, plus qu'un postulat, le propre accomplissement du sens de l'être, cela ne pourra donc s'entendre que si se trouve préservée en *chacune* de ses figures concrètes la relation même qui ouvre le sens et fonde la possibilité d'une histoire en général. Or nous sommes, en cela, *responsables du sens*, puisqu'il nous appartient de promouvoir l'altérité de l'Autre ou bien de l'annuler par la violence. Il ne dépend d'abord pas de nous qu'il y ait le mal ; mais il dépend de nous d'étendre et de perpétuer son existence.

C'est pourquoi nous avons non seulement à espérer mais bien encore à faire en sorte que l'histoire ne soit pas, comme ces voies obscures qui, à peine en ont-elles surgi, se perdent à nouveau dans la nuit, un chemin qui ne mène nulle part.

1. S. Weil, *La Pesanteur et la grâce*, *op. cit.*, p. 130.

2. Pour user d'expressions qui nous rapprochent une dernière fois de J. Nabert.

TABLE DES MATIÈRES

INTRODUCTION

PREMIÈRE PARTIE :

LE FONDEMENT EN PERSONNE

DEUXIÈME PARTIE

TEMPS ET RESPONSABILITÉ

TROISIÈME PARTIE

EXPÉRIENCE ET LANGAGE

VERS LA JUSTIFICATION

ACHEVÉ D'IMPRIMER
EN NOVEMBRE 1993
PAR L'IMPRIMERIE
DE LA MANUTENTION
A MAYENNE
N° 347-93